세상을
데이터베이스에
가둔 남자

THE HANK SHOW: How a House-Painting, Drug-Running DEA Informant Built
the Machine That Rules Our Lives
Text Copyright © 2023 by McKenzie Funk
Originally published in the United States in 2023 by St. Martin's Press, an imprint of St. Martin's
Publishing Group, New York. Published by arrangement with St. Martin's Press.
All rights reserved.

Korean Translation Copyright © 2025 by Dasan Books Co., Ltd.
Korean edition is published by arrangement with St. Martin's Publishing Group
through Imprima Korea Agency

이 책의 한국어판 저작권은 Imprima Korea Agency를 통해
St. Martin's Publishing Group과의 독점계약으로 다산북스에 있습니다.
저작권법에 의해 한국 내에서 보호를 받는 저작물이므로
무단전재와 무단복제를 금합니다.

세상을 데이터베이스에 가둔 남자

프라이버시를
빼앗은
'초감시사회'의
설계자

맥켄지 복크 지음
이영란 옮김
오길영 감수

다산
초당

에단에게 바친다.
하지만 어떤 에단?

추천의 글

"데이터가 된 인간, 예정된 운명?"

《시대예보》 저자, 마인드 마이너 송길영

우리는 매일 아침 스마트폰을 켜고 누군가가 만든 데이터베이스에 접속합니다. 시스템을 통해 세상을 바라보는 그 순간, 우리는 기대와는 달리 관찰자가 아니라 관찰을 당하는 존재가 됩니다.

《세상을 데이터베이스에 가둔 남자》는 그 관찰의 기원을 추적하는 책입니다. 한 남자의 천재성과 강박이 어떻게 전 세계 수십억 인구를 분류하는 시스템을 만들어냈는지, 개인의 욕망이 어떻게 집단 감시망으로 진화했는지 보여줍니다.

'데이터 융합의 아버지'라 불리는 이 책의 주인공 행크 애셔는 우리 시대의 모순 그 자체입니다. 마약 거래 혐의를 받은 그는 늘 자유를 꿈꿨고, 수배망을 피해 도망치기도 했습니다. 하지만 훗날 자신과 같은 사람이 도망칠 수 없게 하는 촘촘한 그물을 만들어냈습니다. 그가 설계한 알고리즘은 우리의 신용도와 위험도, 누군가와 연결될 '가능성'까지 예측합니다.

무엇보다 무서운 건 이 책의 이야기가 SF 소설이 아니라 현실에서 일어난 실제 사건이라는 것입니다. 행크 애셔가 설계한 감시의 눈은 당신의 스마트폰, 은행 전산망, 병원 기록 등 오늘날 데이터 시스템 곳곳에 깊숙이 숨어 있습니다. 우리는 모르는 사이에 그가 만든 세계관 속에서 평가받고, 분류되고, 예측당하고 있습니다.

이 책을 통해 알 수 있는 건 데이터가 결코 중립적이지 않다는 사실입니다. 데이터에는 수집하는 사람의 관점, 분석하는 사람의 가치관, 활용하는 사람의 목적이 모두 스며들어 있습니다. 행크 애셔의 이야기는 바로 이러한 '편향'이 어떻게 시스템이 되고, 시스템은 어떻게 사회가 되는지 생생하게 기록합니다.

《세상을 데이터베이스에 가둔 남자》는 우리에게 묻습니다.

"당신은 정말로 자유로운가? 아니면 자유롭다고 느끼도록 설계된 시스템 안에 있는가?"

이 질문에 답하기 위해서는 먼저 알아야 할 것들이 있습니다. 우리를 둘러싼 이 기계가 어떻게 작동하는지, 누가 그것을 만들었고 왜 그렇게 만들었는지 말입니다.

불과 수십 년의 세월 동안 세상을 완전히 바꿔버린 이 거대한 시스템의 연유와 원리를 알고 싶은 모든 분에게 일독을 권합니다.

차례

추천의 글 "데이터가 된 인간, 예정된 운명?" — 6
　　　　　《시대예보》 저자, 마인드 마이너 송길영

프롤로그 1　데이터 시대의 서막 — 10

프롤로그 2　우리는 그가 설계한 초감시사회를 살고 있다 — 13

1막　희미하게 들려오는 백색소음 1951년~2000년

1장　마약단속국의 민간인 비밀 요원 — 31
2장　문제아, 바람둥이, 사업가 그리고 마약 밀수업자 — 46
3장　천재 프로그래머의 탄생 — 71
4장　데이터 비즈니스에서 발견한 금맥 — 93
5장　정부의 데이터를 사들이다 — 110
6장　나날이 증폭되는 데이터의 힘 — 123
7장　후발주자의 추격과 제왕의 실각 — 140
8장　기계가 내쫓은 유권자 그리고 537표의 승리 — 160

2막 매트릭스의 지배자 2001년~2012년

- 9장　2001년 9월 13일, 테러 이틀 후 — 175
- 10장　잿더미에서 찾은 기회 그러나 지울 수 없는 과거 — 197
- 11장　창조주를 떠나 성장하는 기계 — 226
- 12장　데이터가 대규모로 유출되기 시작하다 — 236
- 13장　소셜미디어라는 데이터 유전 — 246
- 14장　제왕의 재기를 막는 마음의 병 — 267

3막 그래도 쇼는 계속된다 2012년~

- 15장　데이터가 범죄자로 낙인찍은 사람들 — 291
- 16장　경찰들은 왜 컴퓨터에 의존하게 되었나 — 311
- 17장　정치인들이 데이터를 보는 시각 — 326
- 18장　아메리칸드림호에서 쫓겨나다 — 344
- 19장　건강 데이터가 우리 삶에 미치는 영향 — 368

에필로그 초감시사회를 어떻게 해석하고 받아들일 것인가 — 393

감사의 글 — 405

자료 출처에 대하여 — 412

주 — 414

프롤로그 1

데이터 시대의 서막

1985년 봄의 어느 아침, 다부진 체격을 가진 30대 중반의 백인 남자가 애틀랜타행 비행기에 올랐다. 왼쪽 신발 바닥에 테이프로 여권을 붙인 채였다. 캔버스화 안쪽에 숨긴 여권에는 진짜 이름이 쓰여 있었다. 비행기표에 적힌 이름은 가명이었다. 그는 주머니에서 두툼한 지폐 다발을 꺼내 모든 것을 현찰로 계산했다. 수염은 최근에 말끔히 깎았다.

마지막으로 눈을 붙인 지 며칠이 지났기에 남자는 자리에 앉자마자 담배를 한 대 피운 후 잠깐 눈을 붙이기로 했다. 몸을 뒤로 젖히고 눈을 감았다. 어찌나 큰 소리로 코를 골았는지 목적지에서 깨어났을 때 승객들이 박수갈채를 보낼 정도였다.

남자는 애틀랜타 공항에서 택시를 타고 중고차 매장으로 향했다. 낡은 픽업트럭을 고르고 750달러를 내놓았다. 딜러가 서류 작성을 위해 운전면허증을 보여달라고 하자, 그는 낮게 으르렁거리듯 말했다. "돈을 벌 거야, 말 거야?"

그는 곧 북동쪽 노스캐롤라이나 구릉으로 트럭을 몰기 시작했다. 비포장도로 끝 숲속에는 임대주택이 있었다.

그의 가족은 그를 오랫동안 보지 못했다. 몇 달, 어쩌면 1년일 수도 있었다. 심지어 두 딸은 수염을 깎은 그의 모습을 본 적이 없었다. 그래서 여섯 살인 큰딸 데지리Desiree는 트럭이 멈춰 서고 엄마가 트럭에서 내린 낯선 사람에게 입을 맞추는 모습을 지켜보다가 속삭였다. "누구야?"

그는 가족에게 '그레이트하버케이'라고 불리는 바하마의 한 섬에 살면서[1] 중앙아메리카로 일을 다니던 중에 함께 일하던 두 사람이 갑자기 실종된 것을 보고 몸을 피했다고 설명했다. 굵은 목소리로 "그들이 그냥 '휙' 하고 사라졌다"며, 자신이 다음 차례가 될까 봐 겁이 났다고 말했다. 그래서 멕시코로 도망친 뒤 몰래 국경을 넘어 샌디에이고로 들어갔고, 그곳에 숨어 발보아공원에서 미술 수업을 듣고 유화 그리는 법을 독학하며 며칠을 보냈다고 말이다.

데지리는 어느 날 아버지의 이야기에서 허점을 발견했다. 하지만 샌디에이고에서 하룻밤 사이에 유화 그리는 법을 배웠다는 부분은 사실처럼 들렸다. 그는 정말로 그런 사람이었기 때문이다.

*

사우스캐롤라이나에 도착한 뒤 하루인가 이틀이 지나자 그는 위험을 무릅쓰고 밖으로 나왔다. 데지리와 세 살 터울인 동생 칼리Carly를 데리고 인근 마을의 취미 용품 가게에 갔다. 그는 이젤, 캔버스, 물감, 붓을 사서 숲으로 돌아왔다. 그러고는 그들의 초상화를 그리기 시작했다. 자신이 가졌던 것을 기록하기 위해서였다. 그림 속에서 데지리는 비행기 조종석에 앉은 아버지의 무릎 위에 앉아 있었다. 한쪽 얼굴에는 빛이 비쳤고, 한쪽 얼굴에는 그림자가 졌다. 그리고 무언가 묻는 듯한 눈으로 아버지를 바라보며 미소를 짓고 있었다.

2주 동안 집에 숨어 있던 그는 무언가를 결심한 듯했고, 온 가족을 픽업트럭에 태웠다. 아이들과 함께 여행할 때는 의심하는 사람이 없었다. 그들은 골판지에 '번호판 분실'이라고 적어서 트럭의 뒤 유리에 붙인 채 플로리다를 향해 남쪽으로 내려가기 시작했다. 세 개 주에서 경찰이 차를 세웠지만 매번 그의 입심으로 곤경에서 벗어났다.

열 몇 시간을 달려 포트로더데일Fort Lauderdale에 도착한 그는 가족을 친구 집에 내려두고 혼자 공중전화로 향했다. 바하마에서 알게 된 유명 변호사 F. 리 베일리F. Lee Bailey에게 전화를 걸기 위해서였다. 그는 베일리에게 마약단속국Drug Enforcement Administration, DEA에 연락해달라고 부탁했다. 그는 거래를 원했고, 거래가 될 만큼 가치 있는 것을 가지고 있었다. 그가 최초의 슈퍼컴퓨터를 만들기 훨씬 전, 미국 데이터계의 거물이 되기 훨씬 전이던 그때도 말이다. 그는 자신이 가진 것이 금이나 코카인, 마약보다 더 가치 있다는 사실을 잘 알고 있었다. 그는 '정보'를 가지고 있었다.

프롤로그 2

우리는 그가 설계한
초감시사회를 살고 있다

소개부터 해야겠지? 내 이름은 매켄지 펑크McKenzie Funk고, 렉스ID LexID는 000874529875다. 이 두 가지가 방금 만난 남자와 어떤 관련이 있는지는 곧 알게 될 것이다.

내 렉스ID는 2001년쯤 한 사설 업체에서 내게 배정한 번호다. 택배를 추적하는 바코드쯤으로 생각하면 된다. 나를 추적하는 바코드인 것이다(당신의 바코드라면 당신을 추적하겠지만). 이것을 점점 커지는 '전자 구름'을 고정하는 '원자핵'이라고 생각해도 좋다. 하수구에 얽히고설킨 머리카락 뭉치처럼 절대 빠져나갈 수 없는 것이라 생각해도 좋다.

더 적절한 비유를 떠올리기가 쉽지 않다. 어쩌면 정부가 아닌 렉시스넥시스LexisNexis 같은 데이터 브로커data broker(소비자의 개인정보를 수집해 재판매하는 업체—옮긴이)가 발급한 '어둠의 사회보장번호'라고 생각하는 게 가장 적절할지도 모른다. 당신이 어떤 사람인지, 당신에게 어떤 가치가 있는지, 당신 인생에 어떤 기회가 주어질지 결정할 때 비밀리에 사용되는 그런 번호 말이다.

우리 삶을 들여다보는 제3의 눈

나는 대부분의 렉시ID가 그렇듯, 내 렉시ID가 남부 플로리다의 컴퓨터실에서 태어난 순간부터[1] 내 동의 없이 조용히 나를 스토킹하기 시작했다는 사실을 알고 있다. 나에 대한 첫 번째 '데이터 포인트 data point'(정보의 개별 단위)는 내 이름이었을 것이고, 두 번째는 오리건주에 있는 부모님 집의 주소였을 것이다. 그들은 내 출생증명서나 운전면허증, 10대 때 발급받은 낚시 허가증을 통해, 그리고 이 세 가지 서류가 서로의 진위를 입증한다는 사실을 통해 내 성별과 생년월일을 알아냈을 것이다. 또한 당시 내가 다녔던, 규모는 작고 학비는 비싼 스와스모어대학Swarthmore College의 주소를 수집할 수 있었을 것이다.[2] 첫 정규 직장인 내셔널지오그래픽소사이어티National Geographic Society를 찾아내 내가 백인이고 비교적 유복한 배경에서 자랐다는 사실을 추론할 수 있는 데이터도 빠르게 모았을 것이다.

그들은 내가 처음으로 신용카드를 만든 것도, 뉴욕에서 아파트를 빌린 것도, 값싼 자동차를 사서 전국을 누비고 다닌 것도, 이메일 주소를 이용해 여행 예약 사이트에 가입한 것도, UPS로 소포를 보낸 것도, 선거 후보자에게 기부를 한 것도, 융자를 받아 시애틀에 첫 집을 산 것도 알고 있다.

내 렉스ID와 마케팅 업계에서 만든 렉스ID 비슷한 것들은 생성된 이래 20년 동안 나에 대한 수만 개의 데이터 포인트를 수집해 왔다. 그들은 심지어 내가 밤늦게까지 깨어 있고 자전거를 좋아한다는 것, 조부모님이 모두 돌아가셨고 소득 잠재력만큼 돈을 벌지 못한다는 것,[3] 소셜미디어 활동에 적극적이지 않다는 것, 이제 아내와 두 아들이 있으며 이들에게도 곧 렉스ID가 생길 것이라는 것을 알고 있다.

내 렉스ID는 알고리즘을 통해 내가 만나거나 가까이 살거나 온·오프라인에서 교류하는 사람들의 네트워크를 1000분의 1초 단위로 정밀하게 파악해서 내 삶의 궤적을 온갖 각도로 보여준다. 이는 내가 의사에게 어떤 치료를 받을지, 자동차 보험료로 얼마를 내야 할지, 어떤 종류의 신용카드를 사용할지 결정하는 데 영향을 미친다.

이뿐만 아니라 렉스ID 그리고 렉스ID와 비슷한 것들은 우리가 보게 될 광고나 고객 서비스 센터에 전화할 때의 대기 시간을 결정한다. 경찰서, 정보기관, 병원, 은행, 보험사, 정당, 마케팅 회사 내부의 컴퓨터가 개인의 행동을 파악하고, 인공지능과 머신러닝이 사회 곳곳으로 확장되는 환경에서 개인의 행동을 예측하고 이용할 수 있게 해주는 것이다.

당신을 관찰하고 분석하고 평가하는 기계들

렉스ID만 우리를 추적하는 건 아니다. 영구 식별자Persistent Identifier, PID는 어디에나 존재하기 때문이다. 데이터 브로커인 액시엄Acxiom은 '애빌리텍ID AbiliTec ID'(16자)를,[4] '답변 회사answer company'

라 불리는 톰슨로이터Thomson Reuters는 '엔티티IDEntity ID'(15자)를,5 데이터베이스 제품을 생산하는 대기업 오라클Oracle은 '블루카이UUIDBlueKai UUID'(14자)를,6 광고 기술 회사 더트레이드데스크The Trade Desk는 '유니파이드IDUnified ID 2.0, UID2'(44자 또는 64자)를,7 신용정보 처리 업체 뉴스타Neustar(현재 신용조사 기관인 트랜스유니언TransUnion)는 '파브릭IDFabrick ID'(44~255자)를8 중심으로 개인정보를 모아왔다.

페이스북Facebook(현 메타META)은 30억에 가까운 사람들에게 사용자 ID를 부여했고(결국 ID는 15자리에 이르렀다),9 심지어 한동안 계정을 만들지도 않은 사람들까지 추적했다.10 2016년 미국 대선을 앞두고 공화당전국위원회Republican National Committee는 32자로 구성된 'RNC ID'를 개발했으며,11 논란이 많은 데이터 기업 케임브리지애널리티카Cambridge Analytica는 7자리로 이루어진 '보터_idVoter_id'를 개발해12 유권자의 기록과 액시엄의 애빌리텍ID를 결합함으로써 미국인의 온·오프라인 신원을 융합하는 데 도움을 주었다. 2016년 미시간과 위스콘신에서 벌어진 대선 막판에는 페이스북 사용자 ID를 유용하기도 했다.13 그리고 이는 도널드 트럼프의 대통령 당선에 영향을 주었을 가능성이 있다.

트럼프 대통령 재임 기간 중 코로나19가 미국을 휩쓸 때, 렉스ID와 기타 PID는 감염자를 찾고 모니터링을 하는 데 사용되었다. 지역사회가 접촉자 추적의 속도를 높이고,14 AI 시스템이 감염 위험 지역을 예측하고,15 병원과 보건 시스템이 감염 시 사망 가능성이 가장 높은 사람을 파악하는 데 도움을 주었던 것이다.16

조지 플로이드George Floyd가 경찰에 살해당한 사건으로 시민들이 거리에서 시위를 하던 시기에는 이런 추적 번호들을 통해 정부 카메라가 군중 속의 얼굴을 인식한다는 소문도 있었다. 연방 드론과 감시 비행기가 상공을 선회하며[17] 시위대의 스마트폰으로부터 15자리 이동통신 가입자 식별 번호International Mobile Subscriber Identity, IMSI를 빨아들인다는 소문도 존재했다.[18] 2년 후 바이든 행정부하에서 대법원이 로 대 웨이드Roe v. Wade 판결을 뒤집었을 때, 전국의 여성들을 대상으로 스마트폰에 있는 모바일 광고 IDMobile Advertising ID, MAID에 너무 많이 노출되지 않도록 생리주기 추적 앱을 삭제하라는 경고가 돌기도 했다. 구글의 안드로이드 광고 IDAndroid Advertising ID, AAID의 경우 대문자 없이 32자리 16진수였고,[19] 애플의 광고주 식별자 Identifier for Advertiser, IDFA는 소문자 없이 32자리 16진수였다.[20]

우리 모두에게 부여된 이런 식별자는 기하급수적으로 증가하는 새로운 종류의 힘이다. 이를 '데이터 융합data fusion' 또는 '신원 정보 확인identity resolution'이라고 한다. 실제로는 교류한 적 없는 누군가에 대한 모든 것을 알 수 있는 힘, 나 매켄지 펑크를 네브래스카에 사는 36세의 전 4-H(청소년 개발 조직. 4-H는 네 가지 핵심 가치인 머리Head, 심장Heart, 손Hands, 건강Health을 나타낸다—옮긴이) 챔피언 매켄지 펑크LexID: XXXXXXXX9429나 오하이오에 사는 23세의 전 타코벨 직원 매켄지 펑크LexID: XXXXXXXX2145와 자동으로 구별할 수 있는 힘, 정부와 기업이 우리를 구분하거나 표적으로 삼거나 포함하거나 배제하는 데 이용할 수 있는, 점점 더 커지는 힘 말이다. 흔히 말하는 것처럼 데이터가 '차세대 석유'라면 데이터 융합은 이를 '정제하는 과정'이다. 현대사회라는 배경에서 윙윙거리며 조용히 돌아가는 기계인 것이다.

처음에 나는 이 기계에 대한 다른 사람들의 생각과 내 생각이 얼마나 다른지 이해하지 못했다. 내게 중요한 건 대체로 평탄하게 보이는 내 삶의 윤곽을 기계가 얼마나 정확하게 포착하는가가 아니었다(기계는 내 상황을 매우 정확하게 반영하고 있다). 내가 기계에 관심을 가지는 이유는 그 때문이 아니다.

나는 '프라이버시'가 아니라 '권력'에 대해 조사하기 시작했다. 요점은 기회의 땅으로 여겨지는 미국의 모든 사람이 사실상 렉스ID를 가지고 있다는 것이다.[21] 데이터 융합 기계는 당신이 의료비를 미납한 전적이 있는지 알고 있다. 당신의 형제가 감옥에 있거나 있었는지도 알고 있다. 당신이 정신병원에 입원한 적이 있는지도 알고 있다.[22] 당신이 이동주택에서 산 적이 있는지도 알고 이를 부정적으로 평가하기까지 한다. 다시 말해 기계는 당신의 점수를 매기고 있다.

아무도 모르는 데이터계의 거물

내가 내 렉스ID에 대해 알게 된 2015년에는 이미 '빅데이터 big data'라는 용어가 유행 중이었다. 미국인들은 국가안보국National Security Agency, NSA의 계약 요원이었던 에드워드 스노든Edward Snowden이 폭로한 일반인 감시 문제를 이해하려 애쓰고 있었다. 중국과 러시아 취재를 마치고 막 돌아온 나는 해외에서 내 개인정보나 취재원의 익명성을 보호하기 위해 사용했던 기술, 암호화 메시징이나 토르Tor(익명 네트워크 도구—옮긴이), VPNVirtual Private Network(인터넷을 통해 만들어진 사설 통신망—옮긴이) 등이 미국 내에서도 의미가 있는지 궁금했다. 그리고 한 잡지 편집자로부터 일거리가 될 만한 이야기를 들었다.

중앙아메리카의 아동 인신매매 방지 캠페인에 대한 것이었는데, 조사 결과 이 활동을 주도하는 조직이 플로리다에 있는 '데이터 마이닝data mining(많은 데이터 가운데서 유용한 상관관계를 찾아 미래에 이용 가능한 정보를 추출하고 의사결정에 이용하는 과정—옮긴이) 소프트웨어 회사'와 제휴를 맺었다는 이야기였다.[23] 결국 그 일을 맡지는 않았지만 이후 그 회사를 찾아보았는데, 그 과정에서 '데이터 융합의 아버지'라고 불리는 행크 애셔Hank Asher라는 남자에 대해 알게 되었다. 그리고 내가 알아낸 그 남자는 궁극적으로 렉스ID의 기원이었다.

애셔가 처음 세운 데이터 스타트업인 데이터베이스테크놀로지스Database Technologies는 2000년 플로리다 유권자 명부에서 수많은 흑인을 삭제해 조지 W. 부시가 대통령이 되는 데 도움을 주었다.[24] 다음 회사인 사이신트Seisint는 부시 재임 당시 백악관과 협력해 논란이 많았던 9·11 테러 이후의 감시 프로그램 '매트릭스MATRIX'(앞으로 이 책에서 등장하는 '매트릭스'는 전부 이 프로그램을 지칭하며, 동명의 영화는 〈매트릭스〉로 표기했다—옮긴이)를 구축했다.[25]

매트릭스는 2005년에 공식적으로 폐지되었지만 비공식적으로는 CIA, 연방정부와 주정부 기관 내부에 계속 살아남아 있었다. 더 깊이 파고들자 거대 정보 기업인 렉시스넥시스, 톰슨로이터, 트랜스유니언의 대규모 부서가 여전히 애셔와 그의 회사가 구축한 기술을 기반으로 운영되고 있다는 사실을 확인할 수 있었다. 결과적으로는 경찰서와 정부 기관, 이들 정보 기업의 고객인 다수의 기업도 마찬가지였다.

《포천》500대 기업 중 거의 80퍼센트,[26] 세계 10대 은행 중 일곱 개, 미국 1만 8000개 법 집행기관의[27] 거의 100퍼센트에 애셔의 제품이 들어가 있다. 하지만 나는 애셔에 대해 들어본 적이 없었다. 애셔에 대해 들어본 적이 있다고 말하는 사람조차 없었다.

천재, 미치광이 그리고 인공지능 같은 남자

애셔는 2013년 61세의 나이에 갑작스럽게 사망했다.[28] 〈팜비치 포스트The Palm Beach Post〉에서 그를 추모하는 글을 찾을 수 있었다.[29] 친구들은 그의 매력, 담대함, 관대함, 쾌활함, 음주, 불면증, 그가 한밤중에 거는 전화, 먼 곳을 응시하는 듯한 눈빛, 사회적 규범에 대한 집착적인 경멸, 정보를 받아들이고 패턴을 식별하는 거의 컴퓨터 같은 초인적 능력에 대해 묘사했다. 친구들의 말에 따르면 그는 불안정하고 때때로 폭력적이었으며 정상적인 범주에서 벗어나기도 했다. 다음에 무슨 일을 할지 몰라서 눈을 뗄 수 없는 사람이었다. 한 지인은 이를 '행크 쇼The Hank Show'라고 표현했다. 나는 그 표현이 마음에 들었다. 누군가가 자기 나름의 현실을 구축한 뒤, 그 현실에 다른 사람들을 빨아들인다는 뜻이니까.

추모식에서 오랫동안 그의 변호사였던 사람은 그를 '무명의 법률 천재'라고 불렀다.[30] 애셔가 많은 돈을 기부한 메이요 클리닉Mayo Cinic의 한 의사는 그가 암을 이길 새로운 전략을 구상하는 데 어떤 도움을 주었는지 설명했다. TV 프로그램 〈아메리카 모스트 원티드America's Most Wanted〉의 진행자이자 애셔의 친구인 존 월시John Walsh는 그가 2010년 지진 이후 아이티에서 구조 활동에 참여했으며, 수년에 걸쳐 국립실종·착취아동센터National Center for Missing and Exploited

Children에 무료 소프트웨어와 수천만 달러를 기부했다고 밝혔다.

막내딸은 아버지로부터 처음 배운 말이 "개소리bullshit"였다고 회상했다. 동료들은 반바지, 보트슈즈, 분홍색 셔츠, 수염, 조종사 선글라스로 구성된 애셔의 비즈니스 복장을 기억했다. 사업 초기에 그와 일했던 한 직원은 1990년대 플로리다 폼파노비치의 엘리베이터에서 만난 애셔가 자신에게 처음 던진 말과 그 거친 말투 이면의 묘한 카리스마와 뭔지 모를 깊은 의미를 기억해 냈다. 애셔는 이렇게 말했다. "당신 도대체 뭐야?"

나도 '당신 도대체 뭐야?'라는 질문을 멈출 수 없었던 것 같다. 애셔의 가족과 동료에게 연락하기 시작한 나는 그가 얼마나 크게 사랑받거나 미움받았는지를 알게 되고는 말문이 막혔다(중간은 없었다). 그들의 묘사가 이상하게 흐릿하다는 것도 충격이었다.

그는 블랙박스 같은 사람이었다. 사람들은 그가 무엇을 했는지는 말했지만, 그 행동의 이유는 말하지 못하곤 했다. 많은 사람이 '천재성과 광기는 함께'라는 생각으로 넌지시 정신질환을 언급하기도 했다. 하지만 나는 우리의 새로운 세상을 움직이는 수많은 기계를 만든 사람에게서 무언가를 발견하길 바랐다. 그의 광기 속에서 우리 모두를 점점 더 병들게 하는 것이 무엇인지 설명하는 데 도움이 될 만한 근거 말이다.

사람들이 설명하는 애셔라는 사람이 인공지능 프로그램을 연상시킨다는 사실을 깨닫기까지는 시간이 좀 걸렸다. 인간의 정신으로는 수용하기 힘든 방대한 양의 데이터를 스캔하고, 평범한 인간은 볼 수 없는 패턴을 보도록 스스로 훈련하기 때문에 너무나 강력하고 그만큼 불가해한 '머신러닝 알고리즘machine learning algorithm' 말이다(머신 러닝 알고리즘과 애셔는 일반적인 사람이라면 하지 않을 기본적인 판단의 실수를 저지르기도 한다).

매트릭스의 구축을 도왔던 한 컴퓨터 과학자는 자신의 전 상사가 화이트보드의 수많은 숫자에서 다른 사람들이 보지 못하는 것을 바로 알아채 몇 초 만에 패턴을 찾아내곤 했다고 말해주었다. 그 임원의 말에 따르면 당시의 매트릭스에는 머신 러닝이 적용되어 있지 않았다. "대신 행크가 있었죠. 행크가 바로 알고리즘이었습니다."

동료들은 애셔라는 사람보다 그들이 애셔와 함께 만든 기술에 대해 설명하는 걸 더 편하게 생각했다. 그들은 1980년대부터 군용 슈퍼컴퓨터를 설계했다. 이 슈퍼컴퓨터는 민간에서 사용하는 수십 대의 PC를 '대규모 병렬 시스템'으로 연결해 큰 과제를 작은 조각으로 분할하고 모든 데이터 포인트에 프로세스를, 즉 모든 픽셀에 '가상 눈알'을 할당한 것이었다. 애셔는 이를 두고 "닭 1000마리에게 수레를 끌도록 가르치는 것과 비슷하다"라고 설명하기도 했다.[31]

1990년대 초 그는 컴퓨터에게 당시에는 활용되지 않던 자원, 예를 들어 일반 시민의 운전 기록과 재산 기록, 투표 기록, 법원 기록 그리고 낚시 허가증, 공과금 청구서 등의 데이터를 수집하고 종합하는 방법을 가르쳤다. 2001년에 인터넷이 폭발적으로 성장하고 개인이 기하급수적으로 많은 전자 데이터를 생성하기 시작하면서 그와 그의 엔지니어들은 이런 정보들과 기존의 공공 기록을 확고부동한 단일의 실체, 미래의 렉스ID(초기에는 어큐린트 데이터 링크Accurint Data Link, ADL)를 중심으로 통합했다.[32]

같은 해 9월 11일, 여객기가 세계무역센터 쌍둥이 타워에 충돌했다. 사건이 벌어지고 며칠 뒤 그는 기존 알고리즘을 재편한 컴퓨터를 테러리스트 사냥에 내보냈다. 애셔의 이 '신원 확인 기계'는 그 이후로 계속 돌아갔고, 끝없이 모방품들을 낳으면서 점점 더 많은 데이터를 축적해 나갔다. 그리고 내가 그들을 찾아 나섰을 즈음에는 이미 우리 눈이 닿는 곳 어디에나 존재하고 있었다.

9·11과 테러리스트 색출 시스템

9·11을 기억할 만큼 나이가 든 사람이라면 누구나 거기에 얽힌 사연을 하나쯤 갖고 있다. 당시 나는 뉴욕에 살면서 잡지사에서 일하고 있었으나, 그 주에는 배낭여행을 갔다. 콜로라도 남부의 야생 속에서 문명의 이기로부터 벗어나 보려고 말이다. 비행기가 충돌했을 때는 아마 하이킹을 하고 있었을 것이다. 내 일행은 1만 4000피트(4267.2미터) 높이의 봉우리들로 둘러싸인 샛강 옆 초원에서 하루나 이틀 정도 야영을 했는데, 나중에야 하늘에 비행운이 보이지 않는다는 사실을 깨달았다.

다른 여행객을 만나고 나서야 그 이유를 짐작할 수 있었다. 그녀는 테러 공격에 대한 소문을 들었느냐고 물었다. 일행 중 일부는 그녀가 망상에 빠져 있다고 생각했지만 일부는 그렇지 않다고 생각했다. 천둥 번개가 쳤고, 우리는 텐트 밖에서 비를 맞으며 소문을 어떻게 받아들여야 할지 의논했다. 다음 날 마찬가지로 여행 중인 세 명의 변호사를 만났는데, 휴대전화를 가지고 있었던 그들은 봉우리 중 하나에 올라 간신히 통화에 성공했다고 했다.

소문은 사실이었다. 우리는 재빨리 산을 내려왔다. 당시에 탄 뉴욕 JFK 공항행 비행 편은 공항 재가동 후 가장 먼저 착륙이 허용된 비행기 중 하나였다. 단편적인 기억을 더듬어보면, 우리가 지난 길은 맨해튼과 쌍둥이 빌딩 자리를 따라 이어져 있었는데 창밖으로 건물들이 사라진 것이 보였다. 공중에는 여전히 먼지가 떠 있었다.

친구와 나는 그날 밤 자전거를 타고 맨해튼의 유니언스퀘어로 향했다. 그곳에는 목숨을 잃은 사람들을 기리는 촛불과 제단이 놓여 있었고, 벽에는 실종자들의 복사된 사진이 붙어 있었으며, 멍한 눈의 친지들이 서 있었다. 우리는 폴리스라인을 가로질러 로어맨해튼Lower Manhattan으로 내려갔다가 먼지와 고요만이 존재하는 텅 비고 어두운 거리에서 브루클린 집으로 페달을 밟아 돌아왔다.

테러가 발생했을 때 내 룸메이트는 내 카메라를 들고 아파트 옥상에 앉아 망원렌즈로 화염과 떨어지는 사람들을 지켜보고 있었다고 했다. 우리는 그 필름을 현상하지 않았다. 내가 문명사회로 돌아왔을 때는 뉴스에서 제트기가 건물에 충돌하는 영상을 더 이상 송출하지 않았기에 나는 그런 영상을 접하지 못했다. 하지만 내가 아는 뉴욕의 모든 사람들, 그리고 다른 곳의 모든 사람들은 그 영상을 본 것 같았다. 그리고 우리가 왜 집단적으로 기존의 자유를 포기하기로 결정했는지 더 잘 이해하는 듯했다. 그건 내가 편향된 시각을 갖고 있다는 뜻인지도 모르겠다. 나는 오랫동안 나 이외에 온 나라가 9·11을 경험했고, 그 때문에 변했으며, 그 변화에 암묵적으로 동의했다고 느꼈다. 하지만 이후 내가 본 건 추악한 후유증뿐이었다.

애셔의 9·11 이야기는 달랐다. 그날 아침 보카러톤Boca Raton의 사이신트 빌딩에는 수십 명의 직원이 큰 사무실을 채우고 있었다. 그들은 두 번째 제트기가 사우스타워에 충돌한 후 타워가 무너지는 광경을 함께 지켜보았다. 사람들은 비명을 질렀다. 울거나 괴로워하는 사람도 있었다.

애셔는 자리에서 일어나 직원들에게 연방 기관, 주 경찰서, 지역 경찰서… 정부의 아는 모든 사람에게 전화를 걸어 그들의 대표적인 수사 데이터베이스인 어큐린트Accurint에 무료 액세스를 제공하라고 지시했다. 그리고 며칠 만에 수십만 달러의 사비를 들여 사이신트 건물 내에 법 집행기관을 위한 보안실을 만들어 책상, 테이블, 램프, 화이트보드, 컴퓨터, 전화선, 팩스를 구비했다. 그곳은 곧 FBI, 비밀경호국Secret Service, 미국연방보안국U.S. Marshals Service, 세관, 플로리다법집행부Florida Department of Law Enforcement 소속 요원들로 가득 찼다.

공격 이틀 후, 애셔는 자신의 직원이자 친구인 은퇴한 플로리다 마약 수사관, 빌 슈루즈버리Bill Shrewsbury와 함께 저택에서 마티니를 마시며 이렇게 단언했다.[33] "난 이 개자식들을 찾을 수 있어."

그는 50인치 모니터와 컴퓨터가 있는 침실로 달려가 고액 순자산 보유자를 찾기 위해 사이신트가 처음 개발했던 마케팅 알고리즘을 수정하기 시작했다. 나이, 신용 기록, 추정되는 종교 등 몇 가지 매개 변수를 변경하면 동일한 프로그래밍 로직을 다른 목적으로 작동할 수 있는 듯했다. 이내 그 알고리즘은 통합 데이터를 기반으로 애셔가 '높은 테러리스트 인자high terrorist factor'[34] 또는 '테러리즘 지수terrorism quotient'라고 부르는 것을[35] 지닌 모든 미국 거주자를 찾아낼 수 있게 되었다.

애셔는 밤을 새워 코드를 다듬었다. 아침이 되어서야 작업이 끝났다. 그는 곧 납치범 중 한 명을 찾아냈다. 그 이름이 공개되기도 전이었다. 그리고 이후 동일한 절차로 네 명의 납치범을 더 찾아냈다.

이것이 매트릭스의 시작이었다. 지금까지와는 다른 새로운 분석 시대의 시작이기도 했다. 당신의 '위험도'가 점수로 환산되고, 당신의 데이터가 단순한 설명이 아닌 '예측'으로 사용되는 시대 말이다. 마케터들은 오랫동안 잠재고객을 평가해 왔다. 페어아이작앤드컴퍼니Fair, Isaac and Company의 신용평가 점수인 FICO 점수 또한 이미 반세기의 역사를 가지고 있다. 그러나 보험 통계가 시민이 지닌 기질의 다른 측면을 예측하기 위해 경계를 넘은 적은 거의 없었다.[36] 이런 프로세스가 이 정도로 자동화된 경우도, 마찰을 빚지 않았던 경우도 찾기 힘들었다. 하지만 애셔는 자신의 시스템이 개인의 테러 성향을 예측할 수 있다고 약속하며 연방 기관을 설득했고, 곧 같은 시스템으로 범죄 관련성 예측이 가능하다며 경찰과 주 의원들까지 설득했다. 이는 '예측 치안predictive policing'이라고 알려진, 논란이 많은 관행의 초기 사례다.

앞으로 어떤 세상에서 살게 될 것인가

알고리즘이 점점 더 큰 영향을 미치는 세상이다. 이러한 세상에 쏟아지는 비판 중 상당수는 'AI가 하지 못하는 것'에 초점이 맞춰져 있다. 나도 동의한다. 몇 가지 비판을 하나씩 소개해 보겠다. 먼저 단순한 수학적 계산에 의한 비판이 있다. 표본 크기가 너무 작으면(예를 들어 테러 공격) 알고리즘은 대상에 대해 신뢰할 만한 예측을 하기가 무척 어려워진다. 두 번째 비판은 심리학적 측면에서 문제에 접근한다. 구글 맵Google Map을 무턱대고 따라가다가 길을 잃어본 사람이라면 알겠지만, 사람들에게는 상식을 무시하고 기계를 신뢰해 버리는 경향이 있다는 것이다.

세 번째 비판의 근거는 '견제와 균형'이다. 알고리즘은 외부의 간섭이나 검토에 배타적인 '개인 소유의 블랙박스'인 경우가 많다. 마지막 네 번째 비판은 알고리즘이 객관적이기는커녕 인간의 편견을 코드화하고 확대하는 경우가 많다는 점을 지적한다. 예를 들어 예측 치안 시스템이 흑인 인구가 많은 특정 지역에서 체포 건수가 높았다는 사실을 학습할 경우, 컴퓨터는 그 지역에 경찰관을 더 배치해야 한다는 결정을 내릴 테고, 결국 인종차별적인 체포와 폭력 패턴이 반복될 것이다. 쓰레기를 넣으면 쓰레기가 나오듯이.

하지만 앞으로 펼쳐질 애셔와 그의 창작품에 대한 이야기는 조금 다른 질문을 떠올리게 한다. '이 시스템이 실제로 작동하면 어떤 일이 일어날까? 더 나아질까, 아니면 더 나빠질까?'

이제부터 펼쳐질 새로운 현실에서 보험사와 병원은 당신의 렉스 ID가 보여주는 사회경제적 지위를 고려해 '건강점수'를 부여한다. 팬데믹 상황이라면 가난하고 고립된 사람에게 인공호흡기를 제공하느니 다른 환자에게 인공호흡기를 제공하는 편이 더 낫다고 판단할 것이다. 미국이민세관집행국U.S. Immigration and Customs Enforcement, ICE은 애셔의 데이터 융합 기술로 직장이나 집 밖에서 더 세밀하게 이민자를 색출해 효율적으로 체포할 것이다. 경찰의 감시 카메라도 차량번호판이나 얼굴을 인식하고 즉시 그 사람의 정보를 담은 서류에 접근할 것이다.

역사는 한 방향으로 나아가고 있다. 사회와 자본주의가 역사를 계속 그 방향으로 밀어붙이고 있기 때문이다. 따라서 지구상에서 가장 거대한 기업들이 수십억 달러를 쏟아붓고 있는 이상 AI 과학과 기계는 발전할 수밖에 없을 것이다.

지금은 컴퓨터가 우리의 모든 사소한 행동을 빠짐없이 수집하고 기억해 이를 기반으로 결정을 내리는 세상, 그 어느 때보다도 과거가 미래를 결정짓는 세상이다. 이 세상은 당신이 되고자 하는 '미래의 당신'이 아니라 '과거의 당신'에게 맞춰진 세상, 우리가 원하는 세상이 아니라 기존의 편파적인 구조가 영속되는 세상이다. 대출기관과 보험사가 가난한 사람과 흑인에게 더 많은 금액을 청구하고 부자나 백인에게는 적은 돈을 청구하는 세상, 광고주와 정치가들이 특정 대상을 위하는 척 광고로 그들을 조종하는 법을 정확히 알고 있는 세상이다.

더 완벽한 피드백 루프feedback loop로 기존의 패턴과 편견을 강화시키는 세상, 평생 반향실 안에서 사는 세상, 개인화된 페이스북 뉴스피드의 실물 버전인 세상, 사람들을 그들의 패턴에 가두어 사회적 유동성을 방해하면서 아메리칸드림의 종말을 더 앞당길 수 있는 세상이다.

상상할 수 있는가? 이제부터 애셔의 이야기를 따라가 보자. 그의 발명품을 알고 당신을 돌아보자. 그러면 기계가 당신을 잘못 알 때가 아니라 당신을 정확히 알고 있을 때야말로 가장 무섭다는 사실을 깨닫게 될 것이다.

1막

희미하게 들려오는 백색소음

1951년~2000년

1장
마약단속국의 민간인 비밀 요원

F. 리 베일리가 변호사로 이름을 날리게 된 건 1960년대와 1970년대에 아내 살해범으로 몰렸던 샘 셰퍼드Sam Sheppard 박사, '보스턴 교살자Boston Strangler' 앨버트 드살보Albert Desalvo, 언론 재벌의 상속녀 패티 허스트Patty Hearst의 사건을 맡으면서였다. 하지만 큰돈을 만지게 된 건 1980년대에 마약 밀수범들을 변호하면서였다. 그의 고객 중 한 명은 바하마의 총리였던 린든 핀들링Lynden Pindling이었다. 베일리가 마이애미에서 동쪽으로 150마일 떨어진, 7마일에 걸쳐 뻗어 있는 바하마 그레이트하버케이에 관심을 둔 것은 우연이 아니었다. 그는 핀들링의 허락을 얻을 수만 있다면 그곳이야말로 카지노가 들어서기에 최적의 장소라고 생각했다. 51세의 이 변호사는 주말이면 이 섬의 선착장에 있는 타운하우스에서 시간을 보내곤 했다. 그러던 어느 날, 갑자기 그의 집에서 몇 분 거리에 훨씬 큰 바닷가 저택을 갖고 있는 젊

은 친구가 마약단속국과의 문제로 도움을 청해왔다.

베일리는 그 젊은 남자를 잘 알고 있었다. 그는 베일리처럼 조종사였다. 베일리처럼 술을 많이 마셨고, 베일리처럼 바람둥이였다. 열정적이고 머리가 기막히게 좋아서 한번 머릿속에 아이디어가 떠오르면 말을 멈추기 힘들어했다. 25만 달러짜리 비행기인 날렵한 트윈 엔진 에어로스타Aerostar를 갖고 있었는데, 폭풍이 몰아치는 가운데 나소Nassau로 긴급 의무 수송을 가 현지 여성의 목숨을 구한 적이 있었다. 그는 그 일로 섬에서 평가가 좋았다.

공항으로 향하는 길에 즐겨 하던 배럴 롤barrel roll(비행기 회전 동작의 일종—옮긴이)이라는 묘기로도 유명했다. 그가 온다는 소식을 들은 군중들은 해변의 술집으로 모여들었다. 분명 사고가 나겠거니 생각하고 구경 나온 사람들이 있는가 하면, 그가 모는 비행기의 날개와 파도 끝이 맞닿는 모습을 보기 위해 온 사람들도 있었다.

1982년 플로리다에서 그레이트하버케이로 이사 온 그는 어느 날 저녁 베일리의 집 앞에 나타나 자신을 소개했고, 얼마 지나지 않아 섬의 소방서와 수처리 공장을 재건하는 베일리의 일을 돕겠다고 나섰다. 하지만 함께 보내는 시간이 길어져도 베일리는 그가 필요 이상으로 자극을 추구하고 친구들에게 매달리는 이유를 좀처럼 알 수 없었다. 다만 분명한 것은 그가 모든 일의 중심에 서는 것을 좋아했다는, 아니 어쩌면 필요로 했다는 점이었다.

수백 명의 그레이트하버케이 주민들 중에서 흑인인 현지인과 백인인 주택 소유주 모두와 진정한 관계를 맺은 사람은 그 외엔 드물었다.[1] 섬에 있는 4200피트(약 1.28킬로미터) 길이의 활주로, 플로리다와 가까운 뱃길을 이용해 콜롬비아인과 쿠바인들이 총을 차고 다니며 마약 밀수를 시작했을 때는 그들과도 알고 지낼 정도였다.[2] 그가 코카인을 한다는 소문, 그도 한때 마약 사업을 했다는 소문이 있었지만 베일리는 그의 전화를 받기 전까지는 진위를 알지 못했다.

베일리는 전화를 끊고 피터 그루든Peter Gruden에게 전화를 걸었다. 마약 전쟁의 진원인 플로리다와 카리브해를 담당하는 마약단속국의 특수요원이었다.[3] "내 지인과 이야기를 좀 나눠 줘야겠어." 그가 말했고, 그루든은 그러겠다고 대답했다.

1982년 마이애미, 마약단속국과 손을 잡다

베일리와 남자는 포트로더데일에서 차를 몰고 마이애미로 향했다. 다음 날 베일리만 돌아오게 될 경우를 대비해 베일리의 지프를 이용했다. 남자는 줄담배를 피우며 초조히 창밖을 바라봤다. 베일리가 겁먹은 그의 모습을 본 건 그때가 처음이었다. 그는 베일리에게 해변가의 집을 팔기 전까지는 수임료를 지불할 수 없다고 말했고, 베일리는 괜찮다고 대답했다.

그들은 마이애미에서 그루든과 마주 앉았다. 지금의 트럼프 내셔널 도럴Trump National Doral 골프 리조트 옆에 있는 마약단속국 건물 근처의 회의실이었다. 회의실 안에서 일어난 일은 공개하지 않기로 되어 있었다. 베일리가 훗날 다른 사람에게 전했던 것처럼 그날 그는 그루든에게 그의 앞에 있는 남자가 최근까지 미국 정부를 위해 비밀리에 일을 하고 있었다고 말했을지도 모른다. CIA와 관련된 일,[4] 1980년대 니카라과 유혈 내전 당시 레이건 행정부가 은밀히 지원했던 우익 반군인 콘트라Contra와 관련된 일 같은 것 말이다. 하지만 베일리가 2021년 사망하기 전에 인터뷰에서 말했듯, 그날은 당면한 사실에 충실했다. 당시 그레이트하버케이와 인접한 시스턴케이Cistern Cay가 불법 마약 수송이 일주일에 열 건 이상 이루어질 정도로 중간 기착지 역할을 하고 있었고,5 마약단속국은 이 흐름을 완벽히 막을 수가 없었다. 주민 한 명이 해안에서 살해당해 시신이 모래에 묻혔다. 베일리와 다른 개발업자들이 마약 거래를 방해하지 못하도록 경고하는 의미로 그의 보트와 타운하우스에 고의로 불을 지르는 등 폭력이 심화되고 있었다. 말 그대로 통제 불능 상태였다. 어쩌면 이 상황에 남자가 도움이 될지도 모르는 일이었다.

베일리는 자신의 의뢰인이 섬에 집을 가지고 있으며, 현지인들에게 인기 있는 사람이라고 소개했다. 그리고 남자는 베리아일랜드Berry Islands의 모든 사람과 거기에서 일어난 모든 일을 알고 있었다. 네트워크를 매핑하고 패턴을 밝혀낼 수 있었다. 그뿐 아니라 들어오는 비행기의 꼬리 번호, 나가는 배의 선박 번호, 비행기에 짐을 싣고 내리는 사람들과 조종하는 사람들의 이름을 넘길 수도 있었다.

베일리가 그루든에게 말했다. "내가 원하는 건 그 어떤 혐의로도 기소될 위험이 없다는 점, 지금 이 순간부터 그가 정부와 협력하는 신분이라는 점을 확실히 하는 것뿐이네." 그루든은 베일리의 제안을 고려했고, 의뢰인이 느끼는 압박감은 줄어들기 시작했다. 그루든은 마약단속국에서는 그에게 혐의를 둔 사안이 없다고 설명했다(그를 추적하는 요원들은 플로리다주 법무부 소속이었다). 그리고 힘을 합하면 모두가 원하는 것을 얻을 수 있다고 그를 안심시켰다. 마침내 그들은 악수를 나눴다.

남자는 자신을 담당할 그루든 휘하의 현장 요원을 만나러 가기 전에 한 가지 요청을 했다. 그 방을 나서면서부터는 자신의 정체를 드러내고 싶지 않다고 말이다. 그는 과거가 계속 자신을 따라다니는 상황을 원치 않았다. 그래서 그들은 그가 이전에 한 번 이상 사용했던 가명을 사용하기로 합의했다. 애덤스. 그는 '미스터 존 애덤스'가 되었다.

1980년 플로리다, 코카인 운반 비행기

마약단속국은 애덤스가 일을 시작할 때 이미 데이터의 선구자였다. 미국의 법 집행기관 중 최초로 '중앙 집중식 전자 데이터베이스'를 본격적으로 활용한 기관이었던 것이다. 현장에 파견되어 있는 요원들은 각기 다른 사무실에서 자신의 컴퓨터로 접속했지만, 마약 용의자를 수사할 때 그들이 뒤지는 것은 모두 동일한 중앙 데이터베이스였다. 마약·위험약물정보시스템Narcotics and Dangerous Drugs Information System, NADDIS은 텍사스주 엘패소의 메인프레임에 자리 잡고 있었는데,[6] 이 시스템에는 500만 개의 기록이 저장되어 있었다. 이 기록들은 이름, 전화번호, 차량번호, 선박번호, 항공기의 고유식별번호 등 단독으로는 의미가 없는 단편적인 정보였지만 조합하면 강력한 힘을 갖게 되었다. 이런 정보는 날마다 수백 개씩 늘어났다. 시스템에 입력된 용의자에게는 '마약·위험약물정보시스템 번호NADDIS number'로 알려진 7자리 추적 번호가 부여되었고[7] 체포되거나 기소되지 않았더라도 또는 유죄 선고를 받지 않았더라도 일단 시스템에 등록되면 평생 삭제되지 않았다. 그러니 애덤스는 마약단속국 사람들에게 정보를 건넸지만, 사실 그 정보는 신종 기계로 흘러들어 가고 있었던 것이다.

인류 역사의 대부분 동안 사람들은 누군가를 알거나 모르거나 둘 중 하나였다. 누군가의 삶 속 상세한 정보들을 알거나 모르거나 둘 중 하나였던 것이다. 당신이 누군가가 어떻게 살았고, 어디에 살고, 누구를 사랑했는지를 알고 있다면 그 사람도 일반적으로 당신에 대해 비슷한 수준으로 알고 있었다. 대칭성이 존재했던 것이다. 관계는 대부분 일대일이었다. 지리, 시간, 기억 등 자연적인 한계 때문에 알 수 있는 사람의 숫자와 알게 되는 속도에는 제한이 있었다. 그런 세상에서라면 자신을 '존 애덤스'라고 밝히는 건 단순한 문제였다. 낯선 사람에 대해 달리 알 방법이 없지 않은가? 하지만 미국의 데이터베이스화의 초기 사례인 마약·위험약물정보시스템이 이 모든 상황을 바꾸기 시작했다.

정보화 시대는 '대량 수감의 시대'가 될 것이다. 당신이 지금 '무언가를 알 수 있기 때문'이 아니라 '빨리 알게 되었기 때문'이다. 1980년 미국의 감옥과 교도소에는 50만 명의 수감자가 있었다. 20년 후인 2000년에는 그 수가 200만 명으로 네 배 늘었다.[8] 수감자 급증의 주된 원인은 높아진 범죄율과 길어진 형기였다. 그러나 1980년대 로널드 레이건 대통령이 도입한 '범죄 강경 대응'에 대한 법들도 새로운 기술이 없었다면 이 같은 효과를 내지 못했을 것이다.[9] 전산화 기록과 계속해서 늘어나는 데이터 저장소는 교도소에 사람을 채우는 일등공신이다.

애덤스는 이 새로운 시대에 '정보 제공자'로 일하게 되었지만, 구시대에 체포된 전적이 있었다. 당시 수사를 지휘한 플로리다법집행부의 특수요원이 모든 증거를 모아 첫 체포에 성공하기까지는 4년이라는 시간과 행운이 필요했다. "그 시대에 마약 밀매자를 잡으려면 두 가지를 알아야 했습니다." 요원은 이렇게 말했다. "누가, 언제 마약을 들여오는지를 알아야 하죠. 보통은 그중 하나만 알고 있지만."

사건은 1980년 플로리다 중부 오키초비카운티Okeechobee County의 외딴 목장에서 시작되었다.[10] 소유주는 목장에 살지 않았지만 그곳의 잔디 활주로는 정기적으로 관리되고 있었다. 소형 비행기가 너무 자주 들고 나기 때문에 이웃의 눈을 피할 수가 없었다. 요원은 카운티의 서기와 통화하거나 직접 찾아가야만 접근할 수 있는 부동산 등기 기록을 통해 목장 소유주의 이름을 알아냈다. 영장만 있으면 그 이름을 이용해 통화 기록을 요청하고, 3주에서 한 달 정도를 기다린 뒤 목장 주인이 어떤 번호로 전화를 걸고 받았는지 알아낼 수 있었다. 기관의 기록에서 밀수범으로 알려진 사람이나 의심되는 사람의 번호가 있는지 확인할 수도 있었다. 하지만 활주로에 비행기가 많이 다닌다는 데서 오는 예감만으로는 영장을 받을 수 없었다.

그래서 요원과 현지 보안관 부서에서 나온 파트너들은 사유지 경계의 맞은편에 있는 팔메토(미국 동남부에서 자라는 작은 야자나무—옮긴이)와 스크럽 오크(건조한 암석이 많은 지대가 원산지인, 왜소한 졸참나무속 식물의 총칭—옮긴이) 가운데에서 모기를 쫓으며 몇 시간이고 잠복을 해야 했다. 그들은 숲에 감시 카메라를 설치하고 소나무 껍질로 감싸 위장한 뒤 3~4초에 한 번씩 자동으로 사진을 촬영했다. 카메라는 비행기 고유식별번호와 번호판을 포착했지만 불법적인 행위는 전혀 없었다. 착륙한 비행기는 곧바로 활주로 북쪽이나 남쪽, 가운데에 있는 세 개의 격납고 중 한 곳으로 들어갔다. 일은 모두 닫힌 문 뒤에서 벌어졌다. 들어간 지 얼마 지나지 않아 격납고 문이 열리고 비행기는 다시 이륙했다. 카메라 필름을 현상하는 데 시간이 걸렸고, 고유 식별번호와 번호판의 번호를 찾아내는 데는 몇 주에서 몇 달의 시간이 더 걸렸다. 그 상황을 요원은 이렇게 설명했다. "우리는 항상 6개월 뒤처져 있었습니다."

결국 코카인을 싣고 가다가 테네시주 활주로에 불시착한 하급 조종사 한 명을 경찰이 발견한 후에야 요원은 누가, 언제 움직이는지를 분명히 알게 되었다. 영장을 받을 만한 증거로는 충분했다. 징역형에 처해질 위험에 처한 젊은 조종사는 입을 열었고, 요원에게 밀수 조직에 누가 있는지 설명하기 시작했다. 조직의 구성원은 열두 명이 훌쩍 넘었다. 그중 한 명, '애덤스'로 통하는 조종사는[11] 목장 활주로에서 이륙하고 나면 '배럴 롤'이라는 특유의 기술을 선보였다. 요원은 즉시 전화 기록에서 그 남자의 실명을 추적했다.

1985년 바하마, 마약단속국의 민간인 비밀 요원

다시 1985년 5월 말, 마약단속국에서의 만남 이후 애덤스는 그레이트하버케이로 돌아왔다.[12] 그는 해변 주택과 선착장, 잭 니클라우스Jack Nicklaus가 자주 찾았지만 망해버린 골프 리조트[13]의 풀만 무성한 폐허처럼 일반 방문객에게 알려진 구역은 거들떠보지도 않았다. 오로지 바하마 사람들 대부분이 살고 있는, 반대편의 좁은 둑길에서 하루하루를 보냈다.

이곳 불록스하버Bullock's Harbour의 정착촌에 있는 그레이브야드 Graveyard라는 식당 겸 나이트클럽에는 현지인과 외국인 밀수업자들이 모였다. 그는 그중 가장 큰 조직에 잠입하려 했지만 베일리와의 친분 때문에 의심을 샀다. 밀수업자들은 애덤스가 사는 술은 마시면서도 그들이 섬에서 하는 일에 대해서는 절대 입을 열지도, 끼워주려 하지도 않았다. 애덤스는 재빨리 다른 방법을 시도했다.

불록스하버와 시스턴케이 사이에는 미로 같은 맹그로브와 강 하구(현지에서는 '개creeks'로 알려진)로 둘러싸인 1마일 너비의 만이 있어 보트나 마리화나 더미를 쉽게 숨길 수 있었다. 밀수업자들이 비행기를 그레이트하버에 착륙시키든, 시스턴의 작은 활주로에 착륙시키든, 화물을 그냥 열린 문 밖으로 던지든 플로리다로 가는 고속보트를 준비하는 과정은 물 위에서 이루어졌다. 그래서 바람이 없는 밤에 그레이브야드에 서 있으면 팬서Panther 헬리콥터의 윙윙거리는 소리, DC-3(더글러스 DC-3Douglas DC-3라는 엔진이 두 개인 쌍발 프로펠러 여객기—옮긴이)의 웅웅거리는 소리, 모터보트 엔진이 으르렁거리는 소리가 시작되었다가 어둠 속으로 사라지는 것을 알 수 있었다.

애덤스가 새로운 계획을 위해 시스턴 절벽에 있는 두 저택의 주인들에게로 시선을 돌렸다. 그 집들은 밀수업자들의 활동을 관찰하기에 완벽한 위치에 있었다. 애덤스처럼 밀수업자 출신인 주인들은 일을 하기 위해서라기보다는 숨어 살기 위해 이곳에 온 터였다. 그들 역시 법적인 문제를 안고 있었다. 애덤스는 어느 날 밤 술집에서 그들의 동료 중 한 명에게 다가가 시스턴에서 만나자고 제안했다. 그리고 자신과 마약단속국을 도와주면 마찬가지로 그들 또한 도움을 받을 수 있다며 설득했다. 애덤스는 자신의 법적 문제를 전혀 언급하지 않았지만, 돈 때문에 기관을 위해 일하는 게 아니었다. 그의 게임은 그저 한 단계 업그레이드되었을 뿐 거의 비슷했다. 중개인으로서의 유용성을 증명할 수 있다면 자신의 문제는 사라지리라고 생각했다.

8월이 되었다. 애덤스는 자신이 새로 포섭한 사람들을 마약단속국과 접선하게 하려고 마이애미의 한 호텔에 체크인했다. 그리고 한 남자와 자신의 방에서 밤을 새워 그들이 가진 모든 정보를 큰 종이에 요약했다. 여섯 개의 상세한 도표가 그려졌다.

그중에는 마약을 운반하는 콜롬비아 비행기 조종사들이 카리브해를 거쳐 플로리다나 바하마로 향하는 다양한 경로가 표시된 지도도 있었다. '연락책'이라는 이름이 붙은 또 다른 도표는 스프레드시트였다. 왼쪽 열에는 그들이 알고 있는 베리아일랜드의 현지 밀수업자들이 나열되어 있었다. 다음 열에는 그들의 위치가, 그다음 열에는 그들이 과거에 성사시킨 마약 거래가, 그다음 열에는 현재 계획 중인 마약 거래가 적혀 있었다. 거기에는 그들이 애덤스 일당에게 마약 거래에 참여하라고 제안한 내용도 적혀 있었다. 다른 밀수 조직과의 제휴 관계, 그들이 현지 당국에 지불한 뇌물, 보트나 비행기 같은 작전에 사용한 장비까지도. 스프레드시트의 마지막 열에는 '비고'라는 제목이 붙었는데, 거기에는 연락책이 살해한 사람의 이름이나 '베리에서 가장 큰' 따위의 문구가 적혀 있었다.

애덤스를 담당하는 요원들은 도표 안의 정보와 세심한 구성에 깊은 인상을 받았기에 그의 영입을 수락했다. 애덤스는 곧 은퇴한 밀수업자 다섯 명으로 이루어진 비공식 팀을 정식으로 운영하게 되었다. 마약단속국은 그들을 시스턴 파이브Cistern Five라고 불렀다.

1985년 시스턴과 그레이트하버케이에는 전화 네트워크가 없었다. 전 세계 어디에서도 휴대전화를 보기 힘든 때였다. 이들은 마약단속국에 정보를 몰래 전달하기 위해 미국 본토를 오갔고, 직접 고주파 무선 네트워크를 구축했다. 시카고와 탬파Tampa, 포트로더데일 그리고 노스캐롤라이나 세탁실의 숨겨진 서랍에 송신기가 있었다. 데지리는 가끔 송신기를 꺼내 허니 버니Honey Bunny라는 호출 부호로 아버지와 통화를 하기도 했다. 아이는 이렇게 외쳤다. "호텔 찰리, 나와라. 호텔 찰리, 나와라."

이 팀은 시스턴케이에 무전기뿐만 아니라 야간투시경과 새로 구입한 '랜디'라는 별명의 레이더 시스템까지 갖추고 있었다. 시스턴 파이브는 레이더를 옥상에 설치해 비행기가 들어오는 것을 알아냈다. 애덤스는 주로 플로리다에, 다른 사람들은 시스턴에 있었다. 그들은 고주파 무전기를 들고 애덤스가 고안한 암호로 대화하면서 밤을 보냈다. 비행기의 움직임을 전할 때는 숫자를 문자로 바꾸고, 새로운 채널로 이동하고 싶을 때는 '검은 돌black stones'이라는 문구를 사용했다.

무일푼이었던 애덤스는 다른 팀원들을 설득해 모든 장비와 비행기를 띄울 연료를 구입하게끔 했다. 팀원 중 일부는 남아프리카의 금화 크루거랜드를 밀수업자들의 예금 계좌, 그러니까 섬 곳곳의 비밀 장소에 묻어두었는데 비용을 대기 위해서 다시 파내야 했다.

그해 여름, 시스턴 파이브는 마약단속국이 마리화나를 가득 실은 화물선들과 코카인을 운반하는 항공기 6대를 추적하고 시스턴 활주로에서 500킬로그램의 코카인을 압수하는 데 도움을 주었다. 팀, 아니 적어도 애덤스는 자신의 가치를 입증한 것 같았다.

1987년 시카고, 숨겨도 숨겨지지 않는 그 이름

애덤스가 공식적으로 이 작전에 대해 이야기한 건 단 한 번뿐이었다. 1987년 다른 팀원이 재판을 받던 시카고 법정에서였다. 애덤스는 베일리의 요청에 판사가 보안을 이유로 일반인과 언론의 출입을 통제한 뒤에야 나타나 피고를 위해 증언했다. 시카고연방법원 역사상 최초의 비공개 심리였다.[14] 그때도 그는 가명을 사용했다.

"증인, 제가 소환장을 발부해 당신을 강제로 출석시켰나요?" 피고 측 변호사가 물었다.

"아니요. 자발적으로 나왔습니다." 애덤스가 대답했다.

"출석하지 않으면 어떻게 될 거라고 말했죠?"

"제 이름으로 저를 소환하실 거라고요."

"어떤 이름으로요? 저한테 이야기하고 싶지 않죠?"

"네, 말하고 싶지 않습니다."

애덤스는 자신의 과거에 대한 질문은 회피했지만, 작전에 대해서는 막힘없이 설명했다. 덥수룩한 수염과 머리, 풀어헤친 셔츠, 보트 슈즈 차림의 깔끔하지 못한 외양과 상반되는 정확한 대답이었다. 그는 섬의 마약 경로와 인적 네트워크를 파악하기 위해 직접 만든 복잡한 스프레드시트를 설명했고, 피고 측 변호사가 코카인 500킬로그램의 시가를 계산하도록 도왔다. "1그램당 100달러라면 1킬로그램은 1000그램이니까 10만 달러고, 500을 곱하면 5000만 달러가 됩니다. 5000만 달러요."

때로는 보안상의 이유로, 때로는 물리적인 이유로 무선 채널을 변경한 방법도 설명했다. "고주파 장비를 사용하는 건 전파를 전리층에서 반사하여 수신소로 들어가게 하기 위해서입니다. 예를 들어 밤에는 전리층이 지표면에 가까워지기 때문에 파장이 더 긴 저주파를 사용해야 하죠." 그리고 마약·위험약물정보시스템이 위치한 엘파소의 정보센터에 전화를 걸기 위해 마약단속국 주파수를 위임받았으며, 무전기가 고장 날 경우를 대비해 분석가들의 직통 번호와 집 전화번호를 수집했다고 진술했다.

그는 플로리다에서 마약단속국 요원에게, 때로는 플로리다법집행부 요원에게 직접 브리핑을 했다. 그가 반드시 모든 커뮤니케이션의 중심이 되도록, 없어서는 안 될 존재가 되도록 만들었다. 그리고 들어오는 모든 데이터를 종합하고 개별 팀원들의 활동을 조율했다. 그렇게 하지 않으면 데이터는 잡음에 불과하기 때문이었다.

애덤스가 설명했다. "우리 팀 다섯이 마약단속국 사람 다섯과 이야기를 나눈다면 꽤나 혼란스럽겠죠. 그렇게 되면 25가지의 다른 방식으로 대화를 나누게 될 것입니다." 시스템 파이브에서 자신의 역할을 설명해 달라는 질문을 받자 그는 "선수 겸 코치"라고 대답했고, 이후 더 정확하게는 "정보 허브"라고 답했다.

시카고 법정에서의 증언 전, 애덤스는 그를 담당하는 마약단속국 요원과 함께 오키초비카운티로 향했다. 수년간 그의 팀원들을 수사한 플로리다법집행부의 특수요원을 만나기 위해서였다. 이야기는 잘 끝났다. 요원이 가진 애덤스에 대한 증거는 다른 사람들 것에 비해 무척 적은 편이었다. 코카인을 운송하다 불시착한 비행기 사건에서 애덤스는 우두머리가 아니라 조종사일 뿐이었다는 사실이 명백하게 밝혀졌다. 콜롬비아, 벨리즈, 카리브해, 미국 남부와 서부 사이를 날아다니며 거래를 성사시킨 애덤스의 '진짜 밀수 경력'은 비밀로 남았다. 주정부는 그가 법적으로 처벌받기를 원하지 않는 듯했다.

시카고에서의 재판이 끝나면 마약과 관련된 모든 일이 끝나게 될 터였다. 존 애덤스에게는 전환점이 되어야 했던 시간이었다. 그리고 어떤 의미에서는 그렇게 되었다. 변호사가 먼저 실수를 했다. 그날 아침 다른 증인에게 질문을 하면서 이렇게 말했던 것이다.

"당신은 애셔 씨가… 아니, 애덤스 씨가… 재판장님, 방금 한 말은 삭제 부탁드립니다. 제 실수였습니다."

이틀 후에는 검사의 차례였다. 그는 증인에게 물었다. "애셔 씨가 전화하라고 말하지 않았나요?" 그는 판사가 심리를 중단하기 전까지 '애셔'라는 이름을 네 번 더 언급했다. "죄송합니다. 제가 이름을 잘못 사용했군요. 애덤스입니다. 미스터 애덤스."

그 주에 《시카고 트리뷴Chicago Tribune》이 시스턴 파이브에 대한 기사를 게재했을 때, 이 남자가 과거를 지울 가능성은 완전히 사라졌다. 흑백으로 인쇄된 기사에는 그의 본명이 적혀 있었다.[15]

행크 애셔Hank Asher.

자유를 얻고 나서 가장 먼저 한 일

어쨌든 시스턴 파이브는 모두 시카고 재판 이후 새로운 삶을 살게 되었다. 한 명은 감옥에 잠시 들어갔다가 나와 부동산 개발업자가 되었다. 다른 한 명은 건설업에 종사했다. 한 명은 여러 차례 스카이다이빙 기록을 세웠으나 이후 사고로 사망했다.[16]

감옥살이를 피하게 된 애셔는 플로리다 남부로 돌아갔다. 어느 날 오후, 파나마 모자(파나마풀로 만든 밀짚모자)에 단추를 푼 셔츠 차림의 그는 할리우드비치Hollywood Beach 근처에 새로 빌린 집 건너편인 기술 회사 CPT코퍼레이션CPT Corporation의 칙칙한 사무실로 들어갔다. 안내원을 지나친 그는 놀란 사무실 직원들에게 물었다. "컴퓨터 한 대 팔 수 있나요?" 컴퓨터를 개인에게 팔아본 적은 없지만, 그들은 애셔에게는 팔아야겠다고 생각했다. 한 남자는 그에게 컴퓨터 사용법을 가르쳐주기도 했다.

이렇게 서른다섯 살의 애셔는 자신만의 코드를 작성하는 법을 배웠다. 마약단속국에서 보낸 시간은 그에게 새로운 종류의 힘, 어쩌면 구원의 길을 보여주었다. 그가 원했던 길이었다.

애셔는 컴퓨터가 자신의 인생을 바꿔놓을지도 모른다고 생각했다. 하지만 결과는 정반대였다.

2장

문제아, 바람둥이, 사업가 그리고 마약 밀수업자

행크 애셔는 인디애나주 밸퍼레이조Valparaiso의 한 알팔파(대표적인 사료 작물) 농장에서 자랐다. 오빌 레덴배커Orville Redenbacher가 개발한 팝콘용 옥수수의 재배지로 유명한 기독교인 마을의 유대인 아이였다.[1] 그의 부모는 1951년에 그가 태어나기 6개월 전에 결혼한 시카고 사람들이었다. 그들은 휴양지로 사용하려던 농장으로 이사해 애셔를 키웠다.

애셔의 아버지 해리Harry는 두 시간 거리에 있는 도시의 치과로 계속 통근했지만 간호사였던 애셔의 어머니 루실Lucille은 일을 그만두었다. 루실은 아이를 낳다가 거의 죽을 뻔했기에, 애셔가 태어난 후 회복하는 데 몇 달을 써야 했다. 애셔는 생후 첫 달을 아기 침대에서 혼자 보낼 수밖에 없었다.

곧이어 두 아들과 딸을 두게 된 애셔 부부는 공개적으로는 유복한

생활을 했다. 위풍당당한 농가와 컨트리클럽 회원권을 갖고 있었고, 해리는 자신의 환자였던 시카고 시장 리처드 데일리Richard J. Daley와 오랫동안 우정을 유지하고 있었다. 그들이 '소생revival'이라는 이름으로 연 새해 첫날의 파티가 지역 소식지에 보도될 정도였다.² 행크가 여덟 살 때, 그의 부모님은 세인트로렌스St. Lawrence 항로 개통을 축하하기 위해 데일리 시장이 개최한 무도회에서 엘리자베스 영국 여왕 그리고 그 남편 필립 왕자와 세 시간 동안이나 사교의 시간을 가졌다.³ 행크가 열네 살 때, 그는 한 살 터울의 동생 척Chuck과 함께 미국 최초로 우주 유영을 마치고 지구로 돌아온 제미니 4호 우주비행사들을 위해 데일리 시장이 개최한 환영 오찬에 참석했다.⁴ 두 소년은 우주비행사들에게 질문을 쏟아냈다.

모난 돌 같던 어린 시절

그러나 사적인 면으로 보면 그들의 삶은 그리 이상적이지 않았다. 해리는 밤이면 술을 마시고 분노를 폭발시키곤 했다. 수년간 엑스레이에 노출된 탓에 암으로 손가락 하나를 잃은 1958년 이후에는 증상이 더욱 심해졌다. 거기에서 끝나지 않고 왼쪽 팔과 어깨까지 제거해야 했지만, 오른손잡이에 고집이 무척 셌던 그는 6주 만에 다시 진료실로 돌아갔다. 그리고 양 옆에 조수들을 거느린 채 아침 7시부터 해가 질 때까지 한 팔로 환자를 진료했다. 그는 이렇게 말하곤 했다. "나는 오른팔을 잃었다면 왼쪽 팔을 사용하는 법을 배웠을 사람이야."⁵ 동시에 그는 집으로 돌아오면 억눌렀던 분노를 기대에 미치지 못하는 장남에게 표출하는 사람이었다.

행크의 동생 척은 밸퍼레이조 고등학교의 학생회장이 되었다. 여동생 세리Sari는 동창회의 여학생 대표였다. 하지만 행크는 교실을 숨막혀 하는 학생이었다. 오후에는 223구경 소총으로 농장 근처 숲에서 다람쥐를 사냥하고, 저녁에는 〈스타트렉〉이라는 새 드라마를 보며 시간을 보냈다.6 훗날 한 인터뷰에서 이렇게 이야기할 정도였다. "어머니는 알래스카에 학교생활을 모범적으로 하지 못하는 아이들을 모아서 벌목꾼으로 만드는 곳이 있다고 종종 말씀하셨죠.7 그래서 학교에 앉아 있을 때는 목재를 자르는 방법을 생각하곤 했어요." 결국 입학 3일 만에 밸퍼레이조 고등학교를 자퇴한 행크는 지역 공장에 취직했다.

기본 채용 시험에서 높은 점수를 받은 행크에게 상사는 더 어려운 제도공 시험을 추천했다.8 행크는 독학으로 일주일 만에 삼각법을 배웠고, 시험에서 높은 점수를 받았다. 덕분에 1년 동안 회사에서 회로 설계 업무를 맡아 돈을 좀 벌 수 있었다. 1968년에는 학교로 돌아가 프랑스어를 배웠는데, 당시 학생회장이었던 동생과 함께 졸업 앨범에 실릴 때까지 학교를 다녔다.9 졸업 사진 속 정장을 입은 척은 미소를 짓고 있지만, 행크는 넥타이를 느슨하게 매고 고개를 옆으로 기울인 채 얼굴을 찡그리고 있다.

애셔가 자세한 내용을 이야기한 건 아니지만, 평생 아버지로부터 학대당했음을 짐작할 수 있다. 그로부터 반세기 후, 친구들은 평생 민주당원이었던 행크 애셔의 성격을 마찬가지로 고압적인 아버지를 둔 아들, 방 안의 모든 공기를 빨아들이던 플로리다의 야심가 도널드 트럼프에 비교했다.

애셔는 거칠고 무례해 보였지만 매력적인 사람이었다. 그가 간신히 숨기고 있던 분노는 어떤 식으로든 드러나 사람들에게 영향을 미쳤다. 그는 칭찬에 대한 채워지지 않는 갈망, 승리에 대한 집착, 배신에 대한 끊임없는 공포를 키웠다. 몇몇 사람에게는 지극히 충실했지만 의식적으로나 무의식적으로 많은 이를 의심했으며, 항상 상대에게서 우위를 확보하려 했다.

애셔가 10대일 때 술에 취해 계단을 올라오던 해리가 아들의 멱살을 쥐고 얼굴에 침을 뱉은 적이 있다고 한다. 애셔는 주먹을 휘둘렀다. 너무 세게 친 나머지 해리가 의식을 잃고 쓰러졌다. 애셔는 놀라 달려오는 가족들을 막고 쓰러진 해리 위에 잠시 서 있었다. 애셔의 딸 데지리는 말했다. "아버지는 처음으로 안전하다고 느꼈을 거예요." 그때는 애셔가 처음으로 '통제력'을 느낀 순간이었을 것이다.

사우스플로리다의 천재 페인트공

1969년 여름, 열여덟 살의 애셔는 베들레헴 스틸Bethlehem Steel의 페인트공으로 취직해 무선 송신탑과 다리, 크레인 등에 매달려 살았다. 그는 2005년 출간된 개인정보보호에 관한 책 《숨을 곳이 없다No Place to Hide》의 저자인 저널리스트 로버트 오해로 주니어Robert O'Harrow Jr.에게 이렇게 말했다. "450피트 높이에서 3인치짜리 빔 위를 걸어 다니며 하루에 40갤런의 페인트를 손으로 칠했죠."[10] 애셔는 베들레헴 스틸의 최고 임금인 시간당 6.50달러를 받으며 돈방석에 앉았다.

그는 항상 일을 했고 제 손으로 번 돈을 쓰는 것을 좋아했다. 녹색

MG 컨버터블을 산 그는 프랑스어 수업에서 만난 바버라 위겔Barbara Wieggel이라는 여자친구와의 만남을 꾸준히 이어갔다. 그는 그녀에게 "스물다섯 살에는 백만장자가 될 것"이라고 이야기하곤 했다.

그해 여름 위겔의 가족이 포트로더데일로 이사하자 수염과 머리를 길게 기른 애셔는 잠시 휴식기를 가지기로 하고 뉴욕에서 열린 우드스톡 페스티벌Woodstock Festival에 갔다. 그곳에서 40만 명이 넘는 인파와 밤을 새우며 크리던스 클리어워터 리바이벌Creedence Clearwater Revival, 재니스 조플린Janis Joplin, 슬라이 앤드 더 패밀리 스톤Sly and the Family Stone의 공연에 맞춰 빗물과 진흙 속에서 춤을 췄다. 9월에 밸퍼레이조로 돌아와서 마주한 것은 때 아닌 눈보라였다.[11] 페인트공은 눈보라 속에서 일할 수 없었다. 늘 미신을 믿었던 그는 이것을 어떤 징조로 받아들였다. '움직여야 할 때'라는 징조 말이다.

애셔는 플로리다에 대해 잘 몰랐지만, 위겔은 그곳이 인디애나보다 더 따뜻하다는 사실을 알고 있었다. 애셔는 '시카고'라는 이름의 세인트버나드를 MG에 태우고 남쪽으로 20시간을 운전해 갔다. 포트로더데일로 향하면서 에버글레이즈Everglades(플로리다 남부의 습지)를 매립해 만든 새로운 동네를 지나고, 바람이 부는 부유한 골드코스트Gold Coast에 늘어선 콘크리트 타워를 지나쳤다. 플로리다는 호황이었다. 한몫 잡기에 좋은 지역이었다.

그는 도착한 지 며칠 지나지 않아서 주택에 페인트를 칠하는 일을 시작했다. 1년 만에 회사도 세웠다. 작업을 빨리 하려고 밴을 사서 측면 패널을 제거하고 지붕에 플랫폼을 설치했다. 이렇게 밴을 몰고 각 집을 돌며 한 팀은 지붕 위에, 다른 팀은 차 내부에 서서 첫 도장을 한 뒤 이동했다가 돌아와서 두 번째 도장을 했다. 한 개발자는 가족에게 이렇게 말했다. "새로운 페인트공을 찾았는데, 걘 천재야." 하지만 애셔는 이후 밴으로 건물을 들이박는 사고를 냈다. 그는 기물 파손에 대한 배상을 거부했고, 계약은 해지되었다. 그 결정에는 이유가 있었다. 이미 다른 쪽으로 마음이 움직였기 때문이다. 애셔는 콘도 건물에 페인트칠을 하는 수익성 더 높은 사업을 목표로 하고 있었다.

애셔 페인팅Asher Painting은 훗날 실리콘밸리 기술 기업들이 국가경제의 전 부문을 독차지한 방식으로 사우스플로리다의 콘도 시장을 장악했다. 애셔는 수백 명의 페인트공들을 고용하고, 누구도 따라잡지 못할 만큼 빠르게 일을 마무리하며 블리츠스케일blitzscale(사업 초기부터 규모를 확장하며 후발 주자와의 격차를 벌리는 전략—옮긴이)전략으로 승리를 거두었다. 바퀴벌레처럼 각 콘도 건물에 몰려든 그의 직원들은 나란히 선 뒤 맡은 구역을 칠해나갔다. 충분한 인원을 확보하고, 그들을 어디에 배치해야 할지 파악하고, 그들의 행동을 어떻게 조율하면 좋을지 알기만 하면 시장을 지배할 수 있었다.

애셔는 페인트 계약을 감독하는 콘도 이사회의 마음을 얻기 위해 26피트(약 7.9미터)짜리 GMC 캠핑카를 샀다. 그리고 운전석에는 정장을 입은 운전기사를, 뒤에는 타자기를 갖춘 비서를 배치해 이사들을 태우고 시내 곳곳을 돌아다녔다. 그는 칼라가 달린 셔츠 차림으로 서서 포트로더데일의 랜드마크인 해변가의 갈트오션마일 호텔 등 늘어난 고객들의 건물을 가리키며 자랑스럽게 미소를 짓곤 했다.

애셔는 자신이 유대인이라는 사실을 잘 이용했다. 많은 이사회 멤버들이 같은 배경을 갖고 있었기 때문이다. 입찰 요청이 들어오면 그는 비서에게 건물 주차장에서 입찰서를 작성하도록 해 한 시간 만에 준비를 마쳤다. 반면 경쟁사들은 입찰서를 내기까지 몇 주가 걸렸다.

애셔의 무자비한 추진력과 그게 무엇이든 자신이 하는 일이 세상에서 가장 중요하다고 확신하게 만드는 능력은 그만의 영업 비밀이었다. 애셔 페인팅은 초기에 크리스마스 카드로 광고를 했다. 그 카드에는 수염을 기른 애셔와 장발의 직원 열두 명이 가슴에 흰 천을 두른 채 테이블 상석과 그 주위에 둘러앉은 모습이 담겨 있었다. 광고 문안은 다음과 같았다. "주님께서 세상을 창조하는 데 6일이 걸렸습니다. 일곱째 날에 주님은 우리에게 그것을 칠하는 일을 맡기셨습니다."

1975년, 애셔는 카폰car phone과 500달러짜리 하이테크 디지털 카시오 시계 그리고 플로리다에서 가장 큰 도장 회사를 소유하게 되었다.《포트로더데일 선센티넬Fort Lauderdale Sun-Sentinel》은 스물네 살의 이 젊은이를 "윌턴매너스Wilton Manors의 짙은 녹음 속 패널과 유리로 이루어진 집 안에서 타의 추종을 불허하는 콘도 도장 사업을 이끌고 있다"라고 소개했다.[12] 고향 인디애나의 밸퍼레이조의 지역 신문《비데트메신저Vidette-Messenger》도 애셔에 대해 다루었다.[13]

바버라 위겔과는 이미 헤어진 상태였다. "저는 기독교인으로 거듭났어요. 그는 기독교나 저와 관련되기를 원치 않고요." 하지만 그가 그녀에게 한 약속은 이루어졌다. 그는 백만장자가 되었다(40년 후, 그녀는 자신이 그의 유언장에 포함되었다는 사실을 알고 충격을 받았다).

냉정한 보스이자 따뜻한 이웃

애셔는 공포로 사람들을 이끌었다. 하지만 누군가가 주장했듯 그의 곁에 머물면서 그의 '무리'에 속하게 된 사람들에게는 무언가 다른 것이 주어졌다.

매사추세츠주 출신으로 파티도 좀 즐기고 소원해진 아버지도 만나기 위해 플로리다에 온 프랭크 어윈Frank Irwin은 애셔 페인팅의 포트로더데일 매장인 기찻길 옆 납작한 벽돌 창고에서 애셔를 처음 만났다. "저놈은 뭐야?" 어윈은 그곳에서 일한 지 일주일 만에 애셔가 현장 감독에게 하는 말을 들었다. 현장 감독은 해변에서 우연히 만난 어윈을 회사로 데려온 사람이었다. 그 말이 들려올 때 어윈은 내기에서 이기려고 페인트칠 중이던 17층짜리 호텔을 맨손으로 오르고 있었다. "난 자네한테 저놈을 고용할 권한을 준 적이 없는데." 애셔는 방을 가로질러 어윈의 코앞에 와 섰다. 그리고 미소를 띤 채 손을 뻗어 악수를 청했다. 어윈을 받아들인 것이다.

6개월 후, 평소 관리자나 영업팀과 일하느라 바빠 다른 사람에게는 대충 인사만 건네던 애셔가 어윈에게 다시 말을 건넸다. "너 말야. 여기 온 지 6개월이 됐는데 매일 일한 건 2주밖에 안 됐어. 왜지?" 어윈은 친구들과 어울리기 위해 플로리다에 왔고, 그럴 만한 돈도 있다고 설명했다. 더 이상은 필요하지 않다고 말이다. "이러면 어때?" 그러자 애셔가 제안했다. "앞으로 6개월 동안 주 5일씩 일하면 감독을 시켜줄게."

버크셔산맥 피츠필드Pittsfield의 열악한 작업장에서 일하는 홀어머니와 두 형제가 있는 어윈은 앞니 두 개가 휘었으며 그나마 그중 하나는 부러져 있었다. 고등학교를 중퇴하기 전 그는 동급생들 가운데에서 '감옥에 갈 가능성이 가장 높은 친구'로 뽑혔지만, 그해 SAT 점수가 전국에서 네 번째로 높았다. 그럼에도 그때까지 그를 믿어준 사람은 아무도 없었다. "행크는 제가 무언가의 일부라는 기분을 느끼게 해줬습니다. 저는 남자가 되기 위해 필요한 일을 하기 시작했죠."

어윈은 일주일에 5일씩 근무하기 시작했다. 그의 스윙 스테이지 swing stage(건물 밖에서 페인트공들이 사용하는 발판)는 누구의 것보다 먼저 콘도 건물 꼭대기에 닿는 듯했다. 6개월 후 애셔는 약속을 지켰다. 당시 스물셋이었던 어윈은 자신보다 열 살에서 열다섯 살은 많은 사람들을 감독하게 되었다.

어느 날 애셔는 어윈에게 이렇게 말하기도 했다. "어이, 프랭크. 너 이를 해넣어야겠어." 돈이 없다는 어윈에게 애셔는 주치의의 명함을 건네주었다. "병원에 가면 나한테 전화하라고 해." 그리고 모든 비용을 지불했다. 결국 어윈은 오랫동안 이 회사 저 회사로 애셔를 따라다녔다.

영업을 잘할 것 같은 웨이터, 그에게 낚시 도구를 팔면서 빠른 암산 실력을 보여준 10대 점원 등 그가 모험을 걸어본 수십 명의 사람들, 또 그에게서 예상치 못한 인심을 받은 수십 명의 사람들이 애셔의 무리에 포함되었다. 그는 직원의 병원비를 선뜻 내주었다. 배우자의 장례식 비용이나 재능 있는 자녀의 대학 진학 비용을 부담하기도 했다. 애셔의 짜증과 고함 너머에서 반짝이는 눈을 볼 수 있는 사람은 직업 윤리와 목표에 대한 그의 집착을 받아들이는 편이 유리하다는 것을 명확히 이해했다. 그들은 애셔의 머리가 돌아가는 속도에 자주 경외감을 느꼈고, 동시에 소속감도 느꼈다. 어윈은 말했다. "사람들은 애셔에게 끌렸어요. 많은 사람에게 긍정적인 영향을 주는 사람이었죠." 애셔와 애셔의 무리는 세상에 맞서는 '한 팀'이었다.

하지만 외부인에게는 애셔의 경쟁적인 성격이 통제 불가능해 보이기도 했다. 어느 날 밤, 마을을 돌아다니던 애셔는 다른 페인트 회사의 사장과 마주쳐 싸움을 벌였다. 두 사람은 서로에게 욕을 했다. 수십 살은 많은 상대방이 애셔의 얼굴에 술을 뿌렸다. 결국 주먹으로 그 남자를 쓰러뜨린 애셔는 수갑을 차게 되었지만 변호사를 구해 풀려날 수 있었다. 그 사건은 애셔에게 변호사가 필요했던 수많은 사건 중 가장 첫 번째 사건이었다.

애셔는 이상한 듯하면서도 재미있는 사람이었다. 어떤 사람들은 '포트리쿼데일Fort Liquordale'(밤 문화로 유명한 포트로더데일Fort Lauderdale에 술liquor이라는 단어를 합쳐 장난스럽게 부르는 말―옮긴이)에 몰려들듯 애셔에게 몰려들었다. 그의 주변에서는 항상 사건이 벌어졌다. 한 직원은 애셔가 "잡아!"라고 외치는 소리를 듣자마자 커다란 수박이 그를 향해 돌진해 오는 것을 발견했다고 말해주었다. 소파 모서리에 부딪혀 산산조각이 난 수박의 씨와 과즙이 사방에 흩어졌고, 애셔는 웃음을 터뜨렸다. 어떤 이는 애셔와 함께 밸퍼레이조에 있는 그의 부모님을 방문했다가 한밤중에 그 집에서 키우는 닭을 어머니의 침실 밖 지붕으로 던졌던 이야기를 전했다. 그 또한 애셔가 생각해 낸 장난이었다.

어윈은 술집 슈터스Shooter's에서의 사건으로 애셔에게 돈 자체는 별로 의미가 없다는 사실을 분명히 알게 되었다. 그에게 중요한 일은 자신의 방식으로 승리하는 것이었다. 그가 자주 찾았던 슈터스는 포트로더데일의 길고 좁은 섬과 본토를 구분 짓는 인트라코스털 워터웨이Intracoastal Waterway에 위치한, '배를 띄워 파티를 하며 젖은 티셔츠를 입은 여성들의 콘테스트 따위를 벌이는' 술집이었다. 이 수로 건너편에 있는 한 콘도의 도장이 경쟁사에게 낙찰되자, 애셔는 콘도 이사회에 가서 이렇게 선언했다. "당신들이 계약한 금액의 절반에 건물을 칠해주겠소."

 이사회는 기존의 계약을 파기하겠다고 했지만, 당시 수석 감독관이었던 어윈은 반값에 일할 수 없다고 애셔를 설득하려 애썼다. 하지만 애셔는 일갈했다. "난 할 수 있어. 단골 술집에 앉아서 다른 사람이 그 건물을 칠하는 꼴을 보고 싶진 않아."

공격적인, 아주 공격적인 성격

 릭 커번Rick Kirvan은 애셔가 사업을 성장시키며 어울렸던 몇 안 되는 친구 중 하나였다. 뉴잉글랜드 출신의 수염이 덥수룩한 선장이었던 그는 페인트 유통업체 MAB를 대신해 48피트(약 14.6미터)짜리 어선으로 대서양 연안을 오르내렸다. 애셔는 MAB 페인트의 가장 큰 고객이 되었고, 커번의 상사는 낚시 여행에 끼고 싶다면 애셔를 데려오라고 말하기까지 했다. 그래서 커번은 애셔를 바하마로 데리고 가 함께 낚시와 술을 즐겼다. 그는 애셔에게 그레이트하버케이와 시스턴케이가 있고 인구 밀도가 낮은 베리아일랜드를 소개한 사람이었다. 애셔는 이 섬을 굉장히 좋아했고, 커번은 몇 번이고 그와 베리아일랜드로 향했다.

 젊은 백만장자는 부자가 되면 고객, 직원, 낯선 사람 등이 원하는 게 많아진다는 점을 이미 알고 있었다. 하지만 커번은 그런 사람이 아니었다. "애셔와 제가 가까워진 건 애셔가 페인트를 더 사든 말든 제가 상관하지 않았기 때문이죠."

 커번은 애셔가 포트로더데일에서 '공격적', 아니 '아주 공격적'이라는 평가를 받고 있다는 걸 알았다. 하지만 물 위에서의 애셔는 달랐다. 물은 그를 차분하게 만들었다. 두 사람은 강바닥에서 먹이를 찾는 물고기들을 주로 낚았다. 가끔은 잡기 어려운 청새치를 잡기도 했다. "애셔는 빈손으로 돌아가는 걸 좋아하지 않았어요."

배에서 칵테일을 마신 그들은 가까운 선착장으로 돌아왔다. 밤늦게까지 해변가의 바에서 시간을 보낸 뒤 잠으로 취기를 없앴다. 그러고는 똑같은 일을 반복했다. 커번은 대서양을 천천히 항해하는 동안 말을 멈춘 애셔가 자신을 뚫어져라 쳐다보는 순간이 있다는 사실을 알아차렸다. 아이디어를 떠올리는 것이었다. "마주 앉아 무엇이든 이야기를 하다가도 갑자기 조용해지는 때가 있었습니다. 그러면 그가 다른 세상에 있다는 사실을 알게 되죠."

수십 년 후라면 애셔는 순환기분장애cyclothymia(감정의 기복을 유발하는 상태), 극도의 관심 추구와 지속적인 승인 욕구가 특징인 '히스테리성 인격 장애'를 비롯해 다양한 정신장애와 기분장애 진단을 받았을 것이다.[14] 그는 불안장애와 심한 우울증에 시달렸다. 적어도 한 번 이상 정신착란을 겪었을 것이다. 정신질환은 20대부터 발견되었지만 애셔는 일과 술, 그리고 플로리다에서 점점 더 쉽게 구할 수 있게 된 코카인 아래에 그것들을 묻어두었다.

1977년의 어느 날 오후, 커번과 애셔는 해변에서 멀지 않은 인트라코스털의 랜드마크 피어식스티식스 호텔에 배를 댔다. 그들은 뒤편 수영장에서 음료를 주문했는데, 주디스 휠론Judith Wheelon이라는 키가 크고 침착한 스물여섯 살의 여성이 서빙을 했다. 애셔는 그녀에게 데이트 신청을 했다.

첫 데이트에서 애셔와 휠론은 바하마에서 인기 있는 '링 게임'을 할 수 있는 바에 갔다. 줄에 매달린 링을 휘둘러 고리에 거는 게임이었다. "내가 첫 번째 고리에 링을 건다는 데 100달러짜리 내기를 하지 않겠어?" 애셔는 서 있던 한 남자에게 말했다. 남자는 내기를 받아들였다. 애셔는 첫 번째 시도에서 링을 고리에 걸었지만 남자는 돈을 내지 않았다. 애셔는 그 남자를 흠씬 패주었다.

그런데도 휠론은 두 번째 데이트를 받아들였다. 2년 후 그녀는 딸 데지리를 낳았고, 그로부터 3년 뒤에는 둘째 딸 캐럴라인Caroline(또는 칼리Carly)을 낳았다. 그 과정에서 두 사람은 함께 살다가 헤어졌다가 다시 합쳤다가 갈라서기를 반복했다. 결혼을 고려한 적도 있었고, 애셔가 한쪽 무릎을 꿇고 프로포즈를 한 적도 있었다. 하지만 실행에 옮기지는 못했다. 휠론은 말했다. "애셔를 사랑했지만 하루 24시간 내내 감당할 수는 없었어요. 그는 너무 뜨거웠고 또 너무 차가웠어요. 아무도 할 수 없는 일이었죠."

한번은 커번과 애셔가 포트로더데일로 낚시하러 가자는 이야기를 나누고 있었다. 커번이 비행기를 타고 MAB의 보트가 계류되어 있는 베리스로 가자는 제안을 했다. "난 비행기 안 타." 애셔가 말했다. "비행을 좋아하지 않아." 하지만 커번은 공항으로 가자고 그를 설득했다.

"제가 말했죠. '행크, 망할 비행기에 좀 타!'" 커번은 그때를 회상하며 이렇게 말했다. "극도의 긴장 상태였습니다. 애셔는 일곱 개의 좌석 중 맨 뒤에 앉았어요. 그리고는 양옆을 붙잡았는데, 거의 공황 상태였어요. 아무 말도 않고 손잡이를 꼭 쥐고 있었죠. 돌아올 때도 마찬가지였고요."

이 여행 직후 애셔는 커번에게 비행 수업을 받겠다고 선언했다.

자신이 통제력을 가질 수 있도록 말이다.

컴퓨터와 비행기

1980년 무렵, 애셔는 회사가 페인트칠한 건물에 방수 코팅제를 판매하는 부업을 하고 있었다. 수익성은 좋은 편이었다. 애셔는 어원을 비롯해 관리자와 현장 감독으로 팀을 꾸려 이 사업의 운영을 맡겼다. 그러자 자유 시간이 생겼다. 당시 그는 트윈 엔진이 달린 파이퍼 세네카Piper Seneca라는 소형 비행기를 소유하고 있었는데, 이 비행기로 여동생의 이름을 딴 낚싯배 스위트 미스 세리Sweet Miss Sari호가 있는 베리아일랜드로 종종 날아갔다. 그와 주디스, 데지리는 그곳 뒤쪽 만에 정박해 둔 '왓 잇 이즈What It Is'라는 이름의 선상 가옥에서 꽤 오랫동안 살았다.

그해 봄, 가끔 함께 파티를 하던 동료 조종사가 애셔에게 포트로더데일 이그제큐티브 공항Fort Lauderdale Executive Airport의 대형 기업 격납고에 비행기를 주차할 수 있는 공간을 제공해 주었다. 조종사는 같이 사업을 하는 여러 동료와 격납고를 공유했다. 그들 모두 지구상에서 가장 빠른 트윈 엔진 비행기인 에어로스타를 갖고 있었다. 그중 두 사람, 몹시 마르고 말이 많은 서른아홉 살의 에드 골드버그Ed Goldberg와 좀 더 나이가 어리고 외모가 말쑥하며 'J.T.'라는 이니셜로만 신분을 밝힌 남성은 에어로스타의 공식 딜러였다. 이들은 바로 그 격납고에서 에어로스타와 레이더에 잘 잡히지 않는 벨란카Bellanca의 비행기를 판매하고 정비했다.

그들은 골드버그가 소유한 급여 처리 소프트웨어 개발 회사 컨템포러리컴퓨터그룹Contemporary Computer Group을 비롯하여 다른 합법적인 사업도 하고 있었다. 회사의 사무실은 격납고 옆 터미널 빌딩에 있었다. 골드버그의 '미니mini'는 당시로선 비교적 소형이지만, 에어컨이 설치된 특수한 방을 대부분 차지할 만큼 큰 컴퓨터였다. 접수대 옆 미닫이 유리문 뒤에 있는 그 컴퓨터를, 사무실에 들어서는 사람은 누구나 볼 수 있었다. 애셔도 매료되었다. 골드버그는 말했다. "사람들에게 보여지는 제 모습은 그 컴퓨터였죠. 어쨌든 그 컴퓨터로 정말 돈을 벌었습니다."

1980년대 초 플로리다 남부는 '코카인 경제'로 굴러갔다. 뒤따르는 폭력성에도 불구하고 마약 거래는 지역 산업의 중심이 되었다. 관광업보다 규모가 컸다. 부동산보다도 더 컸다. 사우스플로리다의 영안실에 자리가 없어 공무원들이 임대한 냉장 트럭에 시체를 보관해야 할 정도였다.[15] 하지만 연방준비은행은 현금이 넘쳐났다.[16] 기업에도 세탁된 돈이 넘쳐났다.

골드버그 그리고 J.T.는 밀수 조직이었다. 다만 애셔에게 그 사실을 직접적으로 이야기해 주는 사람은 없었다. 그들이 격납고를 공유한 이유도 숨어 다니고 있었기 때문이었다. J.T.는 콜롬비아에서 도망치던 중 세관 비행기와 군 헬기에 쫓겨 보카러톤 공항 활주로에 에어로스타 한 대를 버릴 수밖에 없었다.[17] 플로리다법집행부는 에어로스타의 조종사를 찾고 있는 중이었다.

애셔와 J.T.는 비슷한 나이였다. 둘은 뚜렷한 차이에도 불구하고 친구가 되었다. "〈뽀빠이〉에 등장하는 브루투스, 그게 행크죠." J.T.는 말했다. "무례한 술주정뱅이에 자신감이 엄청났어요. 필터라고는 없었죠. 한마디로 고급 식당에는 데려가고 싶지 않은 사람이었습니다."

하지만 건장한 화가와 조심스러운 밀수꾼은 공통점이 있었다. 재능을 알아보는 능력이 있다는 것이었다. J.T.는 애셔의 부단한 추진력을 높게 평가했다. "애셔는 훌륭한 직업윤리를 가지고 있었습니다." 그리고 이렇게 덧붙였다. "하지만 조작의 달인이기도 했어요. 그게 그의 장점이었죠."

플로리다법집행부의 관심이 식을 때까지 비행을 하지 못하게 된 J.T.는 1980년의 대부분을 애셔의 재규어 XJ6 조수석에서 보냈다. J.T.는 애셔가 해안가에서 콘도 소유주나 부동산 관리자와 회의를 할 때나 귀갓길에 식당과 바에 들를 때 함께했다. 그는 애셔에게 걷잡을 수 없는 소비 습관이 있다는 사실을 알아챘다. 애셔는 때때로 월급을 줄 돈을 마련하지 못했다. 그러면 J.T.가 1만 달러, 2만 달러씩을 빌려주고 금방 돌려받곤 했다. "담보는 받지 않았습니다. 저로서는 매우 드문 일이었죠." 그럼에도 결국 애셔에게는 6만 달러의 빚이 생겼다.

J.T.가 재규어에 올라탄 어느 날 아침이었다. 항상 위험할 정도로 속도를 내는 애셔는 포트로더데일의 거리를 질주해 현지 IBM 영업 사무소에 도착했다. "저는 컴퓨터가 도장 사업에 어떤 도움이 될지 전혀 몰랐어요." J.T.는 말했다. "하지만 행크는 관심이 있었죠."

애셔의 도장 사업이 막 성숙기에 접어든 참이었다. 이제 비효율적인 업무는 거의 없었다. 그래서 애셔 같은 사람에게는 일이 기계적으로 느껴졌을지도 모른다. 애셔는 여느 때처럼 안달을 내며 영업 사무소 안으로 들어갔고, 어두운 색 정장에 흰 셔츠를 입은 남자들을 발견했다. 그들은 놀란 눈빛으로 애셔를 맞이했다. "컴퓨터가 필요해요." 그가 말했다.

그해 IBM의 주력 상품은 3031프로세서컴플렉스3031 Processor Complex로, 최고 판매가 150만 달러에 임대료는 한 달에 2만 5000달러인 방 하나 크기의 메인프레임이었다.¹⁸ 영업 사원들은 은행과 보험사 같은 우량 고객을 상대했다. 길에서 눈에 띄는 사람이 아니라 그들과 비슷한 옷차림의 사람들에게만 영업을 했던 것이다(당시 보카러톤에서 비밀리에 개발 중이던 IBM의 PC는 그로부터 1년 뒤에 출시되었다).¹⁹ 영업 사원 중 한 명이 애셔에게 도장 사업의 수익이 얼마나 되는지 물은 뒤 액수가 충분하지 않다고 잘라 말했다. IBM 직원들도 애셔가 떠나기를 기다렸다. J.T.는 그때를 다음과 같이 회상했다. "정말 무례했죠."

'가치 없다'는 말을 듣는 일을 애셔는 가장 싫어했다. 하지만 그에게는 컴퓨터 외에도 다른 기회가 있었다. IBM을 방문하고 얼마 지나지 않아 J.T.와 골드버그로부터 중고 에어로스타를 사기로 결정했던 것이다. 이들은 그 일을 애셔가 그들의 '진짜 사업'이 무엇인지 잘 이해하고 있으며, 거기에 끼고 싶다는 신호를 보냈다고 받아들였다.

그 일은 휴가처럼 시작되었다

선상 가옥에서 사무실로 돌아온 애셔는 비서 중 한 명과 사귀기 시작했다. 1980년 입사 당시 20살이었던 마시 티클Marci Tickle은 세상 물정에 밝았고, 고객을 상대하는 부서의 다른 여성들과 마찬가지로 금발이었다. 그녀는 1분에 100단어를 칠 정도로 타이핑이 매우 빨랐기 때문에 부모님이 권유한 브로워드카운티Broward County를 포함해 여러 곳에서 입사 제안을 받았다. 하지만 애셔의 방수 코팅·지붕·도장 회사 주차장에 있는 재규어를 비롯한 업무용 차량들이 이 회사가 더 좋은 것을 제공하리라는 확신을 심어주었다.

입사 초반, 엄청난 굉음을 듣고 차고로 달려간 티클은 애셔가 탄 재규어가 벽에 앞뒤로 부딪혀 페인트 캔이 사방으로 날아다니는 장면을 보았다. 애셔는 "재규어 한 대를 살 때마다 정비공 여섯 명을 같이 사야겠군"이라고 중얼거렸다. 하지만 그녀는 곧 그가 표출하는 짜증 이면에 관대함이 있다는 사실을 알게 되었다.

4월, 전국 비서의 날에 그는 그녀와 다른 비서에게 포트로더데일 이그제큐티브의 카페에서 점심 식사를 하자고 제안했다. 그들이 도착했을 때 그는 소형 비행기 파이퍼세네카와 함께 기다리고 있었다. 그들은 곧 인트라코스털과 해변을 따라 늘어선 콘도 타워 그리고 대서양과 그레이트바하마 은행 위로 날아올랐다. 물이 너무나 맑아서 바다 밑의 모래와 석회암의 굴곡이 보일 정도였다. 그레이트하버케이에 도착하자 현지인들이 다가와 애셔를 가족처럼 껴안았다. 그는 바닷가에 있는 바에서 비서들에게 점심과 소라 튀김을 사주었다.

애셔와 티클은 거의 매일 밤 함께 외식을 하게 되었다. 자주 찾은 식당은 인트라코스털의 카사베키아Casa Vecchia와 보카러톤의 1930년대 웅장한 주택에 있는 레스토랑 라비에유메종Lavieille Maison이었다. 좀처럼 옷을 갖춰 입지 않는 애셔는 항상 빌린 재킷을 입고 식사를 해야 했고, 여자인 티클은 돈을 내지 않고 메뉴를 주문할 수 있었다.

어느 날 밤, 바닷가의 로이스리조트 호텔Royce Resort Hotel에서 티클이 미식축구의 규칙을 모른다고 말했다. 애셔는 종이를 빌린 뒤 공을 들여 한 페이지 가득 태클tackle, 타이트 엔드tight end, 스플릿 엔드

split end, 쿼터백quarterback, 디펜시브 백defensive back, 스크리미지 라인 line of scrimmage 등이 있는 도해를 그렸다. 그는 '오프사이드offside=5 야드 수비 페널티'라고 적었다. '페이스 마스크face mask=5 또는 15' 그리고 '인크로치먼트encroachment=경기장에 너무 많은 사람이 있다' 라고도 적었다. 티클은 그가 "확실히 모든 것을 자기 뜻대로 하려는 사람"이어서 때때로 숨이 막혔지만, 이런 방식으로 애정을 표현하곤 했다고 이야기했다.

애셔는 티클에게 말했다. "나만큼 좋아하는 사람을 다시는 찾지 못할 정도로 잘해줄 거야." 그녀는 애셔에게 딸이 있고, 여전히 주디스 휠론을 비롯한 다른 여자들을 만나고 있다는 사실을 알고 있었다. 실제로 그는 "나는 관대하지만 일부일처제는 따르지 않는다"라고 단언하곤 했다. 그런 그의 태도 때문에 초조하기도 했지만, 그럼에도 불구하고 그녀는 그와 함께하기를 택했다.

에어로스타를 구입한 직후, 애셔는 주말을 맞아 티클을 태우고 벨리즈로 향했다. 충동적인 일이었다. J.T.와 그의 여자친구도 함께 왔다. 그들은 벨리즈시티Belize City에서 세관을 통과한 후, 산호초 보호지역 근처 팬케이크처럼 평평하고 사람들이 거의 찾지 않는 작은 섬 케이채플Caye Chapel에 도착했다. 이 섬에는 소박한 호텔과 빈 해변 주택이 몇 채 있었다. 특히 섬에서 애셔의 관심을 끈 건 3600피트(약 1.1 킬로미터) 길이의 이회암 활주로였다. 아스팔트처럼 단단하고 접지력이 좋았다. 애셔는 지난 여행에서 이 활주로를 찾은 후 줄곧 J.T.에게 보여주고 싶어 했다.

섬의 호텔에는 중앙 식당과 바를 중심으로 수십 개의 방이 배치되어 있었다. 저녁을 먹고 싶으면 미리 가서 "오늘 저녁에 랍스터 4인분을 준비해 주세요"라고 말하면 됐다. 그러면 직원들은 랍스터를 잡아 식사를 준비했다.

또 다른 손님도 있었다. 바 근처 테이블에 무전기를 들고 앉은 히피였다. "선수처럼 보이는데." J.T.가 말했다. "우리와 비슷한 나이겠어. 궁금하군. 입실 기록을 봐야겠어. 그냥 호기심이야, 정말로." 기록에 적힌 이름은 더크 스토크스Dirk Stokes였다.

가명처럼 보였고 실제로도 그랬다. 더크 스토크스는 그들이 찾던 사람이었다. 그는 과테말라 국경 근처 언덕에서 직접 신세미야sinsemilla(씨 없는 대마에서 채취한 마리화나—옮긴이)를 재배하는 미국인 도망자였고, 신생 벨리즈 정부의 요인들을 모두 알고 있었다.

"행크는 누군가와 안면을 트는 데 도가 튼 사람입니다." J.T.가 평했다. 애셔는 그에게 다가갔고, 두 사람은 이야기를 이어갔다. 이 여행이 단순히 휴가인 줄 알았던 티클은 그게 아니었다는 사실을 깨달았지만 더 깊이 생각하지는 않았다.

밀수업자들의 의리와 배신

애셔의 첫 마약 밀수는 벨리즈의 오렌지워크Orange Walk 지구에서 6만 달러의 채무를 깨끗이 탕감할 만큼의 대마초를 실어 나르는 것이었다. 이륙하기로 한 새벽에는 안개가 짙게 끼어 있었다. 에어로스타에는 위험할 정도로 짐이 가득했고, 활주로는 무척 짧았다. 날이 밝으면 눈에 띌까 염려한 애셔와 J.T.는 비행기를 인근 고속도로로 돌렸다. 도로를 활주로로 삼은 애셔는 덜컹거리는 설탕 트럭 행렬이 길을 막기 전에 이륙해 유카탄 반도 북쪽을 지나 멕시코만 위를 저공 비행해서 오클라호마 시골의 한 활주로에 도착했다. 대기 중인 일당의 하역을 도운 뒤 같은 날 벨리즈로 돌아온 애셔는 의기양양하게 J.T.와 포옹하고 그의 볼에 입을 맞췄다. 애셔는 곧 그 일에 빠져들었다.

하지만 벨리즈의 진정한 수입원은 대마초 밀수가 아니었다. 중요한 건 남미의 코카인 재배자들과 미국의 사용자들 사이라는 이 신생 국가 벨리즈의 전략적 위치에 있었다. 애셔가 찾은 케이채플의 활주로는 J.T.의 밀수 조직이 콜롬비아에서 코카인을 들여올 때 생기는 병목 현상을 해결하는 데 도움을 주었다. 소형 비행기로 쉼 없이 이동하다 보면 플로리다 중북부 어딘가에 도착하기 전에 연료가 떨어질 가능성이 높았다. 그렇다고 연료를 많이 실으면 마약을 충분히 실을 수가 없고, 더 큰 비행기를 구하려면 더 긴 활주로가 필요했다.

조직이 새로 짜는 밀수 작전에서 케이채플은 급유소 역할을 했다. J.T.는 말했다. "행크는 에어로스타를 타고 내려가 벨리즈시티에서 급유를 한 다음, 케이채플로 간 뒤 거기에서 에어로스타의 연료를 빼 제 비행기로 옮겼습니다. 행크의 에어로스타는 하늘을 나는 연료탱크였죠." 애셔와 J.T.는 새 친구 더크가 구해 온 연료통을 J.T.가 구입한 케이채플의 방 두 개짜리 방갈로 뒤에 숨겼다. 애셔는 주디스와 두 살 난 데지리와 함께 섬에서 휴가를 보내면서 가족 여행 중인 것처럼 위장했다. 티클도 가끔 케이채플 방갈로에 머물렀다. 애셔가 도장 회사를 떠나 있는 시간이 길어지자 티클도 카리브해 전역에 걸친 다양한 여행에 합류했다.

그러다 이상한 일이 벌어졌다. 나소에서의 불시착, 벨리즈시티에서의 불시착, 어느 날 미국 영공에 들어왔을 때 창밖으로 보인 군용 제트기 두 대. 애셔는 레이더에 잡히지 않도록 천천히 낮게 비행하는 법을 잘 알고 있었고, 덕분에 쉽게 도망칠 수 있었다.

1981년 말의 어느 날, 그는 티클에게 플로리다의 주도 탤러해시Tallahassee로 가는 왕복 항공권을 사준 다음, 변호사에게 전달하라며 크루거랜드 금화가 든 가방을 건넸다. 그는 도장 사업과 관련된 가방이라고 말했다. 티클은 말했다. "온스당 425달러였던 것이 정확히 기억나요."

J.T.의 표현을 따르면 '배송 사고'가 생겨 콜롬비아 칼리카르텔Cali Cartel과의 일을 바로잡기 위해 노력하던 중, 애셔가 벨리즈의 사업을 인계받았다. 그 과정에서 애셔는 콜롬비아인들과 나름의 인맥을 구축했을 것이다. 다른 사람의 인맥과 그들이 가진 좋은 아이디어를 자신의 것으로 만든 뒤, 더 이상 필요치 않은 그들과 소원해지는 일은 애셔의 사업에서 여러 차례 반복된 패턴이었다. 그는 이내 J.T.와 멀어졌다.

애셔와 더크의 우정은 수명이 더 짧았다. 둘은 케이채플에서 말다툼을 벌였고, 애셔는 집 뒤 해변에서 그를 피투성이가 되도록 때렸다. 이제 애셔가 사업의 모든 책임을 맡게 되었다. 하지만 그의 통제력은 점점 더 떨어지는 것 같아 보였다.

마약 거래의 끝과 새로운 시작

1982년, 애셔는 갑자기 자신의 도장 회사를 팔았다.[20] 이후 그의 말에 따르면 매입한 사람들은 "잘 기억나지 않지만, 한 무리의 남아공 사람들과 뉴욕 사람 두 명"이었다. 300만 달러를 받기로 되어 있었지만 새 소유주가 곧 회사를 망쳐놓았기 때문에 계약금 60만 달러만을 챙길 수 있었다. 바하마 그레이트하버케이로 이사한 그는 사람들에게 은퇴했다고 말했다.

애셔는 가끔 포트로더데일에 모습을 드러냈지만 이제는 미리 알리지 않고 조용히 드나들었다. 종종 티클의 아파트에 머무르면서 침실 벽장에 무거운 20달러 지폐 다발을 숨겨두곤 했다. 비닐로 싼 지폐 다발이 거의 천장까지 닿을 정도였다. 돈이 부족했던 티클은 가끔 지폐 다발에서 돈을 빼돌렸는데, 그러면 애셔는 돈을 빼앗은 후 이렇게 소리쳤다. "너 때문에 죽을 뻔했잖아!"

어느 날 밤 아파트에 머물던 애셔는 티클에게 잠시 나가봐야 한다고 말한 후 사라졌다. 그리고 며칠이 지났다. 애셔에게서 전화가 왔을 때 그가 또 바람을 피우고 있다고 확신한 티클은 몹시 화가 나 있었다. 하지만 애셔는 콜롬비아에서 전화하고 있다고 설명했다. "정글에 숨어 있었다고!" 그가 고함을 쳤다. "돼지들과 자고 있단 말이야!"

그레이트하버케이를 방문한 어느 날, 티클은 크랙 코카인crack cocaine(흡연할 수 있는 형태의 강력한 코카인—옮긴이)에 취해 해변가 집에서 혼자 울고 있는 애셔를 발견했다. 그는 그녀에게 자신을 버리지 말라고 애원했다.

애셔는 무엇을 향해 달려가든 곧 그것으로부터 빠르게 도망치곤 했다. 저널리스트 로버트 오해로 주니어는 몇몇 사람들이 '이란-콘트라 사건'이라고 부르는 스캔들을 다룬 플로리다법집행부의 기밀 보고서를 입수했다.[21] 코카인 밀수에서 손을 뗀 애셔가 당시 미국 정부의 지원을 받던 니카라과의 우익 조직 콘트라 대신 계획했다고 알려진 작전이었다. 공모자로 추정되는 두 명은 수사관에게 그 작전이 니카라과의 좌파 대통령인 다니엘 오르테가Daniel Ortega의 암살 계획이었다고 했다. 그중 한 명은 애셔가 "미국 정부의 승인을 받은 계획"이라고 말하며 자신에게 가담의 대가로 100만 달러를 제안했다고 주장했다.

애셔는 오해로에게 니카라과에 갇힌 미국인 용병들을 구출하고 싶었을 뿐이라고 말했다. 그리고 그 어떤 것도 실행에 옮기지 않았다며 보고서의 내용을 일축했다. "내가 작은 활주로 같은 곳으로 날아가서 갇혀 있는 미국인들을 비행기에 태우고 빠져나올 수 있었다면 좋았겠죠."22 그는 이렇게 덧붙였다. "하지만 총싸움 벌이러 OK 목장에 가는 사람들을 따라가는 건(영화 〈OK 목장의 결투〉를 인용한 말로 총격전이나 무력 충돌 같은 거칠고 위험한 상황을 의미—옮긴이) 썩 내키지 않았어요." 그는 단지 기분이 좋아질 무언가가 필요했던 것처럼 이야기했다.

애셔는 1983년 말 그레이트하버케이에서 티클에게 편지를 보냈다. 그녀는 두 사람이 각자의 길을 걸은 이후에도 수십 년 동안 그 편지를 간직했다. 편지에서 그는 이렇게 말했다. "일(사람들은 여기에서 팅검tingum이라고 해)23이 너무 잘 풀리고 있어. F. 리는 정말 좋은 사람이고 나를 좋아해. 거의 매일 밤 나와 함께 저녁을 먹어…." 편지에 따르면 이 유명한 변호사는 섬에 마법 같은 것을 가져다주었다. 애셔는 이어서 이렇게 썼다. "컴퓨터를 활용하는 법을 배우고 있어. 새 모델은 사용하기 너무 편하고 모든 것을 체계적으로 정리하지."

애셔가 감지한 또 다른 마법은 자신이 밀수꾼이라는 소문을 불식시키는 데 베일리가 도움을 줄 가능성이었다. "F. 리가 나에 대해 나쁘게 말하는 놈들에게 말하더라고. 나를 곁에서 지켜봤기 때문에 내가 그들이 말하는 그런 사람이 아니라는 걸 알고 있다고 말이야."

 이 편지는 두 가지로 해석할 수 있다. 하나는 애셔가 마약단속국이나 플로리다법집행부가 집으로 보내는 편지를 가로채리라 생각해서 수사기관의 감시망을 피하고자 그렇게 썼다는 것이다. 그리고 다른 한 가지 해석은, 그가 정말로 자신이 다른 사람이 될 수 있다고 믿었다는 것이다.

3장
천재 프로그래머의 탄생

애셔는 치열하게 프로그래밍을 배웠다. 새 여자친구, 새 고객, 새 사업 아이디어 등 새로운 것을 파고드는 집중력이 거기에도 적용됐다. 서른다섯 살의 나이에 가졌다가 잃어서 되찾고 싶은 것이 있었기 때문에 그 정도가 더욱 심했다. 그의 스승이었던 로이 브루베이커Roy Brubaker가 이전에 누구에게서도 본 적 없는 집중력이었다.

스스로를 자유주의자이지만 극단적인 쪽은 아니며 '엉터리 무정부주의자'라고 표현하는 브루베이커는 불교 수행을 막 시작한 참이었다. 기술자로 일하게 된 것은 공군에서부터였다. 그는 기술자로 시작해 몬태나주 변두리에서 핵미사일의 전자 장치를 연구하며 4년을 보냈다. 마이애미로 돌아와서는 데이드카운티Dade County 교육청의 방 하나 크기의 메인프레임을 맡으며 관리자로 승진했다. 애셔를 만나던 당시에는 할리우드비치의 CPT코퍼레이션에서 변호사를 위한 소송 지원 애플리케이션을 개발하며 큰돈을 만지고 있었다. 하지만 그는 이제 자신의 여가 시간, 늦은 밤과 연휴가 낀 주말의 대부분을 끈질긴 새 학생에게 할애하게 되었다.

"집중하면 무엇이든 해냈습니다." 브루베이커가 말했다. "문제는 방향이었죠." 두 사람은 할리우드에 있는 애셔의 평범한 침실 두 개짜리 집의 테이블에 노트북을 올려두고 나란히 앉아서 수업을 했다. 가끔은 팜비치Palm Beach에 있는 F. 리 베일리 변호사 사무실의 유리벽으로 된 회의실이나 그레이트하버케이의 바닷가에 있기도 했다.

애셔의 컴퓨터는 최초의 대량 판매 노트북인 도시바 T1100Toshiba T1100이었다.[1] 1986년에 1900달러에 판매된 이 컴퓨터는 플로피디스크로 작동했으며 9인치(약 22.9센티미터) 흑백 화면과 4.77메가헤르츠의 프로세서를 탑재하고 있었는데, 지금의 아이폰 프로세서보다 거의 700배 느렸다. 속도에 불만을 느낀 그는 곧 그것을 '증기로 돌아가는 쓰레기'라고 부르기 시작했다. 애셔는 느린 것과 거리가 먼 사람이었다.

애셔가 스프레드시트 프로그램인 로터스 1-2-3Lotus 1-2-3을 금세 익히자 브루베이커는 그에게 데이터베이스 프로그램 R베이스R:BASE를 가르쳤다. 애셔는 그것도 놀라운 속도로 익혔다.

데이터의 세계로 뛰어들다

애셔는 로터스나 R베이스의 새로운 면에 깊이 빠져들었다. 집에 가서 잠을 자고 다음 날 돌아온 브루베이커는 여전히 도시바 앞에 몸을 구부리고서 앉아 있는 애셔를 발견하곤 했다. 그에게는 타고난 조급함과 재기해야 한다는 불타는 욕구를 넘어서는 어떤 삶의 원칙이나 방향성, 즉 '내면의 나침반'이 있는 듯했다. 다만 브루베이커로서는 그 방향이 어디인지 알 수가 없었다.

어느 날 아침, 애셔는 로터스로 설계한 주사위 게임을 자랑스럽게 공개했다. 브루베이커는 그날을 회상하며 이렇게 말했다. "화면에 굴러다니는 주사위를 비롯한 모든 기능을 갖춘 게임이 나타났어요. 그가 스스로 배우고 흡수한 것에 놀라지 않을 수 없었습니다."

브루베이커가 애셔를 알고 지낸 기간 내내 밤샘 작업이 계속되었다. "행크는 문제와 자신을 따로 떼어서 생각하지 못했어요. 내려놓았다가 다시 돌아와 문제를 바라보는 일이 불가능했습니다. 핏불처럼 문제에 매달렸죠. 어떤 종류든 해결책을 찾을 때까지요."

사람들은 애셔에게 좌절감을 안겨주곤 했다. 그들이 애셔가 시간을 낭비하고 있다고 생각할 때는 특히 더 그랬다. 하지만 프로그래밍은 좌절을 느끼게 하는 법이 없었다. 브루베이커와 함께 있을 때 애셔는 도장 회사 시절의 분노를 거의 드러내지 않았다. 코카인을 끊고 술도 줄였으며 1984년 스티븐 레비Steven Levy가 그의 책 《해커, 광기의 랩소디》에서 묘사한 젊은이들처럼 점점 더 스크린으로 빨려 들어갔다.[2] "그들은 해킹의 사고방식에 깊이 몰입하면 얼마나 멀리 갈 수 있는지, 다시 말해 무한히 멀리 갈 수 있다는 사실을 알고 있었다." 애셔 또한 코드 속에서 정신을 온전히 집중할 수 있을 만큼 큰 퍼즐을 발견했다.

수백만 명의 미국인이 비슷한 방식으로 개인용 컴퓨터에 사로잡혔다. 특히 1981년 J.T.가 에어로스타를 버려야 했던 공항과 고속도로 맞은편에 제멋대로 뻗어 있던 보카러톤 오피스파크에서 제작된 IBM PC의 등장 이후 구매량은 해마다 급격히 증가했다. 1980년 소비자들은 72만 4000대의 PC를 구매했다.³ 1982년에는 280만 대를 구입했다. 같은 기간 PC 제조업체의 연간 매출은 18억 달러에서 거의 50억 달러로 급증했다.

1983년 《타임》이 선정한 올해의 인물은 사람이 아닌 기계, 즉 PC였다. 낡은 로열 440Royal 440 타자기로 작성된 기사에는 이렇게 적혀 있다. "1982년, 컴퓨터의 물결이 '삐삐' 소리를 내며 미국의 사무실과 학교, 가정으로 쏟아져 들어왔다. 미래학자들이 오래전부터 예측해온 '정보혁명'이 도래했다. 이와 함께 사람들이 살고 일하는 방식, 심지어는 생각하는 방식에도 극적인 변화가 일어날 것이다. 미국은 결코 예전과 같지 않을 것이다."⁴

애셔는 어느 누구보다 명확하게 기회를 인식했다. 도장 회사를 매각하고 밀수업자로서의 일을 접은 후, 그는 두 개 이상의 사업을 시도했다. 1984년에 설립한 회사는 '해적의 선택Pirate's Choice'이라는 럼주 회사로, 카리브해의 관광객이 타깃이었다. 손으로 그린 패키지에는 안대와 칼을 차고 앵무새를 든 애셔가 등장한다. 다른 하나는 애셔와 브루베이커가 만났을 당시에도 여전히 운영 중이던 스크린인쇄 회사로, 역시 카리브해 관광객을 대상으로 티셔츠를 판매했다. 둘 다 그리 성공적이진 않았다. 그렇기에 애셔는 1988년 브루베이커에게 함께 컴퓨터 사업을 시작하자고 제안했고, 브루베이커는 CPT의 일을 그만두었다.

이 동업자들은 새로운 회사의 이름을 '유저러버블User Lovable'로 지었다.⁵ 정보화시대의 구호인 '사용자 친화적user friendly'을 어설프게

비튼 이름이었다. 사업자는 브루베이커의 이름으로 했다. 애셔는 마약단속국과 플로리다법집행부를 통해 자유를 얻기는 했지만 여전히 국세청의 넓은 조사 범위와 긴 공소시효를 두려워했다. 브루베이커에 따르면 애셔가 여전히 알고 지내던 남부 플로리다 콘도 관리자들에게 컴퓨터 시스템을 판매한다는 초기의 사업 계획은 "'누구든지 원하는 사람을 위해 우리가 할 수 있는 모든 일을 하는 것'으로 빠르게 변질되었다"라고 한다.

유저러버블은 법률 회사에 소프트웨어를 판매했다. 병원에는 컴퓨터 시스템을 판매했다. 그리고 원하는 누구에게나 하드웨어 구성 요소 일체를 판매했다. 일반 소비자용 인텔 286Intel 286 프로세서와 지역 전자제품 매장에서 싸게 구입한 각종 부품으로 만든 IBM PC 복제품에 파란색 유저러버블 스티커를 붙여 팔았다. 관공서에는 네트워킹 서비스를 판매했다. 애셔의 전 마약단속국 담당자는 이더넷ethernet(근거리 통신망—옮긴이) 케이블을 설치하던 중 복도에서 애셔를 마주쳤던 일을 기억하고 있다.

브루베이커는 두 사람이 특별히 획기적인 '슈퍼컴퓨팅 아이디어'를 찾고 있지는 않았으나, 어느 늦은 밤 애셔의 집 거실에서 '갑자기' 아이디어가 떠올랐다고 회고했다.

슈퍼컴퓨터의 탄생과 진화

1940년대부터 그 후 수십 년 동안 프로그래밍이 가능한 모든 컴퓨터는 동일한 기본 설계를 공유했다. 수학자이자 물리학자이며 기술 이론가인 존 폰 노이만John von Neumann이 1945년 논문에서 처음 설명한 폰 노이만 아키텍처von Neumann architecture 말이다.6 이런 컴퓨터에서는 중앙처리장치 또는 CPU라는 것이 하나의 구성 요소이고, 메모리는 별도였다. 프로그램 명령어와 데이터는 모두 메모리에 저장되었다. 연산을 수행하려면 데이터를 메모리에서 검색한 다음 CPU로 보내 처리한 뒤 다시 메모리로 돌려보내야 했다. 정보는 한 단위씩, 한 덩어리씩 순차적으로 기계 안을 이동했다.

아주 기본적인 폰 노이만 기계에 두 개의 숫자(예를 들어 4와 3)를 더한 뒤 그 값에 다른 두 개의 숫자(예를 들어 5와 1)의 합을 곱하라고 지시한다고 가정해 보자. 메모리에서 프로그램 명령을 검색한 기계는 처음 두 숫자를 가져와 CPU에게 더하도록 한 뒤 그 값인 '7'을 메모리로 돌려보낸다. 이후 두 번째 숫자들을 가져와 CPU에게 더하도록 한 뒤 그 값인 '6'을 메모리로 돌려보낸다. 마지막으로 메모리 장치에서 앞선 두 결과를 가져와 CPU에게 곱하도록 해서 '42'라는 답을 출력한다.

설계자들은 노이만 기계의 속도를 높이기 위해 프로세서의 속도도 계속 높였다. 그러자 '4+3'이나 '7×6'과 같은 계산은 물론 더 복잡한 연산도 점점 빠르게 처리할 수 있게 되었다. 전후戰後 프로세서는 값비싼 진공관 스위치로 구성된 회로들로 이루어져 있었다. 높은 연산 속도에 대한 요구로 곧 반도체 그리고 실리콘의 시대가 이어졌다. 하지만 한쪽은 프로세서, 한쪽은 메모리로 이루어진 이중 구조는 유지되었다.

1980년대 초, 세계에서 가장 빠른 컴퓨터는 슈퍼컴퓨팅의 선구자 시모어 크레이Seymour Cray가 폰 노이만 아키텍처를 발전시켜서 만든

800만 달러짜리 크레이-1Cray-1이었다.7 이동식 화장실 크기 정도의 이 제품에는 도합 60마일(약 96.6킬로미터)의 구리선이 들어가 있었고, 한 시간 동안 미국인 열 가구가 사용하는 만큼의 에너지를 사용해 초당 8000만 번의 연산을 수행할 수 있었다. 전 세계에서 약 100대의 크레이-1이 가동 중이었으며, 최초로 설치된 곳은 로스알라모스국립연구소Los Alamos National Laboratory였다.

크레이-1에 견줄 만한 경쟁자는 실험적으로 만든 단일 고유 모델(대량 생산을 위한 모델이 아니었다—옮긴이) 컴퓨터, 일리악 IVILLIAC IV이었다.8 이 컴퓨터는 하나의 거대한 CPU가 아니라 수백 개의 약한 마이크로프로세서microprocessors에 의존하는 '대규모 병렬massively parallel' 구조를 가지고 있었다. 설계자는 이 초소형 프로세스들이 서로 협력해 작동하기를 바랐다. 1960년에 처음 제안되어 자금 지원도 받았지만 10여 년이 지나서야 작동하기 시작한 일리악 IV는 크레이-1에 비해 몇 년이나 늦게 납품된 데다 예산을 크게 초과했으며 버그가 가득해 대체로 실패작으로 여겨졌다. 시모어 크레이는 "밭을 갈 때 튼튼한 소 두 마리와 닭 1024마리 중 무엇을 택하시겠습니까?"라며 일리악 IV의 개념을 조롱했다.9

조용히, 브루베이커와 애서는 전혀 모르는 사이에 몇몇 이단자가 닭을 택하겠다고 답하기 시작했다. 그중 가장 카리스마 있고 끈질긴 사람은 매사추세츠 케임브리지에 있는 MIT인공지능연구소Artificial Intelligence Laboratory에서 박사 과정을 밟던 대니 힐리스Danney Hillis였다. 포니테일을 한 이 학생은 1983년 봄 싱킹머신코퍼레이션Thinking Machines Corporation이라는 스타트업을 대학에서 설립해 독립했다.

힐리스는 인간의 뇌에 대해 연구하기 위해 1970년대 후반 MIT에 입학했다. 하지만 캠퍼스에 발을 들이자마자 AI연구소와 그 연구소의 설립자이자 책임자인 마빈 민스키Marvin Minsky에게 끌렸다. 당시 민스키는 '마음의 사회Society of Mind 이론'을 개발하는 중이었다.[10] 인간의 지능이 고정된 상태가 아니라, 그가 '행위자agent'라고 부르는 보다 간단한 프로세스들(언어, 시각, 기억, 감정 등) 사이의 상호작용과 네트워크 효과의 산물이란 이론이다. 그는 힐리스의 멘토가 되었다.

힐리스는 말했다. "민스키 교수님은 고트프리트 빌헬름 라이프니츠Gottfried Wilhelm Leibniz 같은 철학자들을 소개해 주셨어요. 그들도 지식이 서로 연결되어 있다는 사고방식을 가지고 있었죠. 이 견해는 '패러다임 전환paradigm shift'이라는 개념을 만든 과학철학자이자 제가 무척이나 좋아하는 학자 중 하나인 토머스 쿤Thomas Kuhn 교수님과의 논의를 통해 강화되었습니다."

힐리스는 인지의 본질을 연구하면서 컴퓨터를 만지작거렸다. 자신이 팅커토이Tinkertoy(여러 부품을 조립해 다양한 모형을 만드는 장난감―옮긴이)로 만든 컴퓨터가 틱택토tic-tac-toe(3×3 그리드에 X 또는 O를 연속으로 둔 사람이 이기는 게임―옮긴이)에서 계속 이기는 모습을 본 그는 시대의 지배적인 슈퍼컴퓨터 설계 패러다임은 더 이상 진화할 수 없는 지점, 즉 막바지에 도달했다고 믿게 되었다.

힐리스는 크레이의 컴퓨터나 그와 유사한 컴퓨터가 이론적 한계를 향해 빠르게 달려가고 있다는 사실을 깨달았다. 프로세스와 메모리 이중 설계의 문제점은 순차적인 절차에 있었다. 아무리 빨라도 한 번에 하나씩, 즉 처음에는 '4+3', 다음에는 '5+1', 그 뒤에야 7×6을 처리할 수 있었다. 힐리스는 1985년 박사학위 논문에서 "연산 시간은 프로세서와 메모리 사이에서 데이터를 이동하는 시간에 지배당한다. 그렇기 때문에 프로세서를 아무리 빠르게 만들어도 비효율성은 여전하다. 이를 폰 노이만 병목 현상von Neumann bottleneck이라고 부른다. 기계를 더 크게 만들수록 문제는 악화된다"라고 설명했다.[11]

빠르게 달리는 경주용 자동차라도 트랙에 진입하려다 교통체증에 갇히면 아무 소용이 없다. 그런 의미에서 힐리스는 곧 컴퓨터의 개별 부품보다는 연결 방식이 더 중요해질 것이라고 생각했다. 그는 이렇게 말했다. "이전 설계자들은 모두 스위치에 대해서만 생각했습니다. 하지만 저는 배선이 중요하다는 것을 알고 있었죠."

힐리스는 그가 MIT 시절 최초로 개념화하기 시작한 대규모 병렬 컴퓨터의 이름이기도 한 〈연결 기계The Connection Machine〉라는 논문에서 폰 노이만 컴퓨터가 파블로 피카소의 그림 〈물 먹이는 곳The Watering Place〉에 묘사된 물체를 어떻게 인식할지 추론했다. 그는 이렇게 썼다. "사람이라면 어려움 없이 '한 무리의 사람과 말입니다'라는 대답을 할 수 있을 것이다. 우리에겐 상당히 쉬운 일이다. 하지만 현대의 디지털 컴퓨터에게는 거의 불가능한 작업이다."

컴퓨터는 피카소의 그림에서 발견한 대상을 해석하기 전에 '수십만 개의 시각적 데이터 포인트'를 처리해 점과 픽셀 단위로 선과 그림자를 찾아야 한다. 힐리스는 말했다. "숫자열의 덧셈에서는 우리보다 한참 뛰어난 이 전자 거인들은 상징적 사고의 과정에서라면 우리에게 한참 뒤진다."

힐리스는 자신이 개발한 연결 기계Connection Machine가 이런 상황을 바꾸리라고 믿었다. 연결 기계는 일리악 IV의 전통을 잇되 좀 더 정제된 그리고 바라건대 더 기능적인 대규모 병렬 시스템이었다. 이 기계의 설계는 인간의 두뇌에서 영감을 얻었다. 비교적 약한 수천 개의 프로세서(뉴런)들이 피카소 작품의 모든 점과 픽셀을 동시에 받아들일 수 있을 정도로 긴밀히 연결되어 일제히 작동하는 인간의 뇌 말이다. 이 프로젝트의 첫 번째 후원자이자 가장 큰 후원자는 미군의 새로운 전쟁 기술의 개발을 담당하는 방위고등연구계획국Defense Advanced Research Projects Agency, DARPA이었다. 고등연구계획국은 1970년대판 인터넷인 아파넷ARPANET을 만들었고,[12] 일리악 IV와 시모어 크레이에게도 자금을 지원했다.

이후의 인터뷰에서 힐리스는 다음과 같이 회상했다. "고등연구계획국의 로버트 칸Robert Kahn이 AI연구소를 방문했습니다."[13] 당시 마흔네 살에 과묵했던 로버트 칸은 컴퓨터가 인터넷과 다른 네트워크를 통해 통신하는 방식을 결정하는 TCP/IP 프로토콜의 공동 발명가였으며, 이 기관의 정보처리기술국Information Processing Techniques Office 국장이었다. 힐리스는 티셔츠 차림의 이상주의자였지만 무슨 말을 해야 할지는 잘 알고 있었다. "저는 대규모 병렬 컴퓨터 없이는 결코 인공지능에 도달할 수 없다고 설명했습니다."

미국은 소련과의 냉전 기간 동안 일본과의 슈퍼컴퓨터 경쟁에 몰두하고 있었다. 고등연구계획국에게 연결 기계는 군사적 우위를 점하기 위한 투자처였다.[14] "새로운 컴퓨터는 어떤 특별한 기능을 가지고 있을까?" 고등연구계획국은 1983년 의회에 제출한 자금 지원 문서에서 전략적 컴퓨팅 프로그램Strategic Computing Program이라는 이니셔티브initiative를 설명하면서 이런 질문을 던졌다.[15] 문서에 따르면 컴퓨터는 자연어 표현을 이해하게 될 것이었다. 음성을 인식하고 말을 하게 될 것이었다. 시각적 이미지를 보고 생성하게 될 것이었다. '정보 융합과 머신러닝' 그리고 '계획과 추론'을 하게 될 것이었다.

케임브리지에서 멀지 않은 월섬Waltham이라는 도시에 있는, 담쟁이덩굴로 덮인 스톤허스트Stonehurst라는 웅장한 저택에 싱킹머신코퍼레이션이 입주했다. 고등연구계획국은 이 스타트업에 약 500만 달러를 지원해 두 가지 프로세서의 프로토타입을 각각 1만 6384개, 6만 5536개씩 제작하도록 했다. 덕분에 이 회사는 곧 CBS 설립자이자 사장이었던 이를 비롯한 개인 투자자들로부터 수천만 달러를 더 조달할 수 있었다.[16]

고등연구계획국에 이어 전 세계를 상대로 한 연결 기계 홍보의 비결은 힐리스 자신이 가진 굳은 믿음이었다. 그가 원한 것은 돈을 벌기 위한 기계가 아니라 기계를 만들기 위한 돈이었다. 싱킹머신코퍼레이션의 사훈은 '차세대 컴퓨터뿐만 아니라 차세대 의식을 창조하는 것'이었다.

학부 시절 힐리스와 함께 AI연구실에 있었던 브루스터 칼레Brewster Kahle는 곧 싱킹머신코퍼레이션의 첫 직원이 되었고, 결국 아마존의 알렉사 인터넷Alexa Internat과 비영리단체인 인터넷아카이브Internet Archive의 창립자가 되었다. 그는 훗날 그 순간의 무모함을 이렇게 회상했다.[17] "대니는 제게 '우리가 다음 세대를 키울 거라면, 그리고 이 기계들이 정말 우리를 이어받을 거라면 그들에게 좋은 책을 읽게 하자. 잘 가르치자. 좋은 기계로 키우자'라고 말했습니다."

힐리스의 이런 생각은 회사의 슬로건이 되었다. "우리는 우리가 자랑스러워할 만한 기계를 만든다."

첫 발명품, 메인프레임 파괴자

'병렬 처리'라는 아이디어를 처음 발견했을 때만 해도 애셔와 브루베이커에게 거창한 목표 따위는 없었다. 하지만 MIT나 고등연구계획국과는 거리가 먼 할리우드비치에서 그들은 일련의 마이크로프로세서가 더 강력하지만 단 하나뿐인 CPU를 능가할 수 있는지 궁금해하기 시작했다.

그날 밤 그들 앞에 수수께끼가 던져졌다. 보카러톤의 한 의사로부터 의뢰가 들어왔다. 네 곳의 진료실에 각각 단말기를 설치해 공유 데이터베이스에 있는 다양한 의료 서식과 진단 서류를 인쇄할 수 있는 시스템을 설계해 달라는 내용이었다. 문제는 인텔 286 프로세서를 사용하는 소비자용 PC로는 이런 작업을 수행할 수 없고, 병원에는 상업용 미니 컴퓨터나 메인프레임 컴퓨터 네 대를 구입할 만한 예산이 없다는 데 있었다.

브루베이커는 데이드카운티교육청의 컴퓨터를 생각해 보았다. 애셔와 J.T.가 보러 갔던 이 컴퓨터는 히타치Hitachi에서 IBM 메인프레임을 본떠 만든 900만 달러짜리 복제품이었다. 그는 애셔에게 그 컴퓨터의 작동 방식을 설명해 주었다. 예를 들어 '급여 지급'과 같은 작업 데이터를 입력하면 해당 작업은 메인프레임의 대기열에서 적절한 '이니시에이터initiator'(특정 기능을 위해 따로 확보되어 있는 CPU 내부의 프로세스)가 처리하기를 기다린다. 이를 통해 여러 사용자와 작업이 메인프레임을 공유할 수 있었다. CPU는 한 번에 하나의 프로그램만 실행할 수 있더라도 메인프레임은 최대한 바쁘게 유지할 수 있었던 것이다.

이니시에이터를 큰 컴퓨터 안에 있는 여러 개의 작은 가상 컴퓨터로 생각할 수도 있다. 브루베이커와 애셔는 병원의 의뢰에 대해서 생각하던 중 문득 이 방정식을 뒤집으면 어떨까 하는 발상을 떠올렸다. 작은 컴퓨터는 실제 컴퓨터고, 큰 컴퓨터는 가상 컴퓨터라면? 여러 대의 PC를 케이블과 코드로 연결하면 개별 컴퓨터가 그렇게 비싸거나 강력할 필요가 없었다. 작업량을 분산시킬 수 있을 정도면 족했다.

애셔는 이 아이디어가 콘도 건물을 칠할 때 개발한 방법과 매우 흡사하다고 생각했다. 많은 작업자가 떼를 지어 한꺼번에 모든 작업을 처리하는 것이다.

그와 브루베이커는 자신들이 발견한 가능성에 매우 흥분해서 그날 밤 바로 프로토타입 제작에 돌입했다. 며칠 밤을 뜬눈으로 보내고 난 뒤에야 드디어 작동이 시작되었다. 유저러버블은 싱킹머신코퍼레이션보다 몇 년이 뒤처졌고, 마이크로프로세서도 수천 개가 부족했지만 동일한 원리를 기반으로 하고 있었다.

유저러버블의 큰 거래처 중 하나는 애셔가 어린 시절부터 알고 지낸 명문 밸퍼레이조 집안이 소유한 직원 200명 규모의 회사였다. 인디애나인포메이션컨트롤Indiana Information Controls, IIC은 식품 가공 기계를 만드는 우르셸연구소Urschel Laboratories의 자회사이자 우르셸이 시도한 사업 다각화의 결과이기도 했다. 소위 서비스뷰로service bureau(컴퓨터 처리 서비스를 제공하는 전문 업체—옮긴이)인 인디애나인포메이션컨트롤은 메인프레임을 보유할 여력이 없는 중서부 지역의 소규모 은행을 위해 은행 업계의 데이터를 이용하여 야간 거래를 관리하고 장부를 확인하는 일을 했다.

"인디애나인포메이션컨트롤이 사용하던 하드웨어는 끔찍할 정도로 오래된 것이었어요." 브루베이커는 회상했다. 애셔는 그 회사에 대고객 부서용 값싼 컴퓨터를 판매했다. 할리우드에서 배송된 컴퓨터들이 밸퍼레이조에 온전하게 도착하기를 기도하면서 말이다. 동시에 경영진에게 유저러버블의 '멀티프로세싱multiprocessing' 프로토타입이 훨씬 더 비싼 메인프레임을 대체할 수 있다면서 설득을 시작했다. 연결 기계와 마찬가지로 문제는 네트워크, 즉 분산 프로세서distributed processors(애셔와 브루베이커는 '고스트ghost'라고 불렀다)가 대기열에 있는 새로운 작업을 빨리 처리하게 만드는 시스템 아키텍처였다. 애셔의 거실에서 접이식 테이블 위에 전선과 서버를 늘어놓으며 몇 달을 몰두한 끝에 그들은 이 시스템 아키텍처를 작동시키는 데 성공했다.

두 사람은 1989년 말 밸퍼레이조로 날아가 우르셸연구소와 인디애나인포메이션컨트롤의 사장인 로버트 우르셸Robert Urschel 앞에서 시연을 했다. 그들이 만든 제품을 본 우르셸은 프로토타입이 아니라 회사를 인수하길 원했다. 그리고 두 직원, 애셔와 브루베이커가 밸퍼레이조로 오기를 바랐다. 브루베이커는 말했다. "우리는 은행 업무 처리에 혁명을 일으키고 싶었습니다."

공군에 복무할 때를 제외하면 평생 플로리다에 살았던 브루베이커에게 밸퍼레이조는 낯선 곳이었다. 하지만 애셔에게는 귀향이었다. 그는 농장에서 어머니, 여동생과 시간을 보냈다. 노스캐롤라이나에서 한 남자와 결혼했다가 헤어진 주디스 휠론도 딸들과 함께 그곳으로 이사를 왔다.[18] 칼리는 회상했다. "아버지와 엄마가 갑자기 다시 합친 것은 아니었어요. 하지만 아버지는 항상 저희를 돌보려고 노력하셨어요." 인디애나에 머무는 동안 애셔와 휠론은 가끔 결혼에 대해 이야기했지만, 그것이 좋은 선택이 아니라는 결론을 내렸다.

인디애나인포메이션컨트롤 안에서 애셔는 새로운 마이크로시스템 부서의 책임자가 되었다. 그와 브루베이커에게는 소규모 팀과 멀티프로세서 설계를 확장하고 발전시킬 예산과 시간이 주어졌다. 한 가지 중요한 결정은 R베이스에서 강력한 데이터베이스 언어인 클라리온Clarion으로 전환하는 것이었다. 클라리온은 애플리케이션이 수백만 개의 기록을 문제없이 처리하게 해주었다. 파일 크기도 2기가바이트까지 커졌다. 브루베이커는 말했다. "지금은 별것 아니지만, 당시에는 매우 큰일이었죠."

그들은 인디애나인포메이션컨트롤의 은행 업무 처리보다 더 큰 것을 목표로 삼기로 결정했다. 자신들의 설계를 활용할 수 있는 잠재적 시장은 훨씬 더 컸다. 메인프레임보다 저렴한 분산 컴퓨팅은 일종의 평등한 힘이 될 가능성을 갖고 있었다. 브루베이커 정도만 그런 식으로 생각할 여유가 있었지만 말이다. 이제 거대 기업과 국가가 정보를 독점하는 시대가 아니었다.

1년 후, 인디애나인포메이션컨트롤마이크로시스템즈IIC Micro Systems는 아이프레임iFrame이라는 이름으로 5피트 높이의 4만 7500달러짜리 '메인프레임 파괴자mainframe buster'를 내놓았다. 이 실용적인 제품은 마치 첨단 냉장고 같은 모양새를 하고 있었다. 박스 안에는 최대 여섯 개의 최신 인텔 486 프로세서와 홍보 문구에서 "프로그램을 전송, 제어, 추적하는 마스터 제어 프로그램"이라고[19] 설명한 맞춤형 운영체제가 들어 있었다. 이 운영체제가 네트워크 내에서 사용 가능한 '고스트 프로세서'에 작업을 분배했다. 홍보 책자에는 이렇게 적혀 있었다. "마이크로 기술이 날로 더 강력해지고 가격이 낮아지면서 메인프레임의 대안인 네트워크를 무시하기가 점점 어려워지고 있습니다."

곧 주요 잠재고객인 워드퍼펙트퍼블리싱WordPerfect Publishing이 아이프레임을 시험해 보길 원했다. 이 회사는 대규모 주문을 고려하고 있었다. 애셔와 브루베이커는 유홀U-Haul(미국의 이사 트럭, 트레일러 및 셀프 스토리지 렌털 회사―옮긴이) 트럭을 빌렸다. 그리고 80번 주간 고속도로를 완전히 폐쇄시킨 눈보라를 뚫고 와이오밍주를 지나 유타주 프로보Provo에 위치한 워드퍼펙트퍼블리싱 사무실까지 서쪽으로 무려 24시간을 운전해 갔다.

브루베이커는 훗날 친구에게 바치는 추모사에 "행크는 운전을 했고 저는 조수석 창밖으로 '절벽 감시' 임무를 맡았습니다"라고 적었다.[20] 잠도 자지 못해 정신이 혼미한 상태로 마침내 프로보에 도착한 두 사람은 주유소에 차를 세웠다. 후기성도교회 신도인 워드퍼펙트퍼블리싱 대표를 만나기 전에 커피를 마시고 담배를 피우기 위해서였다. 그들이 사무실 밖 연석에 앉아 커피를 마시며 담배를 피우고 있는데, 창립자가 나와서 인사를 건넸다. "행크는 그를 바라보며 말했죠. '이보다 나쁠 수도 있었어요. 몇 년 전이라면 스카치를 마시며 마리화나를 피웠을 테니까요.'[21] 그러자 얼굴이 하얗게 질린 남자가 무언가 중얼거리며 활짝 웃더니 다시 안으로 들어갔습니다." 이런 일이 반복되자 클라이언트는 애셔의 '죄'는 못 본 체하고 그가 만든 찬란한 작품에만 집중했다.

애셔와 브루베이커는 자기들끼리 인디애나인포메이션컨트롤의 새로운 멀티프로세서 제품을 하비Harvey라고 불렀다. 1950년 지미 스튜어트Jimmy Steward가 출연한 영화 〈엘우드 P. 다우드〉에 등장하는 사람만 한 크기의 보이지 않는 토끼의 이름을 딴 것이다. 이 토끼는 엘우드의 가장 친한 친구다. 그의 알코올중독과 정신질환이 만들어낸 것일 수도 있고, 새로 발견된 마법의 상징일 수도 있으며 또는 둘 다일 수도 있었다. 영화에서 엘우드는 하비가 시간을 멈출 수 있다고 단언한다. "제가 하비가 시계를 멈출 수 있다는 이야기를 했던가요?" 그가 묻는다. "'시계도 멈추게 할 얼굴'(못생긴 얼굴이라는 의미—옮긴이)이란 표현을 들어보셨겠죠? 하비는 당신 시계를 쳐다봐서 멈추게 할 수 있어요. 그럼 당신은 원하는 곳에서 원하는 사람과 원하는 만큼 오래 머물 수 있죠. 돌아왔을 때는 1분도 지나 있지 않을 겁니다. 과학이 시간과 공간을 극복한 것이죠." 시간의 흐름을 멈추고, 사람을 그들이 머물렀던 자리에 고정시키는 이 능력은 원래 좋은 것으로 여겨졌다.

디지털 사서들의 시대

처음 연결 기계를 설계할 때 대니 힐리스는 데이터베이스에 대해서는 별로 생각하지 않았다. 그는 말했다. "저는 AI에 대해 더 많이 생각했습니다." 하지만 시스템의 다른 주요 설계자인 브루스터 칼레는 데이터베이스를 고려했다. 슈퍼컴퓨터가 이미지 내의 모든 픽셀을 동시에 처리할 수 있다면 또 어떤 일을 할 수 있을까? 사람과 장소, 사물에 대한 개별 데이터 비트도 처리할 수 있지 않을까?

칼레가 MIT에서 힐리스를 만났을 때 그의 꿈은 인공지능이 아니라 보편적으로 접근 가능한 지식, 훗날 그를 인터넷의 전설로 만들

일종의 디지털 도서관이었다. 그는 한 인터뷰에서 다음과 같이 말했다. "저는 알렉산드리아 도서관Library of Alexandria 버전 2를 만들고 싶었습니다. 글로벌 두뇌를 만들고 싶었죠."[22] 1986년, 싱킹머신코퍼레이션이 첫 번째 연결 기계 프로토타입을 고등연구계획국에 납품하고 1년이 지났을 때, 칼레는 회사를 대신해 '병렬 프로세서를 포함하는 데이터베이스 시스템 검색 방법'의 특허를 출원했다.

힐리스가 워싱턴의 한 정보기관에서 제안 요청서를 넣었다는 소식을 들었다. "브루스터, 자네 데이터베이스를 좋아하지?"[23] 힐리스가 칼레에게 물었다. 그 기관은 검색 기능의 속도를 획기적으로 높이기 위해 서로 다른 두 가지 데이터베이스를 합치려고 했다. 취합하면 용량이 총 15기가바이트에 달하는, 먼 나라의 사람과 사건에 관한 텍스트 자료였다. 기존 메인프레임에서는 하루 이상 걸리던 쿼리query(데이터베이스에서 원하는 정보를 검색하기 위해 요청하는 것)를 30분 이내에 처리하는 것이 새 시스템의 요구 조건이었다. IBM과 크레이 리서치Cray Research가 제안서를 제출했다. 크레이는 15분 안에 쿼리를 처리할 수 있다고 주장했다. 칼레는 훗날 회상했다. "신생 업체 싱킹머신코퍼레이션, 즉 우리는 3분 안에 할 수 있다고 말했습니다."

칼레는 방대한 데이터 세트에서 신속하게 식견을 도출하는 것, 즉 빅데이터big data 문제를 더 많이 연구하면서 이 용어를 처음 사용했을 가능성이 있다.[24] 정말 그가 이 용어를 처음 사용한 게 맞다면, 아마도 아방가르드 가수 로리 앤더슨Laurie Anderson의 1982년 앨범 〈빅 사이언스Big Science〉의 타이틀곡에서 장난스러운 느낌으로 이 용어를 따왔을 터다. 이 노래의 후렴구에는 원하는 것을 얻는 일에 대한 경고가 담겨 있다.

모두가, 모두가 자신만을 위해

모두가, 모두가 자신만을 위해

동의한다면 "예"를 외쳐

빅 사이언스. 할렐루야. 빅 사이언스. 요들레이히.

연결 기계를 연구하기 전에 칼레는 단순한 메인프레임 컴퓨터가 수백만 명의 남아공 사람들을 상대로 인종차별 정책을 시행하는 데 어떻게 사용되었는지에 대한 책을 읽은 적이 있었다. 당대의 아티스트 토킹 헤즈Talking Heads의 리드싱어 데이비드 번David Byrne이 1985년 발표한 솔로곡의 가사, "미래에는 너무 많은 일이 일어나서 아무도 그것을 추적할 수 없을 것이다"라는 문구가 그의 뇌리를 떠나지 않았다. 칼레는 그 말이 틀렸다는 것을 알고 있었다. 그는 2018년 미국이 에퀴팩스Equifax, 페이스북, 케임브리지애널리티카에 대한 스캔들(2016년 대선 당시 데이터 분석 회사 케임브리지애널리티카가 5000만 페이스북 가입자의 프로필을 수거하여 정치적 선전을 위해 사용했다는 사실이 밝혀지며 논란이 된 사건―옮긴이)에 직면했을 때 "그런 식의 추적을 할 수 있는 사람은 없다. 하지만 컴퓨터라면 할 수 있다"라는 글을 남긴 적이 있다.[25]

1989년까지 싱킹머신코퍼레이션은 수십 대의 연결 기계를 생산해 처음으로 재무 상태를 흑자로 전환시켰다. 4500만 달러의 회사 매출에서 70만 달러가 연결 기계에서 나왔다. 이듬해에는 소프트웨어와 하드웨어를 합쳐 6500만 달러 상당의 연결 기계를 판매했다. 병렬 컴퓨팅에 대한 힐리스의 판단이 옳았다는 증거였다. 하지만 시장은 그의 기대와 달랐다.

그는 "진짜 돈이 되는 일은 우주의 기원을 찾는 것보다 월마트Walmart의 재고를 처리하는 것이었다"며 한탄했다.[26] 첫 상업 고객 중에는 2세대 모델인 CM-2 두 대를 구매한 아메리칸익스프레스American Express가 있었다. 이 회사는 CM-2와 싱킹머신코퍼레이션의 새로운 '데이터마이닝data mining' 소프트웨어인 다윈Darwin을 이용해 카드 보유자에 대해 연구했고, 그들의 관계와 소비 습관에 대한 새로운 식견을 얻었다.

경쟁사들, 심지어 크레이까지 자체 병렬 컴퓨터 영업에 나섰다. 싱킹머신코퍼레이션의 직원들은 새로운 기회를 찾아 힐리스가 창안을 도운 분야로 떠나기 시작했다. CM-2 프로그래머 중 한 명인 세르게이 브린Sergey Brin은 이후 구글을 창업했다.[27] 하지만 힐리스는 어디에 기회가 있는지 보지 못했고, 보고 싶지도 않았다. 1990년대 초 고등연구계획국이 싱킹머신코퍼레이션에 대한 자금 지원을 중단하고 회사가 무너졌을 때에도 그는 여전히 AI를 쫓고 있었다.

브루스터 칼레는 이미 회사를 떠난 후였다. 그는 1989년 CM-2를 프로토타입 서버로 사용해 월드와이드웹의 선두 주자 격인 광역정보서버Wide Area Information Server 프로토콜을 개발했고, 이 프로젝트를 회사로 만들어 독립했다. 광역정보서버 소프트웨어를 이용하면 사용자는 일반 영어로 된 텍스트 쿼리를 가깝거나 멀리 분산된 컴퓨터 네트워크에 전송하고 답변을 받을 수 있었다.

이 소프트웨어가 공개될 때 거기에는 칼레가 쓴 경고가 붙어 있었다. "더 많은 사람이 다른 사용자에게 컴퓨터로 정보를 제공하는 일에 참여하게 되었다. 따라서 우리와 같은 소위 '디지털 사서digital librarian'들은 우리의 윤리적 책임을 자각해야만 한다."[28] 서버 로그

server log(서버가 운영되는 과정에서 생겨나는 기록 데이터 또는 정보—옮긴이)는 특정 질문과 특정 답변을 특정 기계와 묶었고, 특정 기계는 특정 개인과 묶였다. 그의 말은 이렇게 이어졌다. "우리 사서들은 우리가 알지 못하는 사람들의 질문과 관심사를 접하게 됩니다. 이 정보는 강력한 힘을 갖고 있습니다."

다시, 새로운 시작

애셔는 자신이 만드는 것에 그렇게 신중하지 않았다. 그는 안달하고 서두르는 사람이었기 때문이다. 1991년 초, 애셔는 포트로더데일로 돌아와 휠론, 데지리, 칼리와 함께 인트라코스털 해안가 저택들 사이에 있는 우중충한 흰색 방갈로에서 살고 있었다. 이전에는 마약 사업에 사용되던 집이어서 서랍에는 바퀴벌레가 들끓었다. 밤마다 방문객들이 찾아와 전에 살던 사람을 찾기도 했다. 그는 유타에서 돌아온 후 밸퍼레이조에서 상사와 다툼이 일어나 해고를 당했다. 여자와 관련된 일이었는데, 시간이 흐른 뒤에도 그 일에 대해 이야기하고 싶어 하는 사람이 없었다. 어쨌든 애셔는 그곳에서 재기를 위해 애쓰고 있었다.

이런 노력의 일환으로 그가 처음 전화를 건 사람은, 애셔 자신은 피해간 징역살이를 막 마치고 돌아온 에어로스타 딜러이자 밀수꾼 에드 골드버그였다. 애셔는 골드버그가 위장용으로 운영하던 프로그래밍 회사를 떠올렸다. 골드버그에게 숨겨둔 돈이 있다는 사실도 알고 있었다. 그래서 함께 컴퓨터 사업을 시작하자고 제안했다. 골드버그가 말했다. "거절했습니다. 그가 아직도 갱이라고 생각했거든요."

하지만 애셔는 곧 밸퍼레이조에 남아 있던 브루베이커를 다시 끌어들였다. 그는 포트로더데일에서 열린 연례 클라리온 개발자 컨벤션에서 브루베이커와 다른 인디애나인포메이션컨트롤 직원인 마티 해킷Marty Hackett이라는 하드웨어 전문가를 만났다. 그리고 그들을 루스크리스스테이크하우스Ruth's Chris Steak House로, 다음에는 퓨어플래티넘Pure Platinum이라는 스트립 클럽으로, 마지막에는 해변으로 데리고 갔다. 그들은 대서양에 발을 담근 채 애셔가 없어 밸퍼레이조에서 사라지는 듯했던 하비에 대한 이야기를 나눴다.

애셔와 브루베이커는 1992년 2월 두 번째 회사인 데이터베이스테크놀로지스Database Technologies를 설립했다.29 브루베이커가 사장이었고, 여전히 국세청에 취약한 애셔는 부사장이었다. 두 사람은 포트로더데일 북쪽 폼파노비치Pompano Beach의 번화한 4차선 도로에 있는 클라리온 바로 옆 병원 건물에 두 칸짜리 사무실을 빌렸다. 비서도 고용했다. 그리고 애셔는 일주일 만에 그 비서와 잠자리를 가졌다.

처음엔 프로그래밍 작업은 무엇이든 맡았다. 호텔 체인을 위한 서버, 해양 부품 딜러를 위한 재고관리 소프트웨어, 임대 가구 회사를 위한 데이터베이스, 전국의 고객들에게 전화로 과일 바구니를 판매하는 회사를 위한 주문 처리 플랫폼을 구축했다.

그렇게 6개월쯤이 지난 어느 날, 애서는 탤러해시에 있는 사람이 자동차와 관련된 공공 기록, 즉 대규모 데이터베이스와 관련해 도움이 필요하다는 이야기를 듣고 그에게 전화를 걸었다. 그 전화는 애셔의 인생을 바꾸어놓았다. 우리 모두의 삶 또한 바꾸어놓았다.

4장

데이터 비즈니스에서 발견한 금맥

전화를 받은 사람은 스테이트라인리포팅State Line Reporting이라는 회사의 소유주이자 유일한 직원인 존 레겟John Legette이었다. 한때 히피였던 그는 키가 컸고 애셔보다 네 살 연상이었다. 존 레겟은 플로리다의 주도에서 자동차 보험 회사를 대신해 차량관리국 기록을 추적하는 일을 하고 있었다. 그는 훗날 '데이터 브로커'라고 불리게 될 인물이었다.

레겟은 플로리다 고속도로안전·자동차관리국의 차량 등록 데이터베이스 전체를 가져다 검색할 수 있게 만들고 싶다고 설명했다.

"가능합니다."[1] 애셔가 말했다.

"기록이 2600만 개나 되는데…."[2]

"문제없습니다."

"그렇다면 우린 큰돈을 벌 수 있을 거요." 레겟이 말했다.

그때까지 플로리다의 초기 보험 데이터 산업은 MVRmotor vehicle record이라는 파일을 중심으로 이루어졌다. 이름과는 달리 자동차가 아닌 운전자에 대한 기록이었다. MVR은 운전면허 소지자의 사고와 교통위반 딱지 발급 전력을 기록한 주정부의 공식 장부였다. 이는 자동차 보험사가 보험료를 결정할 때 고려하는 광범위한 위험 범주, 예를 들어 나이나 성별, 운전하는 차량의 종류 등을 넘어 개인을 개별적으로 평가할 수 있는 초기 수단 중 하나였다.

공공 기록인 MVR을 얻으려면 탤러해시에 있는 차량관리국으로 가 직원에게 2달러를 지불한 뒤 누군가가 전산실의 메인프레임에서 기록을 뽑아서 줄 때까지 기다리면 된다. 하지만 실제로는 대부분의 보험사가 레겟과 같은 중개인이나 그의 가장 큰 경쟁자, 즉 '빅3' 신용조사 기관 중 가장 크고 오래된 에퀴팩스에서 일하는 밀반출자들을 통해 이들 파일을 입수했다. 중개업자들은 탤러해시에서 상품을 수령한 후 500마일 떨어진 남부 플로리다에서 호황을 누리고 있는 보험 시장으로 전달했다. 지리적으로 보면 마치 코카인 밀매의 경로를 반전시키는 듯한 흐름이었다.

MVR 비즈니스의 핵심적인 혁신은 미트론Mitron이라는 기계로 이루어졌다. 레겟이 미트론을 처음 접한 것은 10년 전 플로리다 할리우드에 있는 보험 처리 업체에서 일을 시작하면서였다. 우편함 크기의 미트론은 데이터용 팩스와 같았다. 전화선을 통해 비트와 바이트를 주고받는 1200보드baud(정보 전송 속도 단위—옮긴이) 모뎀과 이를 읽고 기록하는 오픈릴 자기테이프가 있는 기계였다. 레겟의 고용주는 미트론을 탤러해시에 있는 로비스트 사무실에 한 대, 할리우드에 있는 본사에 한 대 설치했다.

주중에 매일 저녁 할리우드 미트론이 주도에 있는 기계로 전화를 걸어 신규 보험 신청자의 운전면허번호 수백 개를 전송했다. 다음 날 아침에는 누군가가 테이프 릴을 차량관리국에 가져가 수백 또는 수천 달러의 수수료를 지불했다. 그러면 담당 직원이 해당 데이터를 가져와 테이프에 담았다. 당시 주정부는 용량이 많아도 데이터 가격을 개당 2달러로 쳤다. 테이프가 준비되면 앞선 과정이 반대로 이루어졌다. MVR이 구리선을 따라 플로리다 남부까지 흘러가는 15분 동안 로비스트의 전화선은 묶여 있었다. 이로써 보험 신청자들은 거짓말같이 짧은 시간 안에, 몇 주도 아니고 단 며칠 만에 보험에 가입할 수 있었다.

결국 레겟은 미트론을 사서 사업을 시작했고, MVR 중개로 연 100만 달러 단위의 수익을 올렸다. 하지만 그가 애셔에게 연락한 이유는 등잔 밑에 있는 더 큰 보물의 유혹 때문이었다.

차량관리국은 차량 등록 기록을 하나당 1페니에 판매했다. MVR에 비해 낮은 차량 등록 기록의 가치를 반영한 가격이었다. MVR 파일은 그 자체로 유용했다. 예를 들어 어떤 사람에게 수십 건의 교통법규 위반 기록이 있다는 사실만으로도 많은 것을 말해준다. 반면 차량 등록 기록에는 차량 소유자의 이름과 주소만 있을 뿐이었다. 하지만 레겟은 개별적으로는 무가치해 보이는 데이터도 집합적으로 결합되면 높은 통찰력을 제공할 수 있다는 사실, 즉 데이터 집합의 가치를 일찌감치 간파했다.

데이터베이스 내에 차량 등록 기록을 층층이 쌓으면 누가 같은 주소에 사는지, 누가 같은 성을 사용하는지, 누가 함께 살고 누가 누구와 관련이 있는지 그리고 플로리다의 비교적 새로운 무과실보험법에 따라 사고가 났을 때 누가 보험금 청구 자격을 얻는지도 확인할 수 있었다. "남편과 아내가 각자 차를 한 대씩 갖고 있다고 생각해 봐." 레겟이 애셔에게 설명했다. "남편은 A사 보험에, 아내는 B사 보험에 가입되어 있어. 이런 상황에서 사고가 발생하면 법이 규정하는 방식에 따라 두 보험사 모두가 손실에 대한 책임을 져야 해."

보험사가 같은 주소에 등록된 차량을 조회할 수 있어서 지급액을 절반으로 줄여주는 컴퓨터 시스템이 있다면 수백만 달러의 가치가 있을 것이다. 레겟은 애셔가 이 시스템을 만들어주길 원했다.

애셔는 레겟과의 통화에서 이 아이디어의 잠재력을 바로 파악한 듯했다. 그는 경험을 통해 누구나 무언가를 숨기고 있다는 사실을 알고 있었다. 하지만 이 시스템은 숨겨진 관계를 드러내 수익으로 이어지게 만들 수 있었다. 그는 이런 데이터베이스가 유용하게 쓰일 또 다른 산업 분야를 떠올렸다. 법 집행기관이었다.

애셔는 레겟에게 차량 등록 기록의 레이아웃과 데이터 필드 수에 대해 질문했고, 레겟은 그들이 어떻게 상호작용할 수 있는지, 어떻게 색인화하고 검색할 수 있는지 자신의 구상을 다 털어놓았다. 레겟은 말했다. "그때까지 저는 프로그래머에게 하나부터 열까지 설명해야 하는 작업에 익숙해져 있었습니다. 코드만 작성할 수 있다면 제가 직접 했을 겁니다. 하지만 행크는 그런 식이 아니었어요. 그는 진정한 디자이너였죠. 심지어 그 털 많은 두툼한 손으로 1분에 100단어씩 타이핑할 수 있었습니다."

몇 주 후, 레겟은 이 새로운 프로그래머를 직접 만나기 위해 자신의 스테이션 왜건을 끌고 폼파노비치로 갔다. 건장하고 활기찬 애셔는 레겟에게 왠지 불안해 보이는 로이 브루베이커를 소개한 다음, 그를 엉성한 사무실로 안내했다.

레겟은 일을 시작하기 전에 마음의 짐을 털어내기로 마음먹었다. 그는 잠깐, 그러니까 6개월하고 16일간 징역살이를 한 적이 있었다. 시시한 마약 거래 때문이었다. 레겟은 애셔에게 이 사실을 숨기고 싶지 않았다. 컴퓨터가 있는 자신의 책상 앞에 앉아 있던 애셔는 레겟의 말을 듣고는 고개를 들고 미소를 지었다. 그리고 자신 역시 마약 거래에 관여한 적이 있다고 고백했고, 레겟은 바로 유대감을 느꼈다.

레겟은 말했다. "그를 동생처럼 아꼈던 때가 있었어요." 그는 애셔에게 표본이 될 카운티 세 곳(브로워드, 데이드, 팜비치)의 차량 등록 기록이 들어 있는 자기테이프 다섯 롤을 건넸다. 애셔는 프로토타입을 만들겠다고 약속했다.

두 번째 발명품, 개인정보 도서관

다시 데이터베이스테크놀로지스를 찾은 레겟은 로이 브루베이커의 자리에 두 명의 새로운 프로그래머가 들어온 광경을 보았다. 하지만 깊이 생각하지는 않았다. 그는 두 사람을 지나 애셔의 사무실로 들어가 싸구려 철제 의자에 앉았다. 의자의 결합 부위가 느슨해져 살이 집혔다. 화를 내며 자리에서 일어난 애셔는 의자를 집어 들고 다른 방으로 가더니 그것을 벽에 던졌다.

레겟은 애셔가 "내가 이 빌어먹을 물건 치우라고 했잖아!"라고 소리를 지르자 두 프로그래머가 "자살폭탄테러범이 방금 폭탄을 던진 것처럼" 펄쩍 뛰었다고 회상했다. 이후 애셔는 다시 의자를 쥐고 아래층으로 내려가서는 10피트 떨어진 쓰레기통에 던져버렸다.

"그저 입을 딱 벌리고 앉아 있었어요." 레겟은 말했다. "'방금 내가 뭘 본 거지?' 전 그 일을 경고의 신호로 받아들여야 했어요. 하지만 제가 할 수 없는 일, 다른 사람이 기술적으로 할 수 없는 일에 대해서 너무 잘 알고 있었죠. 저는 이미 그가 이 일을 할 수 있다는 사실을 인식하고 있었어요."

레겟과 첫 통화 이후 애셔와 브루베이커 사이의 긴장은 고조되었다. 브루베이커가 질투를 했던 건 아니었다. 단지 애셔를 그토록 흥분시켰던 생각, 데이터베이스테크놀로지스가 보험업계를 위해 만들 제품을 법 집행기관에도 팔 수 있다는 생각이 자유주의자이자 막 불교에 입문한 브루베이커를 움츠러들게 만들었기 때문이었다.

브루베이커는 말했다. "깨달음으로 가는 길에 속한 단계 중 하나는 해를 끼치는 직업을 갖지 않는 것입니다." 그리고 이렇게 덧붙였다. "이런 신념을 누구든 추적할 수 있는 데이터베이스와 조화시키기란 어려운 일입니다." 그는 더 많은 데이터의 층이 쌓이면 어떻게 될지, 경찰과 연방 요원이 영장 없이도 개인이 어디에 살고 누구를 아는지, 즉 그들의 삶 전반을 들여다볼 수 있게 되면 어떤 일이 일어날지 두려웠다. "저는 언제나 정부의 영향력에 대해 우려하고 있었습니다. 그리고 이 아이디어를 경찰에 제공하면 우리 일반인들에게 엄청난 문제가 될 수 있다고 생각했습니다."

하지만 애셔는 포기하지 않았다. 자신의 옛 마약단속국 담당자와 약속을 잡은 그는 포트로더데일 공항 외곽의 위장 순찰차에 앉아 있던 그 요원을 놀라게 하는 질문을 던졌다. "기관이 공공 기록에 바로 접근할 수 있게 해준다면 그 가치가 얼마나 될까요?"

애셔와 브루베이커의 논쟁은 사무실 주차장에서 고성이 오가며 절정에 달했다. 차량 등록 기록 일부를 시험용으로 컴퓨터에 로드해 달라는 애셔의 요청을 받은 브루베이커가 실수로 작업을 망친 것이 발단이었다. "방법은 두 가지야." 애셔가 소리쳤다. "당신이 내 지분을 사고 난 내 갈 길을 가거나, 아니면 내가 당신 지분을 사거나."

애셔의 마약 범죄에 대한 국세청의 10년 공소시효가 막 만료된 때였다. 브루베이커로부터 필요한 모든 프로그래밍을 배운 그는 변호사가 된 동생 찰스에게 돈을 빌려 브루베이커에게 2만 달러를 주고 이후 가치가 수백 배에 달하게 될 회사의 절반을 인수했다. 브루베이커는 남은 생 내내 월급쟁이로 살았다. 하지만 그는 이렇게 말한다. "돈은 벌지 못했지만 저는 제 영혼을 구했습니다."

곧 데이터베이스테크놀로지스 내부에서 이상한 낌새를 전혀 느끼지 못한 수백만 명의 플로리다주민의 이름과 개인정보를 하드드라이브에 가득 채운 거대한 멀티프로세서 컴퓨터가 형체를 갖추기 시작했다. 그 익숙한 구조의 컴퓨터에 대해 브루베이커는 이렇게 평했다. "하비의 손자쯤 되는 셈이죠."

개인정보 활용의 다사다난한 역사

개인정보 데이터베이스에 두려움을 느낀 이는 브루베이커만이 아니었다. 1990년대 초, 수십 년에 걸친 컴퓨팅의 발전 이후 미국에서는 주 차량관리국에 보관된 정보를 포함하여 개인정보에 대한 공포가 일상이 되었다.

여배우 리베카 셰퍼Rebecca Schaeffer는 1989년 오랫동안 그녀를 스토킹한 남성에게 살해당했다.³ 범인은 사립 탐정에게 250달러를 지불하고 캘리포니아 차량관리국에서 그녀의 주소를 빼냈다. 저명한 낙태 시술자였던 수전 위클런드Susan Wicklund 박사의 시골집은 "수전은 아기들을 죽인다!"라고 외치는 시위대에 한 달 동안 포위되었다.⁴ 병원에서 피켓 시위를 하던 사람이 그녀의 차 번호를 기억해서 미네소타 차량관리국에 가 그녀의 주소를 알아낸 후의 일이었다.

임신 합병증을 겪던 아이오와주의 여성 캐런 스튜어트Karen Stewart는 아이를 구하기 위해 디모인Des Moines의 한 산부인과를 방문했지만 곧 유산했다. 며칠 후, 슬픔에 잠겨 있던 그녀는 우편으로 "무고한 피를 흘린 것에 대한 신의 저주" "자신의 아이를 죽였다는 죄책감" 등의 문구가 적힌 편지를 받았다.⁵ 그녀가 산부인과에서 낙태를 했다고 생각한 낙태 반대 단체가 그녀의 자동차 번호판을 이용해 주 정부 기관에서 그녀의 주소를 알아냈던 것이다.

이에 대응해 의회 입법자들은 운전자개인정보보호법the Driver Privacy and Protection Act, DPPA을 도입했다. 차량관리국이 주소, 전화번호, 나이, 체중, 성별, 사회보장번호 등 개인정보를 일반 대중에게 제공하는 것을 제한하는 법이었다. 이 법안의 발기인 중 한 명인 캘리포니아 상원의원 바버라 복서Barbara Boxer는 "34개 주에서는 누구나 번호판 번호와 몇 달러만 있으면 주 차량관리국에 들어가서 그 사람의 이름과 집 주소를 가지고 나올 수 있다"라고 주장했다. 그러나 의회는 그런 데이터에 대한 일부 조직의 필요가 "정당"하다고 판단했고, 운전자개인정보보호법에는 법 집행기관과 보험 회사를 위한 예외 조항이 포함되었다. 1994년 법이 제정되었을 때는 데이터베이스테크놀로지스와 전직 사립 탐정 출신이 설립했으며 마찬가지로 보험사와 경찰에 정보를 공급하는 캘리포니아의 CDB인포텍CDB Infotek을 비롯한 선구적인 데이터 브로커들이 이미 운영 중이었다.[6] 기술의 속도는 규제 당국이 따라잡지 못할 정도로 계속 빨라졌다.

데이터베이스와 관련된 큰 규모의 문제가 미국에서 처음 발생한 건 거의 20년 전이었다. 1965년 린든 존슨 대통령의 위대한 사회Great Society 이니셔티브에는 수백 개의 연방 데이터베이스를 단일 데이터 소스인 국가데이터은행National Data Bank으로 통합하자는 제안이 있었다. 신문들은 이 계획이 "빅브라더(영국의 소설가 조지 오웰의 소설《1984》에 등장하는 독재자에서 비롯된 용어. 정보를 독점하여 사회를 통제하는 관리 권력, 또는 그런 사회체계—옮긴이)의 전조"[7] "사생활에 대한 오웰식 위협" "사회를 투명하게 바꿀 감시 시스템의 핵심"이라고 맹렬히 비난했고, 의회는 곧 '사생활 침해에 관한 특별 소위원회Special Subcommittee on the Invasion of Privacy'를 구성했다.

미시간대학교의 아서 W. 밀러Arthur W. Miller 교수는 의회 청문회에서 인간의 판단보다 기계를 더 신뢰하는 '컴퓨터의 완벽성에 대한 환상mystique of computer infallibility'에 빠지지 말라고 경고했다.[8] 밀러 교수는 이렇게 말했다. "트로이전쟁과 율리시스의 고난에 대한 우리의 지식이 호메로스의 여과와 증류를 거친 기록에 의존하는 것처럼, 우리의 분투에 대한 기록은 컴퓨터 전문가가 준비한 서사가 될 것이다. '1940년 1월 1일 체포, 1940년 6월 1일 유죄 판결, 중범죄, 3년간 리븐워스에서 복역'이라는 정보가 담긴 컴퓨터 파일을 상상해 보라. 누구나 그 파일에 접근할 수 있는 상황이라면 그 남자는 사회에서 어떤 기회를 얻을 수 있을까? 그가 양심적병역거부자였을 뿐이었는지도 모르는데 말이다."

미주리주 상원의원 에드워드 롱Edward Long은 "오늘날 우리의 프라이버시는 개인정보의 분산 여부에 달려 있습니다"라고 했다. 이는 '모자이크 효과mosaic problem'를 암시한 말이었다. 보스턴컴퓨터박물관Boston's Computer Museum의 표현대로, "전화 통화나 도서관 대출 내역 같은 개별적인 개인정보 조각,9 즉 '정보 타일tiles' 그 자체는 위협이 되지 않는다. 하지만 고유한 식별자, 특히 사회보장번호처럼 정보를 하나로 묶는 방법이 있다면 누군가가 이 작은 정보들을 모아 개인의 습관과 행동, 생각에 대한 상당히 정확한 그림을 만들 수 있다." 이런 비판에 직면한 존슨 행정부는 데이터뱅크 구축 계획을 재빨리 포기했다. 그러나 연방정부가 감히 만들지 못한 것을 민간 기업은 만들고야 말았다.

1960년대 후반부터 시작된 또 다른 문제는 대형 신용조사 기관들이 보유하고 있다가 디지털화한 소비자 정보 파일에 대한 것이었다. 특히 주목받은 곳은 훗날 탤러해시에서 존 레겟과 경쟁하게 될 에퀴팩스였다. 1899년 리테일크레디트컴퍼니Retail Credit Company로 설립된 에퀴팩스가 오랫동안 감시를 피할 수 있었던 것은 미국인들이 이 업체가 자신들을 얼마나 면밀히 조사하는지 몰랐기 때문이었다.10 하지만 애틀랜타에서 거주자들의 이름이 나열된 변변찮은 양장본,《머천츠 가이드Merchants' Guide》(신용평가 보고서의 전신 같은 개념의 책자)의 발행사로 출발했을 때부터 이 회사의 상품은 사람이었다. 이 회사는 첫 안내서를 만들기 위해 지역 업소 주인들에게 설문조사를 실시하여 성장하는 이 도시에서 빚을 반드시 상환할 만한 신용 있는 사람을 파악했다. 설립자인 케이터 울퍼드Cator Woolford는 이후 이렇게 설명했다. "고객들은 '신속' '보통' '느림' '현금 지불 요'로 분류되었습니다.[11] 다시 말하면, 백서와 흑서가 결합된 것이었죠."

대출 기관에게 채무자에 대해 고자질하는 이 기초적인 비즈니스 모델은 이후로 오래 지속되었다. 리테일크레디트컴퍼니는 경쟁사들과 마찬가지로 생명보험사와 건강보험사를 대신해 시민들을 세심히 살피면서 보험 업무로의 확장을 꾀했다. 1901년 표준화된 조사 양식에는 "연간 수입은 어느 정도인가? 건강해 보이는가? 신청자와 그의 가족 중 음주, 정신 이상, 유전 질환을 앓은 사람이 있다는 이야기를 들은 적이 있는가? 현재 과음을 하는가? 전반적인 평판은?" 등의 질문이 포함되었다.

보험사들은 리테일크레디트컴퍼니를 고용해 건강상의 위험 요소뿐 아니라 '도덕적 해이moral hazard'(피보험자의 부주의나 의도적인 행동으로 인한 보험사 측의 추가 위험 요소—옮긴이) 또한 알아내려 했다. 손해사정사들은 실제 상태가 명료하게 드러난 사람에게만 보험을 팔기 위해 신청자의 인성을 평가하고자 했다. 1946년 보험사 중역인 해리 딩먼Harry Dingman은 824쪽에 달하는 영향력 있는 책 《위험 평가Risk Appraisal》에서 "정직은 상대적인 것"이라고 설명했다.[12] 정직함은 매우 주관적이고 범위가 넓어서 낮은 수준이나 보통 수준의 정직성을 갖춘 사람이 있는가 하면 훨씬 높은 수준의 정직성을 가진 사람도 있으며, 머리 색깔이 다르듯 매우 다양하다는 것이다.

평가는 보험계리학으로 포장된 편견인 경우가 많았다. 리테일크레디트컴퍼니가 완전히 디지털화되기 직전인 1970년대 초에는 "최근 혼인 관계가 아닌 동거 생활로 인해 평판이 나빠졌다"라는 보험사 조사관의 보고 때문에 아이다호에 사는 한 여성의 건강보험 가입이

거부된 사례가 있었다.[13]

리테일크레디트컴퍼니가 IBM에서 수백만 달러짜리 메인프레임을 사들이며 컴퓨터 시대에 진입하며 '더 체계적이고 더 과학적이며 궁극적으로 더 공정한 형태의 위험 평가로 가는 길'이라고 홍보했지만, 개인정보보호를 옹호하는 사람들은 거기에서 위험을 보았다. "수동으로 관리하는 파일에서 컴퓨터로 정보가 옮겨가는 일은 거의 필연적으로 시민 자유와 개인정보보호 그리고 인간성 자체에 대한 위협을 유발합니다."[14] 컬럼비아대학교의 앨런 웨스틴Alan Westin 교수는 1970년 3월 자《뉴욕타임스》에서 갑자기 버튼 하나로 직업 이력과 결혼 문제, 교육, 정치 활동 등 인생 전체를 볼 수 있게 되었다고 주장했다. 그러면서 사람들이 과거의 실수에서 벗어나 두 번째 기회를 기대하며 새로운 곳으로 이사하는 일이 점점 더 어려워지고 있다고 덧붙였다. 그는 또한 이렇게 경고했다. "향후 5년 내에 개인정보보호 장치가 마련되지 않는다면 너무 늦을 것이다."

의회는 1970년 10월에 통과된 공정신용보고법Fair Credit Reporting Act, FCRA을 통해 이런 우려에 대응했다. 1974년에는 연방 기관이 보유한 데이터를 대상으로 한 개인정보보호법Privacy Act이 그 뒤를 이었다. 그러나 돌이켜 보면, 이런 보호 장치들에는 이상한 점이 있었다. 연방 기관과 대규모 신용조사 기관은 어느 정도 제한적으로 외부와 정보를 공유할 수 있게 되었다. 개인들은 특정 데이터베이스에 자신에 대한 어떤 정보가 숨겨져 있는지 알 권리가 생겼다. 그 정보가 잘못됐을 경우 정정을 요구할 권리도 있었다. 하지만 이 법에는 애초에 신용조사 기관이나 기타 민간 데이터 브로커가 정보를 수집하고 축적하는 것 자체를 막는 장치가 없었다.

리테일크레디트컴퍼니는 대중의 맹비난에 이상한 대응을 했다. 회사의 이름을 바꾼 것이다. 1979년 그들이 택한 에퀴팩스라는 이름은 '사실에 기반을 둔 공정한 정보equitable factual information'의 약자다.

1992년 데이터 비즈니스에 뛰어든 애셔가 개인정보와 얽힌 에퀴팩스 사태를 인지하지 못했을 리는 없다. 이 신용조사 업체는 1990년 4월에 애셔가 초기에 즐겨 사용하던 데이터베이스 프로그램 로터스 1-2-3을 만든 소프트웨어 개발업체 로터스Lotus와 손을 잡고 '마켓플레이스:하우스홀드Marketplace: Hoseholds'라는 새로운 제품을 개발했다.[15]

695달러를 지불하고 이 제품을 구매하면 CD-ROM이 우편으로 도착했다. 이를 PC에 설치하면 테니스화 판매자, 헤어 제품 판매자, 전화 서비스를 제공하는 심령술사 등 소규모 사업자라면 누구나 에퀴팩스에 축적된 미국인 1억 2000만 명의 정보를 활용해 잠재고객 리스트를 생성할 수 있었다. 사용자는 연령, 성별, 혼인 여부, 예상 소득과 같은 기본 정보로 대상을 선별할 수 있었다. 9자리 우편번호를 기준으로 분류된 '극히 부유' '중산층' '재정 불안'과 같은 생활 수준 유형을 선택할 수도 있었다. 브랜드 선호도나 쇼핑 습관 같은 소비 성향, 이를테면 '사이코그래픽psychographics'(수요 조사 목적으로 소비자의 행동 양식·가치관 등을 심리학적으로 측정하는 방법이나 그 결과물—옮긴이)도 기준이 될 수 있었다. 이 모든 정보는 공공 기록, 신용 기록, 보증서 등록 카드'warranty card'(제품 보증을 위해 구매자가 제조 업체나 소매 업체에 구매 내역을 등록해야 하는 카드—옮긴이), 통신판매 업체나 잡지 구독자 목록 등 다양한 경로를 통해 수집된 것이었다.

개인정보를 기반으로 소비자를 정확히 타기팅하는 '다이렉트 마케팅direct marketing'은 1990년에 이미 12억 3000만 달러 규모에 달하는 산업이었으므로 새롭지는 않았다.16 오랫동안 디트로이트의 R.L.포크앤드컴퍼니R.L. Polk & Company, 아칸소의 액시엄코퍼레이션 Acxiom Corporation, 코네티컷의 도널리마케팅Donnelly Marketing과 같은 전문 브로커들이 지배해 온 산업이었다. 이들 업체는 은행 기록이나 신용카드 기록보다는 소비자 데이터로부터 프로필을 구축했다. 이제 에퀴팩스는 공정신용보고법의 명백한 허점을 이용해 데이터 저장소를 새로운 목적으로 활용할 수 있었고, 상대적으로 저렴한 로터스의 CD-ROM을 통해 이전까지 소규모 업체가 이용하기에는 너무 비싸고 기술적으로 복잡했던 다이렉트 마케팅에 누구나 쉽게 다가갈 수 있게 되었다.

1991년에 출시될 예정이었던 로터스와 에퀴팩스의 신제품 소식이 초기 인터넷의 전화 접속 메시지 게시판dial-up message boards을 통해 순식간에 퍼져나갔다. 인터넷 역사상 최초의 '바이럴 분노' 중 하나였다. 수만 명의 사람들이 데이터베이스에서 자신의 이름을 삭제해 달라고 요구했다. 한 사람은 로터스의 CEO에게 이런 메시지까지 보냈다. "당신네 데이터에 오류가 있는 모든 사람으로부터 소송을 당해 파산하기를 진심으로 기원한다."17

1991년 1월, 두 업체는 프로젝트를 포기했다. 몇 달 후, 공정신용보고법 시행을 담당하는 연방거래위원회Federal Trade Commission, FTC 의 압력으로 에퀴팩스는 다이렉트 마케팅 사업을 완전히 중단했고,18 곧이어 다른 대형 신용조사 기관 엑스피리언Experian과 트랜스유니언 TransUnion이 그 뒤를 따랐다.

이 논란을 주시했다면 애셔는 데이터베이스 사업에서 특정 목적으로 수집한 기록을 다른 목적에 유용하면 대중의 분노를 확실히 살

수 있다는 교훈을 얻었을 것이다. 하지만 그는 이 논란이 자신의 계획과는 무관하다고 생각했다. 단순한 마케터가 되지 않기로 결심했기 때문이다. 애셔는 데이터에서 완전히 다른 것을 보았다.

데이터가 묻는다, 무엇을 숨기고 있느냐고

1992년 한여름, 애셔는 레겟으로부터 차량 등록 기록의 견본 파일을 받은 지 한 달 만에 데이터베이스 프로토타입을 완성했다. 데이터에 액세스하는 데 사용된 인터페이스는 단순했지만 설계 목적에 부합하며 빠르게 작동했다. 각 텍스트 상자에 차량 소유자의 이름과 성을 입력하면 주소가 팝업으로 나타났다. 도로번호와 도로명, 우편번호를 입력하면 해당 주소에 등록된 차량과 소유자 목록이 팝업으로 떴다. 자동차 보험사가 매우 유용하게 여길 만한 정보였다. 하지만 이 정보를 유용하게 여길 다른 사람들이 더 있었다. 이름을 입력하고 차량 등록번호를 입력하고 키를 몇 번 두드리기만 하면 누가 누구와 함께 사는지, 누구와 아는 사이인지, 누구를 신뢰하는지 전부 볼 수 있으니 말이다.

제품 시연의 시간이 다가왔다. 또다시 돈이 떨어진 애셔는 신용카드로 노트북을 샀다. 레겟은 이 노트북을 들고 마이애미와 포트로더데일, 할리우드, 팜비치의 보험 회사들을 찾아다녔다. 시스템이 가동되기도 전에 즉시 여섯 개의 업체가 평생 25퍼센트 할인을 조건으로 1만 달러를 지불하고 가입을 마쳤다. 당시의 일반 PC 사용자들이 AOL, 프로디지Prodigy, 컴퓨서브CompuServe와 같은 전화 접속 서비스를 통해 인터넷을 탐색하기 시작했듯, 보험사들은 전화선과 모뎀을 사용해 애셔와 레겟의 새로운 데이터베이스에 접속했다. 14.4킬로바이트퍼세컨드 모뎀은 당시 존재하는 모뎀 중 가장 빠른 속도였지만 오늘날의 광대역 연결에 비해 수만 배 느렸다. 애셔는 여기에 분당 1.50달러를 지불하기로 결정했다.

그해 가을, 레겟은 보험 회사들로부터 받은 선금으로 플로리다의 다른 64개 카운티에서 나머지 차량 등록 정보를 구입했다. 그는 차량관리국을 설득해 개별 기록당 요금이 아니라 컴퓨터 사용 시간과 직원 인건비만 청구하게 만들었다. 애셔는 이를 '컴퓨터 시간 허점computer-time loophole'이라고 불렀는데, 레겟과 애셔는 저들이 쓸모없다고 생각하는 데이터를 헐값에 사고 있다는 사실을 분명히 알고 있었다. 그럼에도 불구하고 차량관리국에서 청구한 금액은 5만 달러가 넘었다. 플로리다주의 데이터 판매액 중 최고 금액이었다.

주문한 물건을 받은 레겟은 부서 본부 밖에 주차한 스테이션왜건에 자기테이프 롤을 가득 채운 뒤 곧바로 폼파노비치로 향했다. 애셔의 프로그래머들은 롤을 하나씩 기계에 넣었다. 테이프가 릴에서 릴로 감기는 동안 그들은 숨을 죽였다. 며칠의 작업 끝에 데이터가 성공적으로 옮겨졌다. 애셔는 "이제 이름을 붙일 때"라고 선언했다. 직원과 친구, 가족들이 제안한 수백 개의 이름 중에서 그는 레겟과 그의 아내가 생각해 낸 이름을 택했다. 오토트랙AutoTrack이었다.

1993년 1월 오토트랙이 출시되기 전인 어느 날 오후, 애셔는 레겟에게 전화를 걸어 레겟이 가져온 사업을 어떻게 분배할 것인지 의논했다. 동업자를 신뢰하게 된 데다 너그러워져 있던 레겟이 당당하게 말했다. "50 대 50은 어때?" 수화기 너머에서는 긴 침묵이 이어졌다.

"나는 정말 최선을 다하고 있어요, 존. 난 이걸 진짜 대단하게 만들 거라고요." 애셔가 답했다. 결국 둘은 다음에 다시 이야기하기로 했다.

애셔가 구축하려 했고 실제로 구축해 낸 데이터 시스템을 구상하는 데에는 특별한 유형의 사람 그리고 특별한 사고방식이 필요했다. 그의 시스템은 동시대의 시스템과 달랐다. 차별점을 만든 건 단순히 그들이 갖고 있는 기록이나 그를 차용한 기술이 아니었다. 그의 시스템은 업계에서 '위험risk'으로 인식되는 것에 초점을 맞췄다. 지금과는 달리 당시에는 흔히 쓰이지 않는 개념이었다. 그가 설계한 시스템은 보험 회사를 위해 위험을 관리하도록 만들어졌지만, 나중에는 사회 전체의 위험을 관리하는 데 활용되었다. 시스템은 사람들이 의도했든 의도하지 않았든 드러나지 않은 정보를 찾아냈다. 자산, 동료, 주소, 음모, 유죄 판결 같은 것들 말이다.

이런 리스크 분석은 불신을 전제로 한다. 그렇기에 그 자신도 큰 비밀을 갖고 있으며 누구도 신뢰하지 않는 애셔가 초기 에퀴팩스의 전통을 이어받아 이 분야의 선구자가 된 것은 전혀 놀랍지 않다. 그의 창조물을 같은 시대의 마케팅 데이터베이스가 어떤 사람이 과거에 어떤 샴푸 브랜드나 자동차 모델을 구매했는지, 앞으로 구매할 의향이 있는지에 초점을 맞춘 것과 비교해 보면, 질문 스타일이 매우 다르다는 사실을 알 수 있다.

그의 시스템들은 '이 사람은 무엇을 좋아할까? 무엇을 살까?'라고 묻는 대신 '이 사람이 우리에게 말하지 않는 것은 무엇일까? 그들은 어떤 잘못을 저지를까?'라는 질문을 던진 것이다. 애셔는 레겟의 새 프로젝트를 맡으면서 자신의 편집증을 미국인의 삶에 인코딩하기 시작한 듯했다.

5장
정부의 데이터를 사들이다

"당신이 탤러해시에서 가장 지독한 변호사인가요?" 걸걸한 목소리가 물어왔다. 새벽 5시, 마사 바넷Martha Barnett은 공항으로 가는 길이었다. 사무실에 들러 실수로 두고 간 항공권을 찾으려던 참이었다. 바로 그때 책상 위에 놓인 직통 전화가 울리기 시작했다. 목소리의 주인공이 누구인지 알 수 없었다. 장난이라고 생각한 그녀는 전화를 끊었다.

바넷이 문밖으로 나서는데 다시 전화벨이 울렸다. "마사 바넷을 찾고 있는데요." 남자가 말을 이었다. "그녀가 탤러해시에서 가장 지독한 변호사라고 들었습니다."

"제가 마사 바넷입니다." 마사가 대답했다. "그런데 누구시죠?"

"음, 저는 변호사가 필요해요." 그가 설명했다.

"무슨 일 때문에 변호사가 필요하신데요?" 그녀가 물었다.

그녀는 그가 자신의 운전면허증 사본이 필요한 거라고 오해했다.

바넷은 말했다. "그런 일에는 변호사가 필요치 않습니다. 그건 공공 기록이어서 도로관리국에 전화만 거시면 됩니다." 그는 아니라고 답하며, 모든 면허증이 필요하다고 했다. "면허증이 몇 개나 있으신데요?" 그녀가 물었다. 그는 모든 사람, 플로리다에 있는 모든 사람의 운전면허증이 필요하다고 설명했다. 하지만 주정부는 그에게 그것들을 내주지 않았다.

"이제야 어떤 문제가 있으신지 알겠네요." 바넷이 대답했다. 그녀는 그에게 다시 전화를 걸었다.

장래에 미국변호사협회American Bar Association 회장이자 플로리다 대형 로펌 중 하나인 홀랜드앤드나이트Holland & Knight의 첫 여성 파트너가 되는 바넷은 예의가 바르고 정중한 사람이었지만 만만치 않은 상대였다. 따뜻하게 느껴지는 남부 억양에 세련된 매너를 갖춘 그녀는 탤러해시를 "큰 소도시big small town"라고 불렀다. 그 지역 권력 구조의 맨 위에 그녀가 있었다. 애셔보다 나이가 몇 살 많았고 기술에는 특별히 관심이 없었다. 바넷은 여러 면에서 애셔와 정반대 기질을 지니고 있었다. 하지만 시간이 흐르면서 그녀는 그를 천재이자 충성심이 강하고, 지극히 관대하지만 내적 고뇌가 많은 사람으로 보게 되었다. 두 사람은 고객이자 동업자이자 절친한 친구, 그녀의 말에 따르면 "거의 가족 같은" 사이가 되었다. 어쨌든 당장은 그의 전화가 그녀의 호기심을 부추겼다.

바넷은 다음 통화에서 애셔에게 운전면허증을 원하는 이유를 물었다. 애셔는 자신이 만들고 있는 기계가 보험 회사와 경찰을 위한 일종의 공공 기록 데이터베이스라고 설명했다. "솔직히 당신이 무슨 일을 하는 건지 이해가 잘 안 돼요." 바넷이 대답했다. "제가 당신 회사에 가보면 이해하기 쉬울 것 같은데요." 애셔는 깜짝 놀랐다. 하루 이틀 후 그녀를 마중하러 팜비치카운티공항에 갔을 때 그는 신이 날 대로 난 상태였다. 그들은 폼파노비치로 가 전혀 특별할 것 없는 데이터베이스테크놀로지스 건물 밖에 차를 세웠다. 애셔는 바넷을 2층으로 안내해 자랑스럽게 컴퓨터실을 보여주었다. 바넷은 컴퓨터들이 빵 진열대 위에 놓여 있는 것처럼 보인다고 생각했다(실제로 빵 진열대였다). 모든 운전면허 데이터를 저장하게 될 곳이었다. 얻어낼 수만 있다면.

애셔는 공공 기록을 모으는 이유를 다시 설명하기 시작했지만, 바넷은 여전히 이해하지 못했다. 그가 신문 스크랩 기사를 건네줄 때까지는 말이다. 남부 플로리다에서 발생한 어린이 납치 사건을 다룬 내용이었다. 월마트 주차장에서 여자아이가 납치당했다. 목격자가 있었지만 상세한 사항은 알 수가 없었다. 바넷은 이렇게 말했다. "아이가 남색 또는 검은색의 어두운 색상 차에 탔다는 사실만 알고 있었습니다. 번호판의 일부 번호는 알았지만 전체는 알지 못했습니다."

형사들은 애셔와 그가 새로 출시한 오토트랙에 도움을 요청했다. 그들이 알고 있는 정보를 이야기하자 애셔는 그 정보 조각들을 컴퓨터에 입력했다. 데이터베이스는 아직 초기 단계였지만 레겟이 제공했던 정적인 자기테이프 롤에 비해 살아 있는 다차원적 데이터베이스였다. 자동차 등록증 정보가 '키값으로 처리'되어 있었다. 각각의 데이터 필드(번호판, 차대번호, 제조사, 모델, 색상, 연식, 소유자의 이름과 주소 등)를 색인화하여 개별적으로 검색이 가능했다.

애셔는 번호판의 숫자 몇 개와 차량의 색상(검은색 또는 남색)을 조회했다. 데이터베이스로 전송된 정보는 인텍스를 거쳐 분석되었다.

곧 모니터에는 잠재적 용의자 목록이 떠올랐다. 그는 그 이름과 주소를 경찰에게 읽어주었다. 실제 범인이 명단에 있었다. 한 시간 만에 그 남자는 체포되었고, 아이는 무사히 가족의 품으로 돌아갔다.

1993년, 바넷은 애셔가 보고 있던 미래를 엿보았다. "정말 충격적이었습니다. 저는 거기 앉아서 계속 '세상에, 세상에'라고 말했죠."

당신에게 물건을 파는 기업과 당신을 파는 기업

플로리다주는 애셔가 하는 사업 이면에서 항상 주역이었다. 플로리다의 콘도 타워들은 그가 처음으로 큰돈을 버는 데 도움을 주었고, 플로리다로 들어온 코카인은 그의 두 번째 돈벌이 수단이 되었다. 이제 그는 바넷과 함께 플로리다주, 이 선샤인스테이트의 열린 정부라는 선구적 전통 위에서[1] 세 번째이자 가장 큰돈을 벌려 하고 있었다.

투명성은 좋은 요소로 여겨진다. 시민에게 정부 회의에 참석하고 기관의 기록을 요구할 권리를 부여하는 행위는 민주주의의 열쇠를 시민에게 준다는 의미다. 이로써 시민은 자신의 이름으로 무슨 일이 벌어지고 있는지 알 수 있게 되었다. 하지만 한 시대의 주요 해결책이 다른 시대에는 심각한 문제가 되는 경우가 너무 많다.

1966년에 제정된 정보공개법Freedom of Information Act은 요청이 있을 경우 미국 정부가 보유한 모든 정보와 문서를 (일부 예외를 제외하고) 공개하도록 규정하고 있다. 1974년 워터게이트스캔들의 여파로 연방법이 대폭 강화되었다. 많은 주의 법률도 그 선례를 따랐다. 이것이 문제가 되는 이유는 미국인에 관한 가장 상세한 정보를 보유한 주체가 연방정부가 아니었기 때문이다. 주체는 주와 카운티, 도시와 마을이었다. 그리고 50개 주 중에서 플로리다가 가장 처음 정보 공개에 나섰고 텍사스, 캘리포니아, 워싱턴이 바로 그 뒤를 따랐다.[2]

플로리다주 의회는 이미 1909년부터 주의 정보를 자유롭게 공개한다고 선언했다.[3] 그해 통과된 법에는 "주, 카운티, 시의 기록은 항상 모든 플로리다주민이 개인적으로 열람할 수 있어야 하며, 그런 기록을 책임진 자는 이런 특권을 거부할 수 없다"라고 명시되어 있다. 1992년 주 헌법 개정으로 모든 정부 기록(문서, 편지, 지도, 책, 테이프, 사진, 필름, 녹음, 데이터처리 소프트웨어 등 기타 물리적 형태를 가리지 않는 다른 모든 자료)은 공공 기록으로 간주된다는 사실이 명확해졌다.[4] 이들 기록은 이유를 불문하고 '누구나' 공유할 수 있었다. '누구나'에는 모든 자연인과 법인이 포함되어 있었다.

플로리다주의 기관들은 정보 공개 시 기록물 생산에 소요된 비용 소액만을 청구할 수 있었다.

탤러해시에서 로비스트와 기업 변호사로 일하던 바넷은 도로관리국 책임자와 법무 자문위원을 잘 알고 있었다. 그녀는 데이터베이스테크놀로지스를 고객으로 받아들이면 법이 자신들의 편에 설 것임을 알고 있었다. 입법부가 특정한 적용 제외 조항을 통과시키지 않는 한, 데이터베이스테크놀로지스는 원하는 모든 기록을 구매할 수 있는 권리가 있었다. 더구나 애셔가 원하는 종류의 데이터는 예외 조항으로 고려되지도 않았다.

"대단히 원만하게 이루어졌습니다." 바넷은 회상했다. "저는 기본적으로 '우리에게 그것을 내주어야 한다. 그렇게 하지 않을 이유가 없다. 법에 A, B, C, D라고 적혀 있다'라고 말했습니다. 고소하겠다고 위협하지 않았습니다. 우리에게 그럴 권리가 있다는 것이 명백했으니까요." 그리고 덧붙였다. "그들은 정말 좋은 사람들이었어요. 이전에 이런 요구를 받아본 적이 없었을 뿐이죠." 바넷의 압박에 주정부는 운전면허 기록을 대량으로 판매하는 데 합의했다. '정부의 투명성'이 '개인정보보호'를 누른 것이다. 진자가 흔들렸다.

플로리다를 교두보로 삼은 데이터베이스테크놀로지스는 1990년대에 걸쳐 북쪽과 서쪽으로 조용히 확장하며 주 의회를 차례로 점령해 나갔다. 플로리다 도로관리국과 맺은 계약 덕분에 이 신생 회사는 신뢰할 수 있는 파트너처럼 보였다. 그들은 차량관리국이 수집한 데이터에 수만 달러를 내놓았다. 재정난에 시달리는 차량관리국에게는 뜻밖의 횡재였다. 모든 주에 플로리다처럼 개방적인 기록공개법이 있는 것은 아니었지만, 거의 모든 주가 이전보다 더 많은 데이터를 합법적으로 판매할 수 있다는 사실을 알아차렸다.

반대편인 캘리포니아에서 나름대로 성장하고 있던 CDB인포텍이 동쪽의 인접한 주들로 확장하는 가운데, 데이터베이스테크놀로지스는 서쪽으로 진출하고 있었다. 다른 지역에서는 지역 법원의 기록을 수집하고 재판매하는 영세업체부터 결혼 및 이혼 기록을 디지털화해 필요할 때마다 일일이 찾는 수고를 없앤 사립 탐정에 이르기까지 소규모 데이터 브로커들이 시장에 등장하기 시작했다. 이들 업체는 자체적으로 개발한 다양한 기술을 기반으로 운영되었는데, 과거에 유저러버블이 외주로 내보냈을 법한 것들이었다. 이런 기술은 전부 애셔가 보유한 기술보다 훨씬 조잡했다.

당시 더 주목받은 것은 실리콘밸리에서 비롯된 기술들이었다. 애플은 손에 들고 다닐 수 있는 '개인 디지털 비서', 뉴턴Newton의 판매를 시작했다. 스마트폰에 영감을 준 제품이었다. 1년 후인 1994년 워싱턴주에서는 제프 베이조스가 온라인 도서 판매 업체를 세웠다. 샌프란시스코에서는 실리콘밸리를 비롯해 빠르게 연결되는 세상에서 부상하는 혁신을 다루기 위해 잡지 《와이어드Wired》가 창간되었다. 곧 미국에는 두 가지 종류의 기술 기업들이 존재하게 되었다. 당신에게 제품을 판매하는 기업과 당신을 판매하는 기업.

개인정보가 넘쳐흐르던 시대

1993년 말, 레겟은 '컴퓨터 시간 허점'을 이용해 1건당 1페니의 표준 수수료 대신 플로리다 운전면허 기록 1450만 개를 7000달러에 구입했다. 다른 사람이었다면 14만 5000달러를 지불해야 하는 양의 정보였다. 이때까지 애셔와 레겟은 수익을 어떻게 나눌지 결정하지 못한 상태였다. 하지만 그것이 개발을 방해하진 않았다.

애셔는 파일을 오토트랙에 로드했다. 파일이 시스템에 업로드된 후 애셔는 레겟에게 전화를 걸었다. "배당은 얼마로 할 거야?" 그가 물었다. 레겟은 없다고 대답했다. 왜 배당이 있어야 하지? 그는 아직 애셔가 자신을 파트너가 아닌 외부공급 업체, 즉 데이터 제공 업체처럼 대하고 있다는 것을 파악하지 못하고 있었다. "멍청해서가 아니었습니다." 그가 말했다. "제가 주인이라고 생각했기 때문이죠."

데이터베이스테크놀로지스가 운전면허 기록을 확보한 이후로 댐이 터졌다. 레겟은 미국 도로관리국으로부터 기록을 받기로 했다. 매달 차량 등록과 운전면허 기록이 담긴 새로운 테이프가 도착했다. 애셔는 종종 바넷의 도움을 받아 플로리다 국무부의 기업 기록부터 시작해 다른 데이터 소스를 찾기 시작했다. 레겟은 이렇게 말했다. "애셔에게는 데이터의 양이 무엇보다 중요했습니다. 데이터가 많을수록 더 많은 것을 얻을 수 있으니까요."

국가기관은 일정 기간이 지나면 정기적으로 기록을 폐기한다. 법정 보존 기간 때문이기도 하고, 하드드라이브의 공간 확보 때문이기도 하다. 하지만 데이터베이스테크놀로지스는 한 번도 기록을 삭제한 적이 없다. "행크는 아무것도 없애지 않았습니다." 레겟이 덧붙였다. "그는 기존의 모든 데이터를 가지고 있었습니다. 마치 빅브라더 같았죠."

오토트랙은 개인 삶의 특정 시점에 대한 단편적인 정보만 제공하는 데 그치지 않고 한 사람의 역사 전체를 제공했다. 세월이 흐르면서 데이터 저장소는 두 가지 차원으로 성장했다. 폭이 넓어지고 시계열적 깊이도 늘어났다. 그들은 지금 함께 사는 사람뿐만 아니라 과거에 함께 살았던 사람, 지금 돈이 있는 사람뿐만 아니라 항상 돈이 있었던 사람까지 밝혀낼 수 있었다. 오토트랙은 부부가 언제 헤어졌는지 알았다. 누가 언제 사망했는지도 알았다. 누가 함께 사업을 시작했는지, 누가 여러 사업을 함께 시작했는지도 알았다. 지금 포드를 운전한다는 사실뿐만 아니라 벤츠를 몰았다는 사실도 알았다. 부유한 동네에 산다는 사실뿐만 아니라 한때 가난한 동네에 살았다는 사실도 알았다. 이를 이용해 사람들 간의 관계를 도출하고 삶의 궤적을 파악할 수 있었다.

몇 년 후, 장래 경쟁사가 될 수 있는 업체를 상대로 한 지적재산권 소송에서 증인으로 나선 애셔는 오토트랙의 성장에 대해 자세히 설명했다.5 변호사가 물었다. "데이터베이스테크놀로지스가 다양한 범주의 데이터를 구입한 시점이 정확히 언제였는지 말씀해 주실 수 있습니까?"

"아마도요." 애셔가 대답했다.

"그럼 시작해 볼까요? 차량에 관한 기록은 언제…?"

"1992년입니다."

"운전면허 기록은요?"

"1993년입니다."

"기업 기록은요?"

"1993년입니다."

"전문직 자격증 기록은요?"

"1993년입니다."

"결혼과 이혼 기록은요?"

"1995년일 겁니다."

"대략 그쯤이라는 건가요?"

"이 모든 것이 대략적인 시점을 말합니다."

"장애인 스티커는요?"

"1994년 6월 18일입니다. 농담입니다. 1994년이에요."

"부동산 소유권 기록은요?"

"아마 1994년일 겁니다."

변호사가 물었다. "공공 기록 데이터베이스를 공개한다는 이유로 정부 기관이 경쟁자로 간주될 수 있다고 보십니까?"

"추상적인 질문이군요. 그래서 답도 추상적이겠고요." 애셔가 대답했다. "저는 정부 기관을 경쟁자라고 생각지 않습니다. '경쟁자'라는 말이 적절한지 모르겠네요."

어쩌면 적절한 단어는 '잘 속는 얼간이'인지도 모르겠다.

바넷은 "사람들은 데이터를 거의 공짜로 뿌리고 다녔어요"라고 말했다. 주 의회가 이를 만회하고 제한을 가하는 데까지는 긴 시간이 필요했다. "우리에게는 당신이 지금은 얻지 못하는 많은 정보가 있습니다. 행크의 시대에는 개인정보보호가 신화나 다름없었습니다."

판도라의 상자를 열다

1994년 데이터베이스테크롤로지스는 2테라바이트의 정보를 보유했다. 이는 3500억 개의 단어, 혹은 전화번호부를 7마일(약 11.3킬로미터) 높이로 쌓아놓은 것과 같은 양이었다. 1년 뒤 그 양은 두 배로 증가했다. 데이터 수집 작업은 다른 주로 확장되었고, 소규모 틈새 브로커의 데이터까지 사들이면서 용량은 다시 두 배, 또다시 두 배로 늘어났다. 그런데도 주와 지역 공공 기록만으로는 충분치 않았다.

데이터베이스테크놀로지스는 한 회사로부터 연방 유치권과 파산 목록을, 다른 회사로부터 전국 전화번호부를, 미국 우체국과 직접 인수한 세 번째 회사로부터 전국의 주소 변경 업데이트 자료를 얻는 등 새로운 데이터 소스를 확보하기 위한 계약을 체결해 나갔다.[6] 변호사들이 판례나 기타 법률 연구를 위해 널리 이용하는 거대 정보 회사인 렉시스넥시스는 애셔에게 기업 소유권 기록을 판매했다. 비즈니스 데이터를 다루는 대기업 던앤드브래드스트리트Dun & Bradstreet는 더 많은 기업의 기록을 판매했다.

1997년에 드디어 주맥主脈을 찾았다. 크레디트헤더credit header는 에퀴팩스, 익스피리언, 트랜스유니언 등의 신용 정보 기관에서 발행하는 신용 보고서의 상단에 있는 이름, 별칭, 주소, 이전 주소, 등록된 전화번호와 미등록 전화번호, 생년월일, 사회보장번호와 같은 개인 식별 정보다. 크레디트헤더는 철저히 검증되고 지속적으로 업데이트되는 정보다. 사람들은 이사를 할 때 차량관리국보다 은행에, 보호관찰관보다 비자카드 회사에 주소 변경 사실을 먼저 알리곤 한다. 은행과 카드 회사는 이런 변경 사항을 신용 정보 기관에 신속하게 보고한다. 누군가를 찾고 싶다면 크레디트헤더는 큰 영향을 끼친다.

트랜스유니언은 빅3 중 가장 먼저 데이터베이스테크놀로지스에 크레디트헤더를 판매했고, 엑스피리언과 에퀴팩스도 곧 그 뒤를 따랐다. 데이터베이스테크놀로지스의 한 프로그래머는 크레디트헤더의 입수를 "판도라의 상자를 연 것"에 비유했다. 이로써 애셔의 기계로부터 숨는 일이 거의 불가능해졌기 때문이다.

1997년은 AT&T, 벨사우스BellSouth, 스프린트Sprint를 비롯한 여러 통신사가 컨소시엄을 구성해 고객의 계좌 기록과 결제 내역을 중앙집중식으로 데이터베이스화한 해였다. 이로써 한 통신사에서 장거리 요금을 체납한 고객은 다른 통신사에 가입할 수 없게 되었다. 이는 한 세기 전에 에퀴팩스가 내놓은 '백서와 흑서'를 결합한 《머천트 가이드》의 현대 버전이었다.

아니나 다를까, 이 컨소시엄이 데이터베이스를 구축하고 관리하기 위해 고용한 도급업체는 에퀴팩스였다. 계약의 일환으로 에퀴팩스는 데이터의 일부를 재판매할 수 있었다. 이 컨소시엄에 30개의 주요 전기·수도·가스공사가 참여해 자신들의 데이터를 제공했다. 이는 전국소비자통신·유틸리티거래소National Consumer Telecom and Utilities Exchange, NCTUE로 전해졌고,7 애셔가 최신 주소 기록을 얻는 중요한 원천이 되었다. 은행으로부터 쉽게 숨을 수 없듯이, 집에 전화가 필요하거나 전기가 필요한 경우라면 적어도 전화 회사와 전력 회사로부터 숨을 방법은 없었다.

1990년대 후반에 미국에 살았고 신용카드가 있는 사람이라면 오토트랙은 그 사람에 대해 알 수 있었다. 주택담보대출이 있는 사람도, 전화기가 있는 사람도, 총기 은닉·휴대 허가증이 있는 사람의 정보도 알 수 있었다. 미국 대부분의 주에서 산재 보상 청구서를 제출한 적이 있는 사람, 소송을 당한 적이 있는 사람, 운전면허증을 소지하고 있는 사람이라면 오토트랙은 누군지 알아낼 수 있었다. 미국의 일부 주의 경우에는 투표를 한 적이 있는 사람, 공과금 고지서를 받은 적이 있는 사람, 결혼한 적이 있거나 이혼한 적이 있는 사람의 정보까지 알고 있었다.

오토트랙이 알고 있던 대부분의 정보는 인터넷 초기의 정보 노출과는 관련이 없다. 사용자가 얼마나 주의를 기울였는지와도 상관없다. 무심코 사용자 동의에 체크를 했기 때문이 아니다. 수상한 웹사이트에 로그인했기 때문도, 보증 카드를 작성하면서 작은 글씨를 읽지 않았기 때문도 아니었다. 오토트랙이 사람들에 대해 이렇게 많은 것을 알 수 있었던 이유는 애셔가 다룬 하드데이터의 세계에는 선택적 배제라는 메커니즘이 없었기 때문이다. 피할 수 없는 일이었다.

애셔가 오토트랙을 구축하면서 수집할 수 있었던 광범위한 기록, 각 주가 개인정보에 대한 통제를 강화하기 전에 그가 입수할 수 있었던 광범위한 기록은 그의 데이터 저장소에 지속적인 가치가 부여된 이유 중 하나다. 게다가 수년, 수십 년 후에는 데이터의 나이가 범위 못지않게 중요해졌다. 어떤 데이터 브로커도 이렇게 확실하게 과거로 거슬러 갈 수 없었다. 적절한 방식으로만 볼 수 있다면 오래된 데이터는 시대에 뒤떨어지지 않는다. 그것은 개인의 삶을 이해하는 기준선이자 지금까지 연결된 구별 가능한 궤적이 된다. 어떤 역경이든 이겨낼 수 있다고 믿은 애셔였지만 이와 관련하여 그가 좋아하는 격언이 있다.[8]

"모르는 곳으로 가지 말라."

한 사람의 인생에 대해서, 그들이 반복할 가능성이 높은 패턴에 대해서 진정으로 말해주는 것은 '지금 그 사람이 어디에 있느냐'가 아니라 '과거에 그 사람이 어디에 있었느냐'다.

6장
나날이 증폭되는 데이터의 힘

브로워드카운티 보안관 사무실의 조지 브루더George Bruder 형사가 처음으로 데이터베이스테크놀로지스를 방문한 것은 1993년이었다. 애셔는 별다른 반응 없이 손님을 맞이했다. 그는 컴퓨터에서 프로그램을 실행했다. "성함이 어떻게 되신다고 하셨죠?" 그가 물었다. 브루더는 잘생긴 백인 남자였다. 그는 애셔보다 열 살이 어렸고 동그란 얼굴에 완벽하게 곧고 새하얀 치아를 가지고 있었다. 곧 애셔의 모니터에 그의 주소, 운전면허 번호, 차량 번호판, 총기 면허 번호가 나타났다. 애셔가 그것들을 큰 소리로 읽었다. "이건 합법적이지 않은 것 같네요." 브루더가 말했다.

하지만 플로리다의 정보공개법을 살펴본 브루더는 그것이 합법이라는 사실을 알게 되었다. 아동 유괴 사건 전문인 그는 국립실종·착취아동센터의 전신인 지역 비영리단체 애덤월시센터Adam Walsh

Center로부터 애셔의 새로운 조사 결과물을 검증해 달라는 요청을 받았다.[1] 얼마 전 아담월시센터의 직원은 의문의 전화를 받았다. 무료 이용 권한을 주겠다는 애셔의 전화였다. 브루더는 제안을 받아들이라고 권유했다.

"행크는 원래 그런 사람이에요." 브루더는 말했다. "계속 전화를 하죠. '뭐 하고 있어? 같이 저녁을 먹는 게 어때?' 저를 그냥 내버려두지 않았어요." 애셔는 경찰을 곁에 두고 싶어 했다. 직원으로, 고객으로, 무엇보다 자신의 일이 합법적임을 검증하는 역할로 말이다.

비슷한 시기에 보카러톤경찰서의 리 맥모로Leigh McMorrow가 데이터베이스테크놀로지스를 방문했다. 그녀는 민간인이었지만 컴퓨터프로그래머로 경찰서에서 일했다. 맥모로는 당시 클라리온을 아는 사람이 필요한 프로젝트를 진행하고 있었다. 그래서 그때 당시만 해도 자신이 애셔에게 프로그래밍 일을 제안하러 왔다고 생각했다.

그녀는 애셔의 사무실로 들어갔다. 애셔는 컴퓨터 앞에 앉아 있었다. 그녀가 진행 중인 프로젝트에 대해 설명하는 동안에도 그는 계속 타이핑을 했다. 눈도 거의 마주치지 않았다. 맥모로는 계속 말하고, 애셔는 계속 타이핑을 했다. 마침내 그가 그녀를 쳐다보았다. "생년월일이 어떻게 되시죠?" 그가 물었다. 맥모로는 망설이다가 말했다. 애셔는 다시 아래를 내려다보았고 잠시 침묵이 흘렀다. "리가 이름이 아니네요, 그렇죠?" 그가 물었다. 그녀는 그렇다고 대답했다. "이름이 안나예요?" 그가 물었다. 그녀는 다시 그렇다고 대답했다. 리는 맥모로의 중간 이름이었다.

"마이클은 남편이고요?" 그랬다. "여기서 살아요?" 애셔는 그녀의 주소를 읽었고 그녀의 차가 어떤 종류인지 말했다. "그런데 존 돌턴은 누구죠?" 그가 물었다. 맥모로는 이렇게 회상한다. "저는 '이웃이에요!'라고 답했어요. 그러고는 자리에서 일어나 그가 보고 있는 것이 무엇인지 보았죠." 그녀는 책상을 돌아가 화면을 들여다보았다.

"어떻게 하는 거죠?" 놀란 맥모로가 물었다. 그는 보험 업계를 위한 상품을 개발하기 위해 공공 기록을 수집하고 있다고 설명했다. "정말 놀랐어요." 맥모로가 말했다. "애셔가 자료를 보여주자마자 '맙소사, 맙소사'라는 말만 되풀이했어요. 그리고 '당신은 금광 위에 앉아 있어요. 법 집행기관은 이 기술에 허겁지겁 달려들 거예요'라고 말해줬죠."

며칠 후, 애셔는 맥모로의 추천으로 보카러톤경찰서에서 오토트랙을 시연했다. "서장님, 부서장님을 비롯한 모든 형사는 제 예상 그대로의 반응을 보였습니다." 맥모로가 말했다. "그들은 흥분했어요. 몹시 흥분했죠." 보카러톤경찰서는 공식적으로 오토트랙을 테스트한 최초의 미국 법 집행기관이 되었고, 무료 평가판이 끝나자 계약을 맺은 최초의 법 집행기관이 되었다. 얼마 지나지 않아 맥모로는 직장과 연금을 포기하고 애셔의 회사에서 일하기 시작했다. "이 문제에 대해서는 날 믿어줘야 해." 그녀는 충격을 받은 남편에게 말했다. "어마어마하게 돈이 될 것 같은 느낌이 와."

브루더는 합류를 주저했다. 하지만 그는 애셔의 저녁 식사 초대를 몇 번 받아들였고, 두 남자는 늦게까지 술을 마시며 이야기를 나눴다. 그는 오토트랙에 대한 애셔의 비전에 점점 설득되었다. 애셔의 허세 뒤에는 자신의 기계가 생명을, 특히 아이들의 생명을 구할 수 있다는 진심 어린 믿음이 있었다.

애셔는 브루더에게 1981년 플로리다주 할리우드에 살았을 때의 이야기를 들려주었다. 여섯 살짜리 애덤 월시가 집 근처에서 납치되어 살해당했다.[2] 그 역시 어린 자녀를 둔 아버지였기에 그 살인 사건은 애셔에게 큰 영향을 미쳤다. 그래서 국립실종·착취아동센터와 애덤의 부모인 존 월시와 레베 월시가 설립한 애덤월시센터에는 항상 오토트랙을 무료로 제공했다. 경찰서 역시 보험 회사가 지불하는 분당 1.50달러보다 싼 분당 1달러에 제품을 제공받았다. 브루더는 곧 애셔의 목적이 사업 부흥에만 있지 않다는 사실을 깨달았다.

경찰을 팀원으로 만들다

브루더가 애셔에게 도움을 요청한 첫 번째 사건은 두 살짜리 남자아이의 실종 건이었다. 아이의 아버지는 감옥에서 출소하자마자 아이의 어머니를 공격했다. 브루더는 "아이 어머니는 술집에서 웨이트리스로 일하고 있었는데, 아이 아버지가 새벽 2시에 그녀를 데리고 나와서 마구 때리고 아들을 빼앗아 갔습니다"라고 설명했다. 마침내 경찰은 아버지를 찾았지만 소년은 사라지고 없었다.

6주 동안 집집마다 문을 두드리고 가족에게 전화를 걸었지만 브루더가 얻은 것은 불완전한 단서 하나, 아이가 먼 친척과 있다는 소문뿐이었다. 먼 친척의 성은 알 수 없었고, 이름은 파티마라고 들었으나 'Fatimah'인지 'Fatima'인지 'Fathima'인지 스펠링조차 명확하지 않았다. 30대로, 플로리다 반도 건너편 걸프 연안에 있는 네이플스나 그 근처에 살고 있는 듯했다.

1990년대 초의 컴퓨터 검색은 원시적이었다. 현재 전 세계 사람의 정보를 받아들이는 방식을 정의한 검색엔진 구글Google은 1990년대 말에나 대중에 공개되었다. 야후Yahoo!가 사람이 직접 편집한 거대한 월드와이드웹의 디렉토리를 처음 선보인 것도 1994년의 일이었다.3 오토트랙도 제한적이었다. 아직 성을 제외한 이름만을 사용할 수 없었다. 연령대나 도시별로 검색 결과의 범위를 좁힐 수도 없었다(마사 바넷을 놀라게 한 때로부터 몇 개월 전의 일이었다). 데이터 필드가 색인화되지 않으면 시스템은 안의 내용을 자동으로 찾을 수 없었다. 애셔는 무식하게 모든 것을 대입하는 방식의 컴퓨터 스크립트를 작성했다. 이 스크립트는 건물 내 모든 기록을 검색하는 과정에서 데이터베이스테크놀로지스의 연산처리 능력 대부분을 소모했다.

사흘 동안 애셔로부터 소식을 듣지 못했던 브루더에게 전화가 걸려왔다.

"이봐, 내가 알아냈어. 그 여자의 성과 주소를 알아냈어."

"몇 명이나 검색되었죠?" 브루더가 물었다.

"딱 하나야."

기계를 믿을 수 있는지 확신하지 못했던 브루더는 하루 더 그 정보를 가지고 있다가 네이플스의 담당자에게 전화를 걸어 사실을 확인했다.

"한 시간 후에 그 사람에게 전화가 왔습니다." 브루더가 말한다. "그는 '아이 왼쪽 어깨에 반점이 있어요?'라고 물었습니다." 아이에게는 반점이 있었다. 경찰관들은 네이플스에 있는 그 집 밖에서 여자애처럼 옷을 입고 놀고 있는 아이를 발견했다.

브루더는 경사와 부서장에게 달려가 소년을 데려올 헬리콥터를 요청했다. "헬기 쓸 수 있나요?" 그들은 거절했다. 결국 혼자 차를 몰고 앨리게이터앨리를 따라 에버글레이즈로 가던 그는 중간 지점에서 네이플스에서 온 형사를 만났다. 그들은 아이를 브루더의 차로 옮겼고, 브루더는 눈물을 흘리며 아이를 로더데일에 있는 어머니에게 데려다주었다.

초기의 성공 이후 애셔는 브루더와 다른 형사들에게 지속적인 피드백을 요청했다. 그는 자신의 기계를 경찰처럼 생각하도록, 경찰이 원하는 종류의 검색을 할 수 있도록 가르치길 원했다. 그는 경찰이 제안을 하자마자 새로운 기능을 구축하곤 했다. 완성될 때까지 밤을 새우며 코딩을 한 결과였다. 애셔는 브루더에게 어떤 형사가 용의자의 이름과 주소를 이미 알고 있다면 또 무엇을 알고 싶어 할 것 같으냐고 물었다. 브루더는 "모든 이웃의 이름과 전화번호요"라고 대답했다. "그럼 그들에게 전화해서 용의자를 본 적이 있는지 물어볼 수 있죠." 곧 오토트랙에 이웃 검색 기능이 내장되었다.

브루더가 애셔에게 다음으로 도움을 청한 것은 초등학교 밖에서 아이들에게 신체를 노출하는 중년의 노출증 환자를 찾기 위해서였다. 이때까지만 해도 오토트랙의 데이터는 연령대, 이름의 일부, 주어진 우편번호의 주변 반경, 인종, 성별, 키, 차량 색상 등을 기준으로 검색할 수 있도록 구성되어 있었다. 브루더는 이 노출증 환자의 2도어 차량 제조사가 토요타Toyota이고 차량 색상이 갈색이란 것을 알고 있었다. 이번에는 검색에 단 몇 초만이 소요되었고, 이 노출증 환자는 두 시간 만에 체포되었다.

브루더는 이렇게 빨리 사건을 해결한 적이 없었다. 그는 이렇게 말한다. "저는 역사가 만들어지는 순간을 보고 있다고 생각했습니다. 참여하지 않으면 평생 후회할 것 같았어요."

브루더는 마침내 애셔가 제안한 일자리를 받아들이고 데이터베이스테크놀로지스의 열일곱 번째 직원이 되었다. 그는 애셔에게 자신이 할 일이 무엇인지 정확히 모르겠다는 말을 했고, 이런 대답을 들었다.

"곧 알게 될 거야."

과거를 떼어놓을 수 있는 사람은 없다

경찰을 대상으로 오토트랙을 판매하는 일은 주로 리 맥모로에게 맡겨졌다. 어느 날 애셔는 그녀에게 "이제 영업을 맡아줘"라고 말했다. 영업은 너무나 쉬웠다. 기관이나 법 집행기관에 가서 애셔가 그녀를 처음 만났을 때처럼 마술을 보여주는 것이었다. 사람의 이름을 입력하고 기계를 작동시키면 그것으로 끝이었다. "사람들의 입이 떡 벌어졌죠. 완전히 넋이 나간 사람들의 표정은 아무리 봐도 질리지 않았어요." 그녀의 말이다.

데이터베이스테크놀로지스는 폼파노비치의 3층짜리 건물에 새 사무실을 차렸는데, 점차 건물 전체로 확장하고 있었다. 애셔는 1만 달러짜리 50인치 컴퓨터 모니터를 새로 들였고, 맥모로에게도 시연을 위해 같은 모니터를 사 주었다. 그는 "사람들이 볼 수 있어야 해!"라고 단언했다. 모니터의 무게는 200파운드(90.7킬로그램)에 육박했다. 그녀는 비행 일정을 신중하게 선택하는 법을 배웠다. 특정 비행기만 화물칸에 모니터를 넣을 수 있었기 때문이다.

맥모로는 플로리다보안관협회 콘퍼런스에 참석했을 때 작은 종이 지도를 가지고 다녔다. "카운티 하나를 설득할 때마다, 보안관 한 명이 와서 '이게 있어야겠어요'라고 말할 때마다, 그 카운티에 색칠했죠"라고 그녀가 회상했다. 시연이 끝날 무렵엔 플로리다 지도에서 3분의 2가 칠해져 있었다. 곧 애셔는 더 많은 데이터 계약을 확보하기 위해 텍사스와 뉴욕, 캘리포니아 그리고 워싱턴에 직원들을 보냈고, 맥모로는 50개 주 전체 지도를 들고 국제경찰청장협회International Association of Chiefs of Police 콘퍼런스 등에 참석했다.

경찰을 설득하는 건 손쉬운 일이었다. 하지만 경찰도 가끔 기술의 어두운 면, 과거를 잊지 않는다는 사실을 마주하게 되는 때가 있었다. 한 박람회에서 남부 주의 보안관이 아내와 다정히 팔짱을 끼고 데이터베이스테크놀로지스 부스에 다가왔다. "저를 검색해 주세요." 그가 주문했다. 맥모로는 그의 말대로 했다. "그에 대한 신상정보 파일을 훑어보면서, 제가 '아, 결혼하신 적이 있으시네요?'라고 물었죠." 보안관은 얼굴이 빨개졌고, 그의 아내는 그를 바라보다 이렇게 말했다. "저는 몰랐네요." 그들은 재빨리 자리를 떠났다.

미국에는 약 1만 8000개가량의 법 집행기관이 있었다.[4] 오토트랙의 위력에 대한 소문은 들불처럼 퍼졌고, 1990년대가 끝나기 전까지 기관 대부분이 애셔의 고객이 되었다. 대중은 자신들도 인식하지 못하는 사이에 오토트랙을 경험했다. 신생 채널인 폭스에서 방영되어 1988년부터 2013년까지 큰 인기를 모은 TV 프로그램 〈아메리카스 모스트 원티드America's Most Wanted〉를 통해서 말이다. 이 프로그램은 가장 어려운 사건을 해결하는 데 오토트랙을 사용했다. 국립실종·착취아동센터의 설립자 존 월시가 진행을 맡았다. 애셔는 월시가 진행하는 TV 프로그램과 비영리단체에 자신의 소프트웨어를 기부했다. 월시는 이후 《베니티페어Vanity Fair》와의 인터뷰에서 수사팀이 벽에 부딪힐 때마다 오토트랙으로 사건을 분석하며 "세상에, 우리가 찾던 그 차, 그놈이다"라고 말하곤 했다고 회상했다.[5]

《뉴욕타임스》와 《워싱턴포스트》를 비롯한 신문사들도 오토트랙 구독자가 되었다. 법률 회사들도 찾기가 까다로운 상속인·증인·피고인을 찾기 위해 구독자가 되었다. 추심 회사도 구독자가 되었다. 더 많은 보험사가 구독자가 되었다. 이런 기업 고객 덕분에 데이터베이스테크놀로지스의 매출은 1994년 280만 달러에서 1995년 810만 달러, 1996년 1630만 달러로 급증했다.[6] 하지만 애셔는 언제나 경찰에게 가장 마음을 썼다.

고객도 몰랐고 맥모로나 다른 직원도 여전히 몰랐던 사항이 있었기 때문이다. 맥모로가 고용된 지 1년쯤 지난 때 또 다른 무역박람회에서 마약단속국 요원 한 명이 부스에 다가왔다. 그는 맥모로에게 자신의 이름을 말해주지 않았다. "자신이 어떤 사람 밑에서 일하는지는 알고 계신 거죠?" 그가 물었다. 요원은 애셔의 과거에 대해 알고 있었으며, 그런 과거를 묻고 살게 두어서는 안 된다고 생각했다. 어리둥절해진 맥모로는 행크 애셔 밑에서 일한다고 말했다. "그가 어떤 사람인지 아시는 거죠?" 요원이 계속해서 물었다. "애셔는 마약 운반책이었어요."

데이터를 연결시키는 알고리즘의 힘

과거의 애셔가 어떤 사람이든 간에 지금의 애셔는 지구상에서 가장 거대한 개인정보 데이터베이스를 만들어 소유하고 있는 사람이었다. 애셔는 그 데이터베이스의 구조를 직접 설계했다. 그가 한때 표현했듯 "우리가 직접 만든 파일 시스템으로, 데이터를 보관하고 색인화할 수 있는 시스템"이었다.7 이 작업은 그가 밸퍼레이조의 인디애나 인포메이션컨트롤에서 만나 나중에 폼파노비치로 영입한 프로그래머 스콧 토머스Scott Thomas와 함께한 결과물이었다. 애셔는 시스템을 '스캥크SCANK'라고 불렀다. 스콧과 행크를 합쳐 의도적으로 상스럽게 만든 이름이었다.

스캥크는 다수의 가상 프로세서에서 병렬로 실행되었다. 검색 쿼리가 다양한 인덱스를 통과하며 일치하는 모든 항목을 내보내면 개인에 대한 신상정보 파일이 만들어진다. 맥모로는 "수백 개의 다른 방향으로 달려간 프로그램이 이 모든 것을 가지고 돌아와서 하나의 작은 공으로 모으는 것입니다. 너무 빨라서 아무도 우리를 따라잡을 수 없었습니다. 우리와 필적할 수 있는 상대가 전혀 없었죠. 우리는 무역박람회에 참가하는 다른 데이터 제공 업체를 비웃곤 했습니다"라고 설명했다.

스캥크에서 어떤 조건이 '일치match'로 간주되는지, 다시 말해 한 파일에 있는 조 스미스가 다른 파일에 있는 조셉 스미스라고 판단하는 데 필요한 것이 무엇인지는 철저히 비밀에 부쳐졌다. "이 모든 것을 요약하면 수사관이 하는 일과 다를 바가 없습니다"라고 브루더는 말했다. "한 가지 데이터를 확보한 후 다른 여러 정보의 출처를 조사하죠. 그 뒤 그 자료들을 한데 모으고, 새로 알게 된 정보를 이용해 더 많은 자료를 찾아내는 작업을 이어갑니다." 하지만 이제 컴퓨터는 이런 작업을 몇 주 또는 몇 달이 아닌 몇 초 만에 수행할 수 있었다.

애셔의 곁에서 일했던 사람들은 그에게 데이터의 패턴을 놀라울 정도로 쉽게 파악하는 능력이 있다는 사실을 알아차렸다. 더 중요한 건 애셔가 어떻게 하면 컴퓨터도 그 패턴을 파악할 수 있는지까지 알고 있었다는 점이다. 그는 자신의 연결 알고리즘을 "데이터베이스테크놀로지스의 장사 밑천"이라고 표현했고,[8] "프로그래머가 기록과 기록을 확실하게 연결할 수 있도록 도와주는 공공 기록 파일 내 여러 필드의 조합"이라는, 쉽게 이해하기 힘든 설명을 내놓았다. 이후 합류한 프로그래머 중 한 명에 따르면, 데이터베이스테크놀로지스에서 애셔는 데이터 매칭의 '황금률', '이름과 성이 같고 생년월일이 같으면 동일 인물이다'와 같은 진보된 형태의 논리를 정했다고 한다.

구성 요소로 세분화된 초기 알고리즘은 애셔가 '데이터 융합'이라고 부르고 다른 사람들은 '신원 정보 확인'이라고 부르는, 평범한 수준의 알고리즘이었다. 하지만 애셔는 이 알고리즘이 전혀 평범하지 않다는 것을 알고 있었다. 대니 힐리스가 연결 기계를 통해 관찰했듯이 진정한 마법은 컴퓨터가 사람처럼 생각하도록 만드는 데 있었다.

애셔의 기술이 가진 또 다른 마법 같은 힘은 스스로를 올바른 시민이라고 생각하는 이는 물론이고 애셔가 어떤 사람이었고 어떤 일을 했는지 아는 이마저 그와 거래하고 싶게 만들었다는 점이다. 플로리다법집행부 내부에는 1993년 10월 초부터 애셔가 밀수범이라는 메모가 돌았지만,[9] 법집행부는 오토트랙에 가입했다. 1년 후 마약단속국의 기밀 메모에는 애셔가 "마이애미 10 단속반의 요주의 인물이며 바하마 마약 조직과의 관계가 의심되는 파일럿으로 마약·위험약물정보시스템에 등록되어 있다"라고 명시되어 있었지만,[10] 수많은 마약단속국 현장 사무소가 오토트랙에 가입했다.

애셔의 곁에서 오래 일하는 이유

맥모로가 맡은 업무, 특히 무역박람회를 시작하기 전에 주로 진행하던 업무는 폼파노비치의 2층 컴퓨터실에 앉아 줄지어 있는 20대가량의 모니터를 지켜보는 것이었다. 모뎀 회선을 통해 분당 1.50달러 가치의 정보가 들어오고 있었다. 이를 통해 그녀는 회사가 얼마나 빠르게 성장하고 있는지 명확히 알 수 있었다. 애셔는 맥모로에게 "난 누구도 회선이 붐벼서 연결이 안 된다는 신호를 받는 것을 원치 않아. 모든 모니터에 동시에 불이 켜진다는 건 회선을 더 늘려야 한다는 의미지"라고 말했다. 모니터들은 꺼지는 법이 없었다. 따라서 계속 전화선과 모니터를 추가하고 프로세서와 전선, 빵 선반도 늘려야 했다. 직원도 계속 고용해 1995년 데이터베이스테크놀로지스의 직원은 300명을 넘어섰다.

도장 회사에서 그랬던 것처럼 애셔는 이력보다는 적성에 초점을 맞추어 직원을 뽑았다. 한 직원은 "행크에 대해 다양한 의견이 있을 수 있겠지만, 어쨌든 그는 재능을 한눈에 알아봤어요. 그는 인종이나 신념, 성별, 성 정체성 그 어떤 것에도 신경을 쓰지 않았죠. 맡은 일을 할 능력이 있다면 존중해 주었습니다"라고 말한다.

또 다른 직원은 데이터베이스테크놀로지스를 영화 〈스타워즈〉의 바 장면에 비유했다. 매일 피자나 샌드위치, 길 아래 중국집의 악명 높은 '버번 치킨' 등의 점심이 제공되었다. 매주 모든 여직원의 책상에는 새 꽃다발이 놓였다. 애셔는 허리케인이 몰아쳐도 오토트랙이 24시간 돌아갈 수 있도록 발전기를 샀다. 발전기를 도난당하자 더 큰 발전기를 구입한 다음 바퀴를 떼어내고 둘레에 콘크리트 볼라드

bollard(차량 진입 방지용 말뚝 — 옮긴이)를 설치했다.

그는 중간관리자를 두는 경영 스타일을 싫어했기 때문에 데이터베이스테크놀로지스에는 중간관리자가 거의 없었다. 그래서 애셔가 조정과 관리를 도맡았다. 40대 중반에 접어든 애셔는 흰머리가 나고 배가 불룩해졌지만, 한동안은 어떤 부담도 견딜 수 있을 것 같았다.

브루더는 이렇게 회상한다. "회의 때 그가 다른 생각에 빠지면 주변 사람들은 부수적인 존재가 된 것 같았죠. 그의 사무실에 들어가면 그는 컴퓨터로 무언가를 하거나 전화 통화를 하고 있습니다. 그럼 저는 '이게 필요하고 저것도 필요합니다'라고 말하고 사무실을 나와요. 그러면 그는 새벽 3시에 전화를 걸어 중단되었던 바로 그 부분부터 다시 대화를 시작하곤 했습니다. 모든 것을 알고 있었죠."

이런 무제한 용량에는 대가가 따랐다. 애셔의 스트레스는 회사와 함께 커지는 것처럼 보였다. 그는 직원들에게 화풀이했다. 맥모로는 이렇게 말했다. "우리는 이것을 '행크당했다'라고 표현하곤 했습니다. 그가 직원들에게 소리를 지를 때의 흉포함은 사람을 정말 불안하게 만들었습니다. 저는 무슨 짓을 해서든 그걸 피하려고 노력했죠." 하지만 완전히 피한 사람은 없었다. "그것은 통과의례였습니다." 그녀가 설명했다. "처음 이런 일을 당한 사람에게 우리는 '우리가 있잖아. 너무 걱정할 필요 없어'라고 말했죠."

때로 맥모로는 직원들이 한 명도 떠나지 않는 이유가 궁금해지곤 했다. 애셔는 직원들에게 넉넉한 급여를 지급한 데다, 다른 면모도 가지고 있었다. 그는 "만나본 사람들 중에 가장 관대하고, 공감 능력이 뛰어나며, 멋진, 눈물이 날 정도로 너그러운 사람"이었다. 바하마로 낚시 여행을 갔다 올 때면 사무실 한가운데 생선이 담긴 아이스박스를 내려놓고는 "원하는 사람은 누구든 가져가!"라고 소리쳤다. 한 젊은 직원과 그의 아내가 출산 중에 아기를 잃자, 가족이 장례에 참석할 수 있도록 전세기를 빌려주었다. 누군가에게 소리를 지른 후에는 항상 그것을 만회하려고 노력했다. 쇼핑 비용도 지불했다. 사람들에게 차(이제는 재규어가 아닌 일본 차였다)를 사주기도 했다. 맥모로가 말했다. "모두가 차를 받았죠."

정보의 힘이 두려워진 존 레겟

존 레겟은 폼파노비치에 새로운 데이터 테이프 롤을 전달할 때마다 자신이 본 광경과 여전히 자신의 동업자라고 생각하고 있는 그 남자 때문에 점점 더 불안해졌다. 애셔의 컴퓨터 옆에는 그가 화가 나 이성을 잃고 키보드를 부쉈을 때 대체할 수 있는 키보드들이 쌓여 있었다. 벽에는 주먹만 한 구멍이 뚫려 있었다.

레겟은 파트너십에 대한 이야기를 꺼내기가 점점 더 어렵게 느껴졌다. 그는 애셔 그리고 그의 동생 찰스와의 3자 통화 중 이 문제에 대해 마지막으로 대화를 나눴다고 했다. 애셔는 찰스가 돈을 내어준 부분을 인정해 회사를 3분의 1로 분할해야 한다고 말했다. 레겟은 그 제안을 비롯해 그 어떤 제안도 서면으로 받은 적이 없었다. 그는 이렇게 말했다. "애셔는 이 일을 혼자 하길 원했어요."

어느 날 회사에 들른 레겟은 어두운 색 정장을 깔끔하게 차려입고 나이가 지긋한 두 남자가 애셔와 앉아 있는 모습을 보고 깜짝 놀랐다. "로스 페로Ross Perot 쪽 사람들이라고 들었습니다." 기술 분야의 억만장자이자 최근 무소속 대통령 후보로 나선 로스 페로와 어떤 식으로든 연관된 사람이었다. 애셔는 그들에게 레겟을 회사의 공동 창업자로 소개했다. "그 말을 들은 것은 그때가 마지막이었죠."

다음에 방문했을 때 애셔는 컴퓨터 모니터 앞으로 손짓하더니 무언가를 보여주었다. 레겟은 이렇게 말했다. "그 방에는 저와 애셔뿐이었어요. 그가 주소를 입력하자 적어도 40대의 차량과 40명의 이름이 나타났죠. 차량이 모두 다른 이름으로 등록되어 있었습니다."

레겟은 화면을 멍하니 쳐다보았다. "이게 뭔지 알겠어?" 애셔가 물었다. 레겟이 모른다고 답하자 애셔가 말했다. "브로워드카운티에 있는 마약단속국 요원 전원이야." 그 이름들은 잠입 수사관 것일 가능성이 있었다. 기관이 차량 등록에 사용했던 그 지역의 마약단속국 현장 사무소가 드러난 것이었다. 레겟은 애셔가 이 정보를 가지고 무슨 일을 하려는지 몰랐다. 하지만 이런 정보를 불러올 힘이 있다는 것이 갑자기 두려워졌다. 그는 "세상에, 나는 보기도 싫어"라고 대답했다.

애셔는 어느 날 오후 레겟을 자신의 링컨 컨티넨탈에 태워 데이터베이스테크놀로지스가 플로리다 남부 경찰서 몇 곳과 함께 구축 중인 프로토타입을 보여주었다. 그는 막내딸의 이름을 따서 그것을 칼리Computer Assisted Radio Link Infobase, CARLI(컴퓨터 지원 무선링크 인포베이스)라고 불렀다.[11] 초기 단계의 음성 인식 기능과 라디오 모뎀이 있는 대시보드 장착형 노트북이었다. 디자이너 중 한 명은 "애셔는 음성으로 작동해야 한다고 고집을 부렸습니다"라고 말했다. 도로에서 차량을 뒤쫓던 경찰관이 칼리에게 "태그 확인! 백인, 6, 6, 퀘벡, 알파, 11월"이라고 말하면 모뎀이 오토트랙에 전화를 걸었다. 데이터베이스가 차량 소유자의 이름, 주소, 운전 이력, 가족 및 룸메이트의 이름을 내놓으면 기계음이 이 모든 정보를 다시 읽어주었다.

칼리는 경찰과의 파트너십을 통해 FBI가 운영하는 전국 범죄 데이터 처리 기관인 국가범죄정보센터National Crime Information Center의 플로리다 게이트웨이에 접속이 가능했기 때문에 사용자는 운전자의 범죄 이력에 대한 알림도 받을 수 있었다. 애셔는 언젠가 이 시스템에 카메라와 광학 문자 인식 기능을 추가해 경찰관이 자동차 번호판을 읽을 필요조차 없는 날을 상상했다. 그는 시대를 앞서갔다. 결국 2012년에는 미국 법 집행기관의 3분의 2 이상이 자동 번호판 판독기automated-license-plate-reader, ALPR 기술을 사용해 경찰 순찰차를 이동형 감시 카메라로 바꾸었다.[12]

그날 오후 사우스플로리다에서 애셔는 실험 대상을 찾고 있는 듯했다. 레겟이 이야기했다. "그가 매력적인 여성이 운전하는 신형 벤츠 뒤에 차를 대더란 말이죠." 애셔가 칼리를 작동시키고 차 번호를 입력하자 컴퓨터가 이름을 말해주었다. 그는 다음 신호에서 그 여성 옆에 차를 세웠다. "론은 잘 지내나요?" 그가 물었다. 여성은 당황한 표정을 지었고 레겟은 어떻게든 모습을 숨기려 자세를 낮췄다.

차량 등록 정보를 데이터베이스에 결합한다는 레겟의 단순한 아이디어는 그가 상상하지 못했던 방향으로 진화했다. 기술은 그런 것이다. 애셔는 세상이 빠르게 변하고 있다는 사실을 알지 못하는, 정보 사용에 동의하지 않은, 이상한 낌새를 알아차리지 못한 다른 운전자들의 번호판을 계속 조회했다. 칼리는 그중 몇 명에게 미집행 영장이 있다고 알렸다. 미집행 영장을 발견할 때마다 노트북에서 밴드 이너 서클Inner Circle이 부른 TV 드라마 〈캅스Cops〉의 주제곡이 요란하게 울려 퍼졌다.

"나쁜 놈들, 나쁜 놈들, 어떻게 할 거야? 그들이 널 잡으러 오면 어쩔 거냐고?"

7장

후발주자의 추격과 제왕의 실각

1996년, 놀라운 방문객이 뉴욕에서 데이터베이스테크놀로지스를 찾아왔다. 홈디포Home Depot의 공동 창업자이며 이후 뉴욕 증권거래소 New York Stock Exchange 의장이자 억만장자가 될 백만장자 켄 랭곤Ken Langone이었다. 월스트리트 엘리트의 일원으로서 영향력을 행사했던 마사 바넷은 "랭곤은 반짝이는 존재였어요. 행크는 반짝이는 것을 좋아했지요"라고 말했다. 랭곤은 회사에 대한 통제권을 포기하고 상장을 하면 엄청난 부와 지위를 얻을 수 있다면서 애셔를 설득한 사람이기도 했다.

1957년 대학을 졸업하고 랭곤이 처음 들어간 직장은 소비자 신용정보 업체 에퀴팩스였다.[1] 10년 후, 젊은 투자은행가로서 그가 상장한 첫 번째 기업은 일렉트로닉데이터시스템즈Electronic Data Systems였다. 《포천》 500대 기업에 메인프레임 임대 서비스를 제공한 로스 페로의 컴퓨터 아웃소싱 회사였다. 일렉트로닉데이터시스템즈와 홈디포가 상장되고, 랭곤은 페로의 대통령 출마를 도운 후 실리콘밸리 데이터 융합 기업인 팔란티어Palantir의 초기 투자자가 되었다.[2] 데이터베이스테크놀로지스를 처음 접한 랭곤은 어느 누구보다 그 사업을 잘 파악했다.

랭곤은 자서전 《나는 자본주의를 사랑한다!I Love Capitalism!》에서 이 회사에 대한 실사를 진행했지만 마음에 들지 않았다는 이야기를 썼다. 투자를 권유한 이는 데이터베이스테크놀로지스의 지분을 조금 보유하고 있던 일렉트로닉데이터시스템즈의 공동 설립자 잭 하이트Jack Hight였다. 랭곤은 회고했다. "하이트에게 전화를 걸었습니다. '잭, 이 애셔라는 놈은 나쁜 놈 같아'라고 말했죠." 하지만 하이트는 그의 기술이 대단하다면서 "그냥 한번 만나보세요"라고 대답했다.

랭곤이 당시 DBT온라인DBT Online으로 알려진 회사에 가게 된 이유는 하이트와의 플로리다 골프 약속이 우천으로 취소되었기 때문이다. 두 사람은 몇 시간 동안 다른 할 일을 찾다가 골프복 차림으로 폼파노비치에 갔다. 주름진 바지에 한쪽 굽이 닳은 보트슈즈를 신은 애셔가 3층에 있는 대형 모니터를 통해 오토트랙을 선보였다. 애셔는 그들을 자신의 컨티넨탈에 태운 채 시내를 돌아다니며 낯선 사람들의 차량번호를 칼리에게 읽어주고 칼리가 해당되는 사람의 이름과 주소를 불러주길 기다렸다. 랭곤의 눈이 커졌다. 애셔는 기회를 알아보았다. 이 금융가도 마찬가지였다. 랭곤은 투자를 결정했다.

랭곤은 "애셔는 저를 월스트리트와 금융계로 통하는 도관으로 여겼습니다"라고 말했다. 궁극의 정통성을 나타내는 표식이라 본 것이다. 애셔는 이 연장자 앞에서 자신을 통제하기 위해 최선을 다했다.

그러나 랭곤은 "그는 확실히 달랐다"라고 평가했다. "특이한 사람이 었어요. 온갖 종류의 내적 갈등을 지니고 있었죠. 엄청난 관대함과 배려심부터 제가 한 번도 본 적 없는 냉정함까지 함께 가진 사람이었어요." 어느 날 저녁, 애셔는 주머니에서 한 세트의 열쇠를 꺼내 랭곤에게 건네주었다. "이게 뭐죠?" 랭곤이 물었다. 애셔는 밖에 주차된 빨간색 메르세데스 벤츠 560 SL 컨버터블을 가리키며 막 싹트기 시작한 우정의 징표라고 말했다. "우정을 위해."

폼파노비치의 사무실로 돌아온 애셔는 지각한 직원에게 화를 냈다. 다음 날 랭곤은 그 직원의 책상이 복도에 나와 있는 광경을 보고 충격을 받았다. 그는 "마치 선생님이 구석에 몰아넣은 아이 같았다"라고 표현했다. 애셔는 분명히 불안정한 사람이었다. "하지만 천재였어요. 정말 똑똑했죠." 랭곤은 도관의 역할을 더할 나위 없이 기쁘게 여겼다. 맥모로가 말했다. "그는 행크에게 와인과 식사를 대접했습니다. 그리고 아시다시피 우리 회사는 상장되었죠."

투자자 모집과 상장

랭곤은 회사를 상장하기 전에 투자자 로드쇼를 개최해 다른 큰손들을 한배에 태우고 싶었다. 그는 오랜 동업자들을 노스캐롤라이나의 한 컨트리클럽에 불러 모은 뒤 시연회를 열었다. "행크는 작은 개인용 비행기를 갖고 있었습니다. 우리는 착륙해서 에어포스원Air Force One처럼 보이는 다른 비행기들 옆에 비행기를 세웠습니다." 맥모로가 말했다. 전부 랭곤의 비행기였다. "그 옆에 서니 행크의 비행기는 미니미Mini Me(특정인을 닮은 모습으로 꾸며놓은, 주로 온라인상의 캐릭터—옮긴이)처럼 보였어요."

그들은 근처 저택으로 이동했다. 그 남성 전용 클럽의 유일한 여성이었던 맥모로는 오토트랙 시연을 준비했다. "사실 켄은 행크에게 제가 여자여서 클럽에 들어올 수 없다고 말했었어요. 다행히 행크는 헛소리는 집어치우라고 대꾸했죠." 맥모로가 회상했다. 그녀의 프레젠테이션은 무역 박람회에서와 동일하게 진행되었다. 먼저 지원자를 찾았고, 지원한 남자의 이름을 검색했다. 그러자 오토트랙은 그가 소유한 부동산, 보트, 그가 받은 교통위반 딱지, 이웃들의 이름과 전화번호가 담긴 서류를 만들어냈다. 투자자들의 입이 떡 벌어졌다.

브루더와 애셔는 랭곤의 제트기를 타고 전국을 돌며 최고의 부자들에게 투자를 권유하는 로드쇼를 계속했다. 브루더는 이렇게 회상했다. "목표는 5000만 달러였는데 9000만 달러의 자금이 조달되었습니다." 데이터베이스테크놀로지스의 대주주에는 랭곤뿐만 아니라 조지 소로스George Soros, 스탠리 드러컨밀러Stanley Druckenmiller 등 초당파적 억만장자들이 포함되었다.[3] 소액 주주 중에는 오토트랙 보고서에 실수가 있다며 브루더에게 이의를 제기했던 남자도 있었다. 그는 아내와 연결된 아파트가 자신들의 것이 아니라고 확신했다. 하지만 그는 이후 브루더에게 다시 전화를 걸어 이렇게 말했다. "감사의 인사를 전하고 싶습니다. 아내가 바람을 피우고 있다는 사실을 알게 되었습니다. 알아야 했던 것을 알게 되었어요."

자기 회사를 애셔에게 매각한 후 대주주가 된 데이터베이스테크놀로지스의 임원 앤디 펄머터Andy Perlmutter는, 어느 날 오후 애틀랜틱 시티의 트럼프타지마할Trump Taj Mahal 스위트룸에서 미래의 미국 대통령이 소유한 호텔의 카지노 보안 책임자에게 데이터베이스테크놀로지스에 대한 투자 유치를 할 기회를 얻었다. 랭곤이 소개한 것이었다. 펄머터는 말한다. "어느 날 랭곤의 사무실에 앉아 있던 것이 기억납니다. 랭곤이 소개해 주면 도움이 될지 물어보더군요. 그래서 저는 '물론입니다. 도움이 되고말고요'라고 대답했습니다. 그러자 그가 '잠깐만요'라고 말하더니 수화기를 들고 단축 번호를 눌러 트럼프를 보필하는 사람과 연락을 취했습니다."

애셔는 전에는 꿈도 꾸지 못했던 무리에 갑자기 발을 들이게 되었다. 하지만 억만장자의 새로운 투자처가 되는 것은 억만장자의 동료가 되는 것과는 달랐다. 그는 랭곤의 무리들과 달리 돈도 없었고, 영향력도 없었으며, 권위도 없었다. "행크는 그 그룹에서 인정받기를 원했습니다." 펄머터는 말했다. "하지만 결코 그럴 수 없었습니다. 그 사실이 그를 미치게 만들었죠."

랭곤은 재단사에게 애셔를 위한 양복을 만들라고 지시했다. 하지만 누군가의 부하가 되는 것을 싫어하는 데다 다른 사람의 규칙에 따르는 일에도 점점 짜증이 난 애셔는 그 양복을 입는 걸 거부했다. 그는 재단사를 '텐트메이커 오마르Omar the Tentmaker'(복잡하거나 인상적인 것을 만드는 데 능숙한 사람을 가리키는 말—옮긴이)라고 조롱했다. 어느 금요일 오후, 애셔와 브루더가 자금을 조달하기 위해 만난 부유한 남자는 애셔가 프레젠테이션을 하는 동안 고개도 들지 않았다. 그날은 월급날이었고 그 남자는 수표에 서명하느라 바빴다. 애셔는 프레젠테이션을 시작했다가 멈추었지만 이내 다시 시도하려 했다. 그러다 "아, 짜증 나"라고 말하더니 브루더에게 마무리를 맡기고 건물에서 나가버렸다.

플로리다의 컴퓨터실로 돌아온 애셔는 낚시와 술을 즐기려고 바하마로 떠나는 일이 점점 잦아졌다. 더 이상 손을 내밀면서 돌아다니는 사람이 되고 싶지 않았던 것이다. 사람들은 그에게 많은 돈을 주었다. 하지만 애셔는 여전히 그들이 자신을 충분할 만큼 존경하지 않는다고 생각했다. 그는 툴툴거렸다. "랭곤의 미친 과학자는 될 수 있겠지만, 그의 망할 원숭이는 되지 않을 거야."

상장일이 가까워지면서 애셔가 마무리해야 할 일이 하나 있었다. 1996년 8월 초, 그는 존 레겟에게 전화를 걸었다. "우리 2주 후면 상장해." 그가 말했다. "방금 기록 정리를 위해 1만 달러를 보냈어. 형도 그렇게 해야 해. 아니면 우리와 함께할 수 없어."

레겟은 무슨 일이 벌어지고 있는지 이해했다. "너무나 명백한 일이었죠." 그는 애셔에게 말했다. "2주 안에 내 기록을 지운다고?" 애셔와 달리 레겟은 마약 범죄로 유죄 선고를 받은 기록이 있었다. 그 때문에 감옥에도 갔었다. 하지만 그도, 애셔도 더는 그런 식으로 기록이 사라질 수 없다는 것을 알고 있었다.

애셔는 "내가 책임질게"라며 그를 안심시켰다. 나중에 그는 레겟에게 다시 전화를 걸었다. "정말 애를 써서 형 몫의 스톡옵션 5만 주를 얻어냈어." 레겟은 애써 마음을 달랬다. 많은 사람이 회사에서 스톡옵션을 받았지만, 5만 달러는 그들이 받은 것보다 많은 액수였다. 이후 현금화했을 때 그는 약 20만 달러를 손에 쥘 수 있었다. 하지만 그는 파트너의 몫이 얼마인지도 알았다.

1996년 8월 21일 나스닥에서 DBT온라인의 거래가 시작되었다.[4] 그날 주가는 주당 41달러를 기록했고, 애셔의 지분 36퍼센트의 가치는 1억 1100만 달러에 달했다.

기회를 놓치지 않은 데이터 사냥꾼들

DBT온라인의 나스닥 상장은 애셔 개인에게도 변곡점이었지만, 데이터 브로커 업계에는 더 큰 변곡점이 되었다. 이제 시장은 애셔가 수집해 온 것의 가치를 이해하게 되었다. 공공 기록에는 공시 가격이 생겼다. 이 상장은 미국인들의 데이터를 빨아들이고 통합하기 위한 새로운 질주의 시작을 알리는 신호탄이었다. 새로운 성장 기회를 모색하던 기존 기업들이 데이터 시장에 끼어들면서, 애셔는 곧 본격적인 경쟁에 직면했다.

1996년, 오토트랙 출시 당시 12개의 웹사이트로 이루어져 있던 월드와이드웹에는 이제 30만 개의 사이트가 있었고, 그 수는 계속 늘어나는 중이었다. 1년 만에 사이트의 개수가 100만 개를 넘어섰다. 흥분하고 열광하던 초창기에는 명확히 드러나지 않았지만, 초기 인터넷의 경우 다른 사람이 읽을 수 있도록 글을 쓰면 기계도 이를 읽고 저장할 수 있었다. 이메일 주소부터 시작해 IP 주소, 플리커Flickr 사진, 마이스페이스MySpace 프로필 등 온라인의 모든 것이 스크랩되고 기록되어 다른 용도로 쓰일 수 있었다.

DBT온라인에서 고속도로를 따라 올라가면 바로 닿는 보카러톤에 선구적인 다이렉트 마케터이자 훗날 애셔의 파트너가 되는 스티브 하디그리Steve Hardigree가 살고 있었다. 그는 인터넷 채팅방과 게시판에서 개인정보를 얻는 일이 얼마나 쉬운지 막 발견한 참이었다. 하디그리는 사람들의 이메일 주소를 원했고, 한 프로그래머가 그에게 아메리카온라인Amreica Online의 포럼을 통해 누구나 볼 수 있는 사용자 이름(걸10partygirl10, 레슬링광wrestlemania, 책벌레Booklvr, 팝타르트

poptar 등)을 AOL 이메일 주소로 바꿔주는(당시에는 온라인 사용자 이름과 이메일 주소가 일치하는 경우가 많았다. 온라인 사용자 이름이 'Booklvr'라면 AOL 이메일 주소는 'Booklvr@aol.com' 같은 식으로 말이다―옮긴이) 컴퓨터 스크립트를 만들어주었다. 채팅방과 게시판 사용자들은 자신도 모르는 사이 하디그리에게 자신의 관심사와 선호도에 대한 정보를 제공하고 있었다. 골프 포럼에서 어울리면 골프를 좋아하고, 스노보드 포럼에서 어울리면 스노보드를 좋아한다는 식으로 스스로를 사전 분류해 놓은 셈이었다. 곧 하디그리는 수많은 마케팅 목록을 통틀어 수십만 개의 이메일 주소를 확보하게 되었다.

하지만 DBT온라인의 오토트랙 비즈니스에 대한 즉각적인 위협은 웹이 아닌 두 거대 정보 업체 에퀴팩스와 렉시스넥시스에서 비롯되었다. 두 회사가 잇따라 경쟁 제품을 개발하기로 결정한 것이다. DBT온라인의 상장 2주 뒤인 1996년 9월, 에퀴팩스는 3200만 달러 이상을 지불하고 전직 사립 탐정이 설립한 캘리포니아의 데이터 중개업체 CDB인포텍의 지분 70퍼센트를 인수했다.[5] 당시 200명의 직원을 거느리고 있던 이 회사는 조악한 오라클 데이터베이스를 기반으로 운영되고 있었는데, 이 때문에 애셔의 회사만큼 빠르게 동부로 진출하지 못했다. 하지만 애틀랜타에 본사를 둔 에퀴팩스의 일원이 된 만큼 동부에서 강력한 데이터 소스를 확보할 수 있게 되었다. 1년 만에 에퀴팩스는 새롭게 인수한 이 회사를 자체 보험 사업부와 함께 분리·독립시킴으로써 전국적인 공공 기록을 보유한 거대 기업, 초이스포인트ChoicePoint를 만들었다.[6]

네덜란드-영국계 출판·법률 정보 대기업인 리드엘스비어Reed Elsevier의 자회사로 미국 로스쿨과 로펌 어디에서나 제품을 찾아볼 수 있는 렉시스넥시스는 그해 초여름인 6월 1일에 P-트랙P-Trak이라는 이름의 사람 찾기 서비스를 발표했다.7 이 서비스는 잠재고객이나 잠재 증인을 추적하거나 주소 내역, 결혼 전 이름 또는 가명을 알아내야 하는 변호사를 위해 만들어졌다. 이 서비스는 과거의 DBT와 마찬가지로 렉시스넥시스가 트랜스유니언으로부터 인수한 데이터, 즉 크레디트헤더를 기반으로 했다. 검색 기능과 데이터 소스가 오토트랙보다 훨씬 뒤처지는 등 기본적인 기능만 가지고 있었지만, 렉시스넥시스는 온라인 법률 데이터베이스에 약 75만 명에 달하는 기존 구독자를 보유하고 있었다. 이 회사는 대규모 광고 캠페인과 함께 P-트랙을 소개했고, 곧 데이터 중개 업계 전체에 영향을 미치는 엄청난 반발을 불러일으켰다.

P-트랙에 대해 가장 먼저 경각심을 심어준 것은 법률 사서들이었다. 렉시스넥시스 대변인이 '죽지 않는 이메일'이라고 불렀던 연쇄 이메일chain email이 인터넷에 확산되었다.8

"신용카드가 있는 사람이라면 이름, 사회보장번호, 현재 주소, 이전 주소, 어머니의 결혼 전 이름, 생년월일을 비롯한 개인정보가 노출될 수 있습니다. 800-543-6862(렉시스넥시스의 고객센터)로 전화해 우리 정보를 목록에서 삭제해 달라고 요청하는 한편 우리가 아는 모든 사람에게 이 이메일을 전달할 것을 제안합니다."

6월 10일 이후 P-트랙에서 사회보장번호 조회 기능은 사라졌다. 그럼에도 이메일 폭격이 계속되자 10월에는 상원의원 세 명이 연방거래위원회에 서한을 보냈다. 그들은 "컴퓨터 데이터베이스 운영자에 의한 소비자 개인정보보호 권리의 침해 가능성을 조사해 달라"라고 요구했다.9

연방거래위원회가 여론을 수렴하고 공청회를 준비하는 동안 데이터 브로커들은 전투에 대비했다. 렉시스넥시스는 '이산가족 결속' '재판 증인 찾기' '정치계에서의 자금 흐름 추적' 등 P-트랙과 같은 제품의 이점을 열거하는 서한을 제출했다.[10] 곧 렉시스넥시스는 모기업인 리드엘스비어와 함께 연방 로비스트에게 연간 100만 달러 이상을 지출할 예정이었다.[11] 서한에는 "일례로 400만 달러의 유산을 상속받게 될 궁핍한 몬태나 농부를 찾는 데 P-트랙을 사용했다"라고 적혀 있었다.

렉시스넥시스, DBT, 초이스포인트는 신용조사 기관인 엑스피리언과 마케팅 쪽에서 가장 큰 브로커 중 하나인 액시엄 등 다섯 개의 다른 데이터 브로커와 무역 협회를 결성했다. 아칸소 소재의 액시엄 역시 트랜스유니언의 크레디트헤더를 구매하고 있었으며, DBT처럼 메인프레임을 넘어 연결된 마이크로프로세서를 사용하는 '그리드 컴퓨팅grid computing'으로 전환하던 중이었다.[12] 이들은 자신들의 협회에 개별참조서비스그룹Individual Reference Services Group이라는 가능한 한 가장 온건한 이름을 붙였다.

1997년 6월 사흘에 걸쳐 열린 연방거래위원회 청문회는 새로운 무역 단체의 발표로 빛을 잃었다. 청문회 첫날, 개별참조서비스그룹은 새로운 가이드라인인 '업계 원칙Industry Principles'을 발표했다.[13] 일종의 데이터 헌법이라 할 수 있는 7쪽 분량의 이 문서는 허용만 된다면 기업들이 자율 규제를 채택할 거라는 약속을 담고 있었다. 서비스의 모든 사용자를 선별하고, 마케팅 데이터베이스와 사람 찾기 데이터베이스를 분리하며, 정당한 명분이 없는 사용자에게는 사회보장번호와 같은 정보를 제공하지 않겠다는 것이었다. 그렇다면 정당한 명분이란 무엇일까? 이는 다른 많은 문제와 마찬가지로 결국 데이터 브로커가 결정하게 된다.

소비자 보호 단체들은 의회가 직접 나서기를 촉구했다. 근본이 위태로운 상황이었다. 문제의 핵심은 낯선 사람이 오토트랙이나 P-트랙에 접속해 당혹스러울 정도로 세밀한 개인정보를 알아낼 수 있다는 데 있지 않았다. 중요한 건 이런 데이터베이스가 가진 일방적이고 비인간적인 권력이었다. 뉴스레터《프라이버시타임스Privacy Times》의 편집자 에번 헨드릭스Evan Hendricks는 청문회 증언에서 사람을 단순히 상품화된 정보 조각으로 전락시키는 흐름에 대해 경고했다.

"우리는 토지 봉건주의에서 자본주의로의 전환만큼이나 중요한 변화의 기로에 있습니다. 산업시대에서 정보화시대로 넘어가고 있는 지금, 우리는 이 새로운 시대에 인간이 어떤 존재가 될 것인지 결정해야 합니다. 우리는 그저 데이터베이스 속의 하나의 항목, 상거래를 위한 소유물chattel이 되어야 할까요?"14

이 문제에 대해 엑스피리언의 한 임원은 개별참조서비스그룹 회원사들을 대표해 다음과 같이 반박했다. "우리는 비밀스러운 기업이 아니라 우리 일에 자부심을 갖고 있는 조직입니다." 렉시스넥시스는 법조계에서의 신뢰성을 앞세워 영향력을 행사했다. 연방거래위원회 위원들이 한 명을 제외하고 모두 변호사 출신이라는 점을 의식한 것이었다. 렉시스넥시스의 대표는 이렇게 증언했다.

"이번 주 동안 여러분이 듣게 될 다른 서비스와 렉시스넥시스를 구분 짓기 위해 말하자면, 저희는 '심층 조사 서비스'입니다. 그 말은 곧 우리가 방대한 양의 정보를 보유하고 있다는 사실을 의미합니다. …우리는 1970년대부터 컴퓨터 기반의 법률 조사 분야를 개척했습니다. 현재는 세계 최대의 상업용 데이터베이스 서비스를 제공합니다. 세계 최대라는 말은 렉시스넥시스가 10억 개가 넘는 문서를 보유하고 있다는 뜻입니다."

한편 애셔도 렉시스넥시스와 개별참조서비스그룹이 워싱턴에서 움직이는 동안 배후에 있었다. 그는 아직 워싱턴에 인맥이 없었고, 다른 데이터 기업 경영진과 로비스트들도 애셔처럼 예측이 불가능한 사람을 주목받는 자리에 초대하지 않는 편이 현명하다고 생각했다. "우리는 모두 단추를 채운 청색 정장 차림의 사람들이잖아요." 그중 한 임원이 회고했다. "근데 행크는… 완전 미친놈이었죠." 하지만 애셔는 마샤 바넷에게 자신을 대신해 개별참조서비스그룹이 마련한 윤리 기준, 즉 '원칙'을 조용히 검토해 달라고 부탁했다. 그의 사업에 방해가 되지 않을지 확인하기 위함이었다.

"그 원칙들은 매우 중요한 목적을 달성하고 있었습니다." 바넷은 말했다. "최소한 모든 사람이 문서를 기반으로 일을 하게 만들 수 있었죠. 지침이 존재하면, 다른 사람이 와서 변경해야 할 때도 그 틀 안에서 수정하게 되니까요. 인간의 정신이 움직이는 방식도 그렇습니다. 빈 종이로 시작하면 완전히 다른 방식으로 접근하게 될 수도 있으니까요."

연방거래위원회는 1997년 12월에 개인정보보호 연구를 완료하고 의회에 서한을 보냈다.[15] "위원회는 개별참조서비스그룹에 자체 원칙의 실효성을 입증할 수 있는 기회를 제공할 것을 권고합니다."

하지만 의회는 아무런 조치를 취하지 않았다. 대신 해마다, 그리고 수십 년간 터지는 데이터 유출과 선거 스캔들, 인권 침해 사건에도 불구하고, 정보 브로커들은 '자율 규제'가 얼마나 효과적인지 계속

해서 보여주게 되었다.

애셔의 실각과 DBT의 성장

애셔의 DBT온라인이 특이한 점은 데이터에 대한 액세스를 실제로 제한했다는 점이다. 그는 아무나 오토트랙을 사용하게 하지 않았다. 경찰, 보험사, 사립 탐정, 대출기관, 국립실종·착취아동센터 등 정말 필요하다고 생각되는 기관에만 액세스를 허용했다. DBT의 영업사원은 이렇게 증언했다. "애셔는 일찍부터 그 힘을 알고 있었습니다. 항상 사설 탐정 면허를 확인했죠. 사회보장번호와 생년월일이 일치하는지를 항상요." 물론 애셔 자신도 때로는 칼리에 매력적인 여성이 탄 차의 번호판을 입력하기는 했다. 그러나 궁극적으로는 자신이 만든 창조물을 자랑스럽게 여겼기에 다른 사람이 어떻게 사용하는지에도 주의를 기울였다. 세상을 더 안전한 곳으로 만든다는 자부심이 대단했다.

하지만 1996년 8월부터 DBT온라인은 더 이상 애셔만의 회사가 아니었다. 상장기업은 분기별 실적을 내야 한다. 투자자의 수익을 극대화해야 한다. 애셔를 제외한 모든 사람들은 상장기업에 애셔와 같은 CEO가 있을 수 없다는 사실을 깨달은 듯했다.

1997년 말, DBT온라인은 뉴욕 애슬레틱 클럽에서 연례 이사회를 개최했다. 수치는 올바른 방향으로 나아가고 있었다.[16] 실사용 고객 수는 1994년의 1000명에서 1만 명으로, 모뎀 사용 시간은 1996년의 1150만 분에서 2060만 분으로, 매출은 1996년의 1630만 달러에서 3090만 달러로 늘어났다. 하지만 수익은 정체되어 있었다.

회의 전날 랭곤은 브루더에게 전화를 걸었다. "당장 뉴욕으로 오게." 어리둥절해진 브루더는 비행기에 올랐다. 그가 애슬레틱 클럽에 도착하자 랭곤은 브루더를 콘퍼런스룸 근처의 작은 사무실로 이끌었다. 몇 초 후 애서가 불쑥 들어왔다. 랭곤은 그에게 나가라고 말했다. "브루더가 당신한테 할 수 있는 말이라면 내 앞에서도 할 수 있을 겁니다." 애서가 으르렁거렸다. 브루더도 그에 동의했다.

두 사람보다 키가 큰 랭곤은 침착한 태도로 브루더에게 말했다. "무슨 일이 벌어지고 있는지 알고 싶네. 회사에 무슨 문제가 있나?" 브루더는 무엇이 잘못되었는지 알고 있었다. 보고해야 할 수익, 만족시켜야 할 회계사, 따라야 할 규칙, 달성해야 할 목표 그리고 더 나은 라이프스타일의 동력이 되는 새로운 재산까지. 애서는 점점 더 미쳐가고 있었다. 자리를 비우는 때가 많았고, 보트에서 시간을 보냈으며, 위성 전화로 업무를 보고, 섬에 있으면서 메시지를 무시했다. DBT온라인에 있을 때는 자신이 자리를 비운 사이 실수를 저질렀다며 사람들에게 소리를 쳐댔다. 모두가 그를 두려워했다. 너무 겁을 내서 새로운 일을 전혀 시도하지 못했다. 고개를 숙이고 있을 뿐 달리 할 수 있는 것이 없었다.

DBT온라인은 1분기 목표를 거의 달성하지 못했다. 브루더는 랭곤에게 그렇게 말하진 않았지만, 사용자들에게 더 많은 모뎀 사용료를 청구하기 위해 그 빠르기로 유명한 컴퓨터의 속도를 늦춰야 했다. 이를 일컬어 누군가는 '45초짜리 1분'이라고 불렀다. 애서가 벼락부자의 삶을 즐기는 동안 DBT온라인은 방향타를 잃고 표류하고 있었다. 브루더는 "문제는 애서입니다"라고 말했다.

브루더를 사무실에 남겨둔 랭곤은 애셔를 다시 이사회 회의장으로 데려갔다. 애셔의 동생 찰스를 포함한 대다수의 이사들이 그의 해임안에 동의했다. 애셔는 이사직을 유지했고 DBT온라인의 최대 주주로 남았지만, 더 이상 CEO는 아니었다. 그리고 그가 자신이 만든 기계를 떠나보내야 했던 것은 이번이 마지막이 아니었다.

애셔가 사실상 회사에서 쫓겨난 후, 회사는 새 CEO로 척 리페Chuck Lieppe를 영입했다. 나비스코인터내셔널Nabisco International 출신인 리페는 DBT온라인의 기업 문화를 고치기 위해 '변화 전문가'에게 수십만 달러를 지불했다. 이 컨설턴트는 애셔가 주먹으로 뚫어놓은 벽 위에 회반죽으로 웃는 얼굴을 만들었고, 포인터시스터즈Pointer Sisters의 노래 "아임 소 익사이티드I'm So Excited"에 맞춰 웃는 얼굴을 주제로 한 직원 뮤직비디오를 제작했다.

애셔가 경영하던 시절의 DBT온라인은 계속 DOS 기반을 고수했다. 브라우저를 실행하고 웹 주소로 이동한 후 마우스로 페이지를 클릭하는 방식이 아니었다. 컴퓨터에 사용자 지정 소프트웨어를 설치하고 키보드의 버튼을 눌러야 했다. 한 종류의 보고서를 보려면 F7을, 다른 종류의 보고서를 보려면 F8을 누르는 식이었다. 1998년 말에 새로운 웹 기반 버전의 오토트랙이 출시되었고 하루아침에 성공작이 되었다. 1999년 중반, DBT온라인은 당시로서는 상상하기 힘들 만큼 큰, 무려 23테라바이트의 데이터베이스에 40억 건의 기록을 보유하고 있었다.[17] 초이스포인트를 독립시킨 거대 기업 에퀴팩스의 데이터베이스도 그보다는 작은 18테라바이트였다.[18] 브로커는 일단 데이터를 사기만 하면 수십 번, 수백 번, 수천 번 되팔 수 있었다. 천장이 없는 비즈니스였다. 새로운 경영진은 새로운 종류의 구매자를 찾기만

하면 됐다.

DBT온라인은 은밀하게 1-800-US-서치1-800-US-Search로 알려진 웹사이트 'US서치US Search'의 데이터 공급 업체가 되었고, 이 웹사이트는 〈판사 주디Judge Judy〉와 같은 주간 TV 프로그램에 대대적인 광고를 벌였다. US서치는 자동차 절도범이었다가 개과천선한 창업자가 만든 서비스였다. 이전에 그는 인터넷 벤처기업을 운영했는데, 헤븐스게이트Heaven's Gate라는 컬트 집단의 일원이었던 웹디자이너들이 집단 자살해 망해버렸다.[19]

US서치는 개별참조서비스그룹 회원사들이 연방거래위원회 청문회에서 강조한 '특수 기업과 정부 고객'이 아니라 일반 대중을 정면으로 겨냥하고 있었다. US서치의 고객은 고등학교 시절의 친구를 찾는 사람일 수도 있지만 도망친 아내를 찾는 폭력적인 남편일 수도 있었다. 어쨌든 DBT는 US서치와의 계약(5년간 2000만 달러)으로 손쉽게 많은 돈을 벌었다.

이후 DBT는 증권 공시에 밝힌 것처럼 "빠르게 증가하는 인터넷 사용자 인구를 대상으로 기존 제품을 보다 광범위하게 홍보하기 위해" US서치의 주요 경쟁사인 노엑스닷컴knowX.com을 인수했다.[20]

DBT의 신설된 부문은 자동차뿐만 아니라 재산, 상해, 생명, 의료 등 모든 종류의 보험에 초점을 맞췄다. 보험사는 이 부서를 통해 새로운 권한을 갖게 되었다. 보험 가입자가 신고한 자산을 검증할 수 있게 되었고, 진료비를 지불하기 전에 의사와 환자 사이에 숨겨진 개인적 또는 금전적 관계가 있는지도 확인할 수 있었다. 각종 사기성 보험 청구도 가려낼 수 있게 되었다.

DBT는 또 다른 부문을 통해 '입사 전 신원조회 서비스'도 판매했다. DBT와 제휴한 회사의 고용주는 구직자의 범죄 이력을 쉽게 확인할 수 있었다. 전과자가 일자리를 구하는 것이 더 어려워진 것이다.

그런가 하면 '대출·리스 업계'도 공략했다. 당신에 대해서 더 많은 요소, 즉 신용점수뿐만 아니라 어떤 종류의 차를 운전하는지, 좋은 동네에 사는지를 알고 싶은 은행은 오토트랙에 전화만 걸면 됐다. DBT 경영진은 은행이 웹사이트를 통해 금융 서비스를 제공하는 추세가 본격화되면 온라인 사용자 인증에도 오토트랙이 중요한 역할을 하게 되리라고 생각했다. 주소 이력, 가족 관계, 과거 룸메이트에 대한 정보로 당신이 실제로 '당신'인지 확인하는 것이다.

한편 브루더는 연방정부와 대규모 계약을 추진했다. 이미 초이스포인트는 이민·귀화국Immigration and Naturalization Service과의 계약을 선점했고 맞춤형 웹사이트www.cpins.com를 구축해 데이터를 기반으로 한 국외추방 정책의 문을 열었다. 하지만 브루더는 마약단속국과 비밀경호국, 미국 연방보안국U.S. Marshals Service과의 계약을 확보했다. 이유를 밝히지는 않았지만, DBT의 다른 영업 사원들은 CIA를 여러 차례 방문하기도 했다.

끝까지 발목을 잡는 과거

DBT온라인과 연방 기관의 성공적인 거래들은 의도치 않은 부작용을 불러왔다. 그 여파로 회사와 애셔와의 관계는 최종적으로 끊어졌다. 누군가(브루더는 경쟁사로 추정한다)가 DBT온라인이 연방정부와 맺은 새로운 계약들에 대해 알아채고 이를 무산시키려 한 것이다.

브루더는 설명했다. "그들은 행크가 마약 밀매를 했다는 유명한 소문에 살을 붙여 한 기관의 관심을 끌었는데, 그것이 이슈가 되었습니다."

1999년 중반, 마약단속국은 갑자기 DBT의 모든 계정을 정지시키고 보안감사를 실시했다. FBI는 오토트랙을 사용하는 모든 현장 사무소에 즉각적으로 사용을 중단할 것을 명했다. 이 소식이《마이애미 헤럴드Miami Herald》에 유출되었다.[21] 헤드라인에는 "마약단속국, FBI, 온라인 데이터 계약 중단. 회사 설립자는 과거 마약 밀매 연루 혐의로 의심받은 인물"이라고 적혀 있었다.

그날 하루만에 DBT온라인의 주가가 10.5퍼센트나 급락했다. 애셔가 가진 지분의 가치는 1억 4800만 달러에서 1억 3300만 달러가 되었다. 그는 잘못이 없다고 주장했다. 그의 변호사는 이렇게 말했다. "정부 비밀 파일에 나타난 18년 전의 입증되지 않은 혐의가《마이애미해럴드》에 불법적으로 제공되었다고 해서 진실이 되는 것은 아닙니다." 당시에는 아무도 이 아이러니(정보기관과의 계약을 위해 만든 시스템이 그 정보를 무기로 애셔를 내친 것)에 주목하지 않았다.

그해 말, 애셔는 자신이 가진 DBT온라인의 주식 446만 9758주를 전량 매각했다.[22] 회사를 위해서, 자신이 돕고 싶었던 사람들을 위해서였다. 하지만 그는 여전히 긴 그림자를 드리우고 있었다.

멈추지 않는 질주 그리고 편집증적 사고

DBT온라인은 이제 애셔가 찾아낸 보카러톤의 블루레이크코퍼레이트센터Blue Lake Corporate Center에 새롭게 본사를 마련했다. PC의 발상지인 IBM의 옛 캠퍼스였다. 그는 15만 평방피트(약 13935제곱미터, 약 4216평)의 땅에 대한 임대 계약에 사인을 해두었다. 카페테리아, 체육관, 샤워실, 탁구대와 당구대, 오토트랙 교육을 위한 강의실, 거대한 콜센터가 모두 들어갈 수 있는 공간이었다. 중앙에는 어두운 색의 서버가 일렬로 늘어서 있었고 케이블을 숨기기 위해 바닥이 높은 새로운 최신식 컴퓨터실이 있었다. 보석 진열장처럼 전체가 유리로 둘러싸여 있었다.

애셔는 블루레이크의 역사에 이끌렸지만 건물이 벙커처럼 지어진 것도 마음에 들었다. 그는 브루더가 보안관으로 근무하던 시절의 경험담에서 영감을 얻었다. 1992년 허리케인 앤드루가 지나간 후 마이애미 남부를 둘러보았을 때의 일이었다. 브루더는 이렇게 말했다. "저는 행크에게 창문이 없는 단층짜리 스트립 클럽만 남았더라는 이야기를 했습니다. 행크는 '좋은 아이디어네'라고 대꾸했죠." 그들은 블루레이크의 콘크리트 벽 뒤에서라면 DBT가 어떤 폭풍우에도 견딜 수 있을 거라고 생각했다.

애셔가 떠난 후 DBT는 블루레이크로 이전했다. 하지만 그곳에 적응하던 직원들은 여전히 애셔와 씨름해야 한다는 사실을 깨달았다. 애셔가 같은 단지에 인접한 사무실을 빌렸기 때문이었다. 그는 사무실 앞에 서서 담배를 피우며 점심을 먹으러 나가는 사람들에게 말을 거는 일을 좋아했다. "잘 지내? 보여줄 게 있는데."

그 '보여줄 것'은 대단치 않았다. 아직은. 애셔는 스티브 하디그리와 동업 관계를 맺고 새로운 회사를 시작했다. AOL 채팅방에서 이메일 주소를 스크랩하는 법을 배웠던 그 다이렉트 마케터말이다. 회사

이름은 인다르Indar였다. 인터넷데이터저장소Internet Data Repository라는 뜻의 이 이름은 오래가지 못했다. 그는 이미 카탈로그 회사와 다른 데이터 브로커들로부터 방대한 양의 정보를 구입해 사무실에 있는 서버에 집어넣고 있었다. 그리고 말을 건 사람들에게 서버를 보여주며 함께 일하자고 제안했다. DBT의 경영진을 헐뜯기도 했다. 그렇게 하고 나서야 갈 길을 가도록 해주었다.

애셔는 1997년 DBT와 3년간의 경업금지·기밀 유지 계약을 체결했다.23 1년 후, 그는 변호사로부터 한 장의 편지("최근 귀하의 행동은 DBT 이사회 구성원으로서 DBT에 대한 선량한 관리자의 의무를 위반한 것입니다."24)를 받고 새로운 합의서에 서명했다. 회사에 대한 비방을 중단하겠다는 약속이었다. 애셔는 더 이상 과거 직원들에게 일자리를 제안하지 않기로 했고, DBT온라인의 이사회에서도 물러나기로 했다.

애셔와 그의 변호사는 직접 작성한 서한에서 인다르는 마케팅 회사일 뿐이며 위협이 되지 않을 것이라고 확언했다. 브루더는 그것이 위장이라는 사실을 잘 알고 있었다. 맥모로도 마찬가지였다. 그는 DBT온라인의 새로운 상사에게 말했다. "저는 행크를 잘 알아요. 그는 DBT온라인을 다시 만들고 있으며, 성공하면 당신을 덮칠 겁니다."

그녀의 말이 맞았다. 그의 창조물에 내재된 편집증, 즉 동료 시민에 대한 불신을 자동화하고, 유권자·복지 대상자·메디케이드Medicaid(극빈층에게 연방정부와 주정부가 의료비 전액을 지원하는 제도—옮긴이)의 명부를 솎아내는 능력은 곧 우리 모두를 덮치게 된다.

8장

기계가 내쫓은 유권자 그리고 537표의 승리

2000년 초, 63세 생일을 앞둔 월러스 맥도널드Wallace McDonald는 힐스버러카운티 선거 감독관의 이름으로 온 편지 한 장을 받았다. 짐 크로우 시대(한 대중가요에서 유래한 말로 가난하고 어리석은 사람, 즉 흑인을 일컬었다. 남북전쟁 후 남부에서는 노예 해방을 무효화하기 위한 일련의 인종차별법을 제정하는데, 이 법을 짐 크로우법이라고 불렀다―옮긴이)의 플로리다에서 경찰관의 아들로 자란 그에게 투표권이 없다는 내용이었다. 컴퓨터가 그의 기록에서 1959년의 유죄 판결을 발견했기에 맥도널드는 유권자 명단에서 삭제될 예정이었다. 맥도널드는 이후 한 기자에게 이렇게 말했다. "뭔가 공정치 못하다는 생각이 들었습니다. 평생 투표권을 갖고 있었는데 누군가 케케묵은 기록을 뒤져 투표할 수 없는 절차상의 문제를 찾아냈다니요. 여태 가만히 있다가 지금 말이죠."[1]

그때까지 맥도널드는 40년 이상 투표를 해왔다. 자신의 목소리를 내기 위해 선거일이면 지역 투표소 앞의 긴 줄 사이에 서 있었다. 어렵게 얻은 권리였기에 중요하게 느껴졌다. 흑인의 투표를 막기 위해 고안된 플로리다의 투표세는 맥도널드가 태어난 1937년까지 폐지되지 않고 있었다.[2] 플로리다주의 차별적인 '문해력' 시험은 연방투표권법Voting Rights Act에 의해 불법으로 규정된 1965년까지 시행되었다.[3] 시간이 흘러 맥도널드의 고향은 경합 주swing state(정치적 성향이 뚜렷하지 않아 표심이 고정되지 않은 주―옮긴이)가 되었고 그 때문에 투표는 더욱 중요하게 느껴졌다.

공화당의 조지 W. 부시 후보와 민주당의 앨 고어 후보 간의 대통령 선거가 있던 2000년, 플로리다에 남아 있는 선거권 박탈 수단은 중범죄자와 전과자의 선거권을 빼앗는 법이었다. 플로리다는 이런 법이 있는 여덟 개 주(대부분 남부에 있는) 중 하나였으며, 이 법이 헌법에 포함된 유일한 주이기도 했다.[4] 영구적으로 선거권이 박탈된 시민은 50만 명으로 미국 내 다른 어떤 주보다 많았다. 대부분은 유색인종이었으며 31퍼센트가 흑인이었다.[5]

물론 맥도널드는 고등학교를 중퇴한 후 '거칠게' 지냈던 시절을 기억하고 있다.[6] 하지만 자신이 중범죄자라는 건 말도 안 됐다. 그는 싸움으로 몇 번 체포된 적이 있었다. 벌금도 몇 번 냈다. 1959년 스물두 살이던 어느 날 밤, 버스 정류장 벤치에서 잠을 자다 부랑자로 체포된 일을 포함해 유치장에 들어간 적도 몇 번 있었다. 하지만 나이가 들면서 그의 삶은 안정되었다. 부동산에 투자하고, 새우를 잡아 생계를 유지했으며, 수십 년 동안 탬파의 이보시티에 있는 단층집에서 살면서 주변의 세상이 변하는 모습 그리고 변하지 않는 모습을 지켜보았다. 하지만 이제 그는 40년 전 공원 벤치에서 잠든 일이 그의 투표권을 앗아갔다는 사실과 마주해야 했다.

맥도널드만이 아니었다. 힐스버러카운티의 다른 지역에 사는 샌디린 윌리엄스Sandylynn Williams라는 젊은 흑인 여성도 투표권을 잃었다.7 고어 지지자인 이 여성은 민간 군사 업체에 취업하기 위한 신원조사도 통과한 상태였다. 투표가 거부된 이유는 그녀의 기록이 여동생의 기록과 섞였기 때문이었다.

오래전 중범죄를 저질러 유죄 판결을 받았지만 투표권 복권을 승인받았던 흑인 남성 켈빈 킹Kelvin King은 선거일에 투표소에 갔다가 투표권이 다시 박탈되었다는 사실을 알게 되었다.8 흑인 걸프전 참전용사 윌리 스틴Willie Steen은 생애 첫 투표를 위해 어린 아들과 함께 투표소에 당당하게 들어섰지만 차례가 되었을 때 투표를 거부당했다.9 투표소 직원은 컴퓨터를 들여다보며 그가 중범죄자라고 선언했다(실제 중범죄자는 윌리 오스틴Willie O'Steen이라는 이름의 남자였다) 스틴은 그 여성에게 "저는 일평생 체포된 적이 없습니다"라고 말했다.

플로리다 최북단 매디슨카운티의 선거 감독관이자 중범죄 전과가 없다는 확신을 가지고 있었던 린다 하월Linda Howell 또한 주에서 제공한 선거권 박탈자 명단에 올라 있었다.10 플로리다 최남단에 위치한 키웨스트먼로카운티 선거 감독관 해리 소여Harry Sawyer는 명단을 살피다가 자신의 직원 일곱 명 중 한 명 그리고 다른 직원 한 명의 남편, 마지막으로 자기 아버지의 이름을 발견했다. 전부 중범죄 전과가 없는 이들이었다. 그래서 두 감독관 모두 자신들이 받은 선거권 박탈자 명단을 무시하기로 결정했다.

전체 인구에서 흑인의 비율은 20퍼센트다. 하지만 투표권 박탈 명단의 이름 중 65퍼센트가 흑인의 것이었던 마이애미데이드를 비롯해 플로리다주에서 3분의 2 이상 카운티의 현지 관리들이 이 명단을 액면 그대로 받아들였다. 일부 선거 감독관들은 명단이 손에 들어오자마자 중범죄자라고 적혀 있는 사람들을 유권자 명단에서 삭제했다. 월리스 맥도널드가 받은 편지가 발송된 경우도 있었다. 이 서한에 응답하지 않은 이는 중범죄자가 아님을 증명하지 못한 사람과 함께 선거인 명부에서 삭제되었다. 명단을 생성한 컴퓨터가 정확하고 해당인에게 책임이 있다는 추정이 지배적이었다.

플로리다와 미국 역사상 가장 치열한 대통령 선거를 앞두고 만들어진 중범죄자 선거권 박탈 목록 최종 버전에는 5만 7746명 유권자의 이름이 있었다. 이를 감독하던 공무원들은 조지 W. 부시의 동생인 젭 부시Jeb Bush 주지사가 이끄는 공화당 행정부 소속이었다. 명단에는 지나칠 정도로 흑인이 많았고, 절대 다수가 민주당원이었다. 그 목록에 있어서는 안 되는 사람이 수천 명, 어쩌면 수만 명이었다.

플로리다주로부터 400만 달러를 받고 명단을 구축한 기술 기업의 경영진에게는 엄청나게 성공적인 프로젝트였다. 이 회사는 행크 애셔의 회사였던 DBT온라인이었다.

선거 게임에 드리운 DBT의 그림자

이른바 '투표자 사기'를 막는 건 조지 브루더의 아이디어였다. 과거 애셔의 오른팔이었던 이 전직 브로워드카운티 형사는 DBT가 투자자들의 끊임없는 성장 욕구를 충족시키기 위해 노력하는 동안 주 및 지방 공무원들에게 사기 방지 제품군을 홍보하고 있었다. 브루더는 경쟁사인 초이스포인트가 이민·귀화국과 새로운 계약을 체결하고 이민자들이 미국에 거주할 수 있는 사람인지 판단하는 데 도움을 주는 동안, DBT는 어떤 미국인이 정부 서비스를 받을 수 있는지 판단하는 데 도움을 주는 데이터 회사가 될 수 있겠다고 생각했다. DBT의 기록은 실업수당이나 메디케이드, 푸드 스탬프food stamp(정부가 저소득자들에게 주는 식료품 할인 구매권—옮긴이)를 받을 자격이 있는 사람이 누구인지, 투표권이 있는 사람이 누구인지, 부정행위를 하는 사람이 누구인지를 밝힐 수 있었다.

레이건 시기에 시스템의 허점을 이용해 정부 지원금을 받는 사람을 일컬어 '복지 여왕welfare queen'이라는 단어가 퍼졌다. 20년이 지나 경제가 호황인데도 이 문제는 여전히 양대 정당에 영향력을 행사했다. 1996년, 민주당의 빌 클린턴 대통령은 복지개혁법Welfare Reform Act에 서명함으로써 주정부가 '의존의 사이클cycle of dependecy'이라고 부르는 것에 더 많은 통제권을 행사할 수 있는 권한을 부여했다. 주정부 기관은 무임승차를 막는 데 두 배의 노력을 기울이기 시작했다.

DBT의 정부 서비스 부문 부사장이 된 브루더는 남부 전역의 기관들이 부양자 명단을 축소하기 위해 새로운 방법들을 테스트하고 있다는 사실을 알아차렸다. 플로리다 아동가족부와 맺은 첫 번째 '자격 사기 방지 계약'에 필요한 것은 약간의 기술적 지원뿐이었다. 내부에서 '통합 신원정보 보고서dossier'라고 부르는 오토트랙의 포괄적인 보고서에서 프로그래머들이 관련 세부 사항, 예를 들어 미혼모라고 주장하는 복지 대상자의 주소에 성인 한 명 이상이 거주하고 있음을 보여주는 데이터 필드를 정리한 후 재판매하는 데 불과했다. 대부분 주변인의 제보와 내부 조사관에 의존해 수혜자의 정직성을 판단하던 이 부서는 갑자기 빛의 속도로 플로리다의 복지 대상자 명단에서 사람들을 삭제할 수 있게 되었다.

다른 부서에서도 연락이 오기 시작했다. 브루더는 "어쩌면 이것이 우리가 해야 할 일인지도 모르겠다"라고 중얼거렸다. 그 후 DBT는 플로리다 보건행정청으로부터 소규모 계약을 따냈다. 그는 "이어 워싱턴 DC에서, 웨스트버지니아에서 그리고 텍사스에서도 계약을 따냈습니다"라고 말했다.

하지만 진짜 기회는 선거였다. 브루더는 이렇게 말했다. "전국적인 선거가 시작되고 있었습니다. 미국 전역에서 선거에 대한 프레젠테이션과 콘퍼런스가 열렸습니다." 유권자 사기는 드물었지만 유권자 사기에 대한 두려움은 만연해 있었다.

이런 공포와 플로리다가 주 전체 유권자 명부를 만들기로 한 결정은 부분적으로는 대배심이 '명백한 사기'라고 판단한 실제 사례인 1997년 마이애미 시장 선거에서 비롯되었다.[11] 자비에르 수아레스 Xavier Suarez 시장 선거운동본부와 연계된 사기범들이 우편함에서 부재자 투표 용지를 훔쳐 자신들이 지지하는 후보에게 투표를 했다. 일부 투표 용지는 죽은 사람의 명의였다. 최소 105명의 전과자들이 투표에 참여했다.

투표 사기는 시장 선거 결과에 영향을 미치지는 않았다. 하지만 이를 계기로 공화당이 장악한 주 의회는 조치를 취하게 되었다. 새로운 법에 따라 플로리다 선거관리국은 "매년 민간 기업과 계약해 중앙 유권자 파일의 정보를 다른 컴퓨터 데이터베이스의 사용 가능한 정보와 비교"하고, 중범죄자, 사망자, 인지능력에 문제가 있다고 판단되

는 사람을 삭제한 뒤, 업데이트된 유권자 명단을 카운티 선거 감독관에게 보내야 했다.[12]

젭 부시의 전임자인 민주당의 로턴 칠레스Lawton Chiles 주지사와 공화당의 샌드라 모션Sandra Morthan 국무장관하의 선거관리국은 입찰을 요청하기 시작했다. 브루더는 DBT의 CEO 척 리페에게 보낸 이메일에 주정부 내 인물로 추정되는 '작은 새little bird'가 입찰을 어떻게 해야 하는지에 대한 조언을 줬다고 밝혔다.[13] 그는 "주정부가 이 프로젝트에 400만 달러를 할당했습니다"라고 덧붙였다. 이 회사의 입찰가는 다른 어떤 업체보다 훨씬 높았지만 400만 달러라는 예산에는 딱 들어맞았다. 결국 DBT가 이 일을 맡게 되었다.

DBT는 통계학자를 고용해 중앙 유권자 파일에 등재된 사람들을 오토트랙이 보유한 사람들의 프로필 그리고 플로리다와 인근 지역의 주 법원 및 교도소 등 다른 곳에서 찾은 신원 데이터와 매칭하는 방법을 개발했다. 매칭은 생년월일, 성별, 인종, 이름, 중간 이름, 성 등의 요소를 기준으로 했다. 예를 들어 콜리어카운티 유권자 명부에 있는 백인 여성의 이름이 제니퍼 마거릿 윌리엄스이고 생년월일이 1959년 12월 14일이라면, 이름과 생년월일이 정확히 일치하는 백인 여성의 오토트랙 프로필과 매칭된다. 이 매칭 로직에는 모호함이 전혀 없었다. 생년월일이 같더라도 제니퍼 마거릿 윌리엄'슨'과는 매칭이 되지 않는다. 첫 번째 버전에서 DBT의 시스템은 99.9퍼센트의 신뢰도를 보였고, 통계학자는 브루더에게 이 시스템에 걸린다면 투표해서는 안 되는 사람이라고 확신할 수 있다며 장담했다.

이런 엄격한 매칭 기준의 문제점은 매칭 결과가 최소한으로 생성된다는 점이었다. 그 결과 선거권 박탈자 명단이 짧아졌다. 철자가 조금만 틀려도 선거인 명부에서 빼야 할 사람이 남는 경우가 생겼다. 이렇게 된다면 플로리다주는 노력만큼의 보상을 받지 못한다. 그래서 주 관리들은 매칭 기준을 완화하라는 압력을 넣었다.

선거관리국 변호사 에밋 '버키' 미첼Emmet 'Bucky' Mitchell은 DBT에 보낸 이메일에서 "매칭이 이루어지지 않을 가능성이 있는 더 많은 이름을 포착하기를 원한다"라며, "매칭된 이름을 완전히 제외하기보다는 감독관이 최종 결정을 내리도록 해야 한다"라고 주장했다.14 이것이 최선을 다하려는 관료주의인지, 아니면 더 사악하고 정치적인 의도인지에 대해서는 납득할 만한 답을 얻지 못했다. 하지만 결국 DBT는 기준을 완화하는 데 동의했다. 매칭 로직의 신뢰 수준을 철자가 다르거나 중간 이름이 다른 경우도 매칭을 허용하는 90퍼센트로 정한 것이다. 결국 정확도는 80퍼센트로 낮아졌다.

브루더는 느슨한 매칭 기준 때문에 국가가 잘못된 사람의 권리를 박탈하면 어떻게 하나 걱정했다. 하지만 그는 그럴 때 어떻게 해야 할지 알고 있었다. 경찰에게 오토트랙 사용법을 가르칠 때면 그는 항상 컴퓨터를 맹목적으로 믿지 말라고 경고했다. 컴퓨터가 내놓은 결과물은 '확률'이었다. 통계의 한계를 상기시키는 것이 공식적인 교육 과정의 일부였다. "경찰이 오토트랙의 보고를 받고 '이 사람이 범인이군. 영장을 발부받자'라고 해야 할까요? 아닙니다. 그건 정확한 과학이 아닙니다." 그래서 브루더는 카운티 선거 감독관과 지원들에게도 유사한 교육을 실시하고 선거권 박탈자 명단에 한계가 있다는 사실을 상기시켜야 한다고 생각했다.

그는 "지역별로 4~5번의 교육을 진행했습니다"라고 증언했다. 선거관리국 직원들이 보카러톤에 있는 DBT 강의실로 찾아왔다. 그러나 이후 선거관리국은 브루더에게 교육 중단을 요청했다. "그들은 이렇게 말했어요. '우리는 당신의 교육을 원치 않습니다. 우리가 처리하겠습니다.'"

1999년 5월, DBT가 전달한 중범죄자 명단 원본에는 플로리다로 이주하기 전 텍사스에서 경범죄를 저지른 8000명의 이름이 포함되어 있었다. DBT가 텍사스에서 받은 소스 파일에 있던 사소한 라벨링 오류로 인해 뺑튀기된 자료였다. 이 오류는 이후 수정 명단으로 조정되었지만, 이미 명단에 포함된 일부 사람들이 선거권 박탈 통지를 받은 이후였다. 더 심각한 오류도 있었다. 텍사스와 플로리다의 법에 따르면 텍사스에서 중범죄 전과가 있는 사람일지라도 플로리다에서는 투표할 권리가 있었다. 그럼에도 불구하고 이들이 투표권 박탈 대상으로 분류된 것이다. 이 오류는 선거일 전까지 수정되지 않았다.

디지털 도구를 이용한 플로리다의 중범죄자 선거권 박탈에서 가장 골치 아픈 문제, '컴퓨터가 옳다고 하는 것이 틀린 경우'는 해결되지 않은 채로 남아 있었다. 플로리다의 주민들은 2018년 11월에 중범죄자투표권회복Voting Rights Restoration for Felons 주민 발의안을 압도적으로 통과시켜 150만 명 동료 시민의 투표가 허용되는 길을 열었다.[15] 그러나 이후 공화당 론 디샌티스Ron Desantis 주 하원의원을 주축으로 하는 정치인들이 중범죄 전과자들은 투표하기 전에 미납 벌금과 수수료를 모두 납부해야 한다는 규칙을 도입해 다시 투표의 문이 닫혔다.

1993년 전국 '차량관리국 유권자 등록법motor voter law'(운전면허증을 신청하거나 갱신할 때 유권자 등록을 할 수 있도록 하는 법—옮긴이) 시행 이후 유색인종을 중심으로 신규 유권자 등록이 급증하자 2000년

대선을 앞두고 있던 '투표 무결성 프로젝트Voting Integrity Project, VIP'와 같은 보수 단체는 DBT의 관행을 모범으로 삼았다. 플로리다는 전국적인 움직임의 시범 사례가 되었다. 선거에 데이터를 사용하는 일은 새로운 게 아니었다. 다이렉트 마케팅 업체인 액시엄도 1960년대부터 민주당의 표적 정치 공작을 위해 유권자를 다양한 기준에 따라 여러 개의 그룹으로 세분화해서 분석하는 기법을 도입했다. 그러나 선거관리국이 DBT의 데이터베이스로 계획한 것은 그와 달랐다. 설득이 아닌 배제가 목적이었기 때문이다.

2000년 4월 1일, 브루더는 워싱턴 DC에서 열린 투표 무결성 프로젝트의 연례 콘퍼런스에 참석했다. 수십 년 동안 미국에서 가장 보수적인 판사들을 50개 주에 임명하기 위해 노력해 온 우파 성향의 법률 단체 '연방 주의자 협회Federalist Society'와 DBT가 이 콘퍼런스를 후원했다. 브루더는 "최첨단 데이터 매칭 서비스를 사용해 플로리다주의 유권자 등록 기록을 정화한 노력"을 인정받아 '선거 무결성 상 Election Integrity Award'을 수상했다.[16]

브루더를 비롯한 DBT 경영진에게는 여러 이유에서 중요한 순간이었다. DBT가 막 초이스포인트와의 합병에 합의한 것이다.[17]

리테일크레디트컴퍼니의 직계 후손인 에퀴팩스는 DBT의 오토트랙 사업과 직원, 특히 세상을 바꿀 수 있음을 이미 입증하고 있던 대규모 병렬 데이터 플랫폼을 위해 DBT 주주들에게 4억 4400만 달러 가치의 자사 주식을 지급하기로 했다. 켄 랭곤은 초이스포인트의 이사회에 합류하게 되었고, 전환한 주식을 몇 년 더 보유함으로써 재산을 1억 달러 늘렸다. 지분을 강제로 매각해야 했던 행크 애서는 초이스포인트 이사회에 합류하지도, 재산을 늘릴 기회를 얻지도 못했다.

조지 브루더는 초이스포인트의 하위 임원으로 합류했다가 곧 그 자리를 떠나게 되었다.

하지만 브루더는 잠시나마 사기 방지 제품의 성공을 확신하고 투자한 일에 자부심을 느꼈다. 콘퍼런스가 끝나고 며칠 후, DBT와 투표 무결성 프로젝트는 전국의 소규모 카운티가 DBT에 무료로 유권자 명부 수정을 신청할 수 있는 '전국적 유권자 수정 프로젝트'를 공동 출범하겠다고 발표했다.¹⁸ 투표 무결성 프로젝트의 대표는 이 과정을 "투표 사기를 방지하는 지방 정부의 첫 번째 방어선"이라고 불렀다.

한 달 후 DBT는 최종 중범죄자 명단의 5만 7746개 이름을 플로리다에 전달했고, 월러스 맥도널드 같은 사람들이 편지를 받기 시작했다. 브루더는 "나머지는 모두가 알고 있는 대로"라고 말했다.

데이터가 만든 537표 격차의 승리

2000년 11월 7일 선거 당일 밤, 텔레비전 카메라가 전국으로 빠르게 움직였다. 주마다 빨강-파랑-파랑-빨강-파랑(빨강색은 공화당, 파랑색은 민주당을 상징한다—옮긴이)으로, 공화당의 조지 W. 부시 후보 우세와 민주당의 앨 고어 후보 우세가 엇갈리고 있었다. 결국 카메라는 플로리다에 이르렀고 그곳에 머물렀다. AP통신은 오후 7시 50분에 고어를 플로리다주의 승자로 선언했지만, 오후 10시에는 대부분의 방송국이 이 발표를 철회했다.[19] 승패를 가리기 어려울 정도의 접전이었다. 그런 상황이 한 달 이상 지속되었다.

투표 기계의 문제(플로리다에서 사용된 펀치카드 투표 기계에서 구멍이 불완전하게 뚫려 유권자의 의도를 확실하게 가릴 수 없었던 사건—옮긴이), 나비 투표 용지(일부 플로리다카운티에서 사용된 투표 용지. 유권자를 혼란스럽게 하고 잘못된 투표를 조장하도록 설계되었다—옮긴이), 수작업 재검표, 브룩스 브라더스 폭동(마이애미데이드카운티에서 재검표 절차가 진행되는 동안 조지 W. 부시 선거운동에 참여했던 일부 인사를 포함한 공화당 요원들이 재검표 방해를 위해 벌인 시위—옮긴이) 그리고 대법원 판결까지. 이 수많은 논란은 특히 진보 성향의 정치광들 사이에서 2000년 플로리다 선거의 실패를 뜻하는 암호처럼 자리 잡게 되었다.

그 과정에서 DBT의 역할은 그저 사소한 곁가지 정도로 여겨졌다. 잘 알려지지 않은 회사의 데이터로 국가의 역사를 좌우할 수 있다는 사실, 컴퓨터 화면에서 발견한 정보에 대한 신뢰가 근본적인 신뢰를 약화시켰다는 사실을 당시에는 받아들이기 어려웠다. 그러나 선거 당일 밤, 빅데이터가 일부 사람들, 특히 흑인 유권자들을 투표장에서 대거 내쫓는 효율적인 방법으로 부상한 사실만은 의심의 여지가 없었다. 당시 이 시스템을 만든 사람이 '전직 마약 밀수업자'(훗날 비평가들이 애셔를 칭할 때 지속적으로 사용했던 명칭) 애셔였다는 점도 여전히 충격적이었다.

애셔는 모든 책임을 부인했다. 그는 공개적으로 이 기술이 인간성 말살에 일조했다거나, 애초에 그런 도구가 만들어져서는 안 됐다는 식의 말을 한 번도 한 적이 없었다. 단, 그렇게 잘못 만들어져서는 안 된다고 했다. 그는 한 기자에게 이렇게 말했다. "그들은 프로그램을 잘못 만들었어요. 기계를 완전히 망쳐놨다고요! 데이터 매칭을 설계하는 방법을 전혀 모르는 사람들이 만들어낸 결과예요."[20]

플로리다주 유권자 중 최소 1100명(믿을 만한 추정에 따르면 보다 10배, 20배, 70배 많은 유권자)[21]이 2000년의 투표에 참여하지 못했다. 대부분이 흑인이고 대부분 민주당원이었다. 조지 W. 부시를 승리로 이끈 공식적인 득표수의 차이는 537표였다.[22]

2막

매트릭스의 지배자

2001년~2012년

9장

2001년 9월 13일, 테러 이틀 후

전화가 울렸을 때 행크 애셔는 자신의 새 회사, 새 사무실에 앉아 있었다. 그는 전화를 받지 않았다. 전화벨이 다시 울렸다. 다음에는 휴대전화가 윙윙거리기 시작했다. 마침내 전화를 받은 그는 재빨리 TV를 켜서 CNN으로 채널을 돌렸다. 뉴욕시 서쪽과 북쪽 상공에 검은 연기구름이 피어오르는 모습이 보였다. 비행기가 세계무역센터의 쌍둥이 빌딩 중 한 곳에 충돌한 것이다. 곧 프로그래머와 영업 사원들이 쏟아져 들어왔고, 마지막에는 40명이 함께 두 번째 비행기가 다른 쪽 타워에 충돌하는 장면을 지켜보았다.

애셔의 회사 인다르는 이제 '엄청난 지능seismic intelligence'의 줄임말인 '사이신트'라고 불리고 있었다. 설립하고 겨우 3년이 지난 이 회사는 직원이 200명이었고 DBT, 현재는 초이스포인트퍼블릭레코드 ChoicePoint Public Records가 있는 곳에서 5분 거리에 있는 건물에 자리 잡고 있었다. 두 회사 간의 경쟁은 이미 치열하게 전개 중이었다. 전날인 9월 10일, 초이스포인트는 영업 비밀 도용과 기밀 유지 계약 위반을 이유로 애셔를 연방 법원에 제소했다.[1] 하지만 이 순간 그건 작은 문제처럼 보였다.

CNN이 두 번째 비행기의 영상을 재생하는 동안 남쪽 타워가 무너지기 시작했다. 애셔는 회의실에 있는 모든 사람에게 법 집행기관에 있는 지인 전부에게 연락해 어큐린트(사이신트의 최신 수사용 제품이자 오토트랙의 경쟁 제품)를 무제한 무료로 이용할 수 있도록 하라고 지시했다. 그리고 자신의 친구인 빌 슈루즈버리에게 직접 전화를 걸었다. 웨스트버지니아 특유의 느릿한 말투를 지닌 전직 마약단속국 수사관이자 플로리다법집행부 마약 수사관 슈루즈버리는 15년 전 마약사범이었으나 기관의 정보책으로 변신한 '시스턴 파이브'를 담당했던 요원 중 한 명이었다. 이제 슈루즈버리는 애셔를 위해 일하고 있었다. "우리는 전쟁 중이야." 애셔가 말했다. "모든 기관에 전화해서 우리 제품이 무료라고 말해줘."

다음 날 애셔는 DBT를 대리했던 탤러해시의 유명한 변호사이며 지금은 사이신트 이사이자 절친한 친구인 마사 바넷에게 전화를 걸어 아메리칸 항공에 아는 사람이 있는지 물으며 이렇게 덧붙였다. "비행기가 타워에 충돌한 이후로 잠을 한숨도 못 잤어요." 그는 탑승자 명부를 원했다.

그는 TV 제작진과 함께 그라운드 제로ground zero(사고 지점)에 있던 존 월시에게 전화를 걸어 형제 두 명이 실종된 건설 노동자에게 전했다.[2] "이런 짓을 저지른 사람들을 찾겠습니다. 제가 잡을 거예요. 우리가 잡을 겁니다. 반드시 대가를 치르게 할 겁니다." 애셔는 월시

에게 도움을 주겠노라고 약속했다. "내가 알아낼 수 있어." 그가 장담했다.³

테러 이틀 후, 애셔와 슈루즈버리는 보카러톤의 외부인 출입금지 주택지에 있는 9500평방피트(약 883제곱미터, 약 267평) 규모의 애셔의 집에 함께 서 있었다.⁴ 애셔는 《숨을 곳이 없다》의 저자인 로버트 오해로 주니어에게 "전 대부분의 미국인과 똑같은 일을 하고 있었습니다. 술을 마시고 있었죠"라고 설명했다.⁵ 하지만 그와 슈루즈버리는 브레인스토밍도 하고 있었다. 접촉 가능한 모든 법 집행기관에 어큐린트를 제공했으니, 이제 더 할 수 있는 일이 무엇일까 생각하고 있었던 것이다. 슈루즈버리는 한 손에 커다란 마티니 잔을 들고 있던 애셔가 말을 멈추고는 멍하니 허공을 응시했다고 회상한다.

"난 이 망할 놈들을 찾을 수 있어." 애셔가 갑자기 외쳤다. "이 개자식들을 전부 다 찾을 수 있다고!" 애셔는 그들이 술을 마시던 타일로 된 주방 카운터에서 100피트(약 30.5미터) 떨어진 안방으로 달려갔다. 슈루즈버리가 그 뒤를 따랐다. 방에는 킹사이즈 침대와, 저택의 마당과 수영장으로 통하는 유리문이 있었다. 그리고 커다란 컴퓨터 모니터가 놓인 책상이 있었다. 애셔는 키보드 앞에 앉았다. "이름을 대봐." 그가 슈루즈버리에게 말했다. "이슬람교도들이 쓰는 이름을 대봐."

"음, 모하메드?" 슈루즈버리가 하나 제시했다.

"그거면 되겠군." 애셔가 말했다.

애셔가 자리에 앉은 시각은 오후 8시였다. 그는 사이신트의 데이터베이스에 접속해 지난 3년 동안 수집한 70억 건의 기록을 분석하기 시작했다. DBT가 항상 보유하고 있던 자동차 기록과 법원 기록뿐만 아니라 이메일 주소와 메일링 리스트 파일, 신용 정보 업체의 독점 데이터까지 포함되어 있었다.6 그는 무슬림, 남성, 젊은, 미국에 갓 도착한 사람 등 테러리스트의 프로필과 부합된다고 생각하는 특징을 가진 사람들을 찾아냈다. 그는 오해로에게 말했다. "30초 만에 3만 2000명의 흥미로운 인물을 찾아냈어요."7 다음 할 일은 목록을 정제하는 것이었다. 애셔는 이름들 사이의 연관성을 찾는 작업을 시작했다. 공유한 주소나 전화번호, 기록에 처음 나타난 날짜를 찾는 알고리즘을 코딩하기 시작한 것이다.

슈루즈버리는 게스트 하우스에서 잠자리에 들기 전에 몇 시간 동안 그를, 컴퓨터 앞에 앉아 생각하고 타이핑을 하는 인간 알고리즘을 지켜봤다. 슈루즈버리가 오전 6시 30분에 일어났을 때에도 애셔는 여전히 컴퓨터 앞에 앉아 있었다. 그는 9월 14일 정오까지 그 자리를 지켰다. 작업을 마쳤을 때 그는 거의 모든 미국 성인 거주자의 테러리스트 가능성을 점수화한 상태였다. 그는 이를 '테러리즘 지수' 또는 '높은 테러리스트 인자High Terrorist Factor'를 뜻하는(팀원들은 장난스럽게 행크 테러리스트 인자Hank Terrorist Factor라고 불렀다) 'HTF'라고 불렀다.8

애셔의 새로운 회사, 이데이터닷컴

초기 사이신트를 보면 이 회사가 테러와의 전쟁에서 핵심적인 역할을 하게 되리라고 짐작할 수 없었다.

회사가 모습을 갖추기 시작한 것은 1998년 여름, DBT에서 해고

당한 지 얼마 되지 않은 애셔가 AOL로부터 이메일 주소를 스크랩해 모은 젊은 인터넷 기업가 스티브 하드그리의 프로필을 《팜비치포스트》에서 읽은 후부터였다. 당시 하드그리는 1200만 개의 주소를 보유하고 있었는데, 이를 2000개의 디지털 메일링 리스트로 분류해 표적화를 할 수 있게 만들었다. 그리고 고객 대신 하루에 10만 통에 달하는 광고 이메일을 발송했다. 그는 《팜비치포스트》 기사에 소개되었을 뿐만 아니라, CNN 웹사이트의 〈스팸 발송자의 하루A Day in the Life of a Spammer〉에 나온 적도 있었다.9 급성장하고 있는 무법천지 월드와이드웹의 많은 사용자에게 그는 악당이나, 악당까지는 아니더라도 심각한 해충 같은 존재였다. 하지만 애셔는 그렇게 생각하지 않았다.

하드그리는 이렇게 회상한다. "그 기사가 나간 후 전화를 한 통 받았습니다. 어떤 남자가 '제 이름은 행크 애셔입니다. 메일링 리스트를 사고 싶은데 그게 당신 거더라고요'라고 말했죠." 하드그리는 많은 전화를 받는데, 협박 전화도 있었고 그냥 이상한 전화도 있었다. 애셔라는 이름은 들어본 적이 없었다. 하그리드는 자신도 회사도 매물이 아니라고 말했다. 애셔는 "모든 것이 매물이죠"라고 답했다. "제가 수표책을 가지고 당신이 있는 곳으로 가는 건 어떨까요? 회계사, 정신적 지주, 비서를 데리고 가서 점심을 먹도록 하죠."

하드그리는 그냥 말뿐일 거라고 생각했다. "하지만 한 시간 후 그가 로비에 나타났습니다." 애셔는 약속대로 일행과 함께 그곳에 와 있었다. 하드그리가 설명했다. "다림질한 바지에 싸구려 구두를 신은 그리즐리 애덤스Grizzly Adams(드라마 〈숲속의 방랑자〉에 나오는 현상 수배범―옮긴이)처럼 보였습니다. 셔츠에는 얼룩이 있었죠."

하지만 애셔에게는 마음을 사로잡는 힘이 있었다. 무엇보다 애셔는 하디그리가 만나본 사람 중 누구보다 데이터에 대해 잘 알았다. 곧 파트너십이 탄생했다. 인다르는 회사 이름을 이데이터닷컴eData.com(하디그리가 소유한 도메인 이름)으로 바꾸고, 블루레이크에서 벗어나 조금 떨어진 곳에 있는 새 건물로 이전했다. 애셔는 '작전실'이라는 별명을 붙인, 공간이 넓고 커다란 회의 테이블이 있으며 벽면 전체에 화이트보드가 갖추어진 방을 자신의 사무실로 삼았다. 새 동업자는 먼 구석에 있는 훨씬 작은 방으로 보냈다.

하디그리는 감정을 자제했다. 그리고 그는 직접 마케팅 업계의 지인들에게 애셔를 소개하기 시작했다. 거주 지역과 쇼핑 장소에 따라 소비자를 그룹으로 분류하는 뉴욕의 대형 카탈로그 회사, 고객들이 작성해 보낸 보증 카드와 구독한 잡지로 사람들을 분류하는 보카러톤 던힐스 소재의 목록 중개업체, 디지털 시대의 보증 카드인 소프트웨어 등록을 통해 이메일과 실제 주소를 수집한 필라델피아의 마케팅 회사 나비언트Naviant 등이 거기에 포함되었다.

이 파트너십은 6개월간 이어졌다. 하지만 하디그리는 진정한 파트너십은 이렇지 않다는 사실을 깨달았다. 또한 애셔가 부하직원들에게 소리를 질러대는 데 불안을 느꼈기에 회사를 떠나기로 했다. 애셔는 하디그리의 마케팅 목록과 연락처, 웹 도메인을 그대로 유지하면서 계속 일을 진행했다. 그는 판매할 제품이나 명확한 개발 계획도 없는 상태로 데이터 세트와 서버를 연이어 구입하고 수십 명의 직원을 영입했다. 오랫동안 일했던 프로그래머는 "그는 기본적으로 손에 넣을 수 있는 모든 데이터를 수집했습니다"라고 말했다.

수집한 데이터는 살아 있는 생물처럼, 방향 없이 가속도만 붙은 것처럼 걷잡을 수 없이 커졌다. 인구통계와 심리 통계, 이름과 번호,

주소, 이런저런 제품에 대한 성향이 담긴 거대한 공이 목적지가 어디인지 확실치 않은 상태로 계속 굴러갔다. 결국 데이터의 규모가 너무 커져서 새로운 유형의 컴퓨터가 필요하게 되었다. 그게 없으면 모든 데이터를 관리하는 일이 불가능했다.

모든 이에게 데이터 이름표를 달다

높은 테러리스트 인자를 생성하게 될 이 기계는 이전의 그 어떤 것과도 다른, 애셔가 이전에 구축했던 대규모 병렬 시스템보다도 수천 배 더 빠르고 강력한 슈퍼컴퓨터였다. 하지만 이데이터닷컴은 1999년과 그 다음 해 동안은 DBT와 매우 유사한 플랫폼에 의존했다. 데이터가 수십 개의 개별 회전 하드 드라이브에 저장되어 있고, 검색을 실행하면 고스트 프로세서가 작동해 각 드라이브에서 결과를 가져오는 방식이었다. 이후 해당 검색 결과가 컴퓨터의 작업 메모리(랜덤 액세스 메모리random-access memory 또는 RAM이라고도 한다)로 전달되어 사람이 소비할 수 있도록 정리되었다.

싱킹머신코퍼레이션의 핵심 기술과 최고의 엔지니어를 물려받은 선마이크로시스템즈Sun Microsystems에서[10] 최첨단 서버를 구매했던 이데이터닷컴의 프로세서는 DBT의 구형 모델보다 훨씬 빨랐다. 새로운 ETL(추출Extract, 변환Transform, 로드Load) 소프트웨어(이데이터닷컴이 싱킹머신코퍼레이션의 또 다른 후신인 앱이니시오Ab Initio로부터 단기 라이선스를 취득한 100만 달러짜리 도구 패키지를 포함한)[11]는 다양한 새 데이터 세트를 통합하는 데 있어 스캥크보다 훨씬 더 효율적이었다. 하지만 여전히 병목 현상은 존재했다. 하드 드라이브의 회전 속도가 너무 빨랐던 것이다. 컴퓨터의 구성 요소가 아무리 빠르고 상호 연결이 아무리 빨라도, 고스트 서버가 드라이브에 메시지를 전송하고 드라이브가 응답을 전송하는 데는 여전히 일정한 시간이 필요했다.

애셔는 이데이터닷컴이 구축 중인 마케팅 데이터베이스에서 검색을 실행할 때마다 스피커에서 웹의 초기 밈 중 하나인 〈햄스터댄스Hamsterdance〉 노래가 재생되도록[12] 데스크 컴퓨터를 조작했다. 그는 그 노래를 좋아했다. 사무실의 다른 사람들은 모두 싫어했다. 복잡한 쿼리는 10초, 심지어 15초가 소요되기도 했기 때문에 개발자들은 한없이 반복되는 "디-도-디-도-디-도"를 이를 악물고 들어야 했다. 속도를 높여야 할 자극제로는 충분했다.

차세대 속도 혁신을 뒷받침할 아이디어를 만들어내기 위해서는 이단자나 백만장자, 혹은 그 둘 모두가 필요했다. 현재 미국 기업에서는 'SAP HANA' 같은 상용 인메모리 데이터베이스를 사용하는 게 일반적이고,[13] 일반 PC 사용자는 32기가바이트의 최신 'DDR4 RAM'을 100달러 미만의 가격에 구입할 수 있다. 하지만 1990년대 내내(RAM 가격이 뚜렷하게 하락한 1996년 이전까지)[14] 대부분의 메모리 가격은 3만 달러가 넘었다.[15] 이데이터닷컴이 새로운 플랫폼을 구축하기 시작한 1999년에도 RAM은 1메가바이트당 1달러였다. 애셔의 새 회사는 테라바이트 단위의 데이터, 즉 수백만 메가바이트, 수백만 달러에 달하는 데이터 보유하고 있었다. 애셔는 이전 회사에서 거의 1억 5000만 달러의 수익을 올렸다. 그에게는 다음 회사를 설립하는 데 비용을 아끼지 않아도 될 만한 능력이 있었다.

새로운 슈퍼컴퓨팅 플랫폼의 첫 번째 프로토타입은 행크 애셔와 주요 제작자인 올레 폴센Ole Poulsen의 이름을 따 '홀리HOle'로 명명되었다. 폴센은 여가 시간이면 지저분한 자전거를 타는 건장한 체격의 덴마크인으로 불과 몇 주 전에 갑자기 이데이터닷컴에 합류했다. 콘퍼런스에서 폴센과 그 동료들을 만난 애셔는 58피트(약 17.7미터) 길이의 요트인 '왓 잇 이즈 4호What it is Ⅳ'에 초대했고[16] 이후 폴센이 근무하던 영국 소프트웨어 회사, 클라리온 출판사의 톱스피드TopSpeed 프로그래밍 부서 전체를 인수해 사우스플로리다로 옮겼다.[17]

홀리는 폴센의 사무실에 쌓아놓은 일곱 대의 델Dell 서버에서 시작해 일종의 트리 구조로 배열된 수백 대의 서버로 성장했다. 이 구조는 컴퓨터의 물리적 아키텍처가 해결하고자 하는 문제와 일치해야 한다는 대니 힐리스의 〈연결 기계〉 논문을 읽고 폴센이 얻은 아이디어를 기반으로 했다. 쿼리 조건이 구체적일수록 트리의 관련 없는 가지(관련 없는 데이터 필드)를 더 빨리 잘라낼 수 있기 때문에 홀리는 더 빨라졌다. 폴센과 애셔는 계층 구조의 최상위 수준에 가장 구체적인 데이터, 개인을 가장 잘 식별할 수 있는 데이터가 먼저 쿼리되도록 함으로써 가지치기의 속도를 더 높였다.

폴센은 이렇게 말했다. "대부분의 사람은 확률과 데이터 그리고 이를 정리하는 방법을 이해하지 못합니다. 행크의 흥미로운 점은 그걸 알았다는 것입니다. 어떻게 설명해야 할지 모르겠지만 그에게는 직감이 있었습니다. 그리고 데이터 구조 설계에 대한 그의 직감은 항상 정확했습니다."

폴센이 홀리를 최적화하는 동안 런던 톱스피드에서 영입한 또 다른 직원 데이비드 베일리스David Bayliss는 새로운 시스템을 더욱 효과적으로 통합하기 위해 '엔터프라이즈 제어 언어Enterprise Control

Language, ECL'라는 독점적인 컴퓨터언어를 만들기 시작했다.[18] 이 언어는 기계에 부합되도록 만들어졌고, 기계는 데이터에 부합되도록 만들어졌다. 폴센과 그의 팀은 모든 병목 현상을 공략했다. 그들이 2000년 겨울과 봄 내내 그 일을 하는 동안 RAM 가격이 급격히 떨어지기 시작했다. 사이신트의 한 임원은 이렇게 말한다. "이 모든 일이 가능했던 이유는 메모리 칩의 가격 하락 때문이었습니다. 모든 데이터를 RAM에 저장하면 매우 빠르게, 빛의 속도로 데이터를 처리할 수 있죠."

애셔의 작은 실험실들은 곧 또 다른 돌파구를 만들어냈다. 프로그래머들이 모든 성인 미국인, 모든 시민과 거주자에게 열두 자리 고유 추적 코드를 부여한 것이다. 그들은 이것을 '최종 식별자Definitive Identifier, DID'[19] 때로는 '어큐린트 데이터 링크'라고 부르기도 했으나[20] 결국 이것은 '렉스ID'로 알려지게 된다.[21]

빠르게 진화하는 애셔의 기계에서는 이 열두 자리 숫자가 당신을 규정한다. 또 다른 경영진 아르만도 에스칼란테Armando Escalante의 표현을 빌리면 당신은 "도넛 속의 구멍", 즉 덧없고 지속적인 데이터 포인트로 둘러싸인 불변의 실체인 것이다. 이제 이름이나 전화번호, 성 정체성을 바꾸든 바꾸지 않든, 삶이 극적인 변화를 겪었든 말든, 과거를 묻어두고 싶든 아니든 당신에게는 동일한 인간이라는 꼬리표가 붙어 있다. 이 열두 자리 숫자는 당신을 당신으로 규정하고, 무한히 추적 가능하게 만들었다.

이후 회사의 최고 운영 책임자가 되는 에스칼란테는 이렇게 묻는다. "사회보장번호가 렉스ID 같은 일을 할 수 있을 거라고 생각하십니까? 아니요. 손가락이 미끄러져서 숫자를 잘못 입력하거나, 사기를 치는 등 온갖 사건이 다 일어날 수 있습니다. 신뢰할 수 없죠. 사회보장번호의 데이터 매칭 오류율은 6퍼센트 정도 되거든요. 엄청난 수치죠. 그게 작다고 생각하세요? 그건 정말 엄청나게 큰 수치입니다."

렉스ID를 할당하는 매칭 로직은 수십 년이 지난 후에도 철저히 지켜지는 영업 비밀이다. "일반인에게는 사소해 보이지만, 확률 기반으로 동일인을 식별하는 것과 그 기록이 무엇을 말하는지 파악하는 실제 작업은 대단히 어려운 문제입니다." 베일리스는 말했다. 세계적인 수준의 프로그래머팀을 영입한 애셔 혼자 이 문제와 씨름한 것이 아니었다. 베일리스가 말을 이어갔다. "사실 행크는 우리의 접근 방식을 믿지 않았습니다. 성공이 입증되고 나서 한참 후까지 말이죠." 하지만 그렇다고 해서 애셔가 공로를 차지하는 것까지 막을 수는 없었다.

애셔는 오해로에게 "나는 그 누구의 컴퓨터보다 수천 배 더 빠르게 돌아가는 컴퓨터를 가지고 있어요. 내 컴퓨터는 현존하는 컴퓨터 중에서 가장 빠르고, 나는 컴퓨터가 무엇을 할 수 있는지를 재정의했죠"라고 말했다.[22] 그는 소비자 사냥을 멈추고 테러리스트 사냥을 시작한 후의 플랫폼에 특히 큰 자부심을 느꼈다. "그것을 뒷받침하는 핵심 기술과 인터페이스를 대부분 직접 설계했다는 사실이 날 전율하게 만들어요. 이 플랫폼을 실행시키는 것만으로, 그걸 우리가 만들었다는 사실을 생각하는 것만으로도 감격스럽다고요."

데이터를 해석해 내는 시대가 도래하다

홀리가 서버와 메모리칩을 축적해 나감에 따라, 이 슈퍼컴퓨터는 일종의 인력을 발휘해 상대적으로 낙후된 보카러톤으로 투자자와 경쟁자, 유명 기업들을 끌어들여 막 싹트기 시작한 이 힘에 경의를 표하도록 만들었다. 2000년 봄 그렇게 끌려든 사람 중 하나가 미니애폴리스에 본사를 둔 글로벌 컨설팅 기업 '앤더슨컨설팅Anderson Consulting'(곧 액센츄어Accenture로 이름이 바뀐다)의 파트너였다.

건장한 체격에 반듯한 자세와 멋진 헤어스타일, 최고 경영진의 비전을 가진 40대 중반의 그는 데일 레너Dale Renner였다. 그는 CRM이라고 알려진 '고객 관계 관리Customer Relationship Management' 소프트웨어의 선구자였는데, 보카러톤 방문에 동의하기까지 몇 달 동안 이데이터닷컴에 컨설턴트로 파견된 앤더슨컨설팅의 직원이 걸어오는 전화에 시달려야 했다. 그 회사가 만들고 있는 것을 보러 와야 한다고 조르는 내용이었다.

1990년대 초 사회생활을 시작할 무렵, 레너는 QVC와 같은 홈쇼핑 네트워크부터 랜즈엔드Lands' End와 L.L.빈L.L.Bean 같은 통신 판매 업체에 이르기까지 성공한 소매 업체들이 고객에 대해 3차원적인 시각을 개발한 방식에 매료되었다. 그는 이렇게 말했다. "그들은 고객을 만난 적이 없지만, 콜센터가 이용할 수 있는 고객 정보가 있었기 때문에 매우 높은 수준의 서비스를 제공할 수 있었습니다." 모든 주문은 고객 파일에 기록되었다. 고객 서비스 담당자에게 전해지는 모든 사소한 언급(배우자 이름, 가족 생일, 좋아하는 색상 등)이 파일에 추가되었다. 그런 콜센터는 고객을 한 명의 사람으로 알고 관계를 맺으며 고객의 자녀와 반려동물에 대해, 좋아하는 것과 싫어하는 것에 대해 꿰고 있는 동네 구멍가게 주인의 모습과도 비슷했다. 레너는 "그들은 고객에 대한 데이터를 가지고 있었기에 실제로 고객과 관계를 맺을 수 있었습니다"라고 말했다.

그것은 하디그리와 같은 다이렉트 마케터들이 보유한 '플랫 파일flat file'과는 다른 패러다임이었다. 다이렉트 마케터들은 뜨개질이나 그레이트풀 데드Grateful Dead(미국의 5인조 록밴드—옮긴이)에 대한 애정 같은 속성에 따라 세분화된 단순한 이름과 주소 목록을 판매하는 데 그쳤다. 반면 레너는 '개인화'가 차세대 마케팅이라는 사실을 알고 있었다. 그렇기에 앤더슨에서 이를 적절히 해낼 수 있는 대규모 병렬 컴퓨팅 플랫폼을 구축하기 위해 에퀴팩스를 비롯한 데이터 회사들과 합작 법인joint venture을 설립하려고 노력해 왔다. 그리고 마침내 보카러톤에 도착한 그는 이데이터닷컴이 이미 이 플랫폼을 구축해 놓은 것을 발견했다.

첫 만남에서 애셔는 앤더슨컨설팅이 자기 회사에 투자해야 한다고 레너를 설득하기 위해 애를 썼다. 일주일 후의 두 번째 만남에서 애셔는 레너를 CEO로 채용하려 했다. 그는 레너가 설명한 기계에 대한 아이디어(전 세계 대기업 내부에서 실행할 수 있는 개인화된 마케팅 데이터베이스)가 마음에 들었고, 캐스팅 에이전시에서 선발된 듯한 레너를 자기 회사 이사회에 둔다는 생각이 마음에 들었다. 마사 바넷은 회고했다. "행크는 자신만의 켄 랭곤을 갖고 싶어 했습니다. 일류 기업의 최고경영자의 이미지를 가진 사람을 말입니다."

레너는 처음엔 거절했지만 애셔는 전화를 계속 해댔다. 레너와 그의 가족이 봄방학을 맞아 플로리다키스Florida Keys에 와 있는 걸 알게 된 애셔는 곧바로 회사 제트기를 타고 그곳으로 갔다. 두 사람은 피자헛에서 만나 공식적인 문서도 없이 계약을 맺었다. 레너는 급여와 회사 주식과 함께 애셔의 보증으로 보카러톤에 있는 250만 달러짜리 집에 대한 융자를 받았다. 그의 가족에게 플로리다로의 이주는 갑작스럽고 아찔한 일이었다. 레너의 아내는 무슨 일이 벌어지고 있는지 궁금해했다. 아내는 남편의 새 회사를 '더 펌the Firm'이라고 불렀다. 직원들을 돈으로 유혹해서 일거수일투족을 감시하며 마피아를 위한 돈세탁을 시킨 부패한 남부 로펌의 이야기를 다룬 존 그리셤John Grisham의 소설과 그 소설을 원작으로 한 1993년의 영화 제목(원작의 제목은 〈The Firm〉이지만 국내에서는 〈야망의 함정〉으로 번역되었다—옮긴이)을 딴 것이었다.

레너를 CEO 겸 대표로 앉혀두자 《포천》 선정 500대 기업', 최소한 그가 자주 언급하던 '글로벌 2000 기업'이 갑자기 가까워졌다. 그리고 에퀴팩스와의 신용카드 마케팅 파트너십 체결을 도왔다. 레너는 블록버스터비디오Blockbuster Video, 오피스디포Office Depot, UPS와의 미팅을 성사시켰다. 그중 마지막으로 주요 고객이 된 UPS는 소포에 라벨이 잘못 부착된 경우 배송 업체가 이데이터닷컴의 공공 기록 캐시를 활용해 즉시 올바른 주소로 보낼 수 있게 되었는데, 이를 통해 수백만 달러를 절약할 수 있었다. 애셔의 회사도 완전히 새로운 종류의 데이터 세트, 즉 소포 발송에 대한 기록을 활용할 수 있게 되었다.

레너는 이데이터닷컴의 웹사이트에 게시해 둔 'CEO가 전하는 말a Word from Our CEO'이라는 제목의 글에[23] "대부분의 글로벌 2000 기업은 데이터를 수집하는 능력이 데이터를 효과적으로 이용하는 능력을 훨씬 앞지릅니다. 그것이 우리가 이데이터닷컴을 만든 이유입니다"라고 밝혔다. 홍보 자료에서는 다가올 문제를 지적했다. "앞으로 3년 동안 생성될 데이터의 양은 이전 30년 동안 생성된 데이터보다 더 많을 것입니다.[24] 하지만 새로운 데이터의 엄청난 양도 복잡성, 즉 개별 데이터 사이에 존재하는 관계의 수가 증가하는 것에 비하면 아무것도 아닙니다. 해결책은 이데이터닷컴이 목적에 맞추어 설계한 '초고성능 컴퓨팅 플랫폼'입니다."

그것은 단순한 홍보 문구가 아니었다. 이 새로운 슈퍼컴퓨터의 성능을 가장 잘 보여준 것은 비공식적으로 '파산 내비게이터bankruptcy navigator'라고 불리는 에퀴팩스의 프로젝트였다. 이것은 수백만 명의 미국인 중 누가 파산하게 될지를 예측하는 시스템이었다. 애셔의 프로그래머 중 한 명은 한 달에 걸쳐 에퀴팩스의 파산 알고리즘(이 신용정보기관이 2인치 두께의 바인더 형태로 제공한 알고리즘은 방정식의 각 단계가 종이 한 장씩을 차지하고 있었다)을 새로 작성한 엔터프라이즈 제어 언어로 옮겼다. 이후 다른 프로그래머가 슈퍼컴퓨터에 이 언어와 에퀴팩스의 신용 데이터를 로드하고 프로그램을 실행했다.

에퀴팩스의 IBM 메인프레임에서 26일이 걸렸던 이 처리 과정이 홀리에서는 단 6분 만에 완료되었다.

광기에 사로잡힌 데이터 천재

2001년 2월, 회사는 이름을 또다시 바꿨다. 이제 회사는 사이신트가 되었다. 레너는 이를 기념해 《월스트리트저널》에 전면 컬러 광고를 게재하고 액센츄어와의 새로운 전략적 제휴를 발표했다.

애셔에게는 기념해야 할 다른 이정표도 있었다. DBT와의 경업금지 계약 만료였다. 그는 1999년 말, 한 방문객에게 "1년, 두 달, 3일"이라고 말하곤 이렇게 덧붙였다. "그때 경업금지 기간이 끝나죠." 그는 마약 범죄에 대한 국세청의 공소시효가 만료될 때처럼 날짜를 세고 있었다.

레너가 CEO로 취임한 후에도 애셔는 사이신트에서 공식적인 직책을 맡지 않았다. 하지만 그때까지도 여전히 최대 주주이자, 변덕스럽고 무시무시한 존재이자, 가장 아낌없는 지출을 하는 사람으로 남아 있었다. 이제 그는 자유롭게 오토트랙의 라이벌을 만들 수 있었으며, 실제로 그렇게 했다. 비용을 아끼지 않고 공개적으로 말이다. 그는 프로그래머들에게 완벽을 요구했고 더 빠른 서버와 더 많은 메모리, 더 나은 인터페이스를 요구했다. 그리고 회사가 제품 출시보다 제품 완성도를 높이는 데 너무 많은 시간과 돈을 쓰고 있다고 걱정하는 경영진의 의견을 무시했다. 그리고 2001년 6월 25일, 마침내 '정확한 지능accurate intelligence'의 줄임말인 어큐린트Accurint가 출시되었다. 애셔의 주장에 따라 기본 인물 검색 비용은 단 25센트로, 오토트랙 사용자가 지불해야 하는 2달러 이상에 비해 훨씬 저렴하게 책정되었다. 그는 이전 회사의 시장을 빠르게 잠식했지만, 그의 방만한 경영으로 사이신트는 거의 침몰할 뻔했다.

두 명의 주요 투자자가 10월 이사회에 보낸 서한에는 이렇게 적혀 있었다. "우리는 설립자와 이사회를 법적 책임에 노출시키는 문제적 행태와 기만의 패턴이 존재한다고 생각합니다. 행크 애셔는 이사회의 승인 없이 직원을 고용하고, 해고합니다. 회사 자금을 지출하고,

회사의 중요한 자원을 사용하고, CEO를 포함한 임원과 이사들을 협박하고 괴롭히고 있습니다. 주주 소송이 제기될 예정임을 확실히 밝힙니다. 행크의 배경, 이전 회사와 당 회사에서의 활동과 행동에 대한 모든 진실을 조사해 밝힐 것입니다."[25] 회사는 2001년 내내 상당한 재정적 손실을 보았고, 급히 애셔의 사재 2000만 달러를 투입한 덕분에 겨우 사업을 유지하고 있었다.

애셔는 법 집행기관에 어큐린트를 판매하기 위해 자신이 아는 뛰어난 경찰 두 명을 고용했다. 한 명은 빌 슈루즈버리였고, 다른 한 명은 여기에서 가명으로 '닉'이라고 불리게 될 플로리다법집행부 요원이었다. 닉은 과거 오키초비카운티에 있는 밀수꾼의 목장 밖 덤불에 숨어 애셔와 그의 에어로스타 배럴 롤을 기다렸던 사람이었다. 애셔를 감옥에 보낼 수도 있었지만 그러지 않았던 사람이기도 했다. 애셔는 두 요원에게 동시에 일자리를 제안하며 종이에 월급을 적어 테이블 위에 올려놓았다. "이거 우리 둘이 나누는 건가?" 슈루즈버리가 농담을 했다.

이 두 수사관은 산업 박람회에서 DBT의 리 맥모로가 겪었던 일을 경험했다. 사이신트 부스에 줄을 서 있던 경찰들은 "나를 검색해 봐!"라고 요구했고, 시연만 하면 새로운 고객이 생겼다. 어큐린트는 차세대 신원 검색 기술이었고, 오토트랙보다 훨씬 빠르고 데이터가 풍부했다.

"그 번호는 어떻게 얻은 거요?" 한 수사관이 물었다. "비공개인데." 슈루즈버리는 미소를 지었다. "혹시 라디오 섀크Radic Shack(미국의 전자 기기 소매 체인점—옮긴이)에서 물건을 산 적이 있으세요?" 그가 물었다. 사이신트는 라디오 섀크의 고객 명단을 갖고 있었다.

UPS를 통해 소포를 보낸 적이 있는가? 신용카드를 개설한 적이 있는가? 블록버스터에서 비디오를 대여한 적이 있는가? 휴대전화를 사용한 적이 있는가? 아메리카온라인America Online, AOL의 포럼에서 활동한 적이 있는가? 웹에서 경품 행사에 참여해 본 적이 있는가? 그렇다면 어큐린트는 당신의 정보를 갖고 있었다.

영업은 슈루즈버리가 사이신트에서 맡은 일의 절반일 뿐이었다. 나머지 절반은 '아기 돌보기'였다. "빌은 행크를 통제할 수 있는 유일한 사람이었습니다." 닉이 말했다. "행크는 뭔가에 완전히 몰입할 때 가장 행복한 사람이었죠. 지루할 때가 가장 위험했습니다. 지루하면 아주 간단하고 쉬운 일도 망칠 수 있었죠."

여전히 CRM을 홍보하던 레너가 월스트리트 투자 은행들과 회의를 하며 사이신트의 상장 시기를 계획하고, 다른 부서인 이다이렉트 eDirect가 인터넷을 통해 수백만 건의 원치 않는 이메일을 보내는 지저분한 마케팅 업무에 집중하는 동안,[26] 애셔는 사이신트의 프로그래머들과 서버실 위에 군림하며 자신의 기계를 더욱 빠르게 만들기 위해 노력했다. 닉은 애셔가 내킬 때마다 회사 복도에 나타나 새로 관심을 가진 프로젝트에 사람들을 재배치하고 마음에 들지 않는 사람들은 "모든 것을 망쳐놓았다"면서 해고했다고 증언했다. 결국 그들은 조기 경보 시스템을 고안했다. 애셔가 사이신트에 도착할 때마다 프런트 데스크의 경비원이 사무실에 "브라운 씨에게 전화가 왔습니다"라고 안내 방송을 하면 슈루즈버리가 달려 나가 그를 맞는 것이다.

애셔는 그해 슈루즈버리와 닉 부부를 요트 여행에 초대했다. 모든 출장과 산업 박람회가 싫어져 곧 직장을 그만둘 예정이었던 닉은 한때 자신이 잡으러 다녔던 밀수범을 관찰하며 며칠을 보냈다. 그들은 세인트마틴, 다음에는 버진아일랜드, 다음에는 베리아일랜드를 항해했다. 전기 릴을 사용해 황돔을 잡았는데, 물 밖으로 어찌나 빨리 끌고 나왔는지 수압 변화 때문에 물고기의 눈알이 튀어나올 지경이었다. 그 배의 승무원들은 그가 마약을 운반하던 시절부터 알고 지내던 바하마 사람들이었다.

애셔는 매일 저녁을 거르고 밤새 술을 마신 뒤, 일어나서는 숙취를 해소하기 위해 생선머리로 끓인 스튜를 먹었다. 그런 다음 긴장을 풀지 못한 채로 위성 전화와 컴퓨터에 매달려 있었다. "행크, 전화 끊고 좀 놀아." 슈루즈버리가 잔소리를 했다. 그러면 애셔는 슬픈 표정을 지어 보였다. "나도 그러고 싶어." 그가 말했다. 하지만 애셔는 자기 머리의 전원을 끌 수가 없었다.

"그 사람을 제대로 지켜본 적이 있어요?" 어느 날 오후 닉의 아내가 물었다. "머리가 돌아가는 게 보일 정도예요. 그렇게 집중하는 사람은 본 적이 없어요."

닉도 그를 지켜봤다. 그는 애셔가 심하게 불행하다고 생각했다. 닉은 그가 억눌려 있다고 판단했다. 항구에 정박했을 때, 그는 애셔가 손목을 빠르게 움직여 두툼한 손바닥 안에 숨겨둔 50달러 지폐와 100달러 지폐를 팁으로 나눠 주는 모습을 지켜보았다.

2001년 12월, 애셔가 새로운 대테러 도구를 개발하느라 잠 못 이루는 밤을 보내고, 레너(곧 물러나고 부사장인 폴 캐머런Paul Cameron이 후임이 될)와 충돌하거나, 걱정하는 투자자들을 안심시키거나, 직원들에게 고함을 지르며 긴 하루를 보내던 중 영화 〈뷰티풀 마인드〉가 개봉했다. 숫자에서 다른 사람이 볼 수 없는 패턴을 보고 무작위성에서 의미, 너무나 많은 의미를 찾을 수 있는 아포페니아apophenia(서로 연관성이 없는 현상이나 정보에서 규칙성이나 연관성을 추출하려는 인식 작용―옮긴이) 천재 수학자 존 내시John Nash에 관한 이야기였다. 그는 광기에 빠진 천재였다.

사이신트의 사람들은 그런 유형의 사람을 알고 있었다. 누군가 〈뷰티풀 마인드〉 포스터를 벽에 걸어두었는데, 사무실의 모든 사람은 그 이유를 알았다.

그는 9·11 테러에서 무엇을 보았나

현대 컴퓨터과학에는 아포페니아와 거의 동일한 용어들이 있다. '과적합overfitting' '1종 오류type 1 error' '위양성false positive' '환각hallucination' 등이다. 모두 데이터 분석에서의 큰 위험성을 말해준다. 문제는 모델이 아무것도 예측하지 못하는 게 아니라, 너무 많은 것을 예측해 버리는 데 있다. 인간의 지능과 마찬가지로 인공지능에서도 천재의 경계 바로 너머에 광기가 있는 것이다.

사이신트의 슈퍼컴퓨터가 누가 파산할지 예측할 수 있다면, 누가 범죄자가 되고 누가 테러리스트가 될지도 예측할 수 있지 않을까? 애셔는 그럴 수 있다고 믿고 싶었다. 9월 13일, 그가 만든 높은 테러리스트 인자는 세상에 처음 생긴, 근본적으로 새로운 요소였다. 소비자 로직을 공공 안전에 적용한 '병에서 나온 지니'였던 것이다.

애셔는 오해로에게 자신의 테러리스트 알고리즘이 기업들이 고객을 프로파일링하는 방법에서 '영감을 받은 것'이 아니라 그 자체가 소비자 알고리즘을 '재구성한 것'임을 인정했다.[27] "이전에는 사람들이 가진 재산의 수준을 파악하는 프로그램을 작성했었죠. 로직이 대단히 비슷했어요. 저는 제게 이미 개발된 모델이 있다는 사실을 깨달았어요. 다른 방식으로 작성하면 특정한 유형의 사람을 찾을 수 있게 되죠." 부자, 가난한 사람, 잠재적 납치범… 유형은 무엇이든 상관이 없었다. 데이터에는 그 사람이 어떤 사람인지를 드러내는 뚜렷한 패턴이 있었다.

예측 모델을 구축하는 다른 회사들은 정도는 다르지만 인간 행동에 대한 거창한 이론이나 통계학자, 인류학자, 사회과학자, 심리학자, 동료 검토 연구, 박사 학위를 가진 사람들에게 의존한다. 반면 사이신트는 애셔의 직감에 의존했다. 그는 곧 UPS 데이터와 에퀴팩스 신용 기록을 높은 테러리스트 인자에 통합했다. 그는 같은 날 같은 주소로 신용카드를 만든 사람, 소포를 보낸 사람, 받은 사람, 같은 주소에 산 사람, 두 번 이상 같은 주소에 산 사람 등을 확인했다.

9월 14일, 애셔는 첫 번째 높은 테러리스트 인자 명단을 법 집행 기관에 전달했다. 처음은 플로리다법집행부였고, 다음은 FBI와 비밀경호국이었다. 목록에는 419명의 이름이 있었다.[28] 그중 한 명은 남쪽 타워에 충돌한 비행기의 조종사 마르완 알셰히Marwan al-Shehhi였다. 찾아낸 다른 몇 명도 이미 FBI의 조사를 받고 있는 것으로 밝혀졌다.

애셔는 플로리다법집행부의 기록을 포함한 더 많은 데이터를 수집한 후 알고리즘을 더욱 정교하게 다듬어 개인의 인종, 범죄 이력, 알려진 테러리스트 주소와의 물리적 근접성 등의 인자에 비중을 두도록 프로그래밍했다. 9월 말부터 10월까지, 이 시스템은 법 집행기관에 전달할 더 많은 명단을 내놓았다. 최종 명단에는 12만 개의 이름이 있었고 여기에는 가장 점수가 높은 1200명의 남성(대부분 이슬

람교도)으로 이루어진 '1퍼센트 목록'이 포함되었다.[29]

　1200명의 명단 중 알셰히를 포함한 다섯 명은 9·11 테러 납치범이었다.[30] 열다섯 명은 이미 연방 수사 기관의 표적이었다. 그 외 수십 명, 이전에는 당국에 알려지지 않았던 수십 명의 사람들이 이민법 위반으로 곧 구금되었다. 일부는 보석이나 변호사 접견도 허용되지 않은 채 뉴욕 브루클린의 감방에 격리되었다. 결국 대법원에 사법 절차를 따르지 않은 이 구금에 대한 이의가 제기되었다.[31]

　겉으로 보기에 이 알고리즘은 1000명 이상의 남성에 대해 잘못된 판단을 내렸다. 위양성률이 90퍼센트에 육박한 것이다. 하지만 자신의 새로운 슈퍼컴퓨터가 가진 힘에 매료된 애셔는 이 컴퓨터가 맞힌 단 다섯 명의 이름에만 집중하게 된다.

10장

잿더미에서 찾은 기회
그러나 지울 수 없는 과거

"제가 뭘 입력하고 있는지 몇 가지 말씀드리죠." 애셔가 말했다. "지난 12개월 동안 비행학교에 다닌 적이 있는 사람, 아파트를 임대했다가 12개월 내에 이사한 적이 있는 사람, 관광비자로 미국에 온 사람…." 따각거리는 키보드 소리가 잠잠해진 후 그가 엔터키를 누르자 순식간에 벽에 설치된 대형 스크린 위에 아랍 이름을 가진 열두 명의 남성(모하메드 아타, 마르완 알셰히와 다른 9·11 납치범 열 명)의 운전면허증 사진이 나타났다.

쌍둥이 빌딩이 무너지고 4개월이 지났을 때였다. 애셔의 긴 회의 테이블 맞은편에는 전 워터게이트 검사였고, 플로리다남부검찰청 부청장이었으며 현재는 연줄이 든든한 화이트칼라 형사 전문 변호사 존 세일Jon Sale이 앉아 있었다. 애셔도 알고 있듯이 세일은 테러 당시 뉴욕시장으로서 명성이 절정에 달했던 루디 줄리아니Rudy Giuliani의

로스쿨 동창이자 오랜 친구였다. '미국의 시장'이라 불리는 줄리아니가 9·11 테러 이후의 보안 붐을 이용해 컨설팅 회사 줄리아니파트너스Giuliani Partners를 막 설립한 시기였다.[1]

세일은 그의 팀에 있는 사립 탐정에게로 시선을 돌렸다. 세일이 애셔의 시스템이 사용한 기록이 정말인지, 그저 시연에 불과한 것은 아닌지 검증하기 위해 데려온 사람이었다. 남자는 재빨리 고개를 끄덕였다. 사실로 판명된 것이다. 세일은 화면에 나타난 납치범들의 이미지를 다시 돌아보았다. 그는 이때를 회고하며 이렇게 말했다. "인상적인 것을 한참 넘어섰습니다. 완전히 압도당했죠."

그것은 세일의 두 번째 사이신트 방문이었다. 세일의 첫 방문은 애셔가 그날이 마틴 루서 킹 주니어의 날이라는 것을 깨달은 후 갑자기 중단되었다. "오늘 위대한 분의 생일인 거 몰랐어?" 그는 중이층mezzanine(1층과 2층 사이, 1층보다는 높고 2층보다는 낮게 지은 층—옮긴이) 발코니에서 매니저들을 향해 소리쳤다. "위대한 흑인 목사님 말야! 난 배가 고프지도 않고, 파산하지도 않았고, 당장 죽지도 않아. 이 사람들을 당장 집으로 돌려보내!" 세일은 애셔의 직원들이 헤드셋을 벗고 서류를 공중에 던지며 축하하고는 사무실을 나가는 모습을 지켜봤다. 당황스러웠지만 애셔가 자신에게 깊은 인상을 남기려 한다는 사실을 눈치챈 세일도 슬그머니 자리를 떠났다.

이번에는 시연을 마친 애셔가 직접 설명하기 시작했다. "당신의 도움이 필요합니다." 그는 세일에게 말했다. 그는 이 변호사가 자신을 대신해 연방정부의 문을 열어 정부의 모든 법 집행기관과 정보기관이 사이신트의 기술을 사용하도록 만들어주기를 원했다. 그 기술은 미국인의 생명을 구할 수 있었다. 애셔는 세일이 이를 실현 가능한 적임자와의 연결고리임을 알았다.

"행크는 경찰을 경외했습니다." 세일은 말한다. "애셔가 속죄를 원했다고 말하는 사람들도 있었습니다. 저는 정신과 의사는 아닙니다만 그가 경찰을 정말 사랑한다는 것만큼은 알 수 있었습니다."

하지만 세일은 자신이 애셔에게 큰 도움이 될 수 있을지에 대해 회의적이었다. "행크, 전 영업 사원이 아니에요." 그가 말했다. "그건 제가 할 일이 아닙니다." 세일은 커미션을 받고 일하지 않았다. 이런 제품의 가격이 얼마인지, 연방 기관이 얼마를 지불할 의향이 있는지 몰랐다. 애셔가 대답했다.

"이해를 못 하시는군요. 가격은 적당합니다."

그는 자신이, 또는 사회가 결국 어떤 대가를 치르게 되더라도 자신의 시스템을 사회가 사용하길 원했다. "가격은 적당해요"라고 애셔는 반복했다.

"0달러니까요."

우리를 그들의 손바닥 위에 올릴 제품, 매트릭스

9·11 테러 이후 몇 달, 아니 몇 년 동안은 도덕적 타협이 만연했다. 미국을 안전하게 지키기 위해 우리는 전직 코카인 밀수업자들과 협력했다. 아프가니스탄 군벌과도 협력했다. 북아프리카 독재자들과도 협력했다. 그 독재자들은 우리가 설립을 도운 비밀 시설에서 테러 용의자들에게 미국이 관여하지 않은 고문을 노골적으로 가했다. 우리는 아프가니스탄의 바그람 비행장과 쿠바의 관타나모만에 수용소

를 건설하고 그곳에서 고문을 자행했다. 우리는 법을 바꾸고, 개인정보보호의 수준을 낮추고, 애국자법Patriot Act(테러 및 범죄 수사에서의 편의를 위해 시민의 자유권을 제약할 수 있도록 하는 법—옮긴이)을 통과시키고, 국토를 보호하기 위해 그리고 면밀히 조사하기 위해 국토안보부Department of Homeland Security, DHS라는 거대한 연방 기관을 새로 만들게 된다. 새로 권한을 부여받은 국가안보국에 수십억 달러를 쏟아붓고, 지역 경찰을 대테러 제보자로 전환하기 위한 목적의 지역 융합 센터 네트워크를 비롯한 국내 기관과 데이터베이스 사이의 '점들을 연결하는 데'² 수십억 달러를 더 투입하게 된다.³ 우리 시민과 주민들은 주변을 감시하라는 격려를 받는다. 서로를 의심하라는 충고를 받는다. 서로를 신고하라는 격려를 받는다. 변호사들은 잿더미에서 일어선 새로운 미국을 정당화하고, 정치인들은 이를 미화하고, 애셔와 같은 사람들은 새로운 미국을 건설한다. 비상사태는 언젠가 끝나겠지만, 만들어진 것은 애초에 계속 지속될 목적으로 만들어졌다.

2001년 11월 폭스에서 방영된 텔레비전 드라마 〈24〉의 등장인물 잭 바우어는 테러리스트를 추적한다. 이 가상의 세상에서는 연방정부의 대테러 부대에 벽면을 가득 메운 스크린과 컴퓨터를 갖춘 지휘 센터가 있다. 미국인의 세부적인 삶의 부분에 순식간에 접근할 수 있는 것이다. 2001년과 2002년 현실에는 그런 정부 부대도, 컴퓨터 시스템도 최소한 정부의 통제하에는 없었다. 개인정보보호법은 연방 기관이 수집하고 보유할 수 있는 미국 거주자의 정보 범위에 제한을 두고 있었다.

그러나 이 법은 이미 10년 이상 미국인의 사생활 정보를 수집하고, 이를 디지털 서류로 분석하고 편집해 온 사이신트와 동료 데이터 브로커들에게는 제한을 가하지 않았다.[4] 따라서 적어도 처음에 미국 국경 내에서는 테러와의 전쟁이 외부에 위탁되었고, 당시의 개인정보보호 운동가들은 데이터 브로커들에게 '빅브라더의 작은 조력자Big Brother's little helper'라는 새로운 별명을 붙였다.[5]

9·11 테러 이후 렉시스넥시스는 P-트랙의 후속 제품이며 오토트랙과 어큐린트의 라이벌로 성장한 새로운 사람 찾기 제품, 스마트링스SmartLinx의 사용권을 FBI에 기부했다. 버지니아에 살던 남성 칼리드 S.S. 알드라이비Khalid S.S. al-Draibi가 테러 발생 당일 밤, 단순히 낡은 차를 몰고 가던 아랍인이라는 이유로 구금된 배경에는 스마트링스가 있었다.[6] FBI는 그를 4개월 동안 구금했다가 칼리드에게 아무 혐의가 없다는 사실을 깨닫고 강제 추방을 준비했다.

이민·귀화국의 주요 데이터 공급 업체로 이미 오토트랙 검색을 한 달에 2만 건씩 실행하고 있던[7] 초이스포인트/DBT는 연방 수사관들에게 새로운 국제 데이터 묶음을 제공했다. 세계의 항공기 등록 정보, 콜롬비아의 시민 등록부, 아르헨티나의 전화번호부, 멕시코의 차량과 유권자 등록 정보 등이 여기에 포함되었다.

액시엄은 사이신트와 유사한 새로운 멀티프로세서 컴퓨터인 '그리드'[8]와 16자리 숫자로 구성된 새로운 개인 추적 번호 시스템(사이신트가 사람들에게 할당하기 시작한 열두 자리 숫자에 상당하는)인 '애빌리텍ID'를 보유하고 있었다. 이후 액시엄은 9·11 테러 이후 몇 달 동안 공공 기록과 시티뱅크Citibank, 체이스Chase, 트랜스유니언의 데이터를 상세 분석해 직원들이 '나쁜 놈 데이터베이스Bad Buys Database'라고 부르는 것을 만들었다. 액시엄은 납치범과 관련 있는 아랍인들로 구성된 이 잠재적인 증거를 FBI와 공유했다.

이후 액시엄 경영진은 백악관에서 딕 체니Dick Cheney 부통령을 만나 애서가 이미 비밀리에 구축한 테러 예측 기계의 성명서와 같은 메모를 건넸다.

"9·11 테러범들은 미국의 다른 많은 사람과 똑같은 모습이었고 똑같은 행동을 했습니다.9 그들은 우리의 교육 시스템과 금융 시장, 교통 시스템, 사회적 자유를 이용해 우리가 한 번도 경험한 적이 없는 공격을 가했습니다. 섬뜩한 일이지만 한편으로는 고무적이기도 합니다. 우리 사회는 대부분 전자 사회이기 때문입니다. 모든 신용카드 거래가 포착되고, 모든 항공권이 기록되며, 모든 금융 거래는 저장되고, 모든 정부 활동은 일정 유형의 전자 매체에 기록됩니다."

액시엄의 메모는 이렇게 이어진다. "이런 모든 활동을 통합할 수 있다면, 정보 기술을 사용하여 일탈적인 행동을 식별하고 개인의 활동을 추적해 그들이 피해를 입히기 전에 포착하는 일이 가능하지 않을까요? 오늘날 금융 서비스에서는 일반적으로 사기 가능성을 예측하기 위해 컴퓨터 생성 모델을 사용합니다. 테러리스트 활동의 가능성을 예측하는 데에도 유사한 모델을 사용할 수 있지 않을까요? 대답은 '그렇다'입니다."

하지만 액시엄은 정부를 위해 그런 모델을 개발하는 데까지 이르지는 못했다. 미국 교통안전청Transportation Security Administration이 짧게 이용한 컴퓨터 지원 승객 사전 심사 시스템Computer-Aided Passenger Prescreening System, CAPPS II'를 비롯한10 여러 '연방 위험 점수 산정 프로젝트'에 데이터를 제공했었지만, 이 마케팅 회사는 정부 계약 쪽으로 완전히 방향을 전환하는 것에 회의적이었다. 결국 개인정보보호 문제에서의 타격을 우려해 그쯤에서 모델 개발을 중단했다.

하지만 애셔에게는 그런 망설임이 없었다. 사이신트는 테러와의 전쟁에 데이터와 슈퍼컴퓨터를 모두 제공했다. 9·11 테러 이후 새롭게 부상한 안보 상황의 수면 아래에는 곧 CIA와 국가안보국을 위해 구축할 기밀 시스템이 있었다. 수면 위로 드러나기 시작했으며, 존 세일이 처음 방문한 날 이미 구체화되어 있던 이 프로젝트는 애셔를 잠시 유명해지게, 그리고 곧 악명을 떨치게 만들었다. 이 프로젝트의 이름은 '매트릭스MATRIX'였다.

정부가 본격적으로 매트릭스 활용에 나서다

9·11 테러가 벌어진 다음 주말, 사이신트 1층에는 아무 표시가 없는 방이 생겼다. 새로 지은 네 개의 벽, 두꺼운 문, 카드리더기, 무장 경비원. 애셔는 자기 돈으로 이 방을 만들었다. 내부에는 화이트보드와 프린터, 문서 파쇄기, 유선 전화기, 여러 대의 새 PC와 24시간 내내 제복과 사복을 입은 낯선 사람들이 있었다.[11] 세관, 비밀경호국, 미국 연방보안국, 이민국, FBI, 플로리다법집행부의 요원들이었다.

이 방의 PC는 이제까지 존재한 적 없는 대규모 감시 시스템으로 연결되기 시작했다. 어큐린트나 오토트랙에서 볼 수 있는 공공 및 상업 기록뿐만 아니라 브로워드카운티 보안관 사무실이나 플로리다 법집행부와 같은 기관의 내부 컴퓨터에 따로 보관되어 있던 경찰 수사·출동 기록까지 전부 다루는 시스템이었다. 기관 기록을 통합시키자 컴퓨터는 높은 테러리스트 인자의 초기 버전을 생성했던 컴퓨터보다 더 면밀한 조사가 가능해졌다. 플로리다주에서 제공하는 법 집행 데이터부터 시작한 모든 것이 단일 데이터베이스에 합쳐졌기 때문에, 통합 검색을 통해 즉시 조회가 가능하게 되었다. 휴대전화 요금 청구서와 교통 위반 기록, 주 유권자 명단과 가정 폭력 신고 내역, 룸메이트 목록과 공동 피고인 목록, 운전면허증 사진과 머그 숏, 우편 주문 구매 내역과 성범죄 수사 문서까지. 평범한 기록과 잊고 있던 기록이 악랄하고 은폐된 기록과 뒤섞여 시민과 주민들의 삶을 거의 모든 각도에서 바로 들여다볼 수 있게 했다. 이 시스템은 모든 사람에게 '위험 점수'를 부여했다. 국토가 곧 전장인 테러와의 전쟁에서는 모든 사람이 잠재적 용의자였다.

9·11 테러 공격은 플로리다 남부와 관계가 있었다.[12] 주범인 모하메드 아타를 비롯한 많은 납치범들이 애셔가 잘 아는 이곳의 도시와 공항에서 비행 훈련을 받았던 것이다. 또한 사우스플로리다는 세계에서 가장 발전된 개인 데이터 시장(애셔에게 적지 않은 공로가 있다)을 보유하고 있었다. 따라서 연방 수사관들이 곧바로 사이신트를 찾은 것도 당연했다.[13]

아무 표시도 없는 방에서 공생 관계가 쉽게 발전했다. 애셔의 새로운 창조물은 기술 노하우와 연방법에 제약이 걸린 미국 정부로서는 독자적 개발이 불가능한 것이었다. 애셔 자신도 테러와의 전쟁이 시작되기 전이라면 모든 조각을 얻을 수 없었을 것이다. 사이신트가 요원들의 용의자 추적을 돕는 동안 요원들은 이 회사가 점점 더 많은 데이터를 확보할 수 있게 도왔다. 애셔나 그의 프로그래머들이 수색에 도움이 될 만한 데이터 파일, 예를 들어 에퀴팩스나 UPS와 같은 사이신트 고객사의 것이지만 사이신트가 운영하는 컴퓨터와 별도로 보관되어 있는 파일을 발견하면 세일이 요원들에게 '친절한 소환장'

이라고 부르는 것을 보내달라고 요청했고, 이어 대테러 시스템에 그 파일이 로드되었다.

적어도 이후에 들은 이야기는 그랬다. 실제로는 애셔가 데이터를 먼저 추가하고 나중에 허가를 받는 경우가 많았다. 애셔는 그가 사이신트를 법의 테두리 밖으로 밀어붙이고 있다는 경영진의 경고에도 신경을 쓰지 않았다. 국가를 위한 일이라면 위반도 가치가 있는 일이라고 여겼다. "논란의 여지가 있는 행동이 필요한 때가 있는 법이야." 그는 으르렁거리듯 말했다.

과거 마약 범죄로 애셔를 추적했던 플로리다법집행부가 이제는 애셔의 편에 서 있었다. 그곳의 팀 무어Tim Moore 국장은 애셔의 친구가 되었다. 무어는 아무런 표시가 없는 이 방에서 시범 운영 중인 플로리다-사이신트 파트너십이 주정부들에 의해 전국적으로 확대될 수 있다고 확신한 사람 중 하나였다. 개인정보보호법의 제약을 받는 연방정부가 주도하지는 못하더라도 말이다.

2002년 3월, 무어는 올랜도에서 12개 주의 관리들을 초청해 사이신트의 슈퍼컴퓨터 플랫폼을 사용해 정보를 수집하고 공유하는 방법을 논의했다.[14] 각 주의 법 집행기관은 기존의 '연방정부 지원 지역 정보 공유 시스템Regional Information Sharing Systems, RISS 네트워크'(경찰을 위한 일종의 암호화된 인터넷)를 통해[15] 사이신트의 보카러톤 데이터 센터에 접속하여 범죄 기록, 교정 데이터와 사진, 성범죄자 정보 등을 기계에 입력할 수 있었다. 주정부가 제공한 정보는 사이신트의 자체 파일로 보완되고, 사이신트의 정밀한 신원 매칭 알고리즘에 의해 정리된다. 이를 위해 사이신트는 미래에 렉스ID가 되는 어큐린트 데이터 링크를 갖고 있었다.

키아누 리브스 주연의 할리우드 블록버스터 영화 〈매트릭스〉는 올랜도 회의가 열리기 몇 년 전에 나온 영화였다. 이 영화는 수많은 인간이 현실을 지시하는 기계에 갇혀 생명을 빼앗긴다는 내용을 담고 있었다. 애셔는 영화의 제목이 좋다고 생각했다. 어째서인지는 모르지만 주정부 관리들은 그들의 신생 대테러 프로젝트에도 어울리는 이름이라는 것을 납득했다. 이 프로젝트는 곧 다주州 간 대테러 정보교환Multistate Anti-Terrorism Information Exchange 즉 '매트릭스MATRIX'로 알려지게 된다.

애셔는 이 프로젝트의 혁신성에 대해 대단치 않게 말하곤 했다. 이 신생 프로젝트를 방어하기 위한 사이신트의 자료에는 "법 집행기관은 이 시스템이 발명되기 전과 똑같은 이유로, 똑같은 데이터에 똑같이 접근합니다"라고 적혀 있다.[16] "단지 더 빠를 뿐입니다." 이제 수사관들은 더 이상 몇 시간, 심지어 며칠씩 화면과 프로그램, 멀리 떨어진 관할 구역을 오가며 데이터 포인트 사이의 연결 고리를 직접 그리는 데 시간을 허비할 필요가 없었다. 기계가 그들 대신 연결 고리를 그려주기 때문이다.

단일 관할권 내 사건의 경우에도, 사이신트의 신원 프로필 웹(누가 누구와 아는 사이인지, 누가 어디에 살았는지, 누가 무엇을 운전했는지)은 기존의 평면적인 경찰 기록을 훨씬 더 풍부하게 만들어주었다. 사람과 패턴에 대한 대대적인 검색이 전례 없는 속도와 규모로 이루어질 수 있게 된 것이다. 애셔가 10년 전 오토트랙에 처음으로 차량 등록 정보를 로드했을 때 보여주었듯 속도의 차이는 곧 본질의 차이였다.

또한 어떤 사람이 테러리스트일 가능성을 예측하는 능력도 달랐다. 이후 '미국시민자유연맹American Civil Liberties Union'이 입수한 바에 따르면, 유타주 공무원 대상의 비공개 사이신트 프레젠테이션에서는 '테러리즘 지수'가 연령, 성별, 인종, 신용 이력, 비정상적인 사회보장번호, '사람들이 운전면허증으로 어떤 일을 했는지', '택배를 어떻게 보내고 받았는지'와 같은 요소에 좌우된다는 설명이 있었다. 사이신트가 언젠가 전화 내역, 휴대전화 위치 내역, 항공기 적하 목록, 주식 거래 내역에 접근할 수 있게 되면 알고리즘은 더욱 개선될 터였다. 회사는 "사소한 데이터가 충분히 모이고 분석되면 중요한 것이 된다"라고 설명했다.

많은 후속 국토 안보 프로젝트들과 마찬가지로 매트릭스는 대테러 도구를 목표로 했지만, 그것을 훨씬 넘어설 수도 있었다. 시스템이 공식적으로 출범하기도 전부터 그 사용 범위가 확대되기 시작했다. 여러 주정부로 이루어진 연합체가 다음 만남을 가진 2002년 5월, 사이신트는 슈퍼컴퓨터의 위력을 입증한 새로운 사례를 보여줄 수 있었다. 연쇄 강간범을 체포한 것이다.

"세관 직원이 저에게 전화를 했습니다." 빌 슈루즈버리가 말했다. "그는 필라델피아의 강력계 형사와 함께 일하고 있었습니다. 제게 '당신이 이런 일을 순식간에 해낼 수 있다고 들었어요'라고 말했죠." 1990년대 후반 필라델피아에서는 여섯 건의 강간과 폭행 사건이 이어졌다. '센터시티 강간범Center City Rapist'으로 알려진 남자의 소행이었다.[18] 그중 한 건은 살인으로 이어졌다. 이후 2001년 봄과 여름에 콜로라도 포트콜린스에서도 비슷하게 여섯 건의 강간과 폭행 사건이 발생했다.

피해자들은 모두 대학에 다닐 만한 나이의 학생이었다. 피해자들의 주소는 서로 가깝게 모여 있었다. 가해자는 한밤중 피해자들의 침실에 몰래 침입했다. 수사관들은 필라델피아 범죄 현장과 콜로라도 범죄 현장에서 각각 채취한 DNA를 대조했다. 같은 남자였다. 하지만 그들은 그가 누군지 몰랐다.

슈루즈버리는 슈퍼컴퓨터의 독점 언어인 엔터프라이즈 제어 언어, 즉 ECL을 고안한 사이신트의 천재 프로그래머 데이비드 베일리스에게 전화를 걸었다. "이 사람을 찾을 수 있을까?" 그가 물었다. 슈루즈버리는 베일리스가 "아마도요. 주소를 알려주세요"라고 대답했다고 회상한다.

베일리스가 간단한 지시를 내리자 슈퍼컴퓨터는 파일을 샅샅이 뒤져 첫 연쇄 범죄가 발생한 시기에 필라델피아에 살았고, 두 번째 연쇄 범죄가 발생한 시기에 포트콜린스에 살았던 사람들을 확인했다. 베일리스는 한 시간 만에 10여 개의 이름을 찾아냈다.

그 명단에는 1999년 펜실베이니아 대학 경찰에 체포되어 조사를 받다가 증거 부족으로 풀려난 공군 트로이 그레이브스Troy Graves도 있었다. 포트콜린스 경찰은 즉시 그를 체포했고 DNA를 채취했다. DNA는 일치했고, 그레이브스는 곧 죄를 인정했다.

트로이 그레이브스 사건에서 사이신트의 역할은 언론에 보도되지 않았다. 그레이브스를 지목하는 데이터를 제공한 경쟁사 초이스포인트는 자신들의 역할을 홍보했지만,[19] 애서는 어떤 대가도 요구하지 않았다.

"행크는 그런 일에 절대 돈을 받지 않았습니다." 슈루즈버리는 말했다. "그는 그것을 '영혼이 받는 급료'라고 불렀죠." 하지만 정부 고객과 만날 때 이 사건을 언급했던 다른 사이신트 직원들은 그 일이 회사에 가져다줄 잠재적인 이득을 인식하고 있었다. 한 직원은 "트로

이 그레이브스 일화는 인간의 흥미를 엄청나게 자극하는 종류의 이야기였습니다"라고 회상했다. "정부 기관들은 우리가 보여준 시연에 군침을 삼켰죠."

매트릭스 역시 무료였다. 그러나 2002년 10월, 프로젝트와 이름이 공식적으로 채택되었을 때(플로리다, 조지아, 뉴욕, 펜실베이니아, 캘리포니아를 포함해 미국 인구의 절반에 해당하는 13개 주가 참여했다) 사이신트 경영진은 애셔가 존 세일에게 뭐라고 말했든 간에 이용료는 "0달러"보다 높을 것이라고 분명히 못을 박았다.[20] 사이신트는 첫해에 총 780만 달러의 사용료를 제안했다. 주정부들은 비용을 지불하기 위해 연방 보조금에 의존했다. 초기 자금 400만 달러는 법집행부에서 나왔지만, 곧 매트릭스와 사이신트에는 국토안보부라는 새로운 후원자가 생겼다.

2002년 11월 25일 상원에서 '90 대 9'라는 압도적인 득표로 성사된 이 새 부서의 탄생은 제2차 세계대전 이후 가장 큰 규모의 연방정부 조직 개편이었다.[21] 하룻밤 사이에 미국 최대의 법 집행기관이 탄생한 것이다. 22개 하부기관에 분산된 직원들 수십만 명의 가장 큰 임무는 다음 테러 공격을 찾아서 막는 것이었다.

몇 달 전 발표된 부시 백악관의 '국토 안보 국가 전략National Strategy for Homeland Security'에는[22] 국토안보부가 어떻게 공격을 막을 것인지가 상세히 설명되어 있었다. 전략 문서에는 이렇게 적혀 있다. "오늘날 전국의 모든 국토 안보 정보를 통합하는 단일 기관이나 컴퓨터 네트워크는 존재하지 않는다. 대부분의 정보가 연방, 주, 지방 기관에 흩어져 있는 서로 다른 데이터베이스에 존재한다. …모든 정부 기관에 있는 방대한 양의 지식을 연결하는 것이 중요하다."

또한 이 새로운 미국 최대의 법 집행기관은 국내 감시 프로그램의 지속적인 후원자가 되었다. 매트릭스는 초기 테스트 케이스였다. 국토안보부는 서둘러 지원을 결정했다. 여전히 명목상으로는 주에서 운영하는 프로젝트임에도 불구하고 법집행부 지원금의 두 배에 달하는 초기 지원금을 제공하면서 말이다.[23] 13개 주는 국토안보부의 정보 분석가들이[24] 어떻게 지역 정보 공유 시스템 네트워크와 매트릭스에 접근하게 될 것인지 브리핑 받았다.

이는 오랫동안 지속될 패턴의 시작이었으며, 개인정보보호법에 대항하는 또 다른 종류의 우회로였다. 국토안보부 보조금은 '지역' 대테러 이니셔티브(지역 융합 센터, 지역 데이터 공유 네트워크, 주 소유의 안면 인식 시스템)에 자금을 지원하게 되는데,[25] 이들 이니셔티브는 애셔가 구축하거나 애셔로부터 영감을 받은 기술을 기반으로 운영되는 경우가 많았다. 이후 부서의 요원들은 집착적 공포가 싹트는 곳마다 비처럼 쏟아지는 현금으로 성장하는 데이터베이스를 활용했다. 그 결과물은 미국인 누구도 피할 수 없는 그물망이 되었다.

"절대 잊지 말자Never Forget"는 9·11 테러 이후의 슬로건이자 범퍼 스티커였고, 경계를 늦추지 말라는 경고였으며, 목숨을 잃은 사람들을 떠올리게 하는 말이었다. 그리고 우리는 이 구호를 기계에 부여하는 명령으로 바꾸었다.

정부를 등에 업고 성공가도에 올라타다

사이신트는 국가안보국과 CIA를 위한 기밀 연구를 매트릭스 연구와 병행했다. 애셔 인생의 많은 일이 그랬듯이, 낯선 사람과의 대화에서 시작된 일이었다. 테러가 발생하고 몇 주 후 동부 해안가 어딘가의 비행기에서 옆자리에 앉은 사람 말이다. 그 승객은 연방 정보기관에 컨설팅을 하는 벨트웨이Beltway(워싱턴 D.C.의 대도시 지역. 도시 주변을 순환하는 495번 고속도로로 인해 벨트웨이라고 부른다—옮긴이)의 소규모 계약 업체 이사회 의장이었다.26 애셔는 그에게 "한번 내려오시면 저희가 어떤 일을 하는지 보여드리겠습니다"라고 간절히 말했다.

그 의장은 새롭게 최고경영자가 된 앨 잭슨Al Jackson을 파견했다. 앨 잭슨은 클래식 자동차를 좋아하고 군대와 국가안보국에서 오랫동안 경력을 쌓았으며 여전히 높은 수준의 '일급 기밀/특수 정보Top Secret and Sensitive Compartmented Information, TS/SCI' 접근 권한을 보유하고 있던, 예의 바른 버지니아 사람이었다. 한때 크레이 슈퍼컴퓨터에 자금을 지원하던 국가안보국 부서에서 일한 적이 있는 잭슨은 보카러톤에서 자신과 이야기를 나누게 되어서 신이 난 듯한 창업자와의 만남 외에 무엇을 기대해야 할지 알지 못했다. 하지만 애셔는 사무실에 들어선 그가 누구인지 알아보지 못했다.

잭슨은 "그는 열다섯 명에서 스무 명 정도 앉을 수 있는 회의 테이블의 한쪽 끝에 있었습니다. 그리고 맞은편에 있는 의자를 가리켰습니다"라고 말했다. 잭슨이 자리에 앉았고, 두 사람은 잠시 침묵을 지켰다. 마침내 애셔가 말을 꺼냈다.

"성함이 어떻게 되시나요? 어디에 사시죠?"

"앨 잭슨이고 버지니아주 퍼셀빌에 삽니다." 잭슨이 답했다.

애셔는 키보드를 꺼내 그 정보를 입력한 후 리턴return 키를 눌렀다. 그는 잭슨에게 벽에 걸린 대형 스크린을 보라고 말했다.

"13쪽 분량의 정보가 나왔습니다. 주소들, 자동차들, 전화번호들, 사돈댁 식구들의 이름, 사돈의 사돈댁 식구들의 이름. 그렇게 그는 저에 대해 모든 것을 알고 있고 저는 그에 대해 아무것도 모르는 상황이 되었습니다." 애셔가 오토트랙으로 플로리다 지역 경찰을 놀라게 했던 마술을, 이번에는 미국 정부의 가장 강력한 정보 시스템을 가까이에서 본 사람 앞에서 펼친 것이다. 이번에도 성공적이었다. 잭슨은 큰 관심을 보였다.

"그의 기술이 정말 놀랍다는 사실을 알 수 있었습니다." 잭슨이 말했다. "기성 프로세서를 사용할 수 있고 크레이 컴퓨터를 개발할 필요가 없는 아키텍처는 정말 대단했습니다."

혁신은 하드웨어와 아키텍처에만 국한되지 않았다. 자체 개발한 언어인 ECL을 비롯한 사이신트의 내부 소프트웨어는 복잡한 데이터 병합 작업을 손쉽게 만들었다. 수백 줄의 코드가 아닌 한두 줄의 코드로 처리할 수 있었다. 이름, 날짜, 신원과 위치를 매끄럽게 연결해 서로 관련된 정보를 자동으로 조합하면서 잭슨이 이전에 본 적 없는 속도로 데이터베이스가 융합했다. 시스템 성능의 핵심은 대부분의 신원 정보와 관계가 사전 연산되어 있다는 점이었다. 사이신트의 기계는 당신이 누구인지, 누구와 어떤 관계를 맺고 있는지 파악해 놓고 새로운 연결 고리가 생길 때마다 그 정보를 계속 업데이트했다. 그래서 표적이 주어지면 테라바이트 단위로 새롭게 검색을 하고 프로필을 처음부터 새로 만들 필요가 없다는 점이 큰 장점 중 하나였다.

잭슨의 눈에는 9·11 테러 이후 정보기관이 시급한 필요성을 깨닫고 있는 슈퍼컴퓨터를 사이신트가 이미 설계한 듯 보였다. 정보기관들이 사이신트의 데이터를 구매하는 일은 법적으로 불가능했지만,

사이신트의 슈퍼컴퓨터 설계를 이용해 자체적으로 보유한 데이터를 분석할 수는 있었다. 잭슨은 이렇게 말했다. "모든 기관은 모든 것을 실시간으로 얻고자 합니다. 행크의 시스템은 그들이 원하는 것에 가장 근접한 체제였고요. 그래서 저는 소문을 퍼뜨리기 시작했습니다. 그 소문을 듣고 몇몇 사람들이 찾아왔죠."

도청, 감청, 암호 해독 등 해외 통신 정보 수집을 책임지는 국가안보국은 이미 자체적인 대규모 데이터 마이닝 시스템 개발을 시작한 상태였다. 훗날 내부고발자들에 의해 밝혀졌듯이, 사생활을 비교적 잘 보호하면서도 유망했던 프로젝트 중 하나였던 '코드명 신스레드Thin Thread'는[27] 테러 공격 직전인 2001년 8월에 중단되었고, '트레일블레이저Trailblazer'라는 수십억 달러 규모의 부실한 외주 프로젝트로 대체되었다.

테러 직후 부시 대통령이 국내 위협에 눈을 돌리라고 지시하자, 국가안보국은 신스레드의 핵심 구성 요소인 메인웨이Mainway를 다시 가동했다. 그러나 이번에는 스텔윈드Stellar Wind라는 프로그램을 작동시키기 위해 개인정보 통제 기능을 제거했다. 스텔윈드는 버라이즌Verizon과 AT&T 같은 이동통신 업체로부터 대량으로 매입한 기록이나 구글과 다른 데이터 센터를 오가는 인터넷 트래픽에서 수집한 기록을 통해 미국인의 통화 내역, 이메일, 웹 사용 기록을 영장 없이 감시하는 프로그램이었다.[28] 이런 규모의 감시는 2013년 에드워드 스노든에 의해 상세히 밝혀지면서 전국적인 스캔들이 되었다. 어찌 되었든 잭슨이 아무리 밀어붙여도 이 경쟁 프로젝트 때문에 사이신트는 설 자리가 없었다.

잭슨은 말한다. "저는 정부가 사이신트가 이미 보유한 기술을 구입하지 않고 기존 계약 업체가 기술을 개발하기를 원한 데(사이언스애플리케이션인터내셔널코퍼레이션Science Applications International Corporation, SAIC이 트레일블레이저를 통해)29 문제가 있었다고 생각합니다." 그러나 전 사이신트 직원들에 따르면, 국가안보국은 사이신트로부터 최소 수백만 달러에 달하는 소형 시스템 한 대와 프로세서 수십 대를 구입해 버지니아 어딘가에 있는 보안 데이터 센터에 설치했다고 한다.

더 중요한 것은 국가안보국의 구매가 신뢰의 표시였다는 점이다. 얼마 지나지 않아 CIA에서 연락이 왔고, 그들은 국가안보국과 똑같은 것을 요구했다. 그러나 더 큰, 훨씬 더 큰 것을 말이다.

하지만 장애물이 있었다. 사이신트의 기술에 대해 가장 잘 아는 사람들 중에는 시민권이 없는 프로그래머들과 과거 코카인을 배달했던 창업자가 있었다. 이들은 보안 허가를 받지 못했고, 받을 수도 없었다. 따라서 그들은 CIA가 요구하는 괴물 기계를 설치하는 데 도움을 줄 수 없었고, 기술 지원도 할 수 없었다.

해결책은 사이신트가 보카러톤 본사에 개설한 일련의 ECL 부트 캠프였다. 20~25명의 CIA 분석가와 보안 허가를 받은 계약 업체 직원들이 돌아가면서 슈퍼컴퓨터 시스템의 내부 작동 방식을 배웠다. 잭슨은 국가안보국에서 근무할 때 알고 지내던 소프트웨어 개발자들도 데려왔다. 그중 한 명인 레이 체리Ray Cherry는 이후 10년 동안 사이신트의 발명품을 이용해 연방정부를 위한 비밀 대테러 프로젝트, 그의 표현에 따르면 "거대한 시스템, 믿기 힘든 시스템"을 구축했다. 그는 잭슨과 마찬가지로 수십 년이 지난 후에도 정확히 무엇을 했는지, 정확히 누구를 목표로 삼았는지 드러나지 않도록 주의를 기울였다.

메릴랜드에 살던 체리는 비행기를 타고 와 매주 일요일부터 목요일까지 사이신트에서 일을 했다. 여가 시간이면 그는 다른 프로그래머들과 함께 회사 기술의 성능을 시험했다.

연구팀은 슈퍼컴퓨터를 사용해 1985년 이스라엘을 위해 스파이 활동을 하다 체포된 CIA 분석가 조너선 폴러드Jonathan Pollard를 당시 관련 데이터(그의 자동차 가격, 집의 가격, 기관 급여 등)로 분석했더라면 이상 징후를 포착했을지 확인했다.[30] 폴러드의 자동차와 집은 CIA가 그에게 지급한 금액으로는 감당할 수 없는 수준이었기에 이상 징후를 포착했을 것이다.

그들은 또한 슈퍼컴퓨터로 1테라바이트의 난수를 가능한 한 빠른 속도로 오름차순으로 정렬하는 슈퍼컴퓨팅 벤치마크, '테라바이트 정렬terabyte sort'을 실행해 세계 최고 성능 기록을 경신했다. 체리는 "사이신트는 보도자료도 내지 않았습니다!"라며 불평했다. "하지만 다른 시스템들과의 비교 테스트에서 매번 우리가 승리했습니다. 데이터 처리 속도, 데이터 품질, 구별 능력 등 언제나 압살이었죠."

어느 날 체리와 친구는 슈퍼컴퓨터를 이용해 '케빈 베이컨의 6단계 법칙the Six Degrees of Kevin Bacon'이라는 웹사이트를 역설계했다. 이 사이트는 할리우드 배우들이 케빈 베이컨과 함께 출연한 영화들을 기준으로, 그 배우가 베이컨과 얼마나 가까운지 계산해 줬다.[31] 또 어느 날에는 ECL의 창시자이자 독실한 기독교인인 데이비드 베일리스가 성경을 업로드해, 컴퓨터로 하여금 '낳다begat'라는 단어를 모두 분석해 완벽한 가계도를 만들어낸 적도 있다.[32]

연방 정보기관과의 계약으로 얻은 수익은 곧 사이신트 연간 매출의 5분의 1(연간 2000만 달러 이상)을 차지하게 되었지만, 보안 허가가 없는 애셔와 그의 경영진은 정보기관이 자신들의 기술로 무엇을 했는지 거의 알지 못했다. 만난 사람들을 통해서 단편적인 정보를 얻을 뿐이었다.

사우스플로리다에 와서 애셔가 가장 좋아하는 장소인 보카러톤 클럽에서 그와 함께 식사를 하거나 그의 저택에서 그가 가장 좋아하는 오퍼스원Opus One 와인을 한 병씩 나눠 마신 고위급 스파이들 중에는 존 브레넌John Brennan도 있었다. 이후 CIA 국장 자리에 오르게 되는 브레넌은 당시 9·11 테러 이후 새로 설립된 테러위협통합센터Terrorist Threat Integration Center(당시 명목상으로는 CIA 산하에 있던 기관 간 정보 공유 기관)의 책임자였다.33 이후 국가대테러센터National Counterterrorism Center로 알려지게 되는 이 곳은 CIA, 국가안보국, FBI, 국무부, 국방부 등 열두 개 이상의 연방 기관으로부터 기밀·특수 정보 데이터를 받아 이를 지속적으로 융합하고 분석하기 위해 만들어졌다.

이 센터가 급조되는 과정을 감독한 브레넌은 센터를 "스타트업이자 다양한 테러 관련 정보에 접근하고, 활용하고, 상호 연관시키고, 궁극적으로는 통합해야 하는 전례 없는 다기관 조직"이라고 설명했다.34 이를 위해서는 작업을 수행할 수 있는 컴퓨터 시스템이 필요했을 것이다.

국가대테러센터는 결국 버지니아주 맥린에 자리를 잡았다.35 브레넌의 팀이 리버티크로싱Liberty Crossing으로 이름을 바꾼 이 복합 건물 부지는 CIA 본부에서 4마일(약 6.4킬로미터) 떨어진 곳에 위치하고 있다.36 현재 이 센터에는 1000명 이상의 직원이 근무하고 있으며, 미국 정부의 국제 테러리스트와 테러리스트 용의자에 대한 중앙 데이터베이스를 관리하며 미국인의 안전을 지키기 위해 FBI, 교통안전 국Transportation Security Administration, 국토안보부에 다양한 감시 목록을 제공하고 있다.

리버티크로싱이 사이신트의 기술을 사용했는지의 여부는 여전히 기밀이다. 그러나 9·11 테러 이후 수십 년이 지난 도널드 트럼프 대통령 시절부터 조 바이든 대통령 시절에도 정보 분석가와 시스템 설계자를 구하는 공고를 보면 맥린의 어딘가에 이 기술이 살아 숨 쉬고 있음을 알 수 있다.37 게시된 채용 요건 중에는 TS/SCI 허가, 사이신트의 슈퍼컴퓨팅 플랫폼에 대한 친숙도, 독점 컴퓨터 언어인 ECL에 대한 해박한 지식이 포함되어 있기 때문이다.38

9·11 테러 이후 1년여 동안, 다음 테러 공격을 막을 수 있는 능력을 자신만이 갖고 있다고 확신한 애셔는 그 일에 모든 관심을 집중했다. 매트릭스 프로젝트는 속도를 내고 있었다. 정보기관과 사이신트의 협업이 급물살을 타기 시작했다. 어큐린트 제품이 돈을 긁어모으고 있었다. 이때부터 피해망상이 스며들어 왔다. 애셔는 자신의 과거가 이 모든 것을 망칠 수 있다는 두려움에 사로잡혔다.

주변 사람들은 뭔가 잘못되고 있다는 사실을 바로 알아차리지 못했다. 하지만 그사이에도 문제는 커지고 있었다. 애셔는 항상 변덕스러웠지만 2002년 말부터 상태가 더욱 심각해졌다. 어느 날 밤, 보카러톤 클럽에서 술에 취해 있던 그는 숟가락으로 웨이터와 손님들에게 버터 덩어리를 튕기기 시작했다. 그는 손님들, 주로 그곳을 방문한 연방 요원들에게 큰 소리로 "썩었어!"라고 외쳤다. 그리고 엘리베이터에서 간부 중 한 명의 얼굴에 주먹을 날렸다.

2002년 12월 초, 사이신트 이사회는 안건 한 가지를 두고 특별 회의를 열었다.**39** 안건은 루디 줄리아니의 새 컨설팅 회사 줄리아니 파트너스와의 계약이었다. 존 세일을 향한 애셔의 구애는 애셔는 물론 전 뉴욕 시장에게도 큰 이득을 안겨주었다. 애셔가 추진하고 이사회가 승인한 이 계약은 극히 편파적이었다. 줄리아니의 회사는 "정부와 민간기관에 사이신트의 서비스를 홍보한다"라는 모호하게 정의된 업무의 대가로 2년간 연간 최소 200만 달러와 수수료를 받고, 사이신트 주식 80만 주를 할인된 가격에 매입할 수 있는 옵션을 얻게 되어 있었다.

줄리아니 파트너스는 이 계약으로 결국 3000만 달러에 가까운 돈을 벌게 되는데,**40** 이것은 전 시장의 우발적인 소득 중 대부분을 차지했으며 화려한 삶을 유지하는 기반이 되었다. 그리고 트럼프 대통령 임기 말의 혼란 속에서 줄리아니의 개인 법률 비용이 급증할 때까지 지속되었다.**41** 하지만 전 직원들에 따르면 이 계약은 사이신트의 비즈니스에는 아무런 도움이 되지 않았다고 한다. 이 계약은 줄리아니의 아우라, 즉 그의 능력을 애셔의 신뢰성을 증명해 줄 수 있는 방패로 사용한 대가였다. 이사회 멤버들은 애셔의 과거를 알고 있었지만 이를 모르는 많은 투자자와 연방 관리들에게는 이해가 되지 않는 일이었다.

애셔는 민주당 전국위원회와 바버라 복서, 힐러리 클린턴 등 상원의원들에게 수십만 달러를 기부한 헌신적인 민주당원이었지만,**42** 2002년 말에는 공화당에 5만 달러, 플로리다 공화당에 5000달러를 기부하기도 했다. 이는 즉각적인 효과를 내는 듯 보였다. 며칠 만에 애셔와 플로리다법집행부의 팀 무어가 조지 W. 부시 대통령의 동생 젭 부시 주지사에게 매트릭스를 시연하게 되었던 것이다.**43** 부시 주지사는 곧 다른 주의 주지사들에게 전화를 걸고 편지를 보내 매트릭

스에 합류하라고 영향력을 행사했다.⁴⁴

그해 애셔가 새로 사귄 친구 중에는 캘리포니아 오렌지카운티의 보안관 마이크 카로나Mike Carona가 있었다. 그는 애셔의 새로운 조증 단계를 목격했다. 애셔는 그해 여름 다섯 살 여아인 서맨사 러니언Samantha Runnion의 유괴 및 살인 사건 수사를 성공적으로 이끈 이 보안관의 기자회견을 지켜보았다. 감정을 자극하는 장면이었다. 카로나는 뉴스 카메라를 응시하며 납치범에게 말했다. "넌 잠들 시간도 먹을 시간도 없다. 우리가 너를 쫓고 있어."⁴⁵ 애셔는 카로나의 말투가 마음에 들었다.

애셔는 충동적으로 약속을 잡았다. 애셔는 그때를 두고 이렇게 회상했다고 한다. "정확히 어떻게 했는지는 모르겠어요. 하지만 전 이 나라의 어떤 법 집행 공무원과도 쉽게 가까워질 수 있답니다."⁴⁶ 캘리포니아로 날아간 애셔는 카로나의 사무실에서 아동 범죄자를 잡기 위한 매트릭스 같은 국가 데이터베이스를 소개하기 시작했다. 두 사람은 바로 의기투합했다.

크리스마스 며칠 전, 애셔는 카로나와 그의 부관 그리고 그들의 아내를 얼마 전 약혼한 페기 가드너Peggy Gardner와의 뉴욕 여행에 초대했다. 전용기로 뉴욕에 간 그는 이탈리안 레스토랑 카마인스Carmine's에서 술을 마시고 소리를 지르다가 디저트가 나오기 전에 아내들에게 1만 5000달러짜리 까르띠에 금장 시계를 선물하는 등 소란을 피웠다.⁴⁷ 주변 사람들은 경악을 금치 못했다.

이 일은 카로나 부패 혐의 사건의 일부 증거가 되었지만 애셔는 거기에 신경 쓰지 않았다.

그는 이후 이렇게 설명했다. "약혼녀가 저에게 와서 '카로나 씨 아내의 시계줄이 끊어진 거 봤어요?'라고 말했습니다.[48] 반면에 제 약혼녀는 수십만 달러 상당의 보석을 차고 있었을 겁니다." 그들은 크리스마스 선물을 사기 위해 바로 옆에 있는 까르띠에 매장으로 갔다고 했다. "비싼 시계가 아니라 가장 저렴한 시계였어요." 애셔는 카마인스를 떠나기 전에 자신의 검은색 아메리칸 익스프레스 카드를 지배인에게 건네며 소란에 대한 사과의 의미로 레스토랑에 있던 모든 사람의 저녁 식사와 술값을 지불하겠노라고 말했다. 그는 크리스마스 캐럴을 부르며 지나가는 사람들에게도 100달러 지폐 몇 장을 나눠주었다.

줄리아니를 처음 만나기로 했던 날, 애셔는 뉴저지의 한 공항으로 날아갔지만 비장이 파열되어 현지 병원에 긴급 후송되었다. 그는 해컨색 외상 센터Hackensack Trauma Center에서 응급 수술을 받았다.[49] 의사는 그에게 침대에 누워 있으라고 명령했지만 그는 다음 날 정맥주사를 뽑고 가운을 입은 채로 병원을 나와 비행기를 탔다.

그가 병원에서 나온 이유는 실종 아동 가족들과 함께하는 저녁 행사에 참석하기 위해서였다. 그는 국립실종·착취아동센터에 돈과 기술을 기부했지만 종종 실종 아동 가족들을 직접 만나기도 했다. 그는 그 모임에 빠지는 일이 없었다. 옷을 갈아입기 위해 보카러톤의 저택으로 돌아왔을 때 수술 상처에서 피가 새기 시작했다. 그는 관리인을 시켜 박스 테이프로 상처를 덮은 뒤 행사를 계속 진행했다. 저녁 식사 때 셔츠에 피가 스며들었다. "비장이 파열됐어요!" 그는 상황을 설명하겠다며 그렇게 외쳤다.

행크 애셔는 51세의 나이에 세상 꼭대기에 서 있었다. 하지만 동시에 그의 삶은 빠르게 무너져 내리고 있었다.

또다시 발목을 잡는 과거, 데이터 왕국의 몰락

2003년 1월 24일 조지 W. 부시의 백악관에 도착했을 때[50] 애셔는 아직 치료 중이었다. 젭 부시, 팀 무어, 사이신트 사장 폴 캐머런이 그와 함께했다. 플로리다 대표단은 함께 웨스트 윙West Wing(백악관 서쪽 별관을 지칭하는 별칭)으로 걸어 들어가 집무실에서 몇 걸음 떨어진 루즈벨트 룸으로 들어갔다. 딕 체니 부통령, 로버트 뮬러Robert Mueller FBI 국장, 전 펜실베이니아 주지사 톰 리지Tome Ridge(다음 날 정식으로 업무를 시작하게 될 국토안보부의 초대 국장)가 방에 들어와 회의 테이블에 앉았다. 젭 부시 주지사는 지금까지 플로리다에서 사이신트와 협업했던 건을 설명했고, 애셔는 최대한 간결하게 하라는 코치를 받으며 9·11 이야기를 재빨리 전했다. 캐머런이 시연을 이끌었다. 회의실은 조용해졌다. 오해로는 《숨을 곳이 없다》에서 "어느 순간 의자를 비튼 리지는 체니를 향해 몸을 돌리고 팔꿈치로 그를 슬쩍 건드렸다"라고 적었다.

백악관의 지원과 줄리아니의 도움으로 애셔는 2003년 내내 문제를 피할 수 있었다. 하지만 그해 7월, 이란-콘트라 스캔들의 실세인 존 포인덱스터John Poindexter가 주도한 고등연구계획국의 데이터 마이닝 프로젝트 '총체 정보 인식Total Information Awareness'에 대해 전국적으로 분노가 폭발했다.[51] 모든 미국 거주자와 방문객의 상세한 프로필을 구축해 테러 공격을 예측하기 위한 이 프로젝트의 목표는 매트릭스와 크게 다르지 않았다. 미국시민자유연맹이 주도한 프라이버시 침해에 대한 반발로 이 프로젝트는 종말을 맞게 되었다. 적어도 기밀이 아닌 상태로는 말이다. 그리고 이런 대중의 반발에는 전염성이 있었다.

플로리다에서 매트릭스를 종식시킨 논란은 처음에는 지역적인 문제였다.《상트페테르부르크타임스The St. Petersburg Times》의 한 기자가[52] 팀 무어의 은퇴 파티에 참석했다가 그곳의 또 다른 민간인 행크 애셔에게 궁금증을 가지게 된 것이다. 누군가 그에게 와일드 웨스트의 전설 와이엇 어프Wyatt Earp와 배트 매스터슨Bat Masterson의 몸에 무어의 얼굴과 애셔의 얼굴이 붙은 사진 액자를 건네주었다.[53] 무어는 애셔를 "가장 친한 친구"라고 불렀다.

기자는 애셔의 과거를 조사하기 시작했다. 그녀는 그가 코카인 밀수꾼이었으며, 주정부 관리들이 이를 알고 있었거나 알고 있었어야 한다는 점을 발견했다. 그들이 가진 기록에 있었기 때문이다. 그녀는 2003년 8월 초에 "플로리다법집행부, 전직 마약 밀수업자 고용"이라는 기사를 썼다. 11일 후의 후속 보도에서 그녀는 사이신트의 매트릭스 구축 계약이 현재 검토 중이라는 이야기를 전했다. "논란이 있는 해당 회사, 주와의 계약 해지 가능성 있어"라는 기사였다. 플로리다 법집행부에 있는 무어의 후임은 이 보도를 부시 주지사에게 메일로 보냈다. 그는 메일에 "헤드라인이 실제 상황보다 조금 더 험악한 인상을 준다"라고 적었다.[54]

사이신트의 투자자와 이사회 구성원들은 상황을 훨씬 심각하게 받아들였다. 이 폭로는 이 한 건의 계약뿐 아니라 매트릭스 프로젝트 전체, 어쩌면 나아가 회사 전체에 대한 위협이 될 수 있었다. 더 이상 사이신트를 신뢰할 수 없다고 판단한 법 집행기관들이 어큐린트의 구독을 중단하는 게 아닐까? 애셔마저 자신이 물러나야 한다는 사실을 이해하고 있었다. 그달 말에 그는 이사회에서 물러났고, 주식은 백지 위임됐다. 애셔는 공식적으로 사이신트를 떠났다.

어쨌든 미국시민자유연맹은 매트릭스 공격했다. 운동가들은 이 프로그램을 "총체 정보 인식만큼이나 위험하고 오웰적인 '데이터 감시' 프로그램"이라고 말했다.55

"무고한 미국인을 대상으로 독립적으로 이용 가능한 개별 정보 데이터베이스를 결합하는 프로그램을 만드는 것은 단순한 '기술 발전'이 아니다. 이는 불법 행위로 의심할 만한 정당한 이유가 없는 한 정부는 개인에게 개입하지 않는다는 미국의 핵심 원칙에 타격을 입히는 일이다 …컴퓨터 화면 속 픽셀이나 점 하나처럼 우리 삶에 대한 작은 정보 하나하나는 무해하며, 이를 알아야 하는 사람들과 합리적으로 공유할 수 있다. 하지만 이런 점들이 충분히 모이면 당신의 인생을 보여주는 하나의 고해상도 그림을 형성할 수 있다."

2003년 10월까지 켄터키, 루이지애나, 오레곤, 사우스캐롤라이나가 매트릭스 프로젝트에서 탈퇴했다.56 유타, 조지아, 뉴욕이 그 뒤를 이었다. 그 이전의 총체 정보 인식과 마찬가지로 매트릭스도 공식적인 형태로는 곧 사라졌다.

애셔는 대중 앞에서 도전적인 모습을 보였다. 그는 한 기자에게 "어떤 것이 더 나쁘죠? 정보제트기가 내 아내나 아이가 일하는 건물에 처박히는 일인가요? 아니면 사생활 침해인가요?"라고 물으며 이렇게 덧붙였다.57 "당연히 그 망할 사생활 침해죠."

그는 다른 기자에게 "제가 억울한 건 1993년에 이미 거짓말 탐지기를 비롯한 철저한 신원조사를 거쳤기 때문입니다"라고 말했다.58 "모두가 저를 받아들였죠. 그런데 1999년에 그들은 저를 받아들이지 않았어요. 그러다가 2001년에는 받아들이더니, 또 2003년에는 받아들이지 않았죠. 그들은 자신들의 행동을 재고해 봐야 합니다."

줄리아니는 언론의 문의가 있을 때마다 여전히 애셔를 옹호하는 역할을 했다. 이 '미국의 시장'은 사이신트와의 수백만 달러짜리 계약에 대해서는 언급하지 않았다. 그는 2004년 《선센티넬Sun-Sentinel》과의 인터뷰에서 "젊었을 때 저지른 일에 대한 죄책감 때문일 수도 있지만, 애셔는 사람들을 돕는 일에 전념하려고 노력한다. 그는 엄청난 재능을 가진 사람이고, 그 재능을 선한 일에 사용했다"라고 말했다.59

줄리아니는 자신이 직접 애셔의 제품을 사용했다고 주장하며, 테러리스트뿐만 아니라 연쇄 살인범과 어린이 납치범도 찾아낼 수 있다고 말했다. 그는 《베니티페어》와의 인터뷰에서 "행크가 한동안 해온 일은 본질적으로 그가 저지른 실수를 만회하기 위한 것 같다. 그런 실수들은 이제 그와는 먼 일이다"라고 말했다.60

하지만 그렇지 않았다.

왕은 무너져도 왕관은 빛난다

사적으로도 애셔는 무너져 내리고 있었다. 어느 날 오후 마사 바넷은 그의 전화를 받지 못했다. 그녀가 다시 전화를 걸자 그는 이야기를 할 수 없다고 말했다. "마사, 그들이 날 감시하고 있어." 그가 속삭였다. "사방에 도청 장치를 설치해 놓았어. 내가 나중에 전화할게."

그날 밤 그녀의 전화가 다시 울렸다. "당신이 CNN에서 나를 비난한 이유를 모르겠어." 애셔는 몹시 화를 냈다. "정말 끔찍한 일이야. 당신이 그런 짓을 할 줄은 몰랐어." 바넷은 CNN에 출연한 적이 없다고 대답했다.

애셔는 그녀에게 지금 팜비치 공항에서 전화하고 있는데 차를 찾을 수 없다고 말했다. 그를 감시하는 사람들이 차를 훔쳐 갔다고, 그들이 집을 태우고 자신을 쫓고 있다고 말했다. 모두 사실이 아니었다. 애셔는 망상에 시달리고 있었다. 이제 20대가 된 딸들과 애셔와 가까이 지내던 아이들의 엄마 주디스도 그를 걱정하기 시작했다. 그는 곧 입원했다. 해컨색에서와 달리 이번에는 하루 이상 그곳에 있었다.

캐머런이 계속 사이신트를 운영했고, 플로리다법집행부는 이 회사의 표시 없는 방에서 회사와 계속 협력했으며, 연방정부는 매트릭스 프로젝트가 활기를 잃자 애셔가 만든 기계가 계속 '조용히' 돌아가도록 내버려두었다. 그를 옹호하는 사람들은 이렇게 말하기 시작했다.

"사람은 신경 쓰지 말고 그가 만든 것을 보라."[61]

11장

창조주를 떠나 성장하는 기계

애셔는 받아들여질 수 없더라도 사이신트는 가능했다. 2004년 여름, 회사 이사회는 복잡한 데이터 세탁 작업의 첫 단계를 실행했다. 조용히 회사를 매물로 내놓은 것이다.

 이 작업의 중심에는 보카러톤의 앰버시스위트Embassy Suites가 있었다. 이 브루탈리즘brutalism 양식(거대한 콘크리트나 철제 블록 등을 사용한 건축 양식—옮긴이)의 7층짜리 호텔 단지에는 약 300개의 스위트룸, 800명을 수용할 수 있는 극장, 야자수가 늘어선 수영장, 열두 개의 대형 회의실이 있었다. 이 호텔에 새로 입주한 렉시스넥시스와 모기업인 리드엘스비어에서 빠르게 결집된 100명의 실사팀원들은 이 호텔을 '교정 시설'이라고 불렀다. 이들에게 이 호텔의 핵심 편의시설은 사이신트와 3분 거리에 있는 위치였다.

 렉시스넥시스와 함께 사이신트 매수에 뛰어든 주요 입찰자는 에퀴팩스에서 분사한 초이스포인트였다. 주로 오토트랙의 공공 기록과 DBT의 데이터 융합 기술을 이용하는 이 회사는 부분적으로 애셔의 손길이 닿은 데이터 괴물이었다. 초이스포인트가 미국인이 만들고 미국인이 주도하며, 자신이 하는 일과 팔고 있는 것을 부끄러워하지 않고,[1] 정보 중개 업계에서 성장했으며 온갖 지저분한 일을 다 겪은 경영진이 운영하는 '데이터 업계의 엑슨모빌ExxonMobil'이라면, 오늘날 RELX로 알려진 리드엘스비어는 로열더치셸Royal Dutch Shell이 (1907년에 네덜란드와 영국에서 시작된 다국적 기업으로 세계에서 두 번째로 큰 석유회사)이었다.

런던에 본사를, 영국과 네덜란드에 뿌리를 두고 있는 대기업 리드엘스비어는 전 세계 몇백 대 기업에 드는 규모인, 과학과 학술, 비즈니스 서적과 저널을 출판하는 100년 전통의 출판사였다. 이 회사는 연 매출 80억 달러 중 거의 3분의 2를 북미에서 벌어들였는데,[2] 대서양 양쪽에서 보수적이고 절제된 기업문화를 유지하고 있었다. CEO인 크리스핀 데이비스Crispin Davis는 얼마 전 기사 작위를 받았다.[3]

리드엘스비어의 컨설턴트로 엠버시스위트에 몇 주 동안 머물렀던 전직 DBT 임원 앤디 펄머터는 "모두가 리드엘스비어를 그런 일을 벌일 만큼 빠르게 움직일 수 없는 따분한 영국 회사라고 생각했습니다"라고 말했다. 그러나 9·11로 새로운 기회에 눈을 뜨게 된 경영진은 그들의 돈줄이었던 출판업이 월드와이드웹의 폭발적인 성장에 타격을 입었던 때처럼, 이것을 실존에 대한 싸움으로 여기기 시작했다. 이 회사의 사업은 4분의 3 이상이 인쇄업이었기 때문에 사내 벤처캐피털리스트 토니 애스큐Tony Askew가 몇 년 후 인터뷰에서 말했듯이 "인터넷에 의한 탈중개화의 영향을 받는 초기 후보"가 될 수 있었다.4 보다 오래가는 제품으로의 빠른 전환이 필요했고, 회사는 그 방식으로 움직였다.

렉시스넥시스는 리드엘스비어의 네 개의 주요 사업 부문 중 가장 잘 알려진 곳으로, 로스쿨과 고등교육 분야에서 인정받는 브랜드였다. 1973년부터 판례법 데이터베이스 렉시스Lexis의 공급 업체로 고등연구계획국의 아르파넷에 이어 선구적인 국내 통신 네트워크를 구축했다.5 1980년부터 월드와이드웹이 나오기 전까지는 《워싱턴포스트》《뉴스위크Newsweek》《이코노미스트The Economist》 그리고 로이터, AP 통신을 비롯한 전 세계 크고 작은 신문과 잡지의 뉴스 기사를 저장하는 최고의 디지털 저장소였던 넥시스Nexis의 공급 업체이기도 했다.

렉시스넥시스의 전문 분야는 법률 정보로, 전통적으로 이 회사의 고객은 로펌이었다. "하지만 렉시스는 변호사들의 법률 업무를 위해 이 모든 정보를 수집하는 과정에서 변호사들이 사람과 그 사람의 자산에 대한 질문을 던지고 있다는 사실을 알게 되었습니다." 사이신트의 실사를 도왔던 렉시스넥시스의 임원 해리 조던Harry Jordan의 말이다. 이혼 변호사는 남편이 여전히 요트를 소유하고 있는지 알아야 했다. 변호사는 실종된 증인을 추적해야 했다. 상해 전문 변호사는 상대방 운전자가 실제로 누구인지 알아야 했다. "그래서 렉시스는 그런 종류의 데이터도 수집하기 시작했습니다."

렉시스는 이전에 개인정보보호 스캔들(1997년 사람 찾기 서비스 P-트랙에 대한 논란)을 겪은 적이 있지만, 이는 주로 로펌을 대상으로 한 한정된 제품에 관한 것이었다. 1990년 미국인의 개인정보를 일반 대중에게 판매한 에퀴팩스의 마켓플레이스, 하우스홀드에 대한 논란과는 차이가 있었다. 이 회사는 애셔 시절의 DBT가 그랬듯이 서비스를 사용할 수 있는 대상에 대해 자체적인 기준을 가지고 있었다. 하지만 상장기업에게 성장은 필수적이다.

렉시스넥시스가 '위험' 분야, 즉 사람에 대한 공공 기록과 독점 기록의 매매, 금융, 보험, 정부 고객을 위한 성향의 포장과 점수화 등으로 공식 진출하기 시작한 것은 2000년 6월에 리스크와이즈RiskWise라는 미네소타의 회사를 인수하면서부터였다.[6] 렉시스넥시스의 소유가 된 이 회사의 알고리즘은 고용주, 소매 업체, 신용카드 회사를 대신해 개인의 데이터를 스캔함으로써 자동으로 신원을 확인하고 위험을 계산했다. 이듬해 여름 렉시스넥시스는 스마트링스를 출시했다.[7] 오토트랙, 어큐린트와 경쟁하겠다는 시도였다.

2004년까지 렉시스넥시스의 리스크매니지먼트그룹Risk Management Group은 두 자릿수 성장률을 기록하며 연 매출 1억 3000만 달러 규모의 기업이 되었다.[8] 하지만 메인프레임 기반 컴퓨터 시스템은 증가하는 수요와 기회의 무게를 감당하지 못해 무너지기 직전이었다. 이 업체는 인수할 기업을 물색할 때조차 필요한 최신 데이터 플랫폼을 구축하기 위해 코드명 쓰나미Tsunami라는 새로운 프로젝트에 2000만 달러를 투입해야 했다.

사이신트는 매출 측면에서 여전히 렉시스넥시스 리스크매니지먼트보다 약간 뒤졌고, 직원 수는 220명에 불과했다. 하지만 연 200퍼센트가 넘는 성장률은 다른 이야기를 하고 있었다.[9] 렉시스넥시스 경영진이 이 회사가 매물로 나온 사실을 안 것은 컨설턴트이자 전 DBT 임원인 앤디 펄머터가 우연히 소문이 처음 돌던 자리에 있었기 때문이었다.

펄머터는 이렇게 회상한다. "COO와 회의 중이었는데 누군가 들어와서 '방금 초이스포인트가 사이신트를 인수했다고 들었어요'라고 말했습니다. 저는 '그럴 리가요. 제가 그 사람들을 다 알아요. 초이스포인트가 사이신트를 인수했다면 제가 모를 수 없죠'라고 했죠."

그는 전화를 몇 통 했다. 그리고 초이스포인트가 실제로 아주 큰 액수를 불렀다는 사실을 알게 되었다. "하지만 아직 거래가 성사된 것은 아니었습니다." 렉시스넥시스에겐 아직 시간이 있었다. 며칠 후, 검은 정장을 입은 남성들이 엠버시스위트로 몰려들기 시작했다.

사이신트의 매각과 애셔의 거래 조건

외부인에게는 실사가 그렇게 흥미로운 일로 보이지 않을 것이다. 렉시스넥시스의 변호사들은 매일 데이터 계약서를 읽었다. 회계사는 스프레드시트를 읽었다. 프로그래머는 기밀 유지 계약서에 서명한 후 코드를 읽었다. 그들이 '프로세스'라고 부르는 이 작업에 참여한 사람들은 열정을 불태우고 있었다. 수억 달러가 걸려 있었기 때문이다. 다른 정보계의 거물 기업들, 초이스포인트뿐만 아니라 크롤Kroll, 어쩌면 엑스피리언, 톰슨로이터도[10] 주위를 맴돌고 있었다. 렉시스넥시스 팀원들은 새벽 6시부터 새벽 2시까지 밤낮없이 깨어 있었다. 사이신트의 컴퓨터실과 회의실, 다시 호텔에 마련된 동굴 같은 회의실을 오가며 상사에게 브리핑을 하고 샌드위치를 삼키고 재무 모델을 구축했다.

사이신트 이사회는 이 과정에 애셔가 접근하지 못하게 했지만, 렉시스넥시스는 그가 어떤 사람인지 잘 알고 있었다. 렉시스넥시스 최고 경영진에게 배포된 실사 보고서에는 "애셔의 과거 범죄 혐의(사이신트와 무관)를 둘러싼 논란으로 그는 회사에서 사임했으며 더 이상 이사회의 구성원이 아니다"라는 내용이 적혀 있었다.[11] "행크 애셔와 관련된 평판이 대규모 법 집행 계약의 위협 요인이 될 수 있다"는 말도 있었다.

애셔는 렉시스넥시스를 또 다른 '반짝이는 것'으로 본 것 같았다. 자신의 회사를 인수하면 자신에게까지 긍정적인 빛을 반사할 수 있을 만큼 반짝이는 무언가 말이다. 슈퍼컴퓨터에 대한 그의 야망에 걸맞는 충분히 큰 회사이기도 했다. 게다가 렉시스넥시스는 초이스포인트가 아니었다. 랭곤과 초이스포인트가 진행 중인 경업금지 소송 때문에 그는 초이스포인트를 공개적으로 혐오했다.

실사팀은 고객 측면에서 사이신트와 렉시스넥시스가 상호 보완적이라는 사실을 알게 되었다. 영국 기업이면서 미국 기업 및 연방정부에 탁월한 맞춤형 서비스를 제공하는 렉시스넥시스는 고급 위험 시장을 다뤘다. 사이신트는 25센트짜리 검색 서비스, 잘 정비된 고객센터, 보험사, 추심 대행사, 사립 탐정, 지역 경찰서 등 수천 명의 소규모 고객을 거느린 저가 시장의 강자였다. 하지만 내부 문건은 사이신트에도 "높은 수준의 보안과 기밀을 요구하는 특정 고객"이 있다며 CIA 및 기타 정보기관 고객들을 조심스럽게 언급했다.

가장 큰 상품은 사이신트의 슈퍼컴퓨터였다. 펄머터는 늦은 밤 스트레스 테스트를 진행했다. 기술자들이 시스템에 동시 사용자와 동시 쿼리로 과부하를 주는 실험이었다. 시스템은 과부하를 일으키지 않았다. 절대로 말이다. 렉시스넥시스는 내부 문서에서 이 컴퓨터가 "개인(예를 들어 친척이나 룸메이트 등)을 연결해 정확한 '분리 정도'를 제공하는 탁월한 능력을 갖추고 있다"라고 언급했다. 1초 미만의 속도로 말이다. 이로 인해 렉시스넥시스의 2000만 달러 규모의 쓰나미 프로젝트는 순식간에 무용지물이 되었다.

전반적 기술 검토를 담당한 경영진은 위엄에 압도된 채 엠버시스 위트로 돌아왔다. 해리 조던은 "전반적 실사의 결론은 이 자산을 얻는 사람이 이 시장의 승자가 된다는 것"이었다고 말했다.

7월 4일, 독립기념일 주말이 지나갔다. 검은 머리에 세련된 차림새를 한 서른아홉 살의 남자, 리스크 관리 담당 수석 부사장으로 렉시스넥시스에서 급부상하고 있는 짐 펙Jim Peck은[12] 그의 상사인 렉시스넥시스 그룹 CEO 앤디 프로제스Andy Prozes와 함께 비행기로 도착했다. 이후 프로제스의 상사인 크리스핀 데이비스가 합류했다.

거래 전 마지막 단계, 옥스퍼드 출신의 크리스핀과 사이신트의 최대 주주이자 가장 큰 골칫거리인 행크 애셔와의 만남이 성사되었다. 렉시스넥시스는 애셔가 인수에 반대하지 않을 것이라는 확신을 원했다. 애셔는 매각이 완료된 후에도 슈퍼컴퓨터에 대한 접근 권한을 원했다.

애셔는 크리스핀을 자신이 자주 가는 해변의 보카러톤 클럽으로 초대했다. 두 사람은 술을 마시며 데이터 비즈니스와 최근 예후가 좋지 않은 형태의 다발성 골수종 진단을 받은 애셔의 여동생 세리에 관한 이야기를 나누었다. 애셔는 여동생을 살리기로 결심하고 미생물학 공부에 몰두하는 한편, 메이요 클리닉의 암 연구 기금으로 수백만 달러를 기부했다. 또한 직접 의사들로 팀을 꾸려 실험용 약물의 임상 시험을 진행했으며, 그가 치료법을 발견했을 때 뉴스 기사에서 어떤 내용이 나올지 농담 삼아 상상하기도 했다. "미국시민자유연맹은 애셔가 암세포의 프라이버시를 전혀 고려하지 않았다고 주장한다."[13] 크리스핀은 그에게 매료되었다.

조던은 함께 저녁 식사를 하는 자리에서 "양측 모두 긴장해 식은 땀을 흘렸지만, 와인 몇 병을 마시자 놀라울 정도로 분위기가 좋아졌다"라고 회상했다. 거래는 성사되었다. 그날 저녁 또는 그 직후, 애셔는 렉시스넥시스로부터 "암 관련 의학 연구를 수행할 목적으로" 사이신트의 슈퍼컴퓨터를 계속 이용할 수 있다는 약속을 받아냈다.

2004년 7월 14일, 리드엘스비어는 사이신트를 현금 7억 7500만 달러에 인수한다고 발표했다.[14] 그해 민간 기업 인수로는 세계 최대 규모였다. 《포천》은 이를 "올해의 거래"로 선정했다.[15]

사이신트 간판이 내려지고 렉시스넥시스리스크솔루션즈LexisNexis Risk Solutions 간판이 올라가기 전, 누군가 보카러톤의 사무실 주변에서 서커스를 모티브로 한 '지상에서 가장 놀라운 쇼'의 기념 티켓을 비닐에 싸서 나눠주었다. 티켓의 한쪽 면에는 실제 25센트 동전이 붙어 있었고, 그 위에는 두 앞발로 균형을 잡는 코끼리 그림이 그려져 있었다. 25센트짜리 어큐린트 검색은 스톡옵션을 가지고 있던 많은 사이신트의 직원과 임원들을 떼부자로 만들었다. 티켓에는 다음과 같이 적혀 있었다. "빅 톱Big Top(서커스가 공연되는 대형 천막—옮긴이)으로 오세요. 25센트가 7억 7500만 달러로 변하는 것을 지켜보세요."

창조주를 잃은 발명품, 날개를 달다

애셔의 수익은 2억 5000만 달러가 넘었고,[16] 그의 딸들과 주디스 휠론을 비롯해 사이신트 주식을 보유한 가족들도 수천만 달러의 수익을 올렸다.[17] 그는 자신이 만든 기계가 자신을 떠나야만 진정한 잠재력을 발휘할 수 있다는 사실을 이해한 것 같았다. 그는 오해로에게 이렇게 말했다. "내게 발명품은 자식이나 마찬가지예요.[18] 아이들이 자라서 훌륭한 어른이 되기를 바라요. 렉시스는 그런 일이 일어나는 모습을 보게 될 거고요."

하지만 완전히 내려놓을 수는 없었다. 거래가 성사된 직후, 그는 변호사에게 렉시스넥시스의 위험 부서를 책임지고 있던 젊은 임원 짐 펙과의 만남을 주선하도록 했다. 애셔는 이 다국적 기업 내부에서 새로운 기술(아마도 의료 정보와 관련된 기술)을 구축하기를 원했다. 다시 이 게임에 참여하길 원했고, 자신이 체결한 5년간의 경업금지 계약에서 벗어나고 싶었다.

2004년 가을, 두 사람은 서로를 양해하기 위해 여러 차례 만나 저녁 식사를 하고 술을 마셨다. 하지만 애셔가 진정으로 원하는 것이 무엇이든 펙은 그것을 줄 수 없었다. "리드엘스비어는 규율이 대단히 엄격하며 신중합니다." 조던은 말했다. "그들에게는 절대 애셔를 외부 에이전트로 받아들일 생각이 없었죠. 어디로 튈지 모르는 인물이었으니까요. 애셔도 조직에 들어갈 생각은 없었기 때문에 이 일이 성사될 가능성 또한 전혀 없었습니다."

펙과 렉시스넥시스는 곧 알게 되었다. 애셔와 뜻을 같이하지 않는다는 것은 곧 그의 적이 된다는 뜻임을. "그때부터는 전쟁이었죠." 슈루즈버리가 이야기했다.

애셔는 계속되는 갈등과 투쟁의 고리에 갇혀 있었지만 그의 슈퍼컴퓨터, 그의 사람 찾는 기계는 그렇지 않았다. 창조자라는 짐을 내려놓은 기계는 계속 성장했다. "우리는 그것을 어큐린트, FBI, 마약단속국, 연방보안국, 이민·귀화국, 이민·세관집행국Immigration and Customs Enforcement, IRS범죄수사국IRS Criminal Investigation 주 경찰청, 뉴욕경찰국New York Police Department 등에 미친 듯이 팔았습니다. 모두 18~24 개월 안에 일어난 일이죠." 렉시스넥시스의 임원이었던 폴 콜란젤로Paul Colangelo의 말이다. 최고의 성능을 자랑하는 사이신트의 조사 제품은 이전에 연방 기관으로부터 연간 80만 달러, 주 및 지방 정부로부터 약 240만 달러의 수입을 올리는 데 그쳤었다.

콜란젤로는 이렇게 회상한다. "거의 하룻밤 사이에 연방정부에서 2000만 달러, 주 및 지방 정부에서 1000만~1200만 달러를 벌어들였죠. 연방정부는 행크의 배경 때문에 곤란해했습니다. 하지만 그 장애물이 사라지고 나니 모든 건 '식은 죽 먹기'가 됐죠."

12장

데이터가 대규모로 유출되기 시작하다

석유를 시추하고, 배에 싣고, 파이프를 통해 이동시키고, 공장에서 처리하고, 드럼통에 비축하다 보면 필연적으로 토레이 캐니언Torrey Canyon, 아모코카디스Amoco Caidz, 엑손발데즈Exxon Valdez와 같은 오일 유출 사고라는 결과가 발생할 수밖에 없다. 이런 유출 사고가 20세기의 대표적인 산업재해였다면, 21세기의 새로운 경제에서도 이와 비슷한 일이 발생했다. 기업들은 시민의 개인정보를 빼내 축적하고, 불법으로 거래하고, 거기에서 이익을 얻었다. 그리고 필연적으로 일부 빅데이터 시스템, 이를테면 행크 애셔가 급하게 구축한 정보 시대의 '단선식 유조선'에서 유출이 시작되었다. 미국 최초의 대규모 데이터 유출 사고는 애셔가 만든 회사에서 일어났다.

새로운 대량 노출 시대를 처음으로 예상한 것은 잘 알려지지 않은 2002년 캘리포니아주 의회의 한 법안이었다.[1] 미국 최초의 보안 침해 통지법이 된 'A.B.700'이라는 법안이다. 실리콘밸리의 초선 의원인 조 시미티안Joe Simitian은 신원 도용의 증가를 우려하고 있었다. 그는 간단한 해법을 제안했다. 기업이나 정부 기관이 해킹을 당하거나 속아서 캘리포니아 주민의 개인정보가 노출된 경우, 법적으로 영향을 받은 사람들에게 일일이 알려야 한다는 것이었다. 그는 이렇게 설명했다. "소비자가 기밀 정보의 무단 취득 및 사용으로부터 자신을 보호하려면 무단 취득이 발생했다는 사실부터 알아야 합니다."² 간단히 말해, 알지 못한다는 것은 취약하다는 의미다.

자문가들은 시미티안에게 이 법안이 기술 업계와 친기업 성향 의원들의 반대에 부딪힐 것이라고 경고했다. 하지만 그는 기회를 잡았다. 시미티안이 법안을 발의한 직후, 그와 119명의 다른 캘리포니아 주 의원들(상원의원 40명, 하원의원 80명)을 포함한 26만 5000명의 주 공무원들이 2002년 4월 새크라멘토의 캘리포니아 중앙 데이터 센터에서 해킹으로 이름, 사회보장번호, 급여 정보가 노출되는 사건이 발생했다.³ 의원들을 비롯한 피해자들은 5월 말에야 정보 유출 사실을 알게 되었다. 그들은 분노했다. 덕분에 법안은 아무런 논쟁 없이 만장일치로 통과되었다.

1년 남짓이 지나, 독특한 억양을 가진 노스할리우드 출신의 한 남자(나중에 수사관들이 알게 된 바에 의하면 나이지리아인)가 초인스포인트의 애틀랜타 본사에 전화를 걸어 오토트랙 계정을 만들었다.⁴ 그는 자신을 제임스 개릿James Garrett이라고 소개했다. 그는 추심 회사인 MBS파이낸셜MBS Financial을 운영한다고 주장했다. 신청서를 팩스로 제출했을 때 그의 캘리포니아 사업자등록증은 유효한 것처럼 보였고, 이름, 주소, 운전면허증, 사회보장번호가 담긴 오토트랙의 방대한 데이터에 액세스를 원하는 이유에도 특별할 것이 없었다. 그는 "우리는 채권 추심을 위해 이 서비스를 사용합니다"라고 적었다.5 하지만 전화를 받은 초이스포인트 직원은 의구심이 들었다. 팩스가 사업가라고 하는 개릿의 사무실 회선이 아닌 선셋대로에 있는 카피매트Copymat 프린트 서비스 매장에서 온 것이었기 때문이다. 더구나 최근 서던캘리포니아에서 비슷한 신청이 쇄도하고 있었다.

개릿의 신청이 승인 대기 중인 가운데 곧 초이스포인트에 또 다른 전화가 걸려 왔다. 같은 직원이 전화를 받았기에 상대의 목소리와 억양을 알아들을 수 있었다. '개릿'이라던 남자는 이번에는 자신을 채권 추심 업체 갤로파이낸셜Gallo Financial의 소유주인 존 갤러웨이John Galloway라고 밝혔다.

'갤러웨이'는 오토트랙 사용 신청서과 함께 운전면허증을 팩스로 보냈다. 사진은 목소리와 마찬가지로 '개릿'의 사진과 완벽하게 일치했다. 초이스포인트의 조사관들은 할리우드에 있는 진짜 제임스 개릿(영국 태생의 성우로 전화 속 남성보다 셰익스피어 연극에서 들을 만한 특징적인 악센트를 가진 사람)이 신원 도용의 피해자라는 사실을 아직 몰랐지만, 문제가 있다는 사실만은 확실히 알 수 있었다.6

사이신트와 렉시스넥시스와 마찬가지로 초이스포인트도 9·11 테러 이후 시대에 걸맞은 짧고 분명한 기업 모토를 채택하면서 번창하고 있었다. "더 현명한 결정, 더 안전한 세상."7 리테일크레디트컴퍼니의 수익성 높은 유산인 보험 인수 및 직원·임차인 심사 사업은 여전히 건재했다. 오토트랙은 비록 시장 점유율은 어큐린트에 밀렸지만 경찰, 사설 수사관, 추심 업체, 정부 고객 명단은 꾸준히 유지되었다. 대부분 DBT의 캐시였던 초이스포인트의 공공 기록 캐시는 금융 기관이 테러 자금 조달을 차단하기 위한 애국자법 요건이자 업계에서는 줄여서 'KYC'라고 부르는 '고객 알기Know Your Customer'를 충족하는 데 도움을 주었다.8 그런가 하면 이 회사가 삼키기 시작한 DBT를 비롯해 여러 기업으로부터 파생된 초이스포인트의 데이터 융합 기술은 지역 융합 센터를 온라인화해 법 집행기관 간의 정보 공유를 간소화하는 데 도움을 주었다. 2004년에 이르자 초이스포인트의 연간 매출은 10억 달러에 육박했다.9 하지만 KYC의 주축은 정말 자사 고객에 대해 알고 있었을까?

2004년 10월 말의 비 오는 수요일, MBS파이낸셜의 소유주가 카피매트로 다시 걸어 들어왔다. 대기 중이던 로스앤젤레스카운티 보안국 형사가 그에게 다가왔고, 제임스 개럿도, 존 갤러웨이도 아닌 나이지리아 국적의 41세 남성 올라툰지 올루와토신Olatunji Oluwatosin은 놀라서 두 장의 오토트랙 신청서를 바닥에 떨어뜨렸다. 그는 여러 명의 명의로 발급된 다섯 개의 휴대전화와 세 개의 신용카드를 소지하고 있었으며, 그중 자신의 것은 하나뿐이었다.

개럿과 갤러웨이는 수십 개의 페르소나 중 일부인 것으로 밝혀졌다. 형사는 노스할리우드에 있는 올루와토신의 자택 주방 카운터에서 그와 그의 동료들이 다른 사기 계정으로 이미 실행한 1만 7000건의 오토트랙 검색 출력물을 발견했다. 수사관들이 찾은 그와 연결된 계정은 22개였다. 오토트랙은 신분 도용범에게 '원스톱 쇼핑'과 같았다. 주소와 사회보장번호만 있으면 낯선 사람의 이름으로 신용카드를 쉽게 신청할 수 있었고, 추가로 오토트랙 계정을 만들면 자신의 흔적을 숨길 수도 있었다. 초이스포인트와 그 이전의 DBT는 이런 종류의 사기에 대한 안전장치를 거의 마련하지 않았다. 시스템이 가져다줄 수 있는 좋은 일과 그것이 만들어내는 돈에만 집중한 애서와 그의 엔지니어들은 시스템이 어떻게 악용될 수 있는지 전혀 생각하지 못했다.

캘리포니아의 새로운 보안 침해 통지법에 따라 초이스포인트는 경찰의 초기 수사가 완료되자마자 침해 사실을 공개해야 했다.[10] 2005년 초, 초이스포인트는 3만 5000명의 주민에게 편지를 보냈다. 그 후 수십 명의 주 검사들이 해당 주의 피해자들에게도 고지하라는 압력을 초이스포인트에 가했다. 회사 전체에 대한 철저한 조사와 평가가 이루어졌다. 회사는 1년이 조금 넘는 기간 동안 50개 주에서 최소 14만 5000명의 정보가 유출되었음을 인정했다. 이들 중 수백 명, 아니 어쩌면 수천 명은 자신의 명의로 신용카드가 개설된 상태였다.

수면 위로 떠오른 데이터 유출 문제

한 달 만에 초이스포인트는 연방거래위원회, 의회 그리고 정보 유출 발표 전에 주식을 판매한 내부자들에 대한 증권거래위원회 Securities and Exchange Commission, SEC의 조사를 받았다.[11] 이 회사는 개인정보보호 옹호 단체인 프라이버시인터내셔널Privacy International로부터 '평생 위협상Lifeitme Menace Award'을 수상했고,[12] 고커Gawker(유명 인사와 미디어 산업을 주로 다루는 미국 블로그—옮긴이) 웹사이트 컨슈머리스트Consumerist에서 주최한 '미국 최악의 기업 콘테스트'에서 할리버튼Halliburton(미국의 석유·천연가스 업체—옮긴이)에 이어 2위를 차지했다. 《워싱턴포스트》의 오해로는 초이스포인트를 개인정보의 '화약고powder keg'라고 묘사했다.13 언제든 폭발할 수 있다고 말이다.

이 스캔들의 한 가지 부작용은 같은 해 봄, 이제 초이스포인트의 최대 라이벌이 된 렉시스넥시스가 새로 인수한 사이신트에서 유사한 유출 사건이 잇따라 발생했을 때 반응이 크지 않았다는 점이다.14 그러나 2005년 3월에 처음 공개된 렉시스넥시스의 유출 사건은 수치상으로 보면 초인스포인트 때보다 훨씬 더 심각했다. 신원 도용범들은 오토트랙과 마찬가지로 어큐린트를 사용해 최소 31만 명 피해자의 개인정보에 접근한 것으로 드러났다. 이후 연방거래위원회의 조사에 따르면 어큐린트의 로그인 페이지에는 기본적인 보안 조치가 부족해 고객이 아이디와 비밀번호에 동일한 짧은 단어를 사용하고, 여러 사람이 같은 로그인 정보를 공유하며, 다른 비밀번호를 계속 시도하면 시스템에서 정지되지 않고 로그인할 수 있는 것으로 나타났다.15

연방거래위원회는 초이스포인트에 대한 별도의 보고서를 통해 회사가 올루와토신을 적발하기 전까지 승인한 수십 건의 신청서에 존재하는 '명백한 경고 신호'를 지적했다. 만료된 사업자등록증, 모순된 주소, 휴대전화의 기본 번호 사용, 사서함의 기본 주소 사용 등이었다.16

연방거래위원회는 초이스포인트와 렉시스넥시스 모두에게 동의명령consent decree(형사 사건에서는 '유죄', 민사 사건에서는 '책임'을 인정하지 않고 두 당사자 간의 분쟁을 해결하는 합의―옮긴이)을 내리게 된다. 초이스포인트의 경우 1000만 달러의 벌금을 부과하고 피해자를 위해 500만 달러를 따로 마련하도록 요구했다. 이는 당시 연방거래위원회의 역대 최대 벌금이었다.17 그러나 거의 15년 후 케임브리지애널리티카 스캔들이 터진 후 공정위가 페이스북에 부과한 50억 달러라는 기록적인 벌금이 그랬듯이,[18] 이는 데이터 대기업의 매출에서 극히 일부에 불과한, 단순한 사업 비용으로 치부할 수 있는 정도의 작은 액수였다.

2005년 4월 13일, 초이스포인트와 렉시스넥시스의 대표들 그리고 소규모 침해 사고를 경험한 액시엄의 임원이 상원 법사위원회에 출석했다.[19] 위원장인 펜실베이니아의 알렌 스펙터Arlen Specter 의원은 "얼 워런Earl Warren 대법관은 1963년에 미리 앞을 내다보았습니다. 그는 '전자 통신 분야의 눈부신 발전이 개인의 프라이버시에 큰 위험을 초래할 수 있다'라고 말했습니다"라는 말을 서두로 위원회를 시작했다. 버몬트의 패트릭 레이히Patrick Leahy 상원의원은 "이 방에 있는 모든 미국인은 물론 전국의 모든 미국인"에 대해 걱정하면서 "그들에 대한 데이터를 수집한 다음 판매하려는 동기가 있기 때문입니다. 오웰적 전개라고 하지 않을 수 없습니다"라고 말했다.

상원의원들의 경고는 데이터 브로커들이 이미 보안 관행을 강화했으며, 연방 규제 강화에도 열려 있다는 주장에 바로 희석되었다. 실제로 초이스포인트는 소기업 고객 개개인의 자격을 재심사하고 있었고, 렉시스넥시스는 엄격한 새 비밀번호 요건을 마련했다. 그러나 그런 '규제'는 없었다. 대신 단편적인 주와 지역별 통지법들로 때워졌다. 모든 시민이 통지 대상에 포함된 것은 2018년 앨라배마에서 '데이터 유출 통지법Data Breach Notification Act'이 통과된 지 13년 후의 일이었다.[20]

통지가 있든 없든, 보안이 강화되든 되지 않든 침해는 계속될 것이다.[21] TJX, 다시 초이스포인트, 렉시스넥시스, 하트랜드Heartland, 엑스피리언, 인사혁신처, 타깃, 던앤드브래드스트리트, 알테그리티

Altegrity, 다시 렉시스넥시스, 앤섬Anthem, 트랜스유니언, 에퀴팩스, 메리어트Marriott, 페이스북이 이어갈 것이다.

신원 도용 범죄자들도 개인 데이터를 비축하고 법률 브로커들처럼 서로 그것을 거래하며 2020년 수백만 달러 규모의 코로나19 보조금 사기를 비롯해 기회가 있을 때마다 새로운 페르소나를 드러낼 준비를 했다.[22]

일부 사기꾼은 도용한 비밀번호, 가짜 회사, 그럴듯한 거짓말 등 항상 효과를 냈던 수법을 사용했다. 2013년 렉시스넥시스의 컴퓨터 시스템에 침입해 다크웹 신원 도용 서비스 SSNDOB에 정보를 제공한 봇넷botnet(악성 소프트웨어에 감염되어 악성 활동을 수행하는 데 사용되는 컴퓨터 또는 인터넷 기반 디바이스의 네트워크)을 비롯한 해커의 정교한 침입들도 있었다.[23] 침입할 수 있는 길은 항상 존재했다. 시장도 항상 존재했다. 수십 년 동안 유출 사고가 계속되어 피해자가 늘어나고 도난당하는 데이터의 양이 급증하면서, 침해를 초래한 건 허술한 보안 관행만은 아니며 새로운 경제의 본질 그 자체라는 점이 점점 더 명확해졌다. 왜 은행을 털까? 거기에 돈이 있기 때문이다. 왜 데이터 브로커를 털까? 거기에 돈이 있기 때문이다.

돌이켜 보면 상원 법사위원회 청문회에서 가장 강렬한 부분은 렉시스넥시스의 임원인 커트 샌퍼드Kurt Sanford가 성명서를 낭독할 때였다.[24] 그는 위험 솔루션 업체(전 사이신트)의 중요성을 설명했다. 테러리스트를 식별하고 실종 아동을 찾고 자금 세탁을 방지할 뿐만 아니라 업계와 정부가 진화하는 신원 사기의 위협에 대처하는 데 도움을 줄 수 있다고 말이다. 사기꾼의 데이터 도용을 막는 가장 좋은 방법은 사기꾼에 대한 더 나은 데이터를 확보하는 것이라는 이야기였다. 샌퍼드는 상원의원들에게 "렉시스넥시스 제품의 필요성이 점점 더 커지고 있습니다"라고 말했다.

그가 얘기한 것은 궁극적으로 일종의 프로텍션 라켓protection racket(집단이 금전을 대가로 기업이나 개인을 보호하는 조직 범죄—옮긴이) 이었다. 융합된 데이터의 비축이 국민을 취약하게 만드는데, 동시에 비축된 융합 데이터가 국민을 안전하게 지켜준다는 뜻이다.

데이터 제왕의 욕망은 죽지 않았다

초이스포인트와 렉시스넥시스가 행크 애셔라는 공통의 DNA를 공유한다는 점은 이 회사가 워싱턴의 지속적인 조사에 직면하는 동안에도 거의 알려지지 않았다. 두 회사의 지분을 거의 5억 달러에 매각한 애셔는 부시-고어 선거에서 DBT가 개입한 이후에도 그랬던 것처럼 스캔들이 커지는 동안 거의 언급되지 않았다. 그는 바하마나 도미니카공화국, 파나마 주변 해역에서 낚싯배를 타고 있었다. 아니면 암 투병 중인 여동생 세리와 함께 있었다. 또는 치료법을 찾기 위해 의사들을 모으느라 미네소타의 메이요 클리닉을 오가는 비행기 안에 있었다. 그는 항상 위기의 시기에 집중력을 발휘했다.

애셔가 공개적으로 데이터 유출에 대해 발언한 유일한 때는 상원 청문회가 열리기 며칠 전이었다. 《팜비치포스트》의 기획력이 뛰어난 기자를 상대로 한 이 이야기는 처음에는 체념의 분위기를 전달하고 있었다. 그는 자신의 회사가 사회보장번호를 수집한 이유는 재판매하기 위해서가 아니라 더 정교한 결과를 도출하는 데 도움이 되었기 때문이라고 설명했다. 그는 이렇게 말했다. "이 업계에서 나쁜 목적으로 정보를 판매하려는 사람은 아무도 없습니다. '어떻게 하면 무사히 빠져나갈 수 있을까?'라고 생각하는 사람은 아무도 없다고요."[25]

애셔는 이 기자에게 데이터 중개업의 미래가 생각보다 밝다고 말했다. 그는 다른 회사를 창업할 생각이라고 털어놓았다. 애셔는 "수집된 데이터는 전체 데이터의 2퍼센트에 불과하다고 생각한다"라면서 "98퍼센트는 아직 이용되지 않고 있다"라고 덧붙였다.

13장
소셜미디어라는 데이터 유전

"피오리아Peoria의 프레드 존스Fred Jones는 튀니스(튀니지의 수도)의 노천 카페에 앉아 있다가 담뱃불을 빌리기 위해 옆 테이블의 남자에게 말을 걸었다."[1] 하버드대학교의 스탠리 밀그램Stanley Milgram 교수는 《사이콜로지투데이Psychology Today》 1967년 5월호에 이런 글을 발표했다. "그들은 대화를 나누게 되었다. 그 낯선 사람은 디트로이트에서 몇 달 동안 교환식 병뚜껑 공장의 운영에 대해 연구하던 영국인이었다. 존스는 '좀 이상한 질문인 줄은 알지만 혹시 벤 아르카디안Ben Arkadian이라는 사람을 만난 적이 있나요?'라고 물었다."

이것은 밀그램의 유명한 에세이 〈작은 세상 현상The Small-World Problem〉의 도입 부분이다. 어떤 사회의 한 개인이 불과 몇 단계만 건너면 다른 개인과도 연결이 가능하다는 이론을 최초로 널리 알린 글이다(스포일러: 이 이야기에 등장하는 영국인은 벤 아르카디안을 알고 있었다!). 밀그램과 동료들은 해당 동료 검토 연구에서 '사회의 특정 수학적 구조'를 구체화하려고 노력했다.² 그는 미국에 있는 각 사람을 파란색 점으로 만든 다음, 두 사람 사이를 선으로 연결하고, 그 사람의 인기에 따라 각 점으로부터 방사되는 선의 정확한 수가 달라지는 모델을 그렸다. 전체적으로 보면 이 구조는 "2억 개의 점으로 이루어진 복잡한 네트워크와 그 점들 사이의 복잡한 연결"이었으며, 가장 핵심적 질문은 "두 점을 무작위로 선택할 때 그 사이의 일반적인 경로는 몇 단계를 거치게 될 것인가?"였다.

밀그램은 그 답을 찾기 위해 하버드사회관계연구소Laboratory of Social Relation에서 680달러를 받아낸 뒤 그 돈으로 봉투와 종이, 우표를 구입했다. 그는 캔자스주 위치토와 네브래스카주 오마하, 서로 멀리 있는 것처럼 느껴지는 이 두 도시에서 지원자를 모집하고 지원자들 각각에게 보스턴에 있는 사람에게 편지를 보내라고 지시했다. 단, 편지의 수신인은 아는 사람이어야 했다. 수신자를 정확히 알지 못할 경우, 알 가능성이 높다고 예상되는 사람에게 대신 편지를 보내야 했다. 하지만 그 중간 사람도 대상자를 정확히 모른다면 수신자를 더 잘 알 것으로 예상되는 사람에게 편지를 전달해야 했다.

각 봉투 안에는 밀그램이 편지가 보스턴에 도착하기까지 사용된 사슬을 추적하는 데 사용한 장부가 들어 있었다. 이 연구에서 중서부 지역 사람들과 보스턴 사람들 사이에는 얼마나 많은 단계가 있었을까? 5.5단계 또는 6단계였다. 이렇게 '6단계 분리'라는 개념(또는 케빈 베이컨의 6단계 게임)이 탄생했다.

이 연구는 우리 모두가 어떻게든 연결되어 있다는 결론을 내렸다. 거미형 차트 또는 소시오그램sociogram(대인관계를 그림으로 나타낸 것—옮긴이)으로 묘사되는 연결의 모양과 밀도는 더 깊은 의미를 지니는 것처럼 보였다. 밀그램의 실험은 새로운 연구 분야인 '소셜네트워크 분석social network analysis'을 낳았고, 여러 세대의 대학생과 경찰 수사관들이 노드node(점), 군집, 가장자리, 링크에서 단서를 찾아 방사형 그래프의 의미를 분석하도록 영감을 주었다.

2003년과 2004년에 하버드대학교 2학년이었던 마크 저커버그도 그런 학생 중 한 명이었다. 2004년 1월 말, 더페이스북The Facebook이라는 웹사이트를 시작하기 며칠 전 저커버그는 하버드대학교의 학장인 컴퓨터공학과 교수 해리 루이스Harry Lewis에게 이메일을 보내 자신이 재미로 만든 대화형 소시오그램을 자랑했다.

이후 그의 동기 알렉시스 마드리갈Alexis Madrigral은 《디애틀랜틱The Atlantic》에 "저커버그가 《하버드크림슨Harvard Crimson》 아카이브를 스크랩해 기사에서 함께 언급된 사람들을 연결하는 네트워크 지도를 만들었습니다"라고 전했다.³ "루이스 교수는 학장이었기 때문에 다른 누구보다 기사에 많이 등장했습니다." 그래서 저커버그는 루이스를 차트의 중심 노드로 설정했고, 누구나 루이스와 자신이 어떻게 연결되어 있는지 확인할 수 있도록 했다. 그의 이메일 제목은 이렇다. "해리 루이스에게 이르는 6단계6 Degrees to Harry Lewis."

저커버그의 새로운 웹사이트는 하버드 캠퍼스를 시작으로 미국의 다른 명문대학에 바이러스처럼 퍼져 나갔다. 사용자는 실명으로 가입해야 했다. 초기 인터넷에서는 이례적인 요구였는데, 이렇게 실명으로 가입하면 시스템이 각 사용자에게 식별자를 부여했다. 이 일련의 고유 번호는 이후 '페이스북ID'로 알려지게 된다.

저커버그는 4번을, 룸메이트이자 공동 창업자인 크리스 휴스Chris

Hughes는 5번을 자신의 페이스북ID로 사용했다(1~3번은 테스트 계정이었다).[4] 네트워크가 확산되면서 다른 초기 하버드 가입자들(33번이 용감하게 나설 때까지는 모두 남성이었던)[5]은 2자리, 3자리, 나중에는 4자리 숫자를 얻었다.[6] 이 소셜네트워크가 전 세계에 공개되기 전 컬럼비아대학교에 다녔다면 당신의 페이스북ID는 10만에서 19만 9999 사이의 블록에 속할 것이고, 다트머스대학교에 다녔다면 50만에서 59만 9999 사이의 블록에 속할 것이다.

결국 페이스북 사용자 기반이 수백만 명에서 수십억 명으로 늘어나면서 ID는 무작위로 변경되었다. 처음에는 의미 없는 숫자 10자리로 구성되었다가 이후 15자리가 되었다. 프로필 사진과 찌르기, 상태 표시와 좋아하는 밴드를 밝힘으로써 활기를 띠게 된 이 새로운 디지털 공간의 주민들에게 'www.facebook.com/profile.php?id='의 끝에 있는 해독 불가능한 숫자 문자열은 실생활과 거의 관련이 없는, 인터넷 배관의 일부에 불과했다. 하지만 경쟁 스타트업이나 렉시스넥시스, 국가안보국의 데이터 과학자들은 더 많은 것을 알고 있었다. 그 숫자는 렉스ID와 다름없는 추적 코드였다.

페이스북이 출시되었을 때 국가안보국은 소셜네트워크 분석을 실험하고 있었다. 그리고 이런 분석을 통해 생성된 새로운 종류의 합성 데이터, 정확히 말하면 신원이 아닌 그들 사이의 '연결 지도'가 가진 힘을 실험하고 있었다. 소프트웨어 개발자인 한 젊은 직원은 국가안보국 실험의 다른 버전이 현실 세계에서도 진행되고 있다는 사실을 최초로 지적했다.

그는 기관 내부 소식지 《SID투데이 SIDtoday》의 편집자에게 보낸 편지에 "대부분의 사람은 모르겠지만 대학생들이 온라인에서 자발적으로 자신들만의 소셜네트워크를 구축하고 있습니다!"라고 적었다.7 2005년 12월 22일 자로 작성된 이 편지는 이후 에드워드 스노든에 의해 유출되었다. 이 직원은 "페이스북이라고 알려진 서비스를 통해 학생들은 자신이 다니는 대학과 미국 전역에 있는 친구들을 모두 등록할 수 있습니다"라고 설명을 이어간다. "또한 학생은 선택적으로 자신이 듣는 수업 그룹에 들어가서 자신이 누구와 연결되어 있는지 확인할 수 있습니다. 마지막으로 '내 소셜네트워크 시각화visualize my social network' 링크를 통해 테러리스트 네트워크를 매핑하는 데 사용하는 것과 유사한 도해를 볼 수 있습니다."

그는 국가안보국이 페이스북을 연구해 그 네트워크의 형태 및 규칙이 실제 사회의 형태 및 규칙과 어떻게 일치하는지, 그리고 6단계 분리 이론이 성립하는지 알아보아야 한다고 제안했다. 그는 "소셜네트워킹은 진정한 미래의 물결"이라고 단언했다.

자발적 감시 시스템, 페이스북의 탄생

이후 저커버그가 페이스북이 어떤 문제를 해결하기 위해, 즉 세상을 더 개방적으로 만들고, 연결을 더 늘리고, 더 가깝게 만들기 위해 고안되었다고 주장하든 그렇지 않든,8 페이스북이 가장 오랫동안 수익성을 유지하게 만든 가장 큰 성공 비결은 사람들로 하여금 스스로 자신의 신상정보 파일을 작성하게 했다는 점이다. 아무런 대가도 없이 혹은 '좋아요'나 친구 요청 하나에 하나씩 말이다. 이는 데이터 융합의 문제를 완전히 뒤집어 놓았다.

애셔는 자기 기계의 연결 알고리즘이 가진 힘을 기반으로 5억 달러에 달하는 돈을 벌었고, 액시엄은 애빌리텍ID로 비슷한 기법을 광범위하게 사용해 다이렉트 마케팅의 혁신을 일으켰다. 이들의 접근 방식은 종이와 자기테이프의 시대, 주 정보가 수천 개의 차량관리국과 전화번호부, 유권자 명부, 고객 목록에 따로 저장되어 있던 시대에 탄생했다. 기존의 데이터 브로커들은 필요에 따라 데이터를 1비트씩, 포인트 한 개씩, 파일 한 개씩 수집한 다음 수학과 로직을 사용해 모든 것을 한데 모은 뒤 흩어져 있는 픽셀을 개인으로 바꾸었다. 그리고 신원을 끌어내면 그들은 거기에 ID 번호를 할당했다.

반면 페이스북은 ID 번호와 저커버그가 요구한 실명으로 시작되었다. 저커버그가 페이스북을 수익화하는 방법을 파악하기도 전이었다. 이후 페이스북은 사람들에게 빈칸을 채울 도구와 심리적 동기를 주었다. 그러자 사용자들은 자신이 헐값에 뭘 내놓고 있는지도 모르는 채 빈칸을 채워갔다.

페이스북은 사용자 데이터를 판매하지 않았기 때문에 기존 데이터 브로커에게 즉각적인 위협이 되지는 않았다. 오히려 그 반대였다. 비즈니스에 초점을 맞춘 링크드인과 같은 동시대 네트워크는 새로운 공공 광장이 되기 위해 노력하면서 사실상 새로운 종류의 공공 기록이 되었다. 데이터 브로커들이 긁어모으고 채굴하고 악용할 수 있는 또 다른 자원이 된 것이다.

시간이 지나 페이스북이 광고 수익으로 먹고사는 거대 기업으로 성장하면서 데이터는 다른 방향으로 흘러갔다. 액시엄이나 다른 전통적인 데이터 업체와의 파트너십을 통해 하이퍼타기팅 hypertargeting(소셜미디어에서 구체적인 기준에 따라 광고를 타기팅하는 것)

이 된 페이스북 광고를 더욱 정교하게 조정할 수 있었고,[9] 광고주는 특정 실명을 쓰는 페이스북 사용자에게 제공되는 온라인 광고가 동일인의 오프라인 판매로 이어지는지 더 잘 측정할 수 있게 되었다.

페이스북은 2007년부터 사용자 데이터를 물물교환했다. 당시 이 소셜네트워크의 사용자 수는 5000만 명으로 늘어나 있었고 6개월마다 두 배씩 성장하고 있었다. 페이스북은 이미 미국에서 여섯 번째로 트래픽이 많은 웹사이트가 되었다. 그해 여름, 하버드를 중퇴하고 팰로앨토에 거주하고 있던 스물세 살의 저커버그는 아디다스 조리를 신고 샌프란시스코에서 열린 회사의 첫 번째 연례 F8 콘퍼런스(페이스북의 연례 개발자 콘퍼런스) 무대에 섰다.[10] 발표할 내용이 있었기 때문이었다. 페이스북이 플랫폼을 개방해 외부 개발자들이 울타리가 있는 정원walled garden(인터넷과 같이 공개된 환경이 아니라 사적으로 통제된 환경에서만 존재하는 콘텐츠나 서비스―옮긴이)에 들어올 수 있도록 그리고 그보다 은밀한 방식으로 소셜네트워크의 덩굴손이 기어나가게 해 웹의 나머지 부분을 움켜잡을 수 있도록 만들겠다는 것이었다.

팜빌Farm Ville, 프레이즈Phrases, 마이퍼스널리티myPersonality와 같은 인기 있는 페이스북 플랫폼용 앱의 개발자들은 새로 도입된 뉴스피드에서 자신의 앱이 입소문을 타는 것을 볼 수 있게 되었다. 개발자에게 더 많은 동기를 부여하고 네트워크를 통한 전파를 촉진하기 위해 페이스북은 또 다른 것을 제공했다. '사용자 프로필에 대한 액세스 권한'을 준 것이다.[11] 누군가가 게임이나 퀴즈에 가입하면 개발자는 자동으로 해당 사용자의 프로필을 들여다볼 수 있었고, 더 나아가 그 친구의 프로필까지 들여다볼 수 있었다. 그 친구가 앱을 건드린 적도 없고, 심지어 프로필을 부분적으로 잠그기 위해 복잡한 개인

정보 설정을 시도했더라도 말이다.

평균적인 페이스북 사용자는 300명 이상의 친구가 있다.[12] 열 명을 앱에 가입시키면 중복을 고려하지 않고 최대 3000명의 프로필에 접근할 수 있게 된다. 즉 3000명을 게임에 초대할 수 있고 자체 서버에 3000명의 데이터를 저장할 수 있는 것이다. 데이터에는 친구 목록, 사진, 게시물의 원문 텍스트가 포함되어 있으며 2009년 2월부터 도입된 '좋아요' 버튼을 통해[13] 영화배우부터 운동, 책, 의류 브랜드에 이르기까지 개별 사용자가 자체적으로 선별한 정보도 담겨 있다. 저커버그는 '좋아요' 버튼(초기에는 '멋져요awesome' 버튼으로 구상되었던)에 대해 오랫동안 회의적인 입장이었지만, 광고 클릭률에 도움이 될 것이라는 경영진의 설득과 더 많은 댓글과 더 많은 참여를 낳을 것이라는 데이터 과학자들의 설득으로 이를 받아들였다.

F8 무대에서[14] 저커버그는 페이스북의 엄청난 성공이 '소셜그래프social graph'(페이스북에서 주창한 개념으로 자신의 상태나 프로필, 친구 목록, 자신이 올린 사진이나 동영상 등 사용자가 소셜 웹사이트를 이용하면서 생긴 정보—옮긴이), 즉 페이스북 서비스에서 네트워킹을 한 사람들 덕분이라고 말했다. 소셜그래프는 스탠리 밀그램이 상상했던 파란색 점들로 이루어진 대륙이다. 허브에 식별 가능한 바퀴살이 있는 밀그램의 도해와 달리, 페이스북의 소셜그래프에는 페이스북ID가 있지만 말이다. 더 이상 점들이 어떻게 연결되어 있는지 알기 위해 연쇄 편지를 보낼 필요가 없다. 페이스북이 서버 팜server farm(데이터를 편하게 관리하기 위해 서버와 운영 시설을 모아놓은 곳)에서 모든 것을 도표로 보여주기 때문이다. 저커버그는 소셜그래프가 "페이스북이 작동하는 이유이며, 그것이 세상이 작동하는 방식을 바꾸고 있다"라고 말했다.

한 가지 경우를 제외하면, 소셜그래프는 이미 전 세계에서 가장 큰 개인 대 개인의 관계 데이터 세트였다.

애셔는 페이스북을 몰랐지만 네트워크는 알았다

그 하나의 예외는 렉시스넥시스였다.

실리콘밸리의 밝고 환한 빛을 피해 정부 기관과 미국 기업 고객들을 대상으로 한 비공개 브리핑에서 렉시스넥시스의 데이터 과학자들(대부분 홀리와 ECL을 만들 때 함께했던 사이신트의 베테랑들)은 자신들이 가진 소셜그래프의 우수성을 내세웠다. 그들은 이 50테라바이트의 기록에서 추론한 약 3억 개의 렉스ID를 연결하는 40억 개의 '인간관계'에 퍼블릭데이터소셜그래프Public Data Social Graph라는 이름을 붙였다.[15] 렉시스는 이 소셜그래프에서 특정 신호를 찾기 위한 알고리즘을 미리 구축해 두었고, 저커버그가 아직 고등학생이던 2001년부터 고객들에게 독점 소셜네트워크 분석 도구인 렐러빈트Relavint라는 방사형 그래프 메이커를 제공했다. 이 렐러빈트는 2003년 1월 백악관에서 딕 체니 부통령과 다른 국가 지도자들을 대상으로 일부 시연되기도 했다.[16]

렉시스넥시스의 한 경영진은 코웃음을 치며 이렇게 말했다. "이 '그래프'는 소셜네트워킹 소스를 기반으로 구축된 것이 아닙니다. 우리는 대단히 안전을 지향하고 있기 때문입니다." 렉시스넥시스의 소셜그래프는 실제의 인간관계를 더 잘 포착하기 위해 실제 세상의 데이터(차량관리국의 정보, 공과금 고지서, 과거 주소 등)를 사용했다. 렉시스넥시스는 룸메이트라면 가까운 지인이 확실하지만, 페이스북 친구는 그렇지 못하다고 주장했다.

렉시스넥시스는 그래프의 노드를 통해 대출 기관이 '부동산 사기를 공모했을 가능성이 높은 사람'[17] 즉 신뢰하는 소셜네트워크가 중복되는 판매자와 구매자(대출금을 노린 허위 매매일 수 있다—옮긴이)를 식별하는 데 도움을 줄 수 있었다. 또한 그래프는 병원에서 수술 후 재입원할 가능성이 낮은 사람, 즉 신뢰하는 소셜네트워크에 의사나 간호사가 있는 사람을 알려줄 수 있었다.

행크 애셔는 스탠리 밀그램을 연구한 적도 없었고, 실리콘밸리에서 보편화되고 있던 수행적 지성주의performative intellectualism(진정한 이해나 학습보다는 주로 다른 사람에게 깊은 인상을 주거나 지능을 알리기 위해 지적 지식이나 정교함을 표현하는 것—옮긴이)도 없었으며, 소셜네트워크 분석에 대해 공부한 적도 없었다. 하지만 그가 구축한 모든 것에는 소셜그래프가 내포되어 있었다.

반짝이는 것, 이를테면 리 베일리, 켄 랭곤, 존 월시, 존 세일, 루디 줄리아니에 대한 그의 사랑 그리고 높은 테러리스트 인자 안의 알고리즘은 유용하면서도 위험한 아이디어였다. 어떤 사람이 어떤 회사에 다니고 있는지, 자주 가는 장소가 어디인지를 근거로 사람을 판단하고 점수를 부여할 수 있다는 것이다. 사이신트의 한 문서에 표현된 대로, 매트릭스에서 '의심스러운' 주소나 전화번호와의 근접성은 테러리스트일 위험성을 보여주는 하나의 지표였다.[18] 거미줄처럼 얽힌 인맥의 사슬에서 노드는 주변 노드에 의해 끌어올려지거나 끌어내려졌다. 네트워크에 따라 좋은 사람이 되기도, 나쁜 사람이 되기도 했다. '미국의 시장'과 한 단계 더 가까워지면 그의 평판이 당신의 평판을 세탁할 수 있다. 모하메드 아타에게 한 단계 가까워지면 당신은 추방당할 수도 있다.

빌 슈루즈버리는 "납치범 19명과의 근접성은 행크 테러리스트 인자의 중요한 부분이었다"라고 말했다. 소셜그래프가 모든 사람에게 명확하게 드러나기 훨씬 전, 미국 전역이 페이스북 블루(16진수 색상 코드 3b5998)로 칠해지기 전부터 두 오랜 친구는 이 사실을 알고 있었다. 심지어 만나는 낯선 사람들의 테러리스트 점수를 매기는 장난을 치기도 했다. 종종 함께 택시를 탔을 때, 슈루즈버리는 이민자인 택시 기사를 평가하기도 했다고 한다. 그들은 그의 인맥을 상상하고 그를 프로파일링했다. "어떻게 생각해, 슈루? A 980?" 애셔가 묻고 슈루즈버리는 대답했다. "아니, 저 사람은 1300이야."

팔란티어의 창립자 피터 틸이 본 소셜미디어

페이스북의 첫 번째 실리콘밸리 투자자로 페이스북이 도약하는 데 큰 역할을 한 사람은 애셔와 편집증적인 스타일을 공유한 인물이었다. 바로 피터 틸Peter Thiel이다. 저커버그는 캘리포니아로 이주한 직후 페이팔PayPal의 공동 창업자이자 최근 팔란티어라는 스타트업을 설립한 틸에게 접근했다. 페이스북은 엔젤 투자자가 필요했다. 당시 서른여섯 살에 페이팔의 성공으로 큰돈을 만진(2002년 페이팔을 이베이에 매각했을 때 그의 몫은 약 5500만 달러였다)[19] 틸은 50만 달러를 내주고 회사 지분의 10퍼센트를 확보했다.[20]

그해 여름, 틸은 스탠퍼드에서 열린 일주일간의 학술 콘퍼런스를 후원했다. 처음에는 기술 기업 투자자인 그의 관심 분야와는 거리가 멀어 보였다. 1980년대 후반 스탠퍼드 학부생이던 시절 그에게 큰 영향을 준 르네 지라르René Girard의 포괄적인 사회철학 이론인 '모방적 욕망'을 연구하는 10여 명의 학자들이 한자리에 모인 행사였다. 틸은 이 콘퍼런스의 후원자일 뿐만 아니라 참여자이기도 했다. 그는 직접 논문의 초안을 작성하고 자신의 차례가 되면 사람들 앞에서 발표를 했다. 지라르 역시 그 자리에 있었다. 한 참가자의 전언에 따르면 지라르는 '영구적인 우선 발언권과 응답권'을 부여받았다고 한다.[21]

문학, 철학, 인류학 등 여러 분야를 섭렵한 지라르는 인간의 욕망과 경쟁심을 이해하는 방법을 제시했다. 이 이론은 집단 사고와 유사하다. 사람들은 대상의 고유한 가치나 개인의 취향에 관계없이 무엇이든 타인이 원하는 것을 욕망한다. 지라르는 이렇게 말한다. "인간은 무엇을 원하는지 모르는 존재이며, 자신의 마음을 결정하기 위해 다른 사람에게 의지합니다. 우리는 타인이 욕망하는 것을 욕망합니다. 우리는 타인의 욕망을 모방하기 때문입니다."[22]

타인의 욕망을 모방하는 우리의 무의식, 즉 우리의 미메시스mimesis(모방)는 불가피하게 갈등으로 이어진다. 우상은 장애물이 된다. 언제나 부족하다. 역사적으로 압력을 낮추는 유일한 밸브는 희생 전가(모두가 임의의 '타자'에게 사회의 병폐에 대한 책임을 돌리는 군중 행동)에서 발견됐다. 지라르는 우리가 이런 역학 관계를 보지 못하는 이유는 현대사회의 표면 아래에 숨어 있는 잠재적 폭력성을 체계적으로 보지 못하기 때문이라고 가르쳤다.

나중에 틸은 페이스북에 대한 초기 투자(이후 그를 억만장자로 만든 50만 달러의 베팅)를 모방 욕망을 이해했기에 가능했다고 말했다. 소설

네트워크는 지라르의 이론을 입증하는 듯했다. 틸은 지라르가 사망한 2015년에 《뉴욕타임스》와의 인터뷰에서 이렇게 말했다. "페이스북은 처음부터 입소문을 통해 확산되었고, 그 자체가 서로 이야기를 전하는 입소문의 플랫폼이기 때문에 모방 욕구를 이중으로 자극합니다." 그리고 이렇게 덧붙였다. "소셜미디어는 생각했던 것보다 더 중요한 존재입니다. 우리 본성에 관한 것이기 때문이죠."[23] 흥미로운 입장이었다. 만약 틸이 모방과 갈등 사이의 관련성을 진정으로 믿었다면 그 투자는 그야말로 자기 이익만을 생각한 행위였다. 지라르의 이론을 믿는 사람이라면 결국 페이스북이 우리에게 어떤 일을 저지를지 알았어야 할 테니까 말이다.

스탠퍼드 콘퍼런스의 목표는 모방 이론의 렌즈로 당시의 정치, 즉 9·11 테러 이후 이라크 전쟁 시대의 신보수주의를 분석하는 것이었다. 27쪽 분량인 틸의 에세이 제목은 신보수주의자들이 가장 좋아하는 사상가 레오 스트라우스Leo Strauss를 언급한 〈스트라우스적 순간The Straussian Moment〉이었다.[24] 틸은 이렇게 썼다. "21세기는 2001년 9월 11일의 굉음과 함께 시작되었다. 그 충격적인 순간에 19세기와 20세기의 정치 및 군사적 틀, 아니 전쟁 억제를 위한 군대, 합리성을 갖춘 국가, 공개 토론, 국제 외교에 중점을 두는 현대 시대 전체에 의문이 제기되었다."

이 주장의 핵심은 9·11 납치범들이 좋은 교육을 받은 사우디 상류층과 중산층의 사람들이며,[25] 경제적 불평등보다 더 깊은 동기에 의해 테러를 저질렀다는 것이었다. 미국 자본주의의 심장부를 강타한 그 폭력은 "리우데자네이루에 있는 빈민가나 부르키나파소공화국의 굶주린 농민, 하루 1달러도 벌지 못하는 티베트의 야크 목동"에게

서 나온 것이 아니었다. 호모 이코노미쿠스homo economicus(경제적 이익만을 위해 행동하는 사람—옮긴이)가 아니라 물질적 욕구가 충분히 충족된 사람들로부터 나온 것이었다. 애덤 스미스나 마르크스, 헤겔, 칸트가 9·11 테러를 어떻게 설명할 수 있을까? 그들은 설명하지 못했을 것이다. 신앙이 없는 현대의 서구는 설명이 불가능하다.

틸은 이후 한 인터뷰에서 이렇게 말했다. "계몽주의의 가장 중요한 거짓말은 갈등이 발생했을 때 모두가 앉아서 사회 계약에 서명한다는 것입니다. 하지만 폭력의 진정한 뿌리인 불안정성은 더 깊숙이 자리 잡고 있습니다. 인간의 본성은 문제적이고 폭력적입니다. …계몽주의는 항상 폭력성을 가리려고 합니다."[26]

마치 가장 좋은 교육을 받은 틸이 철학적 추론을 통해 학대받은 어린 시절과 잔인한 능력을 지닌 고등학교 중퇴자 행크 애셔가 이미 겪었던 어두운 곳으로 가는 듯한 모양새다. 각자가 어떻게 그곳에 도달했든, 그 결과 발현된 구세주 콤플렉스는 비슷한 형태를 띠었다. 두 사람 다 기술을 신뢰했으며, 세상을 구할 수 있는 기계를 만들 수 있다고 믿었던 것 같다.

이런저런 철학자의 이론을 참조한 틸의 에세이는 묻는다. 계몽주의의 미망에서 깨어난 서양 세계가 어떻게 하면 이상을 완전히 잃지 않으면서 비이성적인 적의 폭력을 물리칠 수 있는지 말이다. 신뢰를 잃은 근대 자유주의와 끝없는 전쟁 사이에서 '아기를 목욕물과 함께 버리지 않는 방법'이 있을까? 틸은 "가장 정의로운 사회는 '정보intelligence' 즉 첩보 없이는 생존할 수 없다. 하지만 첩보는 자연권의 특정 규칙들을 유보하지 않고는 불가능하다"라는 레오 스트라우스의 말을 인용하며 위안을 삼는 듯하다.

다시 말해 서구가 어둠의 장막 아래서 자신의 이상을 버려야, 다시 불이 켜졌을 때 그 이상을 더 잘 고수할 수 있다는 의미다. 틸은 "바보들이 들려주는 셰익스피어 이야기처럼 결론이 없는 지루한 의회 논쟁으로 가득한 유엔 대신, 전 세계 정보기관의 비밀 공조체인 에셜론Echelon을 통해 진정한 글로벌 팍스아메리카나pax Americana(미국이 주도하는 세계 평화—옮긴이)로 향해야 한다"라고 썼다. 돌이켜 보면 이 글은 팔란티어 창립에 대한 틸의 주장처럼 보인다.

팔란티어가 그리는 미래의 모습

J. R. R. 톨킨J. R. R. Tolkien의《반지의 제왕》3부작에 등장하는 천리안의 돌 팔란티리palantiri의 이름을 딴 팔란티어는 스스로를 데이터 융합 기업이라고 설명한다.[27] 이 회사의 설립으로 틸은 어떤 면에서 행크 애셔의 발자취를 따르고 있다.

널리 알려져 있듯이 팔란티어의 첫 외부 투자자는 CIA의 벤처캐피털 기업 인큐텔In-Q-Tel이다.[28] 하지만 두 번째 투자자는 렉시스텍시스의 모기업 리드엘스비어였다.[29] 렉시스넥시스가 사이신트를 사들인 지 몇 개월 후였다. 또 다른 초기 자금 조달 라운드에서는 DBT에서 애셔의 후원자였다가 숙적이 된 켄 랭곤의 투자도 받았다.[30] 팔란티어의 특허 출원서에는[31] 과거의 데이터 융합 특허들, 특히 사이신트의 슈퍼컴퓨터 설계를 도운 프로그래머이자 이후에는 넥시스넥시스의 프로그래머가 된 데이비드 베일리스가 출원한 '데이터 레코드 처리 방법 및 시스템' '멀티-엔터티 온톨로지multi-entity ontology 가

중치 시스템 및 방법' '필드 일치 템플릿을 사용해 검색 쿼리를 기반으로 엔터티 표현을 식별하는 시스템 및 방법'이 인용되어 있다. 무엇보다도 중요한 것은 팔란티어가 테러와 싸운다는 명분 아래 9·11 테러 이후 애셔의 회사들과 마찬가지로 세 글자로 된 연방 기관(CIA, FBI, 국가안보국, 국토안보부 등의 기관을 의미한다—옮긴이)과의 협력을 목표로 했으며, 훨씬 더 많은 성과를 거두며 널리 인정을 받게 되었다는 사실이다.

이 모든 것이 팔란티어가 무언가를 모방했음을 뜻하는 것은 아니다. 적어도 애셔의 회사들을 따라 했다는 의미는 아니다. 우선 팔란티어는 DBT, 초이스포인트, 사이신트, 렉시스넥시스리스크솔루션즈와는 달리 데이터 브로커가 아니었다. 데이터를 수집하지도, 팔지도 않았다. 팔란티어는 데이터를 정리했다. 대테러 분야의 카약Kayak.com(여행 상품 비교 사이트)이라 불러도 좋겠다. 고객 자체의 기록, 적어도 고객이 팔란티어로부터 얻지 않은 기록을 받아들인 뒤 이를 표준화하고 시각화해서 이해를 돕는 소프트웨어일 뿐이다. 나중에 팔란티어는 톰슨로이터와 렉시스넥시스, 특히 어큐린트와 연결되어 있다는 장점을 내세웠다.[32,33] 또 한 가지, 틸은 팔란티어에서 만들고자 하는 것에 보다 근접한 모델을 이미 페이팔에서 그의 팀과 함께 구축한 적이 있었다.

초창기 페이팔은 사기로 거의 침몰할 뻔했다. 러시아 마피아와 연계된 정교한 사이버 범죄자들에 의한 것이 대부분이었다. 하지만 1999년 인터넷 버블과 그 이후, 수많은 다른 온라인 결제 스타트업이 지불 거절chargeback(소비자가 상품을 받은 후, 피해를 호소하며 대금을 내지 않는 불법 행위—옮긴이)에 시달리는 와중에도 페이팔이 살아남은 이유는 위험을 식별하는 능력 때문이었다. CTO 맥스 레브친Max Levchin은 한 인터뷰에서 이렇게 말했다. "페이팔은 금융 서비스 회사인 척하는 보안 회사라고 이해하는 편이 가장 좋습니다."³⁴

2001년 틸과 함께 페이팔을 창업한 CEO 일론 머스크를 몰아낸 후(일론 머스크와 의견 차이가 있었던 틸과 레브친이 머스크가 자리를 비운 사이 임시 주총을 소집해 불신임안과 해임안을 통과시켰다—옮긴이) CEO가 된 레브친은 사기 탐지 시스템을 발명한 뒤 이고르IGOR라는 이름을 붙였다.³⁵ 이고르는 '시스템에서의 대규모 자금 이동을 시각적 형태로 표현하는 도구'였다. 의심스러운 IP(인터넷 프로토콜) 주소로 향하는 송금을 표시하고 의심스러운 패턴, 예를 들어 소액 거래 내역뿐인 계정이 갑자기 거액 거래를 하는 등을 포착하며, 심지어는 사용자가 자신의 이름을 대문자로 쓰는지의 여부에도 주목했다(일부 사기꾼은 그렇지 않았다). 페이팔 사용자들 사이의 거래는 일종의 소시오그램으로 표현되는데, 거래가 발생한 시간에 따라 선의 색이 달라지고 송금 금액에 따라 선의 두께가 달라진다.

한동안 이고르는 회의실의 닫힌 문 뒤에 잠긴 컴퓨터 한 대에서만 실행될 정도로 경쟁 우위를 점하고 있었다. 보안을 위해 사내 사기팀의 분석가들이 방에 들어와서 로그인한 후에 이고르를 사용했다.

레브친은 블룸버그의 기자에게 이렇게 말했다. "우리가 성공한다면 이는 '프리크라임pre-crime'(영화 〈마이너리티 리포트〉에서는 초능력자들이 범죄가 발생하기 전에 이를 예측하고 예방하는 시스템인 '프리크라임'을 기반으로 사람을 체포, 구금한다—옮긴이)과 같습니다.³⁶ 우리는 그들이 무엇을 하려고 하는지 알아내서 범죄 전이나 범죄 도중에 막을 수 있도록 노력합니다." 하지만 이것은 〈마이너리티 리포트〉가 아니다.

이고르는 결정을 내리지 않았다. 페이팔 그리고 팔란티어의 핵심 목표는 인간과 기계의 공생, 즉 각자의 장점을 결합한 일종의 증강 지능이었다. 컴퓨터는 가장 위험한 사례들을 파악하고 최종 판단은 사람이 내렸다.

틸은 팔란티어를 이끌기 위해 스탠퍼드 로스쿨 동기이자 철학박사 학위가 있으며 자칭 신마르크스주의자로 당시 부유한 유럽인들의 투자를 돕고 있던[37] 알렉스 카프Alex Karp를 CEO로 영입했다. 틸은 이사회 의장이자 팔란티어의 최대 주주로 남았다. 프로그래머가 아닌 두 리더, 한 사람은 좌파 성향이고 다른 한 사람은 우파 성향인 두 사람 사이의 창조적 긴장감은 이제 막 싹트고 있는 팔란티어의 신비감에 한몫을 했다. 실리콘밸리의 다른 뛰어난 엔지니어들이 최신 소셜 앱으로 사용자를 끌어들이기 위해 일하면서 막대한 연봉을 받는 동안, 팔란티어는 연봉을 13만 5000달러로 제한했다.[38] 하지만 직원들의 티셔츠에 적힌 "샤이어를 구하라Save the Shire"(《반지의 제왕》에서 샤이어는 호빗들이 살고 있는 평화로운 땅으로, 중간계를 정복하려는 어둠의 세력으로부터 위협을 받는다. 주인공들은 샤이어를 보호하고 중간계를 악의 세력으로부터 구하기 위해 노력한다. 이 문구는 직원들에게 《반지의 제왕》 속 영웅들처럼 더 높은 소명을 위해 일하고 있다는 생각을 불러일으키는 역할을 했다—옮긴이)라는 글귀처럼 선의를 위해 일할 기회를 제공했다.[39]

회사 초창기에 입사한 샴 상카르Shyam Sankar는 회사에서 큰 소명을 느꼈다고 말한다. "저는 팔란티어가 인류의 실존적 과제를 해결하는 데 중점을 두었던 1950~1980년대의 실리콘밸리로의 현대적 회귀라고 생각했습니다.[40] 오늘날에도 스팸성 페이스북 게임을 디자인하는 것이 세상을 바꾸는 문제나 되는 듯이 이야기하는 사람들이 있지만, 더 큰 문제는 이런 일들이 얼마나 쉽게 수용되는가 하는 점입니다. 반면에 저는 팔란티어에서 전 세계가 그 어느 때보다 실리콘밸리를 필요로 한다는 확고한 인식을 보았습니다." 소프트웨어가 지닌 구원의 힘에 대한 행크 애셔의 믿음과 같았다. 그 열정은 진짜였다.

팔란티어는 성장하면서 팰로앨토에 있던 페이스북의 옛 사무실을 인수했고,[41] 워싱턴에 있던 애셔의 국가 안보 분야의 오랜 클라이언트들(9·11 테러에 이어 사이신트가 슈퍼컴퓨터로 열광시킨 사람들을 비롯한) 일부를 끌어들였다. 팔란티어에 대한 인큐텔의 투자는 그 액수가 비교적 적은 약 200만 달러였지만,[42] 이 투자는 벨트웨이 곳곳의 문을 열었다. 한편 2020년 팔란티어가 상장하고 거래 첫날 시장 가치가 180억 달러에 이르면서[43] CIA의 이 투자는 엄청난 성과로 돌아왔다. 리드엘스비어의 '몇백만 달러'[44]짜리 주식은 약 3억 5000만 달러로[45] 불어났다.

애셔가 조지 브루더와 다른 플로리다 경찰로부터 거의 끊임없는 피드백을 받아 오토트랙의 새로운 버전을 개발했던 것처럼, 팔란티어의 3세대 데이터 융합 플랫폼은 새로운 테러와의 전쟁 중 일선에 있던 정보 분석가로부터 끊임없는 피드백을 받아 개발되었다. 사이신트의 한 직원이 백악관에서 열린 매트릭스 시연회에서 톰 리지가 딕 체니를 팔꿈치로 살짝 찌르는 것을 알아챘듯이, 워싱턴에서 즉각적인 소시오그램과 진정한 '인간과 컴퓨터의 공생'이 가능한 프로토타입을 선보이던 팔란티어의 공동 창립자 스티브 코언Stephen Cohen은 "20년 넘게 정부 기관에 근무해 온 먼지 한 톨 없는 정장 차림의[46] 정부 고위 임원들이 일어나 서로 하이파이브를 하는" 모습을 보았다.

실리콘밸리 사람들은 빌 슈루즈버리처럼 정보계에 몸담은 모든 사람들이 흔한 이름만을 사용한다는 사실을 알아차렸다. 연방 관리들은 팔란티어 엔지니어들이 후드티를 입고 회의에 나타나면 눈살을 찌푸렸다. 하지만 애셔와 달리 팔란티어의 리더들은 워싱턴의 방식에 적응했다. 국가대테러센터는 팔란티어의 고객이 되었다.[47] FBI도 고객이 되었다.[48] 군대도 고객이 되었다.[49] 이민·세관집행국도 고객이 되었다.[50] 곧이어 미국 경제계도 뒤를 따랐다.[51] 5년간 렉시스넥시스와의 경업금지 계약에 묶여 있던 애셔가 팔란티어의 부상을 알고 있었는지는 확실치 않다. 하지만 그가 자신이 기반을 구축해 놓은 세상이 얼마나 빠르게 변화하고 있는지 놓칠 리는 없었을 것이다. 그렇게 할 수 있는 사람은 존재하지 않는다.

2006년 말, 《타임》은 표지에 올해의 인물로 다시 PC를 등장시켰는데, 이번에는 화면 중앙에 굵은 글씨로 "당신"이라는 단어가 적혀 있었다.[52] 인터넷의 디지털 네트워크로 연결된 무명인의 무리, 새롭게 가시화된 무리에 대한 오마주였다. 《타임》은 이들이 웹 2.0을 통해 새롭게 힘을 얻었다고 선언했다. 이 잡지는 "당신. 그렇다, 정보화 시대를 지배하는 것은 바로 당신이다. 당신의 세계에 온 것을 환영한다"라고 선언했다.

애플은 2007년에 위치 정보가 내장되어 있고 지속적으로 데이터 네트워크에 연결되는 아이폰을 출시했다.[53] 구글은 같은 해에 안드로이드를 출시했고,[54] 2008년에는 첫 번째 구글 폰을 출시했다. '좋아요' 버튼을 활성화한 페이스북은 2009년에 등록된 사용자 수가 3억 5000만 명을 돌파하며 세계에서 가장 인기 있는 소셜 플랫폼이 되었다.[55]

2010년 10월, 현실의 페이스북이 데이터의 허술한 통제에 대한

《월스트리트저널》의 문제 제기로 휘청이고 있을 때에도,[56] 에런 소킨Aaron Sorkin이 각본을 쓰고 데이비드 핀처David Fincher가 감독한 영화 〈소셜네트워크The Social Network〉는 호평 속에 전국 영화관에서 상영되고 있었다. 개발자 계약, 교묘한 스크립트, 무차별 스크래핑 등을 통해 소셜네트워크의 방대한 데이터를 가로채는 새로운 유형의 사기꾼 집단에 속한 랩리프RapLeaf라는 브로커 업체가 수십만 개의 페이스북ID를 빼돌려 신발 소매 업체부터 정치 캠페인에 이르는 많은 사람에게 연결된 기록을 재판매하다가 적발되었다.

그 뉴스를 읽었을 때쯤 애셔가 가진 관심은 '직업적' 관심이었다. 경업금지 기간이 끝났고 그는 다시 데이터 게임으로 돌아왔다.

틸은 애셔가 재진입을 준비하던 때 썼던 또 다른 에세이에 "정치계와 달리 기술계에서는 개인의 선택이 여전히 다른 어떤 것보다 중요할 수 있다"라고 적었다.[57] 웹 2.0의 가짜 민주주의는 잊어버려라. "우리 세계의 운명은 자유의 기계를 구축하거나 전파하는 한 사람의 노력에 달려 있을 수도 있다."

14장

제왕의 재기를 막는 마음의 병

미국의 서브프라임모기지 사태가 전 세계적 경기침체로 전이되던 2008년 겨울에 TLFO닷컴TLFO.com이라는 웹사이트가 문을 열었다. 이 웹사이트의 주요 기능은 끊임없이 돌아가는 종말 시계였다. 12월의 어느 날 아침에는 "245일, 19시간 32분, 12.67초 후 시작"이라고 적혀 있었다. 3개월이 지난 어느 오후 한 변호사가 스크린숏을 찍었을 때는 "158일, 15시간 0분, 7.22초 후 시작"이라고 적혀 있었다.[1] 표시기 아래에는 "그들은 밭이고…"라는 난해한 슬로건이 있었다.

이 웹사이트의 뒤에 행크 애셔가 있다는 사실을 알고 있었다면 이 카운트다운이 렉시스넥시스와의 경업금지 계약이 만료될 때까지의 날짜와 시간을 초까지 표시하고 있다는 사실 또한 알 수 있었을 것이다. 가까운 동료들은 슬로건의 나머지 절반인 "그들은 밭이고 우리는 메뚜기다"라는 문구도 알고 있었다.

사이트가 올라가기 몇 주 전, 애셔는 전직 퍼스널 트레이너였으며 여동생 세리를 돕고 있는 터보Turbo라는 건장한 젊은이와 함께 보카러톤의 상업용 부동산을 둘러보고 있었다.

그는 터보에게 검은 옷을 입고 큰 망치를 들고 다니며 말은 하지 말라고 지시했다. 건물주나 중개인과 함께 빈 사무실 건물을 둘러보다가 애셔가 벽을 가리키며 "터보, 여기"라고 지시하면 터보는 벽을 마구 부쉈다. 표면적으로는 건축이 제대로 되었는지 알아보기 위해서였지만 실제로는 임대 협상에서 유리한 분위기를 조성하기 위해서였다. 언젠가 애셔는 터보가 준 버튼업 셔츠를 입고 있었는데, 그 셔츠에는 "개자식들을 엿 먹이자"라는 문구가 필기체로 멋들어지게 적혀 있었다.

프로그래머 몇 명이 이미 고용된 상태였다. 통화 거래 프로그램, 예술 작품을 생성해 내는 인공지능, 언어 번역기 등의 프로젝트를 개발하던 이들에게 애셔는 갑자기 새로운 과제를 선언했다. 이제 그들은 '어큐린트 킬러Accurint killer'를 개발할 것이라고 말이다. 프로젝트의 코드명은 AK(또는 알래스카Alaska)였다. 애셔가 공개적으로 밝힌 내용은 자신이 또 다른 기술 회사를 설립하고 있으며, TLFO가 '최후의 것The Last Fucking One'의 이니셜이라는 것뿐이었다. 나중에 친구들이 설득해 'F(Fucking)'는 빠졌다.

타이머가 0에 가까워지자 애셔는 보카러톤에 위치한 DBT의 옛 본사이자 IBM의 옛 캠퍼스였던 14만 3000평방피트(약 1만 3285제곱미터)의 블루레이크코퍼레이트센터Blue Lake Corporate Cener에 대한 임대 계약을 체결하고, 5만 평방피트(약 4645제곱미터)를 추가로 임대할 수 있는 옵션도 포함시켰다. 지역 언론은 경기침체에도 불구하고 야심 차게 출범한 새로운 벤처의 이야기를 열심히 다뤘다. 애셔는 《사우스플로리다비즈니스저널South Florida Business Journal》과의 전화 인터뷰에서 "지금 시기에 좋은 미국인이 되는 길은 얼마가 됐든 가진 돈을 경제에 투자하고 일자리를 창출하는 것입니다. 지금이 바로 그런 일을 할 때입니다"라고 말했다.[2]

애셔는 이 인터뷰에서 TLO의 제품이 무엇인지에 대해서는 분명하게 밝히지 않았다. 다만 국립실종·착취아동센터를 포함해 아동을 보호하려는 정부 기관과 비영리단체에 "기술을 기부할 것"이라고 약속했다. 함께 통화를 하던 애셔의 친구이자 당시의 동업자이며 국립실종·착취아동센터의 설립자이자 〈아메리카 모스트 원티드〉의 진행자인 존 월시도 전화 통화에서 애셔를 지지했다.

"행크는 과거에 물건을 전달한 적이 있습니다." 월시가 말했다. 악명 높은 밀수업자였던 애셔의 과거에 대한 언급은 부주의에서 비롯된 것이었다. 애셔는 국립실종·착취아동센터 역사상 가장 많은 기술과 1000만 달러 이상의 현금을 지원한 최고의 개인 기부자였고, TLO를 세상에 대한 그의 마지막 선물로 여기는 듯했다.[3]

애셔는 밥 버터워스Bob Butterworth 전 플로리다 검찰총장, 마이크 무어Mike Moore 전 미시시피 법무장관, 어니 앨런Ernie Allen 국립실종·착취아동센터 CEO, 납치 피해자 제시카 런스퍼드Jessica Lunsford와 엘리자베스 스마트Elizabeth Smart의 아버지들 등 몇몇 고문들과 함께 프레스 투어를 진행했다. 다른 남성들은 정장을 입었고 애셔는 분홍색 폴로셔츠를 입었다. 그는 카메라맨들에게 "방금 누군가 저 밖에 소아성애자가 있다고 해서 변호인으로부터 타이어에 연기를 피우라는 조언을 받았다"라고 말했고,[4] 카메라맨들은 주차장에서 차가 녹색 연기에 휩싸일 때까지 검은색 메르세데스 벤츠 S클래스의 바퀴를 돌리는 그를 촬영했다. 고문들은 초조해하며 웃음을 지었다.

경업금지 조항으로 발이 묶이다

곧 몬스터닷컴Monster.com과 같은 구인 사이트에 공고가 올라왔다. "아이들에게 더 안전한 세상을 만들어줄 수 있도록 도와주십시오![5] 우리 창립자는 세상을 바꾸길 원하며 우리는 그를 도울 것입니다! 최고의 C# 개발자에게 이곳은 꿈의 직장입니다. 설립자 행크 애셔는 이 분야에서 한 번이 아니라 무려 두 번이나 성공을 거두었습니다. 비서실장에서 최고 책임자에 이르기까지 이전 회사의 많은 직원이 두 번의 성공적인 사업에 참여해 백만장자가 되었습니다. 그는 더 이상 돈이 필요하지 않습니다. 이는 직원들에게 더 많은 몫이 돌아간다는 의미입니다!"

새 회사의 지분 10퍼센트를 갖게 된 월시는 홍보 영상을 찍었다.[6] 그는 거대한 모니터 앞에 서서 이렇게 말했다. "저는 여기 보카러톤의 TLO의 본사이자 세계 본부에 있습니다."[7] 화면에는 보라색 병 안에 번개 모양이 들어간 형태의 회사 로고가 조잡하게 그려져 있었다. "그리고 이쪽은 제 친구 행크 애셔입니다." 턱이 처지고 얼굴이 붉은 쉰일곱 살의 애셔가 나타났다. 짧은 수염은 회색으로 세어 있었고, 똑같이 분홍색 폴로셔츠를 입고 있었다. 그는 여전히 해적과 같은 분위기를 풍겼다. 그의 그늘진 과거는 이제 공식 TLO 약력에 "장거리 저고도 비행을 공부했다"는 항목이 되었다.[8]

애셔는 카메라를 향해 말했다. "우리의 새로운 제품이 어떻게 작동하는지 보셨죠? 이것이 구형 제품들을 대체할 겁니다. 오늘날 컴퓨터로 얻을 수 있는 수사 정보는 과거의 그 어느 때보다 많습니다." 영상은 애셔가 듀얼 스크린 앞에 앉아 조작 가능한 위성 이미지를 이용해 용의자의 집을 확대하는 장면으로 바뀐다.

렉시스넥시스 경영진은 워싱턴 DC 그리고 조지아주 앨퍼레타에서 보카러톤의 뉴스를 지켜보았다. 걱정이 점점 커지고 있었다. 렉시스넥시스는 어큐린트 인수 4년 만에 공공 기록물 시장을 지배하게 되었다. 기본 검색 가격을 400퍼센트 이상 올렸는데도 말이다.[9]

렉시스넥시스는 2008년 2월, 빛이 바랜 경쟁사 초이스포인트를 41억 달러에 인수하는 계약을 체결하며 선두의 자리를 굳혔다.[10] 연방거래위원회가 독점에 대한 우려를 해소하기 위해 개입했고,[11] 초이스포인트와의 거래가 성사되기 전에 오토트랙과 데이터베이스 제품의 최신 버전인 클리어Consolidated Lead Evaluation and Reporting, CLEAR(통합 리드 평가 및 보고)를 경쟁 업체 톰슨로이터에 매각하라는 압력을 넣었다.[12] 하지만 초기의 톰슨로이터는 정부 고객에만 집중할 생각을 갖고 있었고 막 시작하는 단계에 불과했다. 반면 애셔는 놀라운 속도로 움직이고 있었다.

2009년 3월 말, 사이신트의 슈퍼컴퓨터와 렉시스의 데이터를 연방 기관에 판매하는 렉시스넥시스의 워싱턴 DC 지사[13]인 렉시스넥시스스페셜서비스LexisNexis Special Services의 책임자 헤이우드 탤코브Haywood Talcove가 제프 디커슨Jeff Dickerson으로부터 한 통의 쪽지를 받았다. 디커슨은 메타토믹스Metatomix라는 틈새 데이터 업체의 소유주였다. "우디, 어제 오후에 행크 애셔 그리고 그 심복들과 보카러톤에서 시간을 보냈어요.[14] 그의 새로운 서비스가 분명히 렉시스넥시스과 경쟁하게 될 테니 그들 계획에 대해 알아보는 게 좋을 거예요."

텔코브는 다음 날 아침 일찍 디커슨에게 전화를 걸어 더 많은 정보를 얻었다. 이를 통해 렉시스넥시스는 몇 주 만에 애셔가 경업금지 조항을 위반했다는 이유를 들어 플로리다 순회 법원에 소송을 제기했다.[15] 텔코브는 그날 아침 이메일에 확인된 사실을 적어 보냈고,[16] 이후 법정 소송의 증거물이 된 그의 메모를 통해 애셔의 자신감과 편집증이 담긴 마지막 야망은 기록으로 남게 되었다.

오늘 아침에 제프와 30분 동안 이야기를 나누었는데 여러분과 공유할 내용이 많습니다.

1. 그의 회사에는 변호사, FBI, 검찰총장이 있었다. 그들은 밥 버터워스와 마이크 무어로 확인된다.

2. 메타토믹스가 이 일에 관심이 없었기 때문에 밥의 요청으로 메타토믹스가 이용하는 컨설팅 회사 180을 통해 회의가 열렸다.

3. 회의는 화요일 3시부터 4시 40분까지 새로운 보카러톤의 시설에서 열렸다.

4. 빌 슈루즈버리가 새 회사의 CEO다.

5. 그는 세계에서 가장 큰 컴퓨터 시스템을 구축할 예정이다.

6. 그들은 모든 소아성애자를 없앨 것이다.

7. 이것은 세상에 주는 그의 선물이다.

8. 밥 버터워스가 대단히 끈질기게 굴었기 때문에, 행크가 "당신은 왜 여기 있는 거요?"라고 물었다.

9. 행크는 "나를 쫓아내고 내 회사를 빼앗은 CEO가 싫어"라고 말했다.

10. "렉시스넥시스가 나를 고소할 것이다. 우리 팀에는 최고의 변호사 열 명이 대기하고 있다."

11. 그는 정부가 무료로 시스템을 사용하기 위해 정보를 제공해야 하는 기여형 데이터베이스를 구축하고 있다.

12. "어큐린트의 기술은 10년 전 것이다. 내 새로운 기술은 더 빠르고 정확하다"라고 행크가 말하자, 그의 변호사가 그 얘기는 그만하라고 말했다.

13. 제프는 어떻게 돈을 벌려 하는지 이해할 수 없었다. 그에 대해 묻자 행크는 미소만 지었다.

14. 그는 새로운 시설을 둘러봤다. 법집행·법의학실험실과 10만 달러짜리 주문형 도넛 기계가 있었다.

15. 제프는 회의 전에 자신의 신원을 조회한 것 같다는 느낌을 받았다. 행크가 자신의 보트 등에 대해서 매우 구체적인 정보를 갖고 있었기 때문이다. 이 때문에 약간 불안했다.

16. 행크는 주말마다 두 명의 새 여자 친구를 보트에 태우고 섬 근처를 놀러 다닌다.

17. 그들은 제프에게 플로리다주 계약을 통해 액세스할 수 있는 아동 복지 데이터에 대한 액세스 권한을 요청했다.

18. 행크는 제프와 함께 일하고 싶다고 말했지만 그는 거절했다.

19. 행크는 자신이 FBI, 국가범죄정보센터National Crime Information Center, NCIC 데이터에 접근할 수 있다고 언급했다. 그 데이터는 데이터맥스일지도 모른다.

20. 그는 수년 동안 자신을 곤혹스럽게 한 사람들에게 벌을 줄 것이라고 하며, 짐 펙을 지목했다.[17]

21. 제프가 주지사에게 행크 자신을 부정적으로 말하는 것을 알고 있다며, 그만두라고 말했다. 그들은 클린트에 대해서도 알고 있음이 분명하다.

22. 그는 제프가 렉시스넥시스와 어떤 관계인지 물었다.

23. 버터워스가 다음 날 전화를 걸어 회사에 들어오라고 강하게 압박했지만, 제프는 거절했다.

24. 플로리다 이후에는 텍사스, 캘리포니아로 향한다.

25. 어큐린트는 망한다. 행크에 따르면 이는 쉬운 일이라고 한다.

페이스북의 데이터를 노리다

2009년 11월, 캘리포니아에 본사를 둔 인물 검색 스타트업 스포케오Spokeo의 공동 창업자인 스물여섯 살의 해리슨 탱Harrison Tang은 플로리다에서 걸려온 모르는 번호의 전화를 받았다. 상대방은 자신을 행크 애셔의 비서라고 밝혔다. 그녀의 고용주가 탱과 그의 공동 창업자들을 가능한 한 빨리 만나고 싶어 한다며, 자신의 전용기로 플로리다로 모시겠다고 말했다. 탱은 바로 위키피디아에서 애셔를 찾아보았다.

당시 스포케오에는 탱을 포함해 일곱 명의 직원이 있었다. 애셔는 그들에게서 큰 가능성을 보았다. 빌 슈루즈버리는 몇 년 후 이렇게 설명했다. "그 젊은 스탠퍼드대 학생들은 정말 똑똑한 아이들이었죠. 페이스북도 해킹할 수 있었습니다. 그들에게는 쉬운 일이었습니다. 행크는 그들에게 큰돈을 지불할 생각이었죠. 그는 페이스북이 많은 데이터를 보유하고 있다는 사실을 알았고, 그 데이터들을 뭔가에 이용하려 했습니다."

사이신트를 창업할 당시 애셔는 AOL 채팅방에서 이메일 주소를 스크랩할 수 있는 능력을 가진 스티브 하디그리를 끌어들였다. 그로부터 10년이 흘렀으며 경업금지 시한이 만료되고 몇 달이 지난 지금, 그는 페이스북과 다른 소셜네트워크에서 프로필 데이터를 빼내는 능력을 가진 탱을 끌어들이려 하고 있었다. 애셔는 이미 사이신트에서 홀리의 수석 설계자였던 올레 폴센과 손을 잡고 어큐린트를 없애기 위한 새로운 데이터 융합 플랫폼을 구축하고 있었다. 애셔는 세계 최대 규모인 10만 노드의 대규모 병렬 슈퍼컴퓨터를 통해 이 플랫폼을 실행하겠다고 주장했다. 하지만 어큐린트를 망하게 만들려면 새로운 종류의 데이터가 필요했다. 점점 디지털화되는 사회는 그에게 제공할 많은 데이터를 갖고 있었다.

애셔는 데이터베이스테크놀로지스에서 자신의 첫 번째 크레디트 헤더를 판매했던 전 트랜스유니언 직원 월리 에이브럼스Wally Abrams를 데이터 수집 요원으로 고용했다. 한 직원은 데이터 수집이 애셔의 대량 살상 무기Weapon of Mass Destruction, WMD가 아닌 '돈 파괴 무기Weapon of Money Destruction'라고 농담했다. "모든 데이터를 사들여, 월리." 애셔가 지시했다. "모두, 하나도 빠짐없이 모두 말이야."

TLO는 에퀴팩스, 엑스피리언, 트랜스유니언의 크레디트 헤더 외에도 데이터 브로커 코어로직CoreLogic의 주택 소유자 정보,[18] 컴팩트 인포메이션시스템즈Compact Information Systems의 신규 이주자 목록, 어큐트렌드Accutrend의 사업용 주류 면허, 연방정부를 대신해 북미의 전화번호 및 통화 라우팅 시스템을 관리하는 뉴스타Neustar의 사람들이 실제 사용 중인 휴대전화 번호를 사들였다.[19] 또한 애셔는 운전자의 위치와 생활 패턴 추적용으로 전국의 데이터베이스를 갖고 있는 비질런트솔루션즈Vigilant Solutions와 번호판 판독기 스캔을 위한 획기적인 거래를 추진했다.[20]

애셔는 TLO를 구축하는 동안 매일 10만 달러의 사비를 쓰고 있다고 추정했다. 곧 그 비용은 20만 달러가 되었다. 그는 데이터 세트를 확보하고 직원을 고용하는 일은 계속했지만, 'TLOxp'라는 이름을 갖게 될 어큐린트 킬러의 출시는 미루고 있었다. 직원 한 명은 그가 "이 작업만 끝나면 출시할 거야"라고 말했던 모습을 기억하고 있었다. 애셔가 하고자 했던 '이 작업'은 소셜미디어를 활용하거나 보유하고 있는 회사를 인수하는 것이었다.

탱의 말에 따르면, 2006년에 처음 구현된 스포케오는 소셜미디어 애그리게이터, 즉 '메타네트워크metanetwork'로 설계되었다. 사용자가 렉스ID와 같은 고유 식별자인 이메일 주소를 입력하면 자신의 프렌드스터Friendster와 마이스페이스, 페이스북 스트림을 하나의 피드로 통합할 수 있는 것이다. 그는 스탠퍼드대 룸메이트들과 함께 부모로부터 얻은 시드 자금으로 지하실에 있던 본사에서 이 서비스를 시작했다. 탱은 '사람들은 자신의 콘텐츠를 통합하는 데 돈을 지불하고 싶어 하지 않는다'는 사실을 곧 알게 되었다. 사람들이 원하는 것은 정반대였다. 바로 다른 사람의 신상이었다.

"그래서 저희는 같은 기술의 용도만 변경했습니다"라고 탱은 말한다. "데이터베이스 수준에서 신원 검색과 신원 보호는 완전히 동일한 기술입니다. 로직이나 엔지니어링 측면에서도 똑같습니다."

"흥미로운 정보를 보고 싶은가요?"²¹ 스포케오 웹페이지에는 이런 배너 광고가 떴다. "스포케오는 41개의 주요 소셜 네트워크에서 친구 및 동료에 관한 정말 흥미진진한 소식을 샅샅이 찾아냅니다. 인사 담당자님들, 지금 여기를 클릭하세요." 결국 공정신용보고법Fair Credit Reporting Act 위반으로 80만 달러의 벌금을 물게 된 이유의 하나가 된 이 배너 광고는 스포케오가 가십 이상의 용도로 사용될 수 있음을 암시했다.²²

탱은 여가 시간에 바이올린을 연주하는 젊고 현실적인 사람이었다. 하지만 애셔와 그는 곧바로 서로에게 호감을 느꼈다. "뭐 먹고 싶어요?" 애셔는 탱을 플로리다로 데려가기 전에 물었다. 탱은 KFC를 제안했다. 그는 애셔 에어Asher Air로 알려진 12인승 챌린저Challenger 제트기에서 KFC 대신 랍스터를 먹었다. 그들은 애셔의 사무실에서 데이터 세트와 데이터 연결에 관한 이야기를 나눴다. "신원 확인은 상당히 어려운 문제입니다"라고 탱은 회상한다. "매우 철학적인 문제이기도 합니다. 우리는 모두 원자로 이루어져 있습니다. 어느 시점부터 1조 개의 원자가 그저 1조 개의 원자로 남기를 멈추고 뚜렷한 정체성을 가진 하나의 집단이 되는 걸까요?"

"저는 행크가 원했던 것이 우리가 원하는 것이며 그것이 진실이라고 확신합니다." 탱의 말이다. "그렇다면 진실은 무엇일까요?" 탱에게 정체성은 개인의 통제 밖에 존재하는 어떤 것이어야 했다. "진실은 저에게서만 비롯되지 않습니다. 진실은 다양한 출처에서 비롯됩니다."

애셔는 며칠 후 두 번째 만남을 위해 탱을 다시 불렀다. 이번에는 탱을 자신의 저택으로 데려가 아흔 살이 된 어머니를 소개했다. 두 사람은 부엌에 서서 인생에 대해 이야기를 나누었고, 애셔는 스포케오를 인수하겠다고 제안했다. "대단히 합리적이고 좋은 제안이었습니다"라고 탱은 말한다. 그러나 실명과 주소의 검색 기능을 확장한 스포케오4.0Spokeo4.0의 출시를 몇 달 앞두고 있던 탱과 그의 공동 창업자들은 그 일을 마치고 싶었다. 그들은 주저했지만 결국 제안을 거절했다. 어큐런트 킬러로 가는 길은 좁아졌다. 하지만 애셔는 곧 영웅이 될 수 있는 다른 방법을 찾게 된다.

2010년 아이티 지진에서 수천 명을 구하다

2010년 1월 12일 현지 시간 오후 5시 몇 분 전, 카리브해 국가 아이티의 수도 포르토프랭스 서쪽에서 리히터 규모 7.0의 대지진이 발생했다. 지진으로 도시가 순식간에 무너져 25만 명이 죽고, 수백만 명이 집을 잃었으며, 수천 명의 생존자가 잔해에 갇혔다.

애셔는 첫 뉴스가 보도되고 몇 분 만에 바스 그린Barth Green 박사와 연락을 취했다.23 그린 박사는 마이애미대학의 신경외과 의사이자 아이티에 초점을 맞춘 비영리 프로젝트 메디셰어Medishare의 공동 설립자였다. 애셔는 그린 박사에게 항공편이 필요하다면 자신의 제트기를 사용하라고 말했다.

애셔, 터보, 그린, 다른 두 명의 의사를 태운 애셔 에어가 다음 날 아침 아이티로 출발했다. 미국 연방항공청Federal Aviation Administration에는 인근 도미니카공화국의 산토도밍고로 가는 계획을 제출하여 허가를 받아냈다. 포르토프랭스의 작은 공항은 폐쇄되었고 활주로 일부가 잔해로 덮여 있었으며 관제탑도 작동하지 않는 상태였다.

하지만 아이티 상공을 날아갈 때 애셔는 조종사에게 다가가 이렇게 말했다. "도미니카공화국으로 가는 게 아냐. 포르토프랭스로 가야 해." 조종사가 항의했다. "조종사 면허가 취소될 거예요." 그러자 애셔가 대답했다. "나는 지금 총을 차고 있어. 착륙하지 않으면 네 대가리를 날려버릴 거야."

잔해가 흩어져 있는 포르토프랭스의 활주로가 시야에 들어오자 조종사는 다시 반대했다. "착륙해!" 애셔가 명령했다. 조종사는 시키는 대로 했고, 챌린저는 날카로운 소리를 내며 멈췄다. 그린은 이후 이렇게 회상했다. "100야드(약 91.4미터) 떨어진 곳에는 누구도 상상하지 못할 아수라장이 펼쳐져 있었습니다."

활주로 끝에 수천 명의 사람들을 위해 임시 피난처로 마련된 하얀 유엔 텐트들이 펼쳐져 있었다. 사지를 잃은 사람들, 죽음이 임박한 사람들이 있었다. 한 명뿐이었던 의사는 격렬하게 흐느끼고 있었다. 그린의 의료팀은 지진 발생 후 아이티에 도착한 최초의 외부 인도주의 단체였다. 그들이 급히 달려가 임시 수술대를 설치하고 일을 하기 시작했다. 애셔는 모든 수술을 도왔다.

그린은 "그날 우리는 마취도 없이 한 사람씩 절단 수술을 해야 했습니다"라고 말했다. "해야 할 일을 했을 뿐이죠." 이것은 애셔 에어가 플로리다와 아이티 사이를 꼬리를 물듯이 오간 열아홉 번의 비행 중 첫 번째 비행이었다.

애셔는 곧 아이티 정부와 의료팀이 사용할 수 있도록 위성 전화기 45대를 기부했다. 프로젝트 메디셰어가 공항 옆 부지에 300명을 수용할 수 있는 진료소를 세우자, 그와 존 월시는 비행기에 총을 가득 싣고 와 믿을 만한 현지인들에게 나눠 주고 약탈자들로부터 진료소를 보호하게 했다. 시빌드포르토프랭스 감옥Prison Civile de Port-au-Prince이 파괴되어 탈옥한 수천 명의 수감자들이 잔해가 널린 거리를 배회 중인 것으로 추정되었다.[24]

행크는 월시에게 "어서 준비해서 아이티로 갑시다"라고 말했다. 월시가 "좋아요, 언제 출발하죠?"라고 묻자, 행크는 "한 시간 반 후요. 총과 탄약을 가져와요"라고 했다. 월시는 "알겠어요"라고 대답한 후 행크와 함께 움직였다.

월시는 허리케인 카트리나 이후의 뉴올리언스, 9·11 테러 이후의 그라운드 제로, 연방 건물이 폭격을 당한 후의 오클라호마시티에 있었다. 아이티의 초기 혼란은 그때보다 훨씬 더 심각해 보였다. 시신은 사방에 널려 있었고 경찰은 어디에도 없었다.

애셔는 현장에서 본 것을 글로 쓰기 시작했다. 《사우스플로리다비즈니스저널》과 《허핑턴포스트》, 이후에는 자신의 웹사이트에 게시물을 올렸다.[25] 그의 첫 번째 에세이는 이렇게 시작된다. "여러분 모두 뉴스에 나오는 내용을 보셨을 겁니다. 하지만 여러분은 이 파괴된 현장을 360도로 둘러보지는 못하셨을 겁니다. 마치 포르토프랭스에 원자폭탄이 터진 것 같았습니다. 고층 건물이 완전히 무너져 내렸습니다. 생존자가 있을 가능성은 전혀 없었습니다. 건물에서 죽은 사람들의 악취가 콧속에서 사라지지 않았습니다."

주민들은 오렌지 껍질을 코에 꽂아 냄새를 막고 집의 잔해를 파헤쳤다. 아이티 비행을 마치고 저택으로 돌아온 애셔는 연이어 세 번 샤워하고, 알코올로 콧속을 문지르라는 간호사 친구의 조언을 따른 후에야 시취를 없앨 수 있었다.

그는 공원이나 고속도로의 바위 더미 뒤에서 잠을 자는 수천 명의 포르토프랭스 주민들에 대한 글을 썼다. "우리는 미국에서 편리한 삶을 살고 있습니다. 아이티에서는 병원 진료를 받을 수 있거나 팔다리를 한쪽만 잃어도 운이 좋은 축에 속합니다. 텐트와 음식, 물은 사치품이 되었습니다."

애셔는 구조 비행을 하는 사이사이 자신이 아는 상원 의원과 하원 의원에게 전화를 걸어 구호 활동에서 미국이 더 큰 역할을 하도록, 관료적 형식주의를 지양하도록 도움을 달라고 부탁했다. 그는 공익 기업 임원들에게도 반갑지 않은 이메일을 보냈다. 프로젝트 메디셰어를 위해 급히 발전기를 보내달라고 요청하는 내용이었다.

한 임원은 관료적인 답장을 보내는 실수를 저질렀다. "모든 전력 복구 작업은 에너지부Department of Energy, DOE가 에디슨전기협회Edison Electric Institute, EEI를 통해 조정하고 있습니다. 저희 평가팀이 이미 파견되어 있습니다. 에너지부의 조율이 있기 전까지는 저희가 할 수 있는 일이 없습니다."[26]

애셔는 믿지 못하겠다는 반응을 보였다. "귀 기관의 '평가팀'이 아이티 지진 생존자로 변장하고 돌아다니지 않는 한, 그들은 그곳에 없다는 사실을 말씀드리고 싶습니다. 귀하의 답변은 헛소리입니다. 임시 병원에 무엇이 필요하고 무엇이 도움이 될지 보고 싶은 사람이 있다면 우리는 그에게 협조할 것입니다. 또 제가 DOE가 EEI의 일을 승인해야 한다는 점을 분명히 이해했음을 밝힙니다."

훗날 구호 활동의 영웅으로 추앙받은 바스 그린은[27] "행크는 모든 사람에 맞섰다"[28]라며, 그런 행크의 무자비함이 수천 명 아이티인의 목숨을 구했다고 주장했다. 그가 구한 사람들 중에는 플로리다로 돌아오는 비행기에 몰래 태워 온, 중상을 입은 아이티 어린이들도 있었다. 미국 영토에 들어올 때마다 당연히 세관 검사가 진행되었으나, 애셔는 이에 대처하는 방법을 잘 알고 있었다.

그린은 이렇게 회상했다. "포트로더데일에 착륙하면 국경순찰대가 비행기를 에워쌉니다. 행크는 비명을 지르고 총을 휘두르면서 비행기에서 달려 나갔습니다. 그러면 우리는 환자들을 반대편에 있는 불도 켜지 않은 앰뷸런스로 옮겨 태우고 공항을 빠져나와 잭슨메모리얼외상센터Jackson Memorial Trauma Center로 향했죠." 총을 휘두르는 대신 자신이 한때 밀수범이었다고 큰 소리로 외쳐 순찰대원들의 주의를 분산시켰던 적도 있었다. 그러고는 더 이상 밀수범이 아니라고, 기체에 숨긴 것은 아무것도 없다고 미치광이처럼 떠들었다. 그래도 다시 확인하길 원하면 그는 다시 소리쳤다. "저길 좀 봐요!"

미 공군이 포르토프랭스의 관제탑을 수리하고 공항을 공식적으로 재개장하기 위해 전문가를 파견했을 때 애셔는 이를 받아들이는 듯했다. 갑자기 아이티 상공이 긴급 구호품을 실은 비행기로 가득 찼다. 그는 "어제는 어찌나 많은 대형 화물기와 군인들이 날아왔는지 공항이 전쟁터처럼 보였습니다"라고 적었다.29 "아이티를 돕기 위해 온 많은 나라의 인류애는 세계 다른 지역에서 벌어지는 정신 나간 전쟁과 불안에 비하면 정말 아름다운 메시지입니다."

그러나 곧 아이티 영공이 엄격하게 통제되고 포르토프랭스에 착륙할 수 있는 시간이 촉박해지면서 사실상 애셔가 착륙할 길은 막혀 버렸다. 12인승 챌린저는 100피트(약 30.5미터) 길이의 C-130기 사이에서 설 곳이 없었고, 그의 노력은 아이티로 들어오는 구호 물결에 휩쓸려 사라졌다. 더 이상 카우보이의 구호 활동을 위한 여지는 남아 있지 않았다. 그는 자신의 스타트업으로 돌아갔다.

의욕을 잃은 애셔

TLO의 직원 데릭 앤더슨Derick Anderson은 "아이티 구호 이후 군에서 비행기를 타고 지원하러 가는 행위를 허용하지 않자 상황이 달라졌습니다. 행크는 활기가 없어 보였습니다. 의욕이 없어 보였어요"라고 말한다. 애셔는 매일 오던 사무실에도 나타나지 않았다. 살도 더 쪘다. 앤더슨은 "행크는 더 움츠러들고 퉁명스러워졌습니다. 저는 그가 제품을 출시해 모두가 직장을 잃지 않기를 바랐지만, 회사 안은 모두가 자기 먹이에만 신경 쓰는 '스키너의 상자Skinner Box'(심리학자 B. F. 스키너B. F. Skinner의 심리 실험에 쓰인 상자를 말한다. 스키너 상자는 밀폐된 환경으로, 쥐나 비둘기 등의 동물은 그 안에 설치된 레버를 눌러 음식 같은 보상을 얻거나 가벼운 감전 같은 처벌을 피한다―옮긴이)가 되었습니다."

앤더슨은 TLO의 직원들을 위한 심리학자(슈루즈버리는 행크가 자신을 버거워하는 사람들을 위해 심리학자를 고용했다고 언급했다)로, 다른 직원과 같이 네 개의 유리벽으로 된 사무실을 배정받았다. 애셔는 모든 사람이 볼 수 있는 그 사무실에서 상담을 진행하라고 지시했지만, 앤더슨은 그 요구를 대부분 무시했다.

애셔가 TLO에 나타날 때는 보통 한 명 또는 여러 명의 젊은 여성과 함께였다. 모두 여자 친구들이었다. 일부는 밀리어네어매치닷컴

MillionaireMatch.com에서 만난 이들이었다. 저택에서 함께 살면서 회사 급여를 받는 이들도 있었다. 직원들은 조롱조로 이 여성들을 "부사장들"이라 불렀다. 한동안 그는 적어도 네 명의 여성과 동시에 데이트를 했다.

그의 딸 칼리는 나중에 법정에서 이렇게 증언했다. "목록은 대단히 깁니다.[30] 제가 기억할 수 있는 것은 캐서린과 레이시입니다. 카티나도 있었고 루즈도 있었습니다. 페기는 오랫동안 어울리지 않다가 다시 만났어요. 미셸이라는 여자와도 사귀었죠. 아버지는 동시에 여러 여자와 만남을 가졌어요. 아마 이름을 수백 개는 댈 수 있을 겁니다. 모두 그 집에 있었죠."

2010년 2월, 대중을 위한 인물 검색 제품인 스포케오4.0이 공개되었다. 애셔에게는 더 이상 모든 데이터 제국이 그의 천재성을 필요로 하지 않음을 보여주는 씁쓸한 일이었다. 한편 애셔의 사업도 주춤하는 듯했다. 미국은 경기침체에서 벗어나고 있었지만, 그의 회사는 쇠퇴하고 있는 듯했다. 넓은 TLO 본사는 텅 비어 있었고, 꽃은 사라졌으며, 출장 초밥 점심은 지미존스Jimmy John's(미국의 샌드위치 체인—옮긴이)의 음식으로 대체되었다. 벽에 글씨가 쓰이고 있었다(성경의 다니엘서 5장에서 유래된 말. 바빌론의 왕 벨사살이 예루살렘 성전에서 약탈해 온 금 그릇과 은그릇을 사용해 연회를 열고 있는데 갑자기 손가락이 나타나 벽에 "수를 세었다. 저울에 달았다. 나누었다"라는 글을 썼다. 다니엘은 이 글의 뜻을 해석해, 벨사살의 왕국이 멸망할 것임을 예언했다. 즉 재앙의 조짐이 임박했다는 뜻이다—옮긴이). 회사를 설립하는 데 8900만 달러에 가까운 돈을 들인 애셔는 돈이 바닥나고 있었다.[31]

2011년 1월, 그는 딸과 주디스 휠론 명의의 신탁에서 TLO에 총

2500만 달러를 대출했다.³² 더 이상 애셔의 개인 재산에 의존할 수 없게 되자 회사는 투자금을 조달하기 위한 홍보 자료를 배포했다.³³ "행크와 올레가 설계한 새로운 기술, 데이터 융합 방법, 슈퍼컴퓨터, 인덱싱 방법론 등은 완벽하게 작동합니다. 새로운 발명품은 코드의 첫 줄을 작성하기도 전에 이미 그들의 머릿속에서 컴파일되어 실행되고 있습니다. 그들은 '충분히 발전된 기술은 마법과 구별할 수 없다'는 소설가 아서 C. 클라크Arthur C. Clarke의 명언을 현실로 만듭니다."

몇 달 후 애셔는 링컨내셔널Lincoln National에서 2500만 달러짜리 생명보험에,³⁴ 그로부터 몇 달 후에는 푸르덴셜Prudential에서 4000만 달러짜리 두 번째 보험에 가입했다.³⁵

2011년 5월, 애셔의 어큐린트 킬러인 TLOxp가 예비 개발 단계를 벗어났다.³⁶ 그의 주장에 따라 법 집행기관에는 무료로 제공되었다. 다른 사람에게 부과된 검색 비용은 25센트였다. 하지만 제품에 대한 반응은 크지 않았다. 9월까지 유료 가입자는 1만 7700명에 불과했다. 애셔는 더 많은 가입자를 유치하기 위해 '전격적인 마케팅 전쟁'을 벌이겠다고 약속했지만 집중력을 잃고 있었다.³⁷

이후의 소송에서는 애셔가 정신 건강이 악화되고 있다는 것을 솔직하게 밝혔는지에 대해 의문이 제기되었다. 한 서류에는 "신청인은 프루덴셜파이낸스Prudential Financial, Inc.의 자회사인 프루코생명보험 Pruco Life Insurance Company에 피보험자인 헨리(행크) 애셔가 불안장애라는 정신질환을 앓고 있다고 말했지만, 실제로는 자신이 주요 우울장애, 순환기분장애, 연극성 성격장애를 앓고 있으며 그런 진단을 받았다는 것을 알고 있었다"라고 적혀 있다.³⁸

또한 슈루즈버리와 다른 오랜 친구들도 진실한 이야기들을 공개했다. 애셔는 자신의 마음을 통제하기 위해 약을 먹으려 했다는 것이다. 그는 약을 계속 복용하고 있었다. "신청인은 프루코에 헨리(행크) 애셔가 불안장애와 수면장애 때문에 렉사프로Lexapro와 알프라졸람Alprazolam을 처방받아 복용했다고 밝혔지만 세로큘Seroquel, 클로나제팜Clonazepam, 누비길Nuvigil, 애더럴Addrall, 자낙스Xanax도 처방받아 복용했다는 사실은 밝히지 않았다."

애셔는 여행을 중단했다.[39] 그는 더 이상 집이 아닌 곳에서 밤을 보내는 일을 즐기지 않았다. 회의에 참석해야 하는 경우에는 비행기를 타고 갔다가 당일에 돌아왔다.

슈루즈버리는 애셔의 마음이 "항상 시속 500마일(약 804.7킬로미터)로 달리고 있었다"라고 말한다. "하지만 문장조차 옆에서 마무리를 지어줘야 하는 지경에 이르렀죠. 슬펐습니다." 그는 한 비즈니스 미팅에서 애셔가 고의로 혹은 그 자신도 어쩔 수 없이 볼펜으로 자신의 썩은 이를 뽑아서 수백만 달러 규모의 거래를 무산시키는 광경을 지켜보았다.

애셔가 남긴 진정한 유산은 무엇이었나

2012년이 끝나갈 무렵, 애셔는 갑자기 자신의 저택에 살던 모든 젊은 여성들을 내쫓았다.[40] 정신이 맑아지는 듯 보였다. 그는 과거로부터 도망칠 준비가 되어 있었다. 12월의 어느 날 밤, 애셔는 전화를 들고 지금은 장성한 딸들의 어머니이자 현재 버지니아에 살고 있는 주디스에게 전화를 걸어 다시 가장이 되고 싶다고 말했다. 그리고 그녀에게 청혼했다.

주디스는 그가 정말 진지하게 원하는지 알고 싶었다. 그녀는 '인터넷 여자 친구'는 사라졌느냐고 물었다. "다 끝냈어요? 그렇지 않으면 난 관심 없어요." 애셔는 두 번 더 전화를 걸어 자신이 진심이라는 확신을 주었다.

크리스마스 직후 주디스는 보카러톤으로 날아갔고, 도착한 날 저녁 애셔는 주방에서 그녀의 손가락에 약혼반지를 끼워 주었다. 다음 날 주디스를 태운 애셔는 델레이비치의 법원까지 갔고 그곳에서 혼인허가증을 받았다. 이렇게 서두른 데에는 낭만과 실용성이 모두 작용했다. 새해 전에 결혼하면 세금 혜택을 받을 수 있기 때문이었다. 두 사람은 결혼 날짜를 일요일인 12월 30일로 정하고 저택의 수영장 옆에서 딸과 터보, 플로리스트 친구, 전 가정부, 현 가정부의 쌍둥이 아들들을 비롯한 몇 안 되는 하객 앞에서 결혼 서약을 했다.

그렇게 12일이 지났다. 그리고 2013년 1월 11일 주디스가 병원에 입원 중인 오빠를 병문안하러 간 사이, 애셔는 잠든 채 홀로 세상을 떠났다. 사망 원인은 흡연자나 비만인 사람, 하루 종일 컴퓨터 모니터 앞에 매달려 있는 사람에게 흔한 양측성 폐색전증이었다.[41] 아무것도 통과할 수 없을 정도로 폐에 쌓인 혈전, 즉 노폐물이 그를 죽게 만들었다. 그의 나이는 61세였다.

애셔의 딸 칼리는 금고에서 은화 뭉치와 크루거랜드 두 개를 발견했다.[42] 애셔가 끝내 떨쳐버리지 못했고, 결국에는 받아들일 수밖에 없었던 밀수꾼 과거의 전리품들이었다. 애셔의 은행 계좌와 투자 계좌를 확인한 유언 집행인은 한때 수억 달러에 달했던 그의 재산이 72

만 5349달러의 유동 자산으로 줄어들어 있는 것을 발견했다.[43]

하지만 그의 유산은 이런 물질적 풍요가 아니었다. 그의 유산은 여전히 돌아가고 있고, 여전히 목표를 좇고 있고, 여전히 점수를 매기고 있고, 여전히 인간 경험의 새로운 측면으로 확장하고 있는 그의 기계였다.

3막

그래도 쇼는 계속된다

2012년~

15장

데이터가 범죄자로 낙인찍은 사람들

어느 따뜻한 10월의 밤, 뉴저지주 뉴어크에서 방망이를 든 다섯 명의 사람들이 어두운 곳에서 뛰어나오더니 저메인 브루스Jermaine Bruce를 둘러쌌다. 도망칠 새도 없었다.[1] 첫 번째 공격이 브루스의 얼굴로 날아들었다. 브루스는 가로등 아래 바닥에 쓰러졌다. 세 명의 여성과 두 명의 남성으로 이루어진 폭행범들은 브루스가 아파트 아래 어린이집에 침입했다고 비난하며 계속해서 그를 때렸다. "내가 아니야!" 브루스가 신음 같은 소리를 냈다. "왜 나를 때리는 거요?"

경찰이 나타났을 때 브루스는 울타리에 수갑이 채워진 채였다. 피투성이가 되었지만 의식은 있었다. 그는 경찰에게 어린이집 원장의 아들인 한 남성을 알아보았으며, 여성들은 어린이집 원장의 딸들이라고 말했다.

브루스는 다른 남성의 이름을 몰랐고, 나이도 짐작하지 못했다.

그 남성은 피부색이 밝은 흑인으로, 대머리이고 자신이 알아본 첫 번째 남성보다 '조금 더 날씬한' 사람이라고 증언했다. 키는 6피트 2인치(약 188센티미터)인 뉴어크경찰서의 사건 담당 형사보다 '조금 더 크고', 6피트 5인치(약 196센티미터)인 브루스 자신보다는 '조금 더 작았다'고 묘사했다.

병원에서 퇴원하고 며칠이 지난 후, 브루스는 경찰서 주차장에 임시로 마련한 담당 형사의 트레일러 사무실에 앉아 있었다. 두 번째 남성 가해자의 신원을 파악하기 위해 경찰 컴퓨터로 수백 장의 머그 숏을 훑어보던 중이었다. 형사는 한 가지 아이디어를 떠올렸다. 어린이집과 관련이 있는 사람을 찾아야겠다는 생각이 든 것이다. 그래서 그는 행크 애셔 덕분에 미국의 많은 경찰관에게 제2의 천성이 된 일을 했다. 어큐린트에 검색하는 행위 말이다.

16년 경력의 베테랑 형사인 그는 한 달에 수백 건에 달하는 사건을 처리했다. 컴퓨터가 그것을 가능하게 했다. 그는 위험 인식, 레이더 작동, 피해자 신고, 갱단 식별, '인종 프로파일링 근절' 등에 대한 공식적인 교육을 받았다. 하지만 어큐린트 검색 방법에 대해서는 공식적인 교육이 필요가 없었다. 편리한 사용법은 이 프로그램의 강점 중 하나였다.

형사는 어큐린트의 결과를 분석하는 방법에 대한 교육도 받지 않았다. 머그 숏에서 어큐린트로 전환하면서 완전히 다른 데이터 세계를 다루게 되었는데도 말이다. 뉴어크의 머그 숏 데이터베이스에 있는 이들은 이전에 체포된 적이 있는 사람들이었지만, 어큐린트 데이터베이스에는 단순히 존재하기만 해도 들어가 있다. 모든 사람이 범죄와 연쇄적으로 연결될 수 있다. 유일한 문제는 몇 단계나 떨어져 있느냐다.

어큐린트 보고서에는 다음과 같은 경고를 담고 있다.[2] "중요: 보고서에 사용된 공공 기록과 상업적으로 입수할 수 있는 데이터 소스에는 오류가 있습니다. 데이터는 잘못 입력되거나 잘못 처리될 수 있으며 결함이 있을 수 있습니다. 이 시스템을 정확하고 결정적인 증거로 신뢰해서는 안 됩니다." 하지만 이 경고는 더 치명적인 위험은 언급하지 않았다. 결과는 정확하더라도 그 결과의 해석이 편향될 수 있다는 사실 말이다. 기술이 인상적일수록 인간은 판단을 유예하기 쉬워진다. 실리콘밸리의 꿈과 달리 인간과 기계의 공생은 최악과 최악이 결합하는 상황을 낳을 수 있다.

형사가 어린이집 주소를 입력하자 어큐린트는 어떤 식으로든 이 어린이집과 연관된 33명의 이름을 순식간에 렉스넥시스의 신원 그래프에 표시했다. 그중 10명 이상이 남성 이름이었다. 형사는 차량관리국 데이터베이스(일반 대중의 정보가 담긴 또 다른 외부 시스템)에서 그들의 운전면허증 사진을 하나씩 검색했고, 브루스는 손을 흔들어 후보자를 한 명씩 제외했다. "그 사람이 아닙니다. 아니요. 아닙니다."

브루스는 초조해졌다. 여자친구는 사무실 밖에서 두 시간 가까이 그를 기다리고 있었고, 오래 앉아 있으려니 부상으로 인한 통증이 심해지고 있었다.

어큐린트 목록의 열한 번째 사람은 로빈 뉴섬Robin Newsome(렉스ID XXXXXXXX8523)이라는 여성으로, 남쪽으로 100마일 떨어진 뉴저지주 글래스보로에서 존 뉴섬John Newsome(렉스ID XXXXXXXX4201)과 함께 사는 것으로 보였다. 형사는 존 뉴섬의 운전면허증 사진을 찾았다. 대머리에 밝은 피부를 가진 흑인 남성의 얼굴이 떴다. "이 사람인가요?" 그가 물었다.

브루스는 이미지를 들여다보았다. 그런가? 그는 확답을 했다. "맞습니다." 형사는 사진을 출력했다. 브루스는 서명하고 날짜를 기입한 후 절뚝거리며 문을 나섰다.

차량관리국 데이터베이스에는 존 뉴섬의 키가 5피트 9인치(약 175.2센티미터)로 브루스가 묘사한 사람보다 훨씬 작게 기재되어 있었고, 기록 확인 결과 뉴섬에게는 범죄 전과도 없었다. 형사는 좌절하지 않았다. 그는 어큐린트를 통해 글래스보로의 주소가 여전히 뉴섬 가족의 현주소인 것을 확인했다. 맞았다. 그는 영장을 준비했다.

'예측 치안'이라는 말의 함정

존 뉴섬을 올가미에 걸려들게 한 단순한 형태의 네트워크 분석은 어떤 의미에서는 치안 유지의 역사만큼이나 오래된 것이었다. 좋은 경찰이라면 용의자의 전과 기록을 살펴 그와 함께 체포된 전력이 있는 사람이 누구인지 알아낸다. 피해자에게 적이 있는지 물어본다. 사촌과 이웃, 형제자매, 동급생을 주의 깊게 살펴본다. 2011년 이후로는 어큐린트, 페이스북, 구글을 확인하게 되었다. 하지만 보다 최근에 와서 미국의 일부 대형 경찰서는 이전의 원시적인 네트워크 분석이 공식적이고 과학적인 것으로 대체되는 작은 혁명을 거치고 있었.

2011년 10월, 뉴어크 판사가 뉴섬의 체포 영장을 발부하기 하루 전, 우연히도 당시 예일대학교의 떠오르는 스타였던 사회학자 앤드루 파파크리스토스Andrew Papachristos가 〈네트워크 범죄학의 도래?The

Coming of a Networked Criminology?〉라는 에세이를 발표했다. 네트워크 연구 현황에 대한 이야기만큼이나 논쟁을 불러일으키는 글이었다.[3] 그는 글에서 이렇게 말한다.

우리가 '연결된 세상'에 살고 있다는 표현은 다소 진부하다. 지난 10년 동안 인류학과 사회학에 기원을 둔 새로운 '네트워크 과학'이 대중문화와 학계를 엄습했다. 말콤 글래드웰Malcom Gladwell의 《티핑 포인트》와 같은 베스트셀러부터 페이스북, 링크드인, 트위터 같은 혁신적인 소셜미디어에 이르기까지, 일반 대중은 소셜네트워크야말로 세상이 돌아가는 방식을 이해하는 열쇠라는 생각을 전폭적으로 받아들이고 있다.
사람들이 다른 사람과 어떻게 '연결'되느냐가 차이를 만든다. 데이트 패턴, 취업, 쇼핑, 건강, 심지어 대통령 선거 결과까지 결정한다.

그는 계속해서 세상은 소셜네트워크가 중요하다는 데 동의하게 되었지만 "슬프게도 범죄학자들은 중요한 흐름을 놓쳐버렸다"라고 말한다.
파파크리스토스는 사회과학의 전통적인 접근 방식은 '변수 패러다임variables paradigm'이었다고 설명한다. "이론은 추상적 개념을 기반으로 만들어지며, '자본주의' '교육' '성별'과 같은 추상적 개념들을 '변수'를 통해 분석함으로써 그 변수들이 보여주는 전반적인 경향을 포착한다."
전통적인 범죄학도 마찬가지다. 예를 들어 간단한 모델로 빈곤이 범죄율에 어떤 영향을 미치는지에 대해서 설명할 수 있다. 시카고나

마이애미 같은 도시에서의 갑작스러운 폭력 범죄 증가를 설명하려는 범죄학자는 크랙 코카인, 권총, 거리 갱단과 같은 위험 요인을 추적한다. 파파크리스토스는 이런 변수 접근 방식은 전체적으로는 성공적이지만, "대다수의 개인은 그런 위험 요소에 심각한 수준으로 노출되더라도 범죄를 저지르지 않는다는, 믿을 수 없을 정도로 단순한 사실을 간과한다"라고 지적한다.

그는 개인 차원에서 폭력이 발생하는 원인을 이해하기 위해 "범죄학자들은 전염병에 대한 역학 연구에서 힌트를 얻어야 한다"라고 제안했다. 병원체가 얼마나 빠르게 전파되는가는 네트워크의 구조와 밀도는 물론 주변 사람들의 행동에 따라 달라진다. 감염병은 조건이 충족되었다고 해서 난데없이 생겨나는 것이 아니다. 반드시 감염된 사람과의 접촉이 있어야 한다.

파파크리스토스는 "범죄, 특히 폭력 범죄는 특정 인구 집단에 집중되어 있다"라면서 "심지어 여러 '위험 요인'을 갖고 있는 지역에서도 마찬가지"라고 설명한다. 즉 위험 요인이 많더라도 지역 전체가 다 위험한 것이 아니다.

2010년 보스턴에서 발생한 30년간의 총기 폭력에 대한 연구는 총격 사건의 절반 이상이 보스턴 거리의 3퍼센트 이내에서 발생했다는 사실을 발견했다.[4] 파파크리스토스의 뉴헤이븐과 시카고에 대한 연구는 폭력 집중 현상이 장소에만 나타나는 것이 아니라 소셜네트워크 안에서도 나타난다는 것을 보여주었다. 시카고의 한 지역에서는 총기 살인 사건의 40퍼센트 이상이 구성원이 3100명(인구의 4퍼센트에 불과한)인 네트워크에 집중되어 있었다. 2013년 연구가 발표된 후 《워싱턴포스트》에 기고한 글에서 그는 "그 4퍼센트에 속하는 것만으

로도 총에 맞아 죽을 확률이 900퍼센트 높아졌다"라고 말했다.[5]

폭력만 전염성이 있는 것은 아니었다. 총기 폭력과 관련된 사회적 관계망, 범죄자든 피해자든 총기 폭력에 노출될 가능성이 높은 사람을 분석해 낸다는 아이디어 역시 전염성이 있는 것으로 나타났다. 이는 새로운 종류의 경찰 업무를 전망하는 것처럼 보였다. 경찰이 사후에 범죄자를 잡는 대신 네트워크 분석을 통해 애초에 범죄를 저지르지 못하도록 막을 수 있다는 뜻이다. 이는 도시에서 범죄 발생률이 높은 지역을 파악하고 더 많은 순찰로 범죄를 억누르도록 고안된 위치 기반 전략과 함께 '예측 치안predictive policing'의 기초를 형성하게 된다.[6] 이를 비판하는 사람들은 예측 치안을 인종 프로파일링을 정당화하기 위한 사회과학적 방법으로 보았다. 최초의 예측 치안 시스템이 식별한 우범 지역은 흑인 거주 지역이었고, 개인은 주로 젊은 흑인 남성인 경향이 있었기 때문이다.[7]

2012년, 파파크리스토스가 자신들을 거론한 것이 매우 불편해진 시카고 경찰은 처음에는 '2단계 분리Two Degrees of Separation'로, 이후에는 '전략적 대상자 목록Strategic Subjects List' 또는 '히트 리스트heat list'로 알려진 전략을 시작했다.[8] 시카고경찰국은 이전 4년 동안 체포된 사람뿐만 아니라 새롭게 체포된 모든 사람에게 알고리즘을 적용해 개인의 위험 점수를 계산했다. 다만 그 요소가 무엇인지, 어떻게 가중치를 두었는지는 비밀에 부쳤다. 대변인은 호기심을 갖는 기자들을 안심시키기 위해 노력했다. 그는 "신용점수와 마찬가지로 전략적 대상자 목록은 단순히 위험을 계산하는 도구일 뿐입니다"라고 설명했다.[9] 한편 IBM은 유럽이 대규모로 유입되는 시리아 난민들을 심사하는 데 도움이 된다며 '테러리스트 신용점수'를 계산하는 기술을

홍보하게 된다.[10]

로스앤젤레스에서는 팔란티어의 소프트웨어, 어큐린트와 TLO의 데이터를 비롯한 수많은 소스에 의지하는 예측 치안 실험, '오퍼레이션 레이저Operation LASER'를 통해 비슷하게 위험 점수를 산출하고 있었다.[11] 상습범은 경찰서장으로부터 다음과 같은 편지를 받았다. "시간을 내어 이 편지를 읽어주신 데 감사드립니다. 귀하는 2017년 1~3분기 동안 두 번 이상 체포된 사람 중 한 명입니다. 이 편지의 목적은 향후 이러한 행동을 반복하지 않도록 격려하기 위한 것입니다."[12]

처음에 시카고는 히트 리스트를 잠재적 피해자와 가해자를 지원하기 위해 사용했다. 로스앤젤레스와 같은 경고장을 발송하기도 하고, 사회복지사를 파견하기도 했다. 그러나 2010년대 중반에 살인율이 급증하자 전략적 대상자 목록의 점수를 이용해 체포나 기소 대상자를 찾았다. 10년이 지난 지금도 애셔가 사용한 높은 테러리스트 인자의 로직은 여전히 살아 숨 쉬고 있다.

파파크리스토스는 폭력의 유행에는 역학적 사고뿐 아니라 공중보건적 대응이 필요하다고, 즉 주민들을 잠재적 가해자로 모는 법 집행기관뿐 아니라 잠재적 피해자로 취급하는 지원 서비스가 필요하다고 주장하며 이 전략과 공식적으로 거리를 뒀다. 그는 이렇게 말한다. "경찰에 명단을 제공하는 건 좋은 전략이 아니다. 경찰은 그 리스트에 따라 사람들을 감시하고 체포하고 조사하는 방식으로 일을 처리할 가능성이 크다. 경찰이 하는 일이라는 게 그렇다."

그 체포의 과정은 몰래카메라와 같았다

존 뉴섬이 뉴어크의 어큐린트 명단에 오른 데에는 이유가 있었다. 어린이집과 실제로 관련이 있었기 때문이다. 목사인 그의 장인이 이 건물을 소유하고 있었다. 하지만 그는 어린이집의 주인이나 직원을 만나기는커녕 어린이집에 발을 들인 일도 없었다. 글래스보로 자치구, 뉴섬이 아내 로빈, 두 딸과 살던 조용하고 녹음이 우거진 거리는 어린이집으로부터 차로 두 시간 정도 떨어져 있었다.

뉴섬 부부는 신앙심이 깊은 사람들이었고, 저메인 브루스가 테러를 당한 날 자신들이 어디에 있었는지 정확히 알고 있었다. 그날은 일요일이었고 오후에 그들은 교회에 함께 있었다. 그날 저녁 예배가 끝난 후에는 다른 신도 가족들과 어울려 푸드 트럭에서 식사를 했다. 그들은 핫도그를 먹었다.

당시 마흔 살이었던 뉴섬은 1차 걸프전 참전 용사로 파나마에서도 전투를 경험했으며,[13] 연방정부와 계약을 맺은 사설 보안 업체에서 일하고 있었다. 쉽게 얻을 수 있는 일자리가 아니었다. "완벽한 신용이 있어야 합니다"라고 그는 말했다. "나무랄 데 없이 깨끗한 신원 조사 결과가 나와야 합니다. 총기 교육 등 다양한 조건이 있습니다. '나는 이런 종류의 직업을 갖고 싶다'라는 생각으로 시간과 돈을 자신과 경력에 투자해야만 조건을 충족시킬 수 있다는 말입니다."

그는 얼마 전 인근 도시 브리지튼에 있는 사회보장국 사무실의 영구직 경호원이 되어 연간 7만 달러의 안정적인 수입을 얻게 되었다. 뉴섬이 설명했다. "사람들로부터 서너 통의 추천장을 받았습니다. 심지어 사회보장국 국장으로부터도 뛰어난 서비스를 인정받아 추천장을 받았죠." 그는 매일 제복을 입고 허리에 총을 찬 채로 사회보장국 사무실에 출근했다.

11월 초 어느 화요일 아침, 뉴섬은 연방보안국 조사관이 사무실 주차장에 차를 세우는 동안 CCTV 화면을 지켜보고 있었다. 특별한 일은 아니었다. 조사관은 매주 한 번씩 순찰을 돌며 라이트를 켜고 건물 주변을 살피다가 안으로 들어와 모든 것이 정상인지 확인했다. "그런데 그들 모두가 차를 대고 있었습니다." 뉴섬은 회상했다. 다른 연방보안국 차량, 브리지튼 경찰 순찰차 그리고 표식이 없는 차량이 뒤따랐다. "저는 셔츠를 깔끔하게 정리하기 시작했습니다." 그는 경찰이 자신을 잡으러 온다고는 전혀 생각지 못했다.

조사관이 들어왔다. 그 옆에는 연방보안국 특수 요원이 있었다. 조사관은 자신의 상사라면서 그 남자를 뉴섬에게 소개했다. 그 요원은 앞으로 다가가 뉴섬의 오른손을 꽉 잡았다. 이후 조사관은 뉴섬의 뒤로 걸어가 권총집에서 뉴섬의 총을 꺼냈다. "당신을 체포합니다." 요원이 말했다. 뉴섬은 농담이냐고 물었다. "무슨 애슈튼 쿠처Ashton Kutcher(배우 애슈튼 쿠처가 진행한 TV 쇼 〈펑크드Punk'd〉에서는 유명인 등을 상대로 짓궂은 장난을 한다—옮긴이)가 하는 장난 같은 건가요?"라고 그가 말했다. "제가 낚인 거예요?"

그들은 그에게 수갑을 채우고 고객과 충격을 받은 동료들이 있는 로비를 지나갔다. 뉴섬은 이것이 현실이라는 사실을 깨닫기 시작했다. 그를 덮친 감정은 분노나 두려움이 아니었다. 수치심이었다.

다음 날, 저메인 브루스 사건의 담당 형사가 뉴섬을 뉴어크로 이송하기 위해 도착했다. 그는 브리지튼 경찰이 수갑을 돌려받을 수 있도록 자신의 수갑을 가져갔다. 뉴섬에 따르면, 형사는 뉴섬을 인도받으면서 사건에 대해 아무것도 묻지 않았다고 한다. 그저 뉴섬에게 이름과 사회보장번호만 확인했다. 북쪽으로 두 시간을 가는 동안 그를 심문하지도 않았다.

형사와 그의 파트너가 사우스저지의 구불구불한 도로에서 방향을 잃기 시작했을 때에야 처음이자 마지막으로 대화를 나누었다. "컴벌랜드카운티에 대해 아는 사람이라면 길을 잃기가 정말 쉽다는 걸 알 겁니다." 뉴섬은 턴파이크로 가는 길을 차근차근 알려주었고, 형사는 그의 말을 잘 따르다가 이후에는 뉴섬을 무시했다.

뉴섬의 기억에 따르면 뉴어크 관할 경찰서에 가서야 사건에 대한 질문을 받았다. 그날 저녁, 형사는 유치장 문을 열고 뉴섬에게 밖으로 나오라고 했다. 뉴섬은 밖으로 나왔다. 그는 뉴섬에게 저메인 브루스가 누군지 아느냐고 물었다. 뉴섬은 모른다고 답했다. 그는 뉴섬에게 최근 뉴어크의 18번가에서 발생한 폭행 사건을 알고 있느냐고 물었다. 뉴섬은 모른다고 했다. 그는 뉴섬에게 그 동네에 대해 알고 있느냐고 물었다. 18번가에 있는 맥도날드는? 교회는? 교회 옆에 있는 어린이집은? 뉴섬은 모두 잘 안다고 대답했다.

형사가 어떻게 아느냐고 물었다. 뉴섬은 "장인 어른이 그 건물의 주인입니다"라고 했고, 형사가 이렇게 대답했다고 회상한다. "당신이 맞군요. 이제 다시 유치장으로 들어가세요."

매트릭스의 은밀한 귀환

뉴섬이 점점 커지는 기계에 대한 믿음의 희생양이 되어 감옥에 갇혀 있는 동안, 데이터 중심의 치안 실험이 미국 전역을 캄브리아기 폭발이라 할 만한 급속한 변화의 소용돌이로 몰아넣고 있었다. 시카고의 '전략적 대상자 목록'과 로스앤젤레스의 '오퍼레이션 레이저'에 이어 수십 개 도시에서 유사한 이니셔티브가 등장했다. 이렇게 폭발적으로 증가한 이유는 새로운 종류의 데이터, 예를 들어 소셜미디어나 스마트폰, 자동 번호판 판독기 등의 출현과 이를 융합하고 분석해야 한다는 압박 때문이었다. 범죄 기록과 비범죄 기록을 결합하는 핵심 기술을 누구나 쉽게 이용할 수 있게 한 팔란티어와 같은 플랫폼의 등장도 한몫했다. 무엇보다 큰 역할을 한 것은 연방정부의 자금 지원이었다.

시카고의 히트 리스트 알고리즘을 개발하고,[14] 로스앤젤레스가 팔란티어를 구독하거나, 캔자스시티·신시내티·뉴욕·뉴올리언스의 유사한 기술 중심의 이니셔티브(일부는 역시 팔란티어를 이용했다)를 지원하는 데 필요한[15] 보조금은 법무부, 특히 법무지원국Bureau of Justice Assistance이라는 잘 알려지지 않은 부서에서 나왔다.[16] 이 부서는 2002년 연방 기관 최초로 행크 애셔의 매트릭스에 자금을 지원했던 곳이기도 하다.[17]

법무지원국은 이후 국토안보부와 함께 여러 출처의 데이터를 혼합해 단편적 사실들로부터 결론을 도출하고 테러 공격을 방지하는 지역 정보 허브, 즉 융합 센터를 개발하는 데 힘을 보탰다.[18] 이 전국 네트워크는 매트릭스가 좌절된 후 생겨난 약 80개의 미니 매트릭스로 구성되어 있으며, 매트릭스와 동일한 암호화된 지역 정보 공유 시스템 회선을 통해 서로 통신했다.[19] 많은 융합 센터가 초이스포인트와 이후 팔란티어의 소프트웨어로 운영되었으며, 대부분은 어큐린트,

오토트랙, TLOxp, 오토트랙의 후속 제품인 클리어를 구독했다. 전국 융합센터협회National Fusion Center Association의 책임자였던 론 브룩스Ron Brooks는 "그들은 대테러센터로 시작했지만 테러가 그렇게 많이 발생하지 않았기 때문에 거의 모든 융합 센터가 범죄만 다루게 되었습니다"라고 말한다.

융합 센터들 역시 곧 빛을 잃었다. 2008년과 2012년에 발표된 두 건의 미국 상원 보고서에 따르면 융합 센터에서는 개인정보보호법을 위반할 가능성이 무수히 발견되었고, 약 10억 달러로 추정되는 세금 지원에도 불구하고 테러 공격을 막는 데 도움이 되었다는 증거는 없었다.[20]

법무지원국은 이번에는 예측 치안 실험을 지원했다. 이 실험은 익숙한 패턴을 밟았다. 연방정부의 자금 지원, 논란, 효과 부족을 보여주는 연구, 그리고 포기. 시카고의 전략적 대상자 목록이 그 전형적인 사례다. 2015년까지 시카고경찰국의 수많은 체포 보고서에는 0점부터 500점에 이르는 전략적 대상자 목록 점수가 나와 있었다. 이 알고리즘은 점수를 받은 모든 사람의 4분의 3이 임계치인 250점을 초과해 추가 조사가 필요하다고 표시되도록 설계되었다. 결국 이 리스트는 30만 명 이상으로 늘어났다.[21]

시카고 자체 감찰관과 함께 랜드코퍼레이션RAND Corporation(미국의 민간조사 연구 기관—옮긴이)의 전문가들이 전략적 대상자 목록을 평가했으나 폭력 감소에 도움을 주었다는 증거는 찾지 못했다. 이 실험은 2019년 중단되었다. 같은 해 오퍼레이션 레이저 역시 폐기되었다. 로스앤젤레스경찰국 내부 감사가 이 프로그램에 대한 감독과 프로그램이 범죄 가능성을 식별하는 데 사용한 기준에 의문을 제기한

후의 일이었다.²²

법무지원국이 지원하는 예측 치안 이니셔티브가 성쇠를 거치고, 높은 비용과 불확실한 결과로 뉴욕과 뉴올리언스(아직 LA는 아니었다)의 팔란티어 계약률이 떨어지는 동안에도 한 가지 변치 않는 사실이 있었다.²³ 미국 내 약 1만 8000개의 치안 기관 중 애셔가 만들었거나 영감을 준 데이터베이스 제품인 어큐린트, TLOxp, 오토트랙의 후속 제품인 클리어의 도움 없이 운영되는 기관은 드물었다. 매트릭스의 꿈은 바로 이런 데이터 저장소를 통해 살아남은 것이었다.

렉시스넥시스는 2016년 말 연례 '국제 경찰청장 콘퍼런스'(경찰 분야 최대 무역 행사)에서 차세대 어큐린트인 '어큐린트가상범죄센터 Accurint Virtual Crime Center'를 발표했다.²⁴ 이 솔루션의 핵심적인 장점은 경찰서의 내부 데이터를 렉시스넥시스의 공공 기록·상업 기록과 합치는 기능이었다. 팔란티어가 필요치 않았고, 당시 대통령 후보였던 도널드 트럼프의 유력 지지자인 팔란티어의 소유주 피터 틸에 대한 격한 반응도 고려할 필요가 없었다. 렉스ID 덕분에 연결이 쉬웠으며, 학술 출판사이자 법률 데이터베이스로서 쌓은 렉시스넥시스의 명성 덕분에 대중이 반발할 가능성도 낮았다.²⁵

새로운 어큐린트의 두 번째 큰 혁신은 경찰 내 여러 부서의 기록을 여러 관할 구역을 아울러 단일 데이터베이스에 통합한 것이다. 이 데이터베이스는 렉시스넥시스 공공안전데이터교환Public Safety Data Exchange, PSDEX에서 관리했다.²⁶ 이름만 달랐지 매트릭스였다.

제품 담당 책임자 줄리 가드너Julie Gardner는 홍보 동영상에서 이렇게 말한다. "IBM, 팔란티어, SAAS와 같은 대기업은 모두 법 집행 기관의 범죄 해결에 도움을 주는 데이터베이스 제품을 개발했습니다. 이런 제품들은 무슨 일이, 언제, 어디서, 어떻게 일어났는지는 알려주지만 그 주체가 누구인지에 대한 정보는 알려주지 못했습니다. 누구라는 것은 아주 중요한 문제입니다."[27]

2017년까지 공유된 PSDEX의 데이터베이스는 미국 전체 인구의 19퍼센트를 아우르는 수백 개의 법 집행기관 기록을 보유하고 있었다. 2018년에는 로스앤젤레스카운티보안국, 멤피스경찰국, 워싱턴주 킹카운티보안국, 뉴욕 서퍽카운티의 19개 기관 모두를 비롯해 참여 기관이 1000개가 넘었다.

매트릭스가 돌아왔다. 그러나 세상이 너무 많이 바뀌었고, 우리는 이미 너무 발가벗겨진 상태였으며 페이스북과 팔란티어에만 너무 분노한 나머지 그 사실을 알아차리지조차 못했다.

데이터는 한 사람의 인생을 망가트렸다

존 뉴섬의 보석금은 7만 5000달러로 책정되었다. 그가 유치장에서 3일을 더 보내는 동안 아내인 로빈은 보석 보증인을 찾고 계약금 10퍼센트에 해당하는 돈을 모았다. 가족은 변호사를 고용했다.

존 뉴섬은 "일주일 정도면 모든 일이 해결될 거라고 생각했다"라고 말했다. 일주일이 지나고 한 달이 지났다. 그는 일하고 있던 사설 보안 업체에서 정직 처분을 받았고, 돈은 바닥나기 시작했다.

뉴섬 부부는 주택 융자금을 갚지 못했고, 다음에는 자동차 할부금 그리고 또 다음번 주택 융자금을 갚지 못했다. 뉴저지 법원 시스템에서 정규직 서기로 일하던 로빈은 자신의 월급으로 네 식구의 생계를 유지하기 위해 애를 썼다. 존은 곧 그들이 사죄할 거라고 생각했다. 하지만 그는 이미 사법 시스템에 얽혀 있었다. 아무도 그를 신경 쓰지 않는 것 같았다.

존은 이렇게 말했다. "그들은 저를 제대로 보기도 전에, 이야기를 해보기도 전에 저를 기소했습니다. 저라는 실제 사람을 보기도 전에 말입니다." 뉴어크 경찰은 범인을 잡았다고 확신하고 있었기 때문에 피해자에게 혐의자의 얼굴을 확인하는 작업조차 하지 않았다.

뉴섬 부부의 집에 압류 통지서가 도착했고, 낯선 사람이 로빈의 차를 압류해 갔다. 2012년 4월, 로빈은 경미한 뇌졸중으로 쓰러졌다. 그녀도 집에서 몸을 회복하며 문제 해결을 기다리는 입장이 되었다. 검사(네 명의 검사 중 첫 번째)가 보낸 유일한 연락은 뉴섬의 형량 거래 plea deal(형사소송에서 검사가 피고에게 유죄를 인정하는 대가로 양보를 제공하는 합의—옮긴이) 제안이었다. 유죄를 인정하면 징역 6년형을 받는다는 내용이었다. 그는 이 제안을 거절했다.

상황은 점점 나빠지는 듯했고 제도는 자의적으로 움직였지만 뉴섬은 포기하지 않기로 결심했다. 그는 이렇게 설명했다. "가족들은 항상 의로운 자의 기도가 많은 일을 이룬다고 말했습니다. 저는 제 입장을 고수했습니다. 마치 다윗이 골리앗과 맞서 싸우듯 진실 위에 서 있었죠. 과연 정말로 진실이 승리하는지 시험해 보기 위해 기꺼이 제 인생을 걸었습니다."

2012년 8월, 돌파구가 나타났다. 뉴섬의 변호사가 고용한 사립 탐정은 폭행 피해자인 저메인 브루스의 새집을 추적하고 있었다. 어느 날 오후, 뉴섬의 탐정과 변호사가 문을 두드렸다. 브루스가 문을 열었다. 그들은 자신들이 누구인지 설명했고, 경찰이 아니라는 것을 알자 브루스는 긴장을 풀었다.

브루스는 자신을 구타한 두 남자를 확실히 알아볼 수 있다고 말했다. "제 의뢰인을 만나보시겠습니까?" 변호사가 물었다. 그는 뉴섬이 길가에 주차된 SUV에 앉아 있다고 말했다.

잠시 망설이던 브루스는 아내와 함께 그를 보러 가는 데 동의했다. 그들은 SUV를 향해 걸어갔고, 변호사는 뉴섬에게 나와도 좋다는 신호를 보냈다. 뉴섬은 차에서 나왔다. "이 사람인가요?" 브루스가 수사관에게 물었다. "아니에요. 이 사람은 키가 작잖아요."

브루스는 발걸음을 재촉해 뉴섬에게 다가가 악수를 청했다. 두 사람은 포옹을 했다. 브루스의 아내도 뉴섬을 안아주었다. 그들은 함께 사진을 찍었고, 브루스는 뉴섬이 "자신을 공격한 사람이 절대 아니다"라는 문서를 작성했다. 그는 뉴섬에게 "그들이 왜 당신을 이 일에 연루시켰는지 모르겠다"라고 말했다.

다음 심리 때 브루스와 뉴섬은 벤치에 함께 앉아 있었다. 하지만 브루스가 뉴섬의 누명을 벗기는 발언을 하기 전에도 서기가 판사가 바뀌었다고 발표했다. 새 판사는 사건을 검토할 시간이 필요했다. 청문회는 연기되었다.

뉴섬 부부가 뉴어크로 돌아왔을 때 상황은 다시 바뀌었다. 누군가(그들은 실수를 은폐하고자 하는 뉴어크경찰서 측 사람이라고 의심한다)가 브루스에게 압력을 가한 것이다.

브루스는 바뀐 판사에게 뉴섬을 직접 만난 날 술에 취해 있었다고 말했다. 강압이 있었다고. 사실 존 뉴섬이 그 사람이라고.

재판은 계속되었다. 이 사건을 새로 맡은 검사는 피해자와 접촉했다는 이유로 뉴섬을 다시 감옥에 넣겠다며 협박했다.

여름이 지나 가을이 되었다. 뉴섬이 체포된 지 1년이 지났다. 마침내 뉴섬의 기소를 맡은 새로 부임한 검사보가 사건을 다시 살펴보기 시작했다. 전혀 말이 되지 않았다.

뉴섬의 아들로 추정된다던 다른 남성 피고는 사건 당시 서른두 살이었고, 뉴섬은 마흔 살이었다. 그는 6피트(약 182.9센티미터)가 훨씬 넘는 키에 몸무게는 300파운드(약 136.1킬로그램)이 훌쩍 넘었다. 뉴섬은 5피트 9인치(약 175.3센티미터)에 탄탄한 체구를 갖고 있었다. 법정에서 그 남성 피고와 뉴섬은 서로 떨어져 앉아 있었고 대화도 전혀 나누지 않았다. 선임한 변호사도 달랐다.

뉴섬과 어린이집과는 3차적인 관계에 불과했다. 검사보는 전화를 몇 통 했고 한두 시간 후 뉴섬에 대한 소송은 기각되었다. 사과는 없었다.

뉴섬은 전에 일하던 사설 보안 업체의 상사에게 전화를 걸어 복직을 요청했지만 이미 너무 늦어버린 뒤였다. 1년 동안 자리를 비워뒀지만 지금은 채워진 상태였다. 다시 지원할 수는 있으나 회사는 새로운 직원을 고용할 계획이 없었다. 그는 새로운 교육을 받고 자격증을 따기 위해 자비를 들여야 했다. "그럴 돈이 어디에 있을까요?"

여전히 희생양을 찾는 데이터 기계들

뉴섬은 모든 일이 끝난 후 뉴어크를 상대로 행정 소송을 제기했다. 아직 현직에 있던 형사는 증인으로 출석해 진실을 말하겠다고 선서했다.

"이게 큰 실수였다는 것을 이제 이해하십니까?" 뉴섬의 변호사가 물었다. "뉴섬 씨는 이 범죄와 아무 관련이 없다는 것을 이해하고 계신 거죠?"

이 형사는 몇 달 전에 뉴어크 시장 라스 바라카Ras Baraka로부터 우수경찰훈장Medal for Excellent Police Duty을 받았다. 그는 침착하게 대답했다. "예, 그렇습니다. 그 말씀대로입니다." 그는 실수를 저질렀다.

이후 존 뉴섬은 녹취록을 읽으며 이 나라에서 실수가 허용되는 주체들에 대해 생각했다. 컴퓨터, 면책 특권을 가진 경찰, 하지만 그는 아니었다. "누군가는 실수를 한 뒤 '제 잘못입니다'라고 말하면 끝이죠. 하지만 그 실수는 허리케인 카트리나와 같습니다. 8분 만에 지나가지만 재건하는 데 수십 년이 걸립니다. 반면에 저와 같은 평범한 사람이 실수를 저질렀을 땐 '미안하다'라는 사과만으로 처벌을 면할 수 없습니다."

이 소송은 재판까지 가지 못했다. 판사는 뉴어크의 사건을 더 진행하기 전에 기각하는 약식 판결 신청을 받아들였다. 판결문에는 뉴어크가 고용한 치안 전문가의 "형사가 적절한 수사 절차를 따랐다"라는 의견을 인용했다. 기계와 사람 사이의 번역 과정에서 무언가 놓쳤다는 것이다. 개인적인 감정은 없었다. 수동적인 차별이 있었을지는 몰라도 적극적인 인종차별도 아니었다.

뉴섬은 약식 판결에 항소했다. 마침내 2018년 뉴어크시는 그에게 합의를 제안했다. 합의금은 1만 2000달러였다. 그가 잃은 월급의 극히 일부에 불과했고 법률 비용에도 미치지 못했다. 하지만 이번에 그는 제안을 받아들였다. 6년, 만약 그가 형량 거래를 받아들였다면 감옥에서 보냈을 시간과 같은 6년간 이어진 싸움 끝에 남은 거라고는 자신의 삶을 재건하는 것밖에 없었기 때문이다.

뉴섬은 말한다. "저는 운이 좋은 사람 중 한 명입니다. 많은 우여곡절이 있었던 것처럼 보이지만 저는 여전히 운이 좋은 사람입니다." 그는 변호사 비용을 지불할 수 있었다. 버틸 수 있었다. 하지만 형량 거래를 받아들이는 것 이외에 선택의 여지가 없는 사람들도 있을 것이다.

"확실히 말씀드릴 수 있습니다. 지금 저와 같은 이야기를 들려줄 수 있는 사람은 무수히 많습니다. 하지만 그들 이야기의 결말은 '내가 15년 후에 출소했을 때…'일 것입니다."

16장

경찰들은 왜 컴퓨터에 의존하게 되었나

최소 21대의 카메라가 프레디 그레이Freddie Gray의 살해 장면을 기록했다.[1] 첫 번째 카메라는 도시 전체 폐쇄회로 네트워크의 일부로, 그가 2015년 4월의 추운 아침 볼티모어 서부 지역의 공공주택지구에서 경찰에게 쫓기며 질주하는 모습을 포착했다. 거리 위 높은 벽돌벽에 설치된 두 번째 카메라는 체포 장면을 포착했다.

젊은이는 등 뒤에서 수갑이 채워지고, 한 무리의 경찰에 이끌려 밴에 태워지고 있었다. 동네 사람들의 휴대전화가 그의 절뚝거리는 오른쪽 다리와 소리를 지르는 모습을 담았다. 거리의 교차로에 있는 네 대의 폐쇄회로 카메라 중 하나는 밴이 멈췄을 때 경관이 그레이의 다리에 족쇄를 채우는 장면을 촬영했다.[2] 스마트폰을 갖고 있던 행인도 이 장면을 촬영했고, 폐쇄회로 카메라들은 그 행인도 촬영했다.

밴은 헤드스타트Head Start 사무실과 식료품점의 사설 감시 카메라를 지나, 경찰이 처음 그레이를 쫓기 시작한 지점을 지나, 시 폐쇄회로 네트워크에 설치된 10여 대의 카메라를 지나, 45분 만에 경찰서에 도착했다. 그때 그레이는 성대가 부서지고 척수가 거의 절단된 상태여서 말을 할 수도 숨을 쉴 수도 없었다. 그는 일주일 후 사망했다.

볼티모어의 거리에는 수천 명의 시위대가 손에 들고 있는 스마트폰, TV 취재진이 어깨에 메고 있는 촬영 장비, 경찰 순찰차의 대시보드 카메라와 자동 번호판 판독기 등 카메라들이 넘쳐났다. 그레이의 사망 사건은 경찰이 미주리주 퍼거슨에서 마이클 브라운Michael Brown을 살해한 지 6개월,3 뉴욕에서 에릭 가너Eric Garner를 살해한 지 7개월 만에 발생했다.4 볼티모어는 이제 '흑인의 생명도 소중하다Black Lives Matter' 운동 초기의 화약고가 되었다.

일주일 후, 평화로운 시위는 점점 커지는 폭동에 묻혔고 적외선 카메라와 레이저 조명을 장착한 FBI 감시 비행기가 상공을 선회했다.5 볼티모어 시장은 야간 통행금지령을 내렸고, 경찰은 다른 기관으로부터 5000명의 지원 인력을 요청했으며, 조종사가 밝혀지지 않은 드론들이 어두운 도시 상공을 배회했다. 카메라 위에 카메라가 겹겹이 쌓이고, 시위대와 경찰이 캡처한 데이터들, 기계 판독이 가능한 이 일련의 데이터들이 소셜미디어와 융합 센터에 업로드되자 곧 감별 작업이 이루어졌다.

스마트폰을 거리로 들고 나와 다른 시민이 직접 소비할 수 있도록 소셜 플랫폼과 유튜브에 시민들의 영상을 올린 시위대는 자신이 민주주의의 현대적 도구를 휘두르고 있다고 생각했을 것이다. 이제 모든 사람이 인터넷에 연결된 고해상도 카메라를 주머니에 넣고 다니기 때문에 경찰, CNN, 기타 게이트키퍼gate keeper뿐 아니라 누구나 내러티브에 영향을 미칠 수 있다. 경찰을 촬영하고 경찰에게 보디 카메라를 장착하자는 아이디어는 바로 이런 민주적 충동에서 비롯되었다. 하지만 이 새로운 세상에는 새로운 추적 기능도 추가된다.

시위에 참여한 사람들, 사실상 전원이 이미 이런저런 데이터베이스에 하나 또는 여러 개의 영구 식별자(사회보장번호, 렉스ID, 애빌리텍ID, 이메일 주소, 전화번호, 신용카드 번호, 페이스북ID, 트위터의 사용자 아이디인 트위터 핸들 등)로 태그가 지정되어 있었다. 그들이 가지고 다니는 모든 휴대전화와 네트워크 타워 간의 상호작용에는 15자리 장치 ID 또는 국제 모바일 장비 식별International Mobile Equipment Identity, IMEI 번호가 포함된다.[6]

안드로이드 스마트폰의 경우 인터넷 트래픽과 함께 32자로 구성된 안드로이드 광고 ID도 전송한다. 아이폰의 경우 32자로 구성된 광고주용 애플 식별자다. 버라이즌Veriaon을 사용하는 경우, 고유 식별자 헤더Unique Identifier Header, UIHD나 '슈퍼쿠키supercookie'라고 하는 약 50자의 문자열을 전송한다.[7] 4G 또는 세계 이동통신 시스템Global System for Mobile Communications, GSM 네트워크를 사용한다면 SIM 카드가 있으며, 모든 SIM 카드에는 추적 가능한 15자리 국제 모바일 가입자 식별 번호IMSI가 있다.[8] 최신 운영체제를 실행하는 아이폰이 아닐 경우 고유한 미디어 접근 제어 주소Media Access Control Address, MAC Address로 인근 와이파이 네트워크에 신호를 보낸다.[9]

시위 사진을 업로드하는 데 사용된 휴대전화는 GPS 좌표나[10] 소유자 집의 IP 주소까지 전송할 수 있다.[11] 또 다른 숫자 문자열이자 추적 코드인 집의 IP 주소는 쉽게 거리 주소와 연결된다. 스마트폰을 위치, 번호판, 이름, 사회보장번호, 전과 기록, 영장에 연결시키고 더 많은 정보와 상호 연관시킬수록 당국의 힘은 커진다. 기술의 발전으로 장벽은 점차 낮아졌다. 법원과 입법부가 변화의 속도를 따라가지 못하기 때문에 언론의 자유에 대한 헌법적 보호는 장벽이 될 수 없다.

볼티모어가 혼란에 빠져 있을 때 시위대를 따라다니는 다양한 식별자 중에는 일시적인 것도 있고 영구적인 것도 있었다. 하지만, 겹겹의 카메라가 포착한 그들의 얼굴만큼 피할 수 없고 영구적인 것은 없었다. 2010년대 중반이 되자, 마침내 그리고 갑자기, 기계가 얼굴도 효율적으로 읽고 분류할 수 있게 되었다.

셀카는 어떻게 낙인이 되는가

1986년, 대니 힐리스가 인간의 얼굴을 인식할 수 있는 컴퓨터라는 꿈(그의 꿈, 아니 적어도 펜타곤의 꿈)에 크게 한 걸음 다가선 최초의 상업용 연결 기계를 완성한 바로 그해에 하나의 에세이가 발표되었다. 사진작가이자 비평가인 앨런 세쿨라Allan Sekula의 〈신체와 아카이브The Body and the Archive〉였다.[12] 세쿨라는 이 영향력이 큰 에세이에서 "사진은 현대성의 폭동이다"라고 적었다. 19세기 기술의 발달로 귀족이 아니더라도 대부분의 시민이 벽에 조상의 초상을 걸 수 있게 되었다. 이는 카메라를 "작은 행복을 대규모로 제공하는 기계"로 만들었다. 반면 사진에 열정을 품은 이는 대중만이 아니었다. 경찰도 있었다. 세쿨라는 카메라가 "패놉티콘의 원리(18세기 말 제러미 벤덤Jeremy Bentham이 고안한 원형 감옥. 전방위 감시 체제를 뜻한다—옮긴이)를 일상 생활에 도입했다"라고 말했다.

세쿨라가 인용한 1800년대 초상화 사진작가는 "유죄 판결을 받고 수감된 사람들은 범죄 경력을 다시 시작하기가 쉽지 않다는 사실을 알게 된다. 많은 사람들, 특히 예리한 눈을 가진 형사 경찰이 그들의 얼굴과 전반적인 모습을 익히기 때문이다"라고 주장했다.[13] 이 에세이는 기술의 민주화가 사회의 민주화와는 다르다고 주장한다. 소비자 기술은 대중에게 권력이란 마법을 선사하지만, 한편으로는 권력자에게 새로운 통제 수단을 제공한다. 세쿨라는 우리가 사진을 통해 "사회적 지형 전체를 아우르는 동시에 그 지형 안에 개인을 배치하는 그림자 아카이브(대상의 온전한 인식이나 동의 없이 만들어졌기 때문에 그림자라는 용어를 사용했다—옮긴이)"를 구축하고 있다고 믿었다.

〈신체와 아카이브〉의 대부분은 1800년대 후반, 즉 지문 채취가 시작되기 전 파리 경찰이 10만 장이 넘는 범죄자 초상화 아카이브를 정리하고 체계화하는 데 도움을 준 프랑스 범죄학자 알퐁스 베르티용Alphonse Bertillon의 이야기를 중심으로 전개된다. 그가 고안한 시스템은 파리의 범죄자 갤러리에 새로 들어오는 모든 범죄자의 열 가지 신체 치수를 기록하게 했다.[14] 새끼손가락 길이, 왼발 길이, 팔꿈치에서 가운데 손가락 끝까지의 길이 등 고유 식별자를 부여한 것이다.

베르티용은 파일 캐비닛에 체계적으로 분류 보관하는 사진 카드에 이 측정값들을 기록했다. 캐비닛 서랍 자체도 특정 격자 형태로 배열되어 있었다. 데이터의 레이아웃이 데이터를 빠르게 검색하는 문제를 해결하도록 설계된 것이다. 이는 이후 연결 기계와 사이신트의 슈퍼컴퓨터와도 동일한 설계 기법이다. 프랑스 경찰은 베르티용아주Bertillonage로 알려진 베르티용의 시스템을 사용해 연쇄 살인범 조제프 바셰Joseph Vacher를 포함한 4564명의 상습 범죄자를 찾았다고 주장했다.15 가짜 이름과 변장은 소용이 없었다고 한다.

세쿨라의 에세이가 출간된 1986년, 그림자 아카이브는 100년 이상 그래왔듯이 대부분 아날로그 방식이었으며, 그 양은 물리적 제약이 있었다. 필름 롤에 담을 수 있는 사진 수와 한 사람이 구입해 휴대하고 현상할 수 있는 필름 롤의 수에는 한계가 있기 때문이다. 그해 미국인들은 약 6억 3000만 롤의 필름을 구입했는데,16 이는 약 200억 장의 사진으로 환산할 수 있는 양이었다.

그러나 프레디 그레이가 사망한 2015년에는 카메라가 디지털화되고 스마트폰에 내장되어 있었다. 미국인은 매년 1000억 장이 넘는 사진을 촬영할 수 있었다.17 이는 2분 동안 전 세계에서 촬영되는 사진이 19세기를 통틀어 전 세계에서 촬영된 사진보다 많다는 의미다.18

과거에 우리는 주로 타인의 사진을 찍었다. 미국에서 촬영된 사진의 절반 이상이 아기 사진이었다.19 이제는 점점 더 많은 사람이 자신에게 렌즈를 들이대고 있다. 2010년대 말에는 미국인의 절반 이상이 소셜미디어에 셀카를 업로드했다.20 곧 전 세계 인류가 1년에 총 1조 4000억 장의 사진을 찍고,21 1분마다 500시간이 넘는 분량의 동영상을 유튜브에 전송하게 될 것이다.22 우리의 그림자는 세쿨라조차 상상할 수 없을 만큼 빠르게 커지고 있다.

페이스북에 업로드된 사진이 범죄의 증거가 되다

프레디 그레이 시위에서 폭력이 처음 발생하기 직전, 기술 기업 지오피디아Geofeedia의 고객 서비스 담당자가 볼티모어카운티 경찰서에 연락해 도움을 주겠다고 제안했다. 이 회사는 고객을 대신해 소셜미디어를 모니터링했다. 당시 이 회사는 법 집행기관과 군대를 대상으로 하는 수십 개의 스타트업 중 하나였으며, 그중 일부는 CIA의 인큐텔이 자금을 지원하는 벤처캐피털이었다.[23] 지오피디아는 이후의 사례 연구에서 "운이 좋게도 볼티모어카운티는 문제가 발생하기 일주일 전에 지오피디아와의 계약을 갱신했다"라고 보고했다.[24]

고객 서비스 담당자는 그레이가 혼수 상태에 빠졌던 경찰 지서를 포함해 볼티모어 주변의 주요 위치에 가상 경계선, 즉 '지오펜스geogence'를 설치하겠다고 나섰다. 그녀가 디지털 지도에 그린 이 경계선 안에서 소셜미디어 게시물(이미지, 동영상, 텍스트)이 업로드되면 경보가 울린다. 그러면 그녀가 경찰서 정보 부서로 해당 게시물을 다시 보내는 것이다. 며칠 만에 시위대, 행인, 기자가 올린 페이스북, 인스타그램, 트위터 게시물이 실시간으로 경찰 지휘 센터 내 여덟 개의 대형 스크린에 떠올랐다.

이전에 존재했던 데이터 브로커 랩리프나 동시대의 케임브리지애널리티카(아직 프라이버시 스캔들이 불거지기 전)와 마찬가지로, 지오피디아는 일반적인 프로그램 간 통신 방법인 API application programming interface(애플리케이션 프로그래밍 인터페이스)를 통해 페이스북 데이터에 접근했다.[25] 지오피디아가 소셜미디어 게시물과 프로필에 직접 접근할 수 있게 된 것은 2007년 샌프란시스코 무대에 조리를 신고 등장한 마크 저커버그가 외부 개발자에게 소셜 플랫폼을 개방하겠다고 약속하고 그 약속을 지키기 위해 노력한 덕분이었다.

이 기술 기업 역시 개발자 접근 권한을 갖고 있었다. API를 사용해 인스타그램과 트위터에 접근한 다음 실시간 소셜 게시물을 스트

리밍할 뿐만 아니라 차후의 수사를 위해 저장할 수 있었던 것이다. 볼티모어카운티의 한 형사는 사례 연구에서 "우리는 지오피디아의 소셜미디어 아카이브 데이터를 사용해 폭동 관련 법 위반자들을 가능한 한 많이 기소할 계획"이라고 설명하고는, 경찰의 관심이 좀 더 좋은 쪽에 있는 양 "그러나 우리는 소셜미디어를 사용해 경찰과 그들이 보호하고 봉사하는 시민 사이에 더 깊고 긍정적인 관계를 형성하는 데 더욱 집중하고 있다"라고 덧붙였다.

지오피디아는 다른 마케팅 자료에서 퍼거슨과 오클랜드에서 '흑인의 생명도 소중하다' 시위대를 추적했던 일을 강조했다.[26] "노조, 활동가 그룹 등"과 같은 "명백한 위협"에 대해 자사의 기술을 어떻게 사용할 수 있는지 홍보했다. 이 자료는 전국적으로 500개에 달하는 법 집행기관과 지오피디아가 계약을 맺고 있다고 주장했다.

노던캘리포니아의 시민자유연맹은 2016년에 지오피디아의 볼티모어 사례 연구 사본을 입수해 이를 공개했고 페이스북, 인스타그램, 트위터는 거의 즉시 이 회사의 API 접근을 차단했다.[27] 페이스북의 자체 보안팀이 지오피디아의 고객이었으며, 저커버그의 사무실에 침입한 침입자를 잡는 데 이 소프트웨어를 사용한 적이 있다는 사실이 드러났는데도 말이다.[28]

수십 개의 다른 소셜미디어 감시 회사는 운영을 계속할 수 있었다. 인큐텔과 트위터가 지분을 보유하고 있던 한 회사는 트위터의 주요 '파이어호스firehose' 데이터 스트림(실시간 데이터 스트림 전체를 의미한다—옮긴이)에 직접 액세스할 수 있었으며,[29] FBI와 같은 법 집행기관에 제품을 판매했다. 이 회사는 지오피디아 논란 이후 CIA와 융합 센터를 고객에서 제외해야 했다. 또 다른 회사인 미디어소나Media

Sonar는 오퍼레이션 레이저가 공식적으로 폐기된 후 로스앤젤레스경찰국의 소셜네트워크 분석을 돕는 데 개입했다.[30]

세 번째 회사인 디지털스테이크아웃Digital Stakeout은 렉시스넥시스와 긴밀한 관계를 맺고 있었다. 2013년부터 이 회사는 소셜미디어모니터Social Media Monitor라는 어큐린트 기능을 제공했다.[31] 파트너들은 그해 4월 보스턴 마라톤 폭탄 테러가 발생한 후 이 기능을 ECL(사이신트에서 개발한 컴퓨터 언어)로 작성된 맞춤형 프로그램과 함께 테스트에 투입했다.

렉시스넥시스 마케팅팀은 그해 페이스북 게시물에서 "디지털스테이크아웃은 물리적 영역을 '지오펜싱'해 소셜네트워크 활동을 식별할 수 있는 새로운 솔루션입니다"라고 설명했다.[32] "이 도구는 '어큐린트가상신원보고서Virtual Indeity Report'와 통합되어 폭파범의 소셜네트워크 신원을 찾고, 목격자를 찾고, 보스턴 마라톤 현장이 담긴 1만 5000개 이상의 인스타그램 이미지를 확인하게 해줍니다. 이들 이미지 중 FBI가 사용한 두 장은 결승선에서 한 관광객이 찍은 것으로, 이 새로운 기술로 찾아냈습니다."

행크 애셔의 데이터 융합이 추구한 최대주의적 논리, 즉 모든 것을 수집하고 모든 것을 결합하는 것을 이제는 어느 곳에서나 볼 수 있게 되었다. 프레디 그레이 시위 동안 지오피디아의 역할은 경찰이 새로운 도구를 어느 정도까지 받아들일 생각인지 보여주었다. 사례연구에서는 볼티모어의 상황이 과열되었을 때 "경찰이 소셜미디어 사진에 얼굴 인식 기술을 적용해 영장이 발부된 폭도들을 찾고 군중 속에서 그들을 직접 체포할 수 있었다"라고 자랑했다.[33]

디지털 사진이 넘쳐나는 세상에서의 새로운 베르티용아주는 컴퓨터에서 이루어졌다. 현대의 얼굴 감시에는 첫째, 소스 또는 '프로브 probe' 이미지, 예를 들어 수사관이 소셜미디어에서 다운로드할 수 있는 거리 시위 사진이 필요하다. 둘째, 이미지에서 얼굴을 감지하고 각각의 고유 식별자, 즉 얼굴 지문faceprint(신원 확인을 위해 데이터베이스화한 사람 얼굴의 디지털 사진—옮긴이)을 생성할 수 있는 알고리즘이 요구된다. 셋째, 일치시킬 얼굴의 데이터베이스와 넷째, 일치 가능성을 확률별로 순위를 매기는 다른 알고리즘, 이렇게 네 가지가 필요하다.

안면 인식 프로그램과 흑인들의 죽음

볼티모어의 경우, 경찰서에서 주 전체를 아우르는 메릴랜드이미지저장소시스템Maryland Image Repository System, MIRS을 통해 얼굴 인식 검색을 시행했다.[34] 이 시스템은 2011년에 300만 명의 머그 숏 데이터베이스로 시작되었지만, 2013년부터는 별다른 경고 없이 운전면허증 사진과 기타 주에서 발급한 신분증에서 얼굴을 추출해 일반인 700만 명의 얼굴도 수집하기 시작했다.

메릴랜드이미지저장소시스템 데이터베이스의 이런 극적인 확장은 2016년 조지타운대학교의 개인정보·기술센터Center on Privacy and Technology가 획기적인 연구인 〈영구 라인업The Perpetual Line-Up〉(여기서 라인업이란 경찰서에서 목격자의 확인을 받기 위해 용의자를 포함한 이들을 한 줄로 세워놓는 것을 말한다—옮긴이)을 발표하기 전까지 일반에 알려지지 않았다.[35] 미국 내 50개 주 전체를 대상으로 진행된 이 연구는 메릴랜드가 이상치가 아니라는 사실을 보여주었다. 최소 26개 주에 거주하는 전체 미국인의 절반 이상이 차량관리국의 협조로 자신도 모르게 정부가 운영하는 얼굴 인식 데이터베이스에 등록되어 있는 것으로 나타났다.

1990년대 후반, 데이터 중개업의 원죄라 할 수 있는 차량관리국 기록은 애셔가 수백만 명의 프로필을 구축하는 기반이자 그의 커리어의 시작점이 되었다. 20년 후, 새로운 데이터 브로커 그룹이 그 뒤를 이어 차량관리국 기록을 마이닝해 우리의 얼굴 지문을 만들었다.

차이점은 이것이 좋은 의도를 가진 정보공개법이 우연히 만들어낸 부산물이 아니라는 것이다. 2005년 9·11위원회의 권고에 따라 연방정부가 "운전면허증과 같은 신분증 발급에 대한 표준을 설정"한 진정 신분증 법Real ID act은 주 차량관리국에 디지털 운전면허증 사진을 생성 및 보관하되 얼굴 인식에 유용할 만큼 해상도가 높아야 한다고 구체적으로 요구하고 있다.[36,37] 국토안보부의 보조금에 힘입어 전국의 차량관리국이 하나둘씩 이 규정을 따르기 시작했다. 이것은 의도적인 계획의 일부에 불과했다.

온라인에서의 삶이 점점 더 감시의 대상이 되면서, 안면 인식은 안전하다고 느꼈던 오프라인의 삶까지 침범했다. 이것 역시 애셔의 접근 방식을 떠올리게 한다. 그의 회사는 재산 기록, 공공요금 기록, 면허증 기록, 차량 기록, 신용 기록 등 현대 미국에서 난방과 수도가 나오는 집을 원하거나 자동차를 소유하거나 운전하길 원한다면 피할 수 없는 것들을 수집했다. 거부할 수도 없었다. 이제 안면 인식도 그렇게 되고 있다. 소셜미디어 계정은 삭제할 수 있다. 스마트폰은 집에 두고 갈 수 있다. 하지만 얼굴은 집에 두고 갈 수 없다.

얼굴 지문을 생성하는 알고리즘은 여러 가지 형태를 취했다. 일부는 눈과 귀, 코와 턱, 입꼬리 사이의 위치와 간격을 계산해 얼굴의 기하학적 구조를 측정했다. 일부는 피부의 질감을 분석해 모공, 기미, 주름을 매핑했다. 일부는 2015년 미국 회계감사원U.S. Government Accountability Office 보고서에서 설명한 것처럼 "표준화된 얼굴의 가중치 조합으로 얼굴을 해석"하는 측광학적 방식을 사용하기도 했다.38 일부는 세 가지 접근 방식을 각각 서로 다른 접근 방식과 융합했다.

개발자들은 얼굴 인식 모델을 개선하기 위해 머신러닝을 사용해 공개적으로 사용 가능한 데이터 세트에 있는 수십만 또는 수백만 개의 테스트 이미지로 모델을 학습시켰다. 이 데이터 세트들은 페이스스크립FaceScrub, 페이스인더와일드Faces in the Wild, 이미지넷ImageNet, NIST스페셜데이터베이스18NIST Special Database 18과 같은 이름을 갖고 있었다.39 이런 데이터 세트는 경우에 따라 플리커flickr와 같은 사진 공유 사이트를 비롯한 오픈 웹에서 스크랩한 사진으로 이루어져 있다. 언젠가 자신의 스냅숏이 다른 사람을 알아보도록 기계를 학습시키는 데 사용되리라고는 전혀 예상하지 못했던 사람들의 사진으로 구성되어 있는 것이다.

프레디 그레이 사건 당시 가장 강력한 얼굴 인식 알고리즘 중 하나는 페이스북의 자체 알고리즘이었다. 이 알고리즘은 소셜네트워크가 사진 속 친구, 아는 사람, 알 만한 사람을 식별해 사용자가 이름을 입력하는 번거로움을 겪지 않아도 되도록 자동 태그 기능을 강화하는 데 사용한 도구였다. 이 알고리즘은 이스라엘 스타트업 페이스닷컴Face.com이 개발했다.40 페이스닷컴은 한때 인기 있는 페이스북 앱을 운영하면서 소셜그래프에 대한 API 액세스 권한을 갖고 있었고 2012년에는 페이스북에 인수되어 완전히 흡수되었다.

2년 후 페이스닷컴의 공동 창업자 중 한 명으로 페이스북에 근무하고 있는 사람이, 엔지니어들이 딥페이스DeepFace라고 이름 붙인 알고리즘의 최신 버전을 공개했다.[41] 논문에서 그들은 이 알고리즘의 정확도가 97퍼센트에 달한다고 주장했는데, 여기에는 알고리즘을 학습시키는 데 사용된 데이터 세트의 규모가 큰 역할을 했다. 그들은 "인기 소셜네트워크" 사용자 400만 명의 사진을 사용했다. 물론 이 대상자들은 이런 일에 대해 전혀 알지 못했다.

볼티모어의 메릴랜드이미지저장소시스템 사용자는 두 가지 얼굴 인식 알고리즘 중 하나를 선택할 수 있었다.[42] 하나는 독일에서 만들어진 코그니텍Cognitec의 알고리즘이고, 다른 하나는 일본 NEC의 알고리즘이다. 당시만 해도 얼굴 인식 시스템의 정확도가 대상 인종에 따라 어떻게 달라지는지 조사한 연구는 단 두 건에 불과했다. 〈영구 라인업〉의 공저자 중 클레어 가비Clare Garvie와 조너선 프랭클Jonathan Frankle이 이후 《디애틀랜틱》에 기고한 글에는 "그중 한 연구는 중국, 일본, 한국에서 개발된 알고리즘이 백인보다 동아시아 사람의 얼굴을 훨씬 더 쉽게 인식한다는 사실을 발견했다"라고 적혀 있다.[43] "프랑스, 독일, 미국에서 개발된 알고리즘은 그와 반대로 백인의 얼굴 특징을 훨씬 더 잘 인식하는 것으로 나타났다." 두 번째 연구에서는 코그니텍을 포함한 유명 상용 알고리즘이 흑인 얼굴 인식에 5~10퍼센트 더 취약하다는 사실을 발견했다.[44]

곧이어 MIT의 조이 부올람위니Joy Buolamwini와 같은 연구자들은 아마존과 IBM을 비롯한 최신 알고리즘조차 흑인, 특히 흑인 여성을 인식하는 데 쉽게 실패한다는 내용을 극적으로 반복해서 보여주었다.[45] 하지만 어쨌든 얼굴 인식 기술은 아이폰, 학교, 상점, 공항 등 모든 곳으로 확장되었다.

2017년, 피터 틸로부터 20만 달러를 투자받은 호안 똔텃Hoan Ton-That이라는 기업가는 클리어뷰 AIClearview AI를 설립했다.⁴⁶ 이 업체는 소규모 경찰서에까지 첨단 얼굴 인식 서비스를 제공한다. 똔텃은 개인정보보호를 둘러싼 사회적 제약을 무시하는 행크 애셔와 같은 면모를 보였다. 그는 한때 행크 애셔의 파트너였던 스티브 하디그리가 AOL 채팅방에서 이메일 주소를 수집했던 것처럼, 웹사이트를 통해 사진을 수집했다. 소셜미디어 프로필, 벤모Venmo(모바일 결제 서비스) 계정, 머그 숏을 비롯해 웹 어디든 공개적으로 사용 가능한 당신 이미지가 있다면 클리어뷰 AI는 당신을 찾을 수 있다.

프레디 그레이가 사망하고 5년 후, 경찰이 또 다른 흑인 남성 조지 플로이드를 살해하자 미국은 다시 혼란에 빠졌다. 이때 마이애미, 뉴욕, 워싱턴 DC의 법 집행기관은 클리어뷰 AI를 비롯한 얼굴 인식 시스템을 사용해 시위대와 폭도들을 체포했다.⁴⁷ 6개월 후 폭도들이 의사당 건물을 급습했을 때 연방 관리들은 이 시스템을 사용해 복면을 쓴 범죄자들을 찾아냈다.⁴⁸

"클리어뷰 AI가 무엇일까요?" 2020년 초에 발송된 홍보 이메일은 이렇게 묻는다.⁴⁹ "클리어뷰 AI는 얼굴을 검색하는 구글과 같습니다."

컴퓨터의 반복되는 '실수'

미국 최초의 안면 인식을 통한 오인 체포 사례는 2020년 1월 디트로이트에서 발생했다. 디트로이트는 볼티모어와 마찬가지로 네트

워크화된 수백 대의 카메라로 뒤덮여 있다.⁵⁰

한 절도범이 고가 브랜드인 시놀라Shinola에서 손목시계 다섯 개를 훔치는 장면이 카메라에 잡히자 경찰은 주 전역에 걸친 얼굴 인식 시스템을 활용했다.⁵¹ 메릴랜드이미지저장소시스템을 구축한 공급 업체가 만든 것이었다. 검색 결과 경찰은 곧바로 로버트 줄리안보착 윌리엄스Robert Julian-Borchak Williams를 찾아냈다.⁵² 두 딸을 둔 이 42세 남성의 운전면허증 사진은 얼굴 지문이 일치하는 243개의 후보 중 아홉 번째로 높은 점수를 받았다.

윌리엄스의 집으로 달려가 문을 두드린 경찰은 아내와 딸들이 보는 가운데 진입로에서 그에게 수갑을 채웠다. 10년 전 어큐런트 검색으로 잘못 체포된 뉴저지의 존 뉴섬과 마찬가지로 윌리엄스도 전과가 없고 범죄와의 연관성도 없었다. 하지만 그는 기계가 생성한 리스트에 오른 흑인이었다. 그것으로 충분했다.

윌리엄스는 구치소에서 하룻밤을 보낸 후 형사들을 만났다. 디트로이트의 형사 두 명이 그를 면담했다. 그들은 감시 카메라에 찍힌 용의자의 흐릿한 얼굴을 출력했다. 윌리엄스는 그 사진을 자신의 얼굴 옆에 갖다 댔다. 분명 다른 사람이었다. 그는 이후 《뉴욕타임스》에서 자신이 형사들에게 이렇게 물었다고 설명했다. "흑인 남성이 다 똑같이 생겼다고 생각하세요?"⁵³ 형사들은 서로 눈빛을 교환했다. 한 형사가 무심코 이렇게 말했다. "컴퓨터가 틀린 것 같네."

해결주의solutionist(복잡한 문제의 해결을 기술에 의존하는 경향─옮긴이) 사회에서 그런 순간을 맞으면 컴퓨터에게 항상 정답을 요구하는 것이 당연하다. 하지만 이런 행동은 그 자체로 위험이 되고 있었다.

17장

정치인들이 데이터를 보는 시각

2014년 봄, 팔란티어의 한 직원이 최근 런던에서 만난 사람들에게 편지를 보냈다. 데이터에 정통한 정치 컨설턴트 그룹이었다. "제게 색다른 아이디어가 하나 있습니다."[1] 편지에는 이런 내용이 적혀 있었다. "케임브리지대 교수의 연구를 복제하는 것은 어떨까요?"

여기에서 언급된 '교수'는 케임브리지대 심리측정센터Psychometrics Centre의 사회과학자 미할 코신스키Michal Kosinski였다. 그의 연구에는 페이스북 데이터, 특히 그와 그의 동료 데이비드 스틸웰David Stillwell이 수년간 소셜네트워크에서 신중하게 프로필을 추출해 구축한 보물 상자를 분석하는 작업이 포함되어 있다.[2] 2007년 마크 저커버그가 외부 앱 개발자에게 플랫폼을 개방하겠다고 선언한 직후, 스틸웰은 무료 온라인 성격 테스트 앱을 만들어 뉴스피드에 공개했다. 이것은 팜빌을 비롯한 기타 페이스북 앱과 함께 입소문을 탔다. '마이퍼스널리티myPersonality'라는 이름의 이 퀴즈 앱은 '나는 사람들을 격려한다' '나는 사람들에게 욕을 한다' '나는 사소한 일에 대해 걱정한다' '나는 의심이 많다' '나는 의무를 회피한다' '나는 시작한 일을 끝낸다' '나는 쉽게 만족한다' 등의 질문에 동의하는지 아닌지를 선택하게 한다.[3] 이에 대한 답변을 가지고 심리학에서 흔히 사용하는 OCEAN 점수를 구성하는 개방성Openness, 성실성Conscientiousness, 외향성Extraversion, 우호성Agreeableness, 신경성Neuroticism 등 다섯 가지 특성에 각각 점수를 매겼다.[4] 마이퍼스널리티 테스트를 마치면 자신의 점수를 바로 확인할 수 있었다.

케임브리지대 연구자들이 자신의 점수를 보는 것에 동의한다고 표시할 경우, 그 사람의 데이터는 사회과학 연구에 쓰인다. 심리측정 센터는 당시 페이스북의 규정에 따라 테스트 정답과 결과뿐만 아니라 사진을 포함한 사용자의 전체 프로필, '좋아요' 목록, 친구 목록과 친구들의 프로필까지 받았다.[5]

2009년 저커버그의 회사는 이 앱의 신뢰성을 인정해 '페이스북 인증' 배지를 부여했다. 케임브리지대는 뉴스피드에서 온라인 지능 테스트도 시작했다. 코신스키와 스틸웰은 비상업적 학술 연구를 목적으로 페이스북의 승인을 받아 2012년까지 데이터를 수집했다. 그 결과 그들의 데이터베이스는 최소 600만 명 이상 실명 사용자의 사회적, 심리적 프로필을 보유하게 되었다.

현재 스탠퍼드대 경영대학원 교수인 코신스키는 마이퍼스널리티 데이터베이스를 기반으로 2013년에 발표한 획기적인 논문의 주 저자였다.[6] 이 논문은 권위 있는 학술지인《미국국립과학원회보 Proceedings of the National Academies of Sciences》에 실렸다. 논문 제목은 믿기 힘들 정도로 단조로웠다. 〈인간 행동의 디지털 기록으로부터 개인의 특성과 속성을 예측할 수 있다〉였다.

코신스키와 공저자들은 5만 8000명 페이스북 사용자의 '좋아요'와 케임브리지의 성격 및 지능 테스트를 포함한 기타 온라인 테스트에 대한 답변을 상호 비교했다. 이를 이용해 연령, 성별, 성적 지향, 성격 특성, 지능, 행복도, 중독성 물질 사용 여부, 민족, 종교적 견해와 정치적 견해, 부모 별거 여부를 포함한 대단히 민감한 개인적 속성을 정확하게 예측하는 머신러닝 컴퓨터 모델을 구축했다. 이 모델을 훈련시킨 데이터의 양이 너무 방대해서 코신스키조차도 모델이 각 요소에 어떻게 가중치를 부여해 결과를 예측했는지 알 수 없었다. 다만 비교적 정확한 예측이 가능하다는 것만 알 뿐이었다.

페이스북 '좋아요'는 사용자가 적극적으로 개인정보 설정을 변경하지 않는 한 자동적으로 공개된다. 이런 '좋아요' 정보는 사용자들의 생각보다 훨씬 많은 것을 드러낸다. 코신스키의 앱과 같이 머신러닝 알고리즘이 프로필 데이터를 충분히 스캔하고, 사람들을 여러 범주로 분류할 수 있는 경우라면 특히 신뢰할 만하다.

논문에서 코신스키는 그의 모델이 '좋아요'만으로 대상자가 성인이 되었을 당시 부모가 이혼(또는 별거)한 상태였는지 아닌지를 60퍼센트 확률로 맞혔다고 주장한다. 대상자의 흡연 여부를 맞힐 확률은 73퍼센트, 민주당 지지자인지 공화당 지지자인지 맞힐 확률은 85퍼센트, 동성애자인지 맞힐 확률은 88퍼센트, 백인인지 흑인인지 맞힐 확률은 95퍼센트였다.

남성으로 확인되면서 MAC 화장품과 뮤지컬 〈위키드Wicked〉에 '좋아요'를 누른다면? 코신스키의 알고리즘이 게이일 가능성이 높다고 예측하는 데에는 이 두 가지 데이터 포인트만으로도 충분하다. 미국의 힙합 그룹 우탱클랜Wu-Tang Clan과 전 농구 선수이자 스포츠 해설가로 활동하는 샤킬 오닐Shaquille O'neal을 좋아하면? 아마 이성애자일 것이다.

코신스키는 "지능이 높다는 것을 가장 잘 보여주는 예측 변수는 '뇌우' '콜베어 르포The Colbert Report'(코미디언 스티븐 콜베어가 보수 정치 평론가를 연기하는 TV 쇼—옮긴이) '과학' '컬리 프라이Curly Fries'이며, 지능이 낮다는 것을 보여주는 예측 변수는 '세포라Sephora' '엄마인 것이 좋다 Love Being A Mom' '할리데이비슨Harley Davidson' '레이디 앤터벨룸Lady Antebellum'(미국의 컨트리 음악 그룹—옮긴이)으로 나타났다"라고도 적고 있다.

페이스북에 속한 열두 명의 사회과학자팀도 비슷한 관찰을 하고 있었지만, 이들의 모든 연구 결과가 공개된 것은 아니다.7 이들 중에는 2007년부터 일해온 사람도 있었는데, 이 팀의 리더는 2012년 《MIT테크놀로지리뷰MIT Technology Review》에 이렇게 밝혔다. "사회적 행동을 전에 없던 세밀한 수준으로 조사할 수 있을 뿐 아니라, 수백만 명의 사용자를 대상으로 한 실험을 실행할 수 있는 현미경을 갖게 되었습니다."

이들이 자행한 실험 중에는 윤리적으로 문제가 있는 순수 과학 실험도 있었다. 예를 들어 페이스북은 일주일 동안 68만 9003명의 뉴스피드를 조정해 일부 사용자에게는 부정적인 콘텐츠를, 다른 사용자에게는 긍정적인 콘텐츠를 더 많이 보여줌으로써 '정서적 전염' 이론을 테스트했다.8

소셜네트워크가 더 많은 수익을 창출하는 데 도움을 주기 위해 이루어진 실험들도 있었다. 2012년 9월에 출원한 특허 '소셜네트워킹 시스템의 커뮤니케이션과 특성으로부터의 사용자 성격 특성 파악'은 페이스북이 사용자를 기반으로 수익을 창출하는 측면에서 심리 측정이 가진 가치를 명확하게 인식하고 있다는 사실을 드러낸다.[9]

이 특허가 출원된 시기는 페이스북이 상장되고 성과를 내야 한다는 압박에 노출된 해였다. 페이스북은 사용자 중에서 광고의 표적을 찾음으로써 성과를 낼 계획을 세운 것이다. 특허에는 "추론된 성격 특성은 제품의 표적 선정, 순위 지정, 제품 버전 선택 등 다양한 목적에 사용될 수 있다"라고 적혀 있다. 코신스키와 스틸웰이 마이퍼스널리티의 데이터를 바탕으로 발표한 수십 편의 후속 논문,[10] 그중에서도 대니 힐리스의 연결 기계를 지원했던 미군 연구 기관인 방위고등연구계획국의 지원받은 논문에서, 연구자들은 페이스북 '좋아요'로 훈련시킨 컴퓨터 모델이 인간 지인보다 사용자를 더 잘 알 수 있음을 보여주었다.[11]

당신이 페이스북에서 '좋아요'를 10번만 누르면 이 알고리즘은 직장 동료보다 더 정확하게 당신의 성격을 예측할 수 있다. 70번을 누르면 알고리즘의 예측은 친구나 룸메이트보다 더 정확해진다. 가족 구성원보다 나은 예측을 하려면 약 150개의 '좋아요'가 필요했고, 배우자보다 나은 예측을 하려면 약 300개의 '좋아요'가 필요했다. 연구 당시 페이스북 사용자의 평균 '좋아요' 수는 227개였으며, 그 수는 계속 증가하고 있었다.

이러한 연구들은 기업뿐만 아니라 타깃 광고에 어마어마한 영향을 끼쳤다. 결국 정치권에서도 이를 알아차리기 시작했다.

8700만 명 이상의 페이스북 프로필을 수집한 미국 정치권

런던에서는 팔란티어 직원의 '색다른' 제안이 뿌리를 내렸다. 정치 컨설턴트들은 코신스키와 스틸웰에게 페이스북 데이터라는 보물상자에 대한 접근 권한을 구매하려 했으나 연구원들의 거절로 실패했다. 대신 그들의 아이디어를 복제해 프로필을 직접 수집할 수 있는 성격 테스트를 의뢰했다.12 미국에 회사를 설립할 때가 되자 케임브리지라는 이름까지 복제했다. 이렇게 탄생한 유권자 타기팅 회사의 이름은 '케임브리지애널리티카Cambridge Analytica'였다.

훗날 도널드 트럼프는 케임브리지애널리티카의 가장 유명한 고객이 되었다.13 팔란티어 회장 피터 틸은 실리콘밸리의 주요 지지자가 되었다.14 하지만 팔란티어는 '색다른 아이디어'를 담은 이메일을 보낸 회사 직원이 공식적으로 회사를 대표한 건 아니라고 주장했다. 팔란티어와 케임브리지애널리티카 사이에는 공식적인 관계가 없었다. 서로 존중하는 관계에 가까웠다.

2013년과 2014년에 이 스파이 계약 업체(정부 기관 및 정보 기관과 협력하는 데이터 분석 회사 팔란티어를 말한다—옮긴이)와 유권자 타깃팅 컨설팅 업체(케임브리지애널리티카를 말한다—옮긴이)의 임원들은 각자의 런던 사무실에서 서로를 초대하기도 했다. 구글 회장 에릭 슈밋Eric Schmidt의 딸이 케임브리지애널리티카의 인턴인 인연으로 만남을 주선했다.15 케임브리지애널리티카의 CEO는 파트너십을 추진하며, 팔란티어의 엔지니어들이 자사의 데이터 저장소를 살펴보게 해주었다.

훗날 케임브리지애널리티카의 분홍 머리 내부고발자로 유명해진 크리스토퍼 와일리Christopher Wylie는 '입사 첫날' CEO가 팔란티어에 대해 들어본 적이 있냐고 물었다고 회상한다.[16] 미래에 트럼프 선거 운동 책임자가 되는 스티브 배넌Steve Bannon, 억만장자 후원자인 로버트 머서Robert Mercer와 레베카 머서Rebekah Mercer 부부 등 케임브리지애널리티카의 지지자들은 이 회사의 데이터 역량, 특히 페이스북의 데이터를 뽑아내는 능력이 선거의 게임 체인저가 될 잠재력을 가지고 있다고 믿었다.[17] 와일리는 2019년 발간한 회고록에서 케임브리지애널리티카가 "정치 선전계의 팔란티어"가 되는 것이 목표였다고 적었다.

하지만 우선 실제 페이스북 데이터가 필요했다. 이를 위해 케임브리지애널리티카는 심리측정센터의 다른 연구원 알렉산드르 코간Aleksandr Kogan에게 돈을 주고 마이퍼스널리티와 묘하게 닮은 페이스북 앱인 디스이즈유어디지털라이프thisisyourdigitallife를 만들도록 했다.[18] 이것은 성격 테스트 앱을 빙자한 트로이 목마였다. 페이스북 사용자가 테스트 참여에 동의하면 그 사람을 비롯한 모든 친구의 프로필이 케임브리지애널리티카로 전송되었다.

와일리는 "한 사람만 설문조사를 작성하면 그 사람의 페이스북 친구라는 이유만으로 수백 명 다른 사람도 동의한 것이 됩니다"라고 설명했다. "따라서 규모가 정말 빠르게 커졌죠." 디스이즈유어디지털라이프 앱은 직접적으로 27만 명의 프로필을 수집했고, 이후 페이스북이 확인한 바에 의하면 간접적으로 8700만 명의 프로필을 수집했다.[19]

케임브리지애널리티카는 거기에서 멈추지 않았다. 2016년 미국 대선이 다가오자, 테드 크루즈Ted Cruz 상원 의원[20]을 선두로 도널드 트럼프 후보까지 고객으로 맞이했다. 전통적인 브로커로부터도 정보를 얻었다. 이 회사와 파트너들은 인포그룹InfoGroup, 아리스토틀Aristotle, 그리고 오랜 역사를 가진 액시엄으로부터 인구통계 데이터와 마케팅 데이터를 구입해, 이를 모두 통합했다.²¹ 데이터베이스의 각 유권자에게는 보터_id라고 불리는 7자리의 영구 식별자가 할당되었다.²² 이후 매트릭스에서와 마찬가지로, 그리고 이후 수십 개의 대규모 데이터베이스에서와 마찬가지로, 각 유권자를 프로파일링하고 측정하고 점수를 매겼다.

중국과 스타벅스의 동일한 알고리즘

오바마 정부 말기의 미국인 사이에서는 대서양 건너로 눈을 돌려야 데이터 디스토피아의 모습을 볼 수 있다는 근거 없는 믿음이 횡행했다. 2015년 IBM의 '테러리스트 신용점수' 홍보는 대서양 건너편에서 비롯되었다. 유럽 정부들은 과거에는 사이신트의 경쟁자였고 한때 팔란티어의 경쟁자이기도 했던 IBM의 데이터 융합 플랫폼 i2를 사용해 유럽 대륙으로 쏟아져 들어오는 시리아 난민들 사이에 숨어 있는 테러 조직 이라크시리아이슬람국가Islamic State of Iraq and Syria, ISIS의 조직원을 식별할 수 있다는 이야기를 들었다.

IBM의 한 임원은 《디펜스원Defense One》에 "망명을 위해 입국하는 사람 중에 굶주림에 지치고 실의에 빠진 모습이 아니라 몹시 건강해 보이고 전투 가능한 연령대의 남성들이 있다는 우려의 목소리가 들린다"라고 말했다.²³ IBM은 시연을 위해 시리아 관련 뉴스에서 언급된 사상자 목록, 위조 여권 구매와 관련된 다크웹의 메타데이터, 유럽 국경수비대가 이용할 수 있는 인구통계학 정보 등 여러 데이터 세트를 융합해 위험 점수를 산출했다. 난민이라는 본인의 주장이 진짜인가? IBM 임원은 "신용점수와 비슷합니다"라고 설명했다. 최하위 점수를 받은 난민에게는 동일한 IBM i2 플랫폼을 사용한 추가 소셜 네트워크 분석이 필요하다는 표식이 붙는다.

미국의 비평가들은 테러리스트 신용점수라는 아이디어에 경악했다. 이민자 대상이라는 것 외에는 예측 치안과 다를 바 없었기 때문이다. 사실 이 아이디어는 행크 애셔의 높은 테러리스트 인자와 놀라울 만큼 닮았지만 당시에는 아무도 이를 기억하지 못하는 듯했다.

미국은 또 다른 대양, 태평양 건너에서도 데이터 디스토피아를 목격했다. 중국의 새로운 '사회신용' 시스템에 대한 모호한 보도가 처음 나온 것은 2015년이었다. 중앙정부가 추진한 이 시범 제도에서는 지방자치단체와 텐센트Tencent, 알리바바Alibaba의 계열사를 포함한 여덟 개의 민간 기업이 중국 국민을 대상으로 위험 점수를 적용하는 실험을 진행했다. 언젠가 의무화될 베이징 주도의 단일 국가 시스템에 대비하기 위해 참여 기업은 사람들에게 350~950점 사이의 사회신용점수를 매겼다.[24]

사회신용점수는 금융 데이터보다 훨씬 더 많은 것을 기반으로 했다. 대부분의 시스템에서는 얼마나 오래되었는지에 관계없이 모든 종류의 범죄 이력이 부정적인 영향을 미쳤다. 알리페이Alipay의 지마 크레디트Zhima Credit과 같은 일부 시스템은 어느 학교를 다녔는지, 여가 시간에 무엇을 하는지, 친구가 누구인지, 친구들의 점수가 얼마인지까지 고려의 대상으로 삼았다. 사회신용점수의 결과는 금전적 신용보다 훨씬 포괄적이다. 예를 들어 높은 점수를 받은 사람은 데이트

앱에서도 더 유리한 위치를 차지한다. 신뢰할 수 없다고 판단되는 사람은 비행기나 기차표를 구입하는 데도 어려움을 겪을 수 있다.

미국시민자유연맹의 제이 스탠리Jay Stanley는 블로그를 통해 "중국의 이 새로운 시스템이 미국인에게 과거 전체주의 정권이 보여줬던 교훈을 상기시키길, 무엇을 피해야 하고 어떻게 되면 안 되는지에 대한 경계의 패러다임을 제공하길 바란다"라는 게시물을 올려 회자되기도 했다.25 또 다른 서구인은 트위터를 통해 위챗WeChat과 알리페이 같은 중국의 '슈퍼 앱'을 통해 사용자가 휴대폰으로 변동하는 자신의 사회신용점수를 항상 확인할 수 있다는 점을 지적하며 그것을 "게임화된 권위주의"라고 불렀다.26

중국 사회신용의 실체는 초기 비평가들의 생각보다 더 복잡하며, 이미 미국에서 조용히 자리 잡은 것과 더 닮아 있다. 중국의 설계자들은 미국에서 암묵적으로 존재하던 것을 좀 더 노골적으로 드러냈을 뿐이다.

중국 사회신용제도의 아버지라 불리는 중국 사회과학아카데미Academy of Social Sciences 린쥔웨Lin Junyue 교수의 표현에 따르면, '부정직에 대한 징계 메커니즘'을 개발해 사회 통제 수단을 구축하는 것이다.27 사회신용점수가 낮은 중국인은 비행기를 타는 데 곤란을 겪는다. 미국 교통안전청이 사용하는 '조용한 하늘Quit Skies' 프로그램의 감시 목록에 오른 미국 여행자 역시 비행에 어려움을 겪을 수 있다.28 사회신용에 조지 오웰의 그림자가 있다면, 리테일크레디트컴퍼니(초기 에퀴팩스) 그리고 스타벅스 리워드Starbucks Rewards 또는 스타우드 프리퍼드 게스트Starwood Preferred Guest와 같은 미국의 고객 우대 프로그램에도 그림자가 있다.

《와이어드》의 상하이 주재 특파원 마라 비슨달Mara Hvistendahl은 2016년 사회신용을 조사하기 위해 중국을 방문했다. 그때 자신의 낮은 지마크레디트로 인해 자전거 공유 서비스와 호텔 객실, 우산 대여 서비스를 이용하려면 보증금이 있어야 한다는 사실을 알게 되었다.29 점수를 쌓으면 더 많은 혜택을 받을 수 있었다. 왠지 친숙했다. 그녀는 "대부분의 미국인은 수십 개의 점수를 가지고 있으며, 그중 대부분은 지마크레디트에서 사용하는 것과 유사한 행동 및 인구통계학적 지표에서 도출된 것"이라고 말했다. "대부분 회사가 보유하고 있기 때문에 우리에겐 거부할 기회가 없습니다."

사실 린쥔웨 교수가 이끄는 팀이 1999년 주룽지Zhu Rongji 총리의 지시로 중국의 사회신용 시스템을 처음 설계했을 때 모델로 삼은 것이 미국의 피코Fair Isaac Corporation, FICO 점수였다.30 린 교수는 가장 먼저 태평양을 건너 거대 신용평가 기관인 에퀴팩스, 엑스피리언, 트랜스유니언을 방문했다. 중국의 시스템은 거기서부터 성장했다. 데이터 디스토피아가 펼쳐진 것은 미국도 마찬가지였다.

신용점수로 개인의 등급이 매겨지는 사회의 도래

중국의 '사회신용'을 미국은 '대안 데이터alternative data'라고 부른다.31 피코의 입력 항목은 상환 이력, 신용 계좌의 연령, 잔액, 부채 대비 신용 비율 등이다. 사회신용은 이러한 금융 신용을 넘어서 개인의 존재를 보다 광범위하게 평가하는 위험한 시스템이다.32 시민자유연맹이 중국의 시스템에 처음 경각심을 불러일으켰을 때 이미 미국의 대안 데이터 사용은 아주 흔한 상황이었다.

2012년 미국의 한 대출 스타트업의 창립자는 "우리는 모든 데이터를 신용 데이터라고 생각합니다"라고 설명했다.[33] "아직 그것을 어떻게 사용해야 할지 모를 뿐이죠." 피터 틸의 지원을 받은 그의 회사 제스트Zest.ai는 신용카드 발급업체인 디스커버Discover, 연방정부가 지원하는 주택 대출 기관 프레디맥Freddie Mac 그리고 중국의 바이두Baidu까지 고객으로 두게 된다.[34]

제스트는 수천 개의 다양한 데이터 포인트에 머신러닝을 적용해 대출자의 신용도를 판단했다. 특히 언론에서는 대단히 자의적 항목이 포함되어 있다고 강조했다. 이는 웹에서 무엇을 검색했는지, 친구나 지인의 소득은 어떤지, 대출 신청서에 구두점을 적절히 사용했는지, 대문자를 모두 입력했는지와 같은 것들이다. 제스트의 특허 신청서에는 렉시스넥시스도 참조한 데이터 소스로 등장한다.

전 렉시스넥시스리스크솔루션 임원은 "사실 대형 은행들은 더 이상 피코 점수를 원하지 않습니다"라고 말한다. "그들은 자체적인 점수를 구축할 것입니다. 그들은 기본 속성만을 원합니다." 이로써 행크 애셔의 오래된 데이터 세트들은 미국인의 삶에 새로운 영향력을 갖게 되었다.

2015년 피코, 에퀴팩스, 렉시스넥시스 등 3사가 파트너십을 맺고 피코스코어XDFICO Score XD라는 대안 데이터 제품을 출시했다.[35] 렉시스넥시스의 고위 임원은 "에퀴팩스는 유틸리티를 가지고 있습니다. 우리는 공공 기록을 제공합니다. 거기에 피코를 얹었죠"라고 간결하게 설명한다. 이론상으로 이 점수는 렉시ID를 가진 모든 사람, 이전에는 신용 기록이 충분치 못해서 신용도를 평가하기 어려웠던 사람까지 아메리칸드림에, 아니 최소한 미국 대출 기관에 접근할 수 있게 해준다. 이 시스템은 주소지 이력을 살펴 더 좋은 동네에 살거나 상급지로 이동하면 더 높은 점수를 준다. 그 외에도 인터넷과 휴대폰 요금, 난방비 등을 얼마나 꾸준히 납부했는지를 살폈다. 이런 데이터 세트는 에퀴팩스가 관리하는 전국소비자통신·유틸리티거래소에서 나온 것이었다. 이 컨소시엄의 회원사들은 AT&T와 버라이즌을 포함한 80개 이상의 대형 유틸리티 업체와 전화 서비스 제공 업체들로 구성되어 있었으며, 서로의 고객 기록을 공유할 뿐 아니라 데이터 브로커와 은행에게도 판매하고 있었다.

렉시스넥시스의 두 번째 대안 데이터 상품인 리스크뷰RiskView의 안내 자료에는 "안정적인 주소지 이력과 부동산 가치 상승은 높은 신용도와 경제적 안정을 나타낼 수 있습니다"라는 설명이 있다.[36] 렉시스넥시스는 주소지 이력에서도 위험 신호를 찾을 수 있었고, 대출 기관이 이를 확인하는 데 도움을 줬다. 안내 자료에서 언급하는 위험 신호 중 하나는 정신병원에 입원했던 이력이었고,[37] 다른 하나는 이동식 주택에 산 이력이었다.

렉시스넥시스는 데이터의 다른 용도도 찾고 있었다. 2016년에는 사회경제적건강점수Socioeconomic Health Score를 출시했다.[38] 이로 인해 보험사와 병원은 병력을 조사하지 않고도 친지와의 물리적 근접성, 지역의 범죄율, 학력, 소득과 같은 고객의 정보를 바탕으로 건강에 대해 추측할 수 있었다. 렉시스넥시스는 제품 백서에서 "여러 연구가 이런 결정 요인들이 특정한 건강 문제가 발생할 가능성에 영향을 미칠 뿐만 아니라 문제가 발생했을 때의 관리 능력에도 영향이 있다는 사실을 보여준다"라고 말한다. 달리 표현하자면 여러 연구가 가난한 사람들이 부유한 사람들보다 더 아프다는 결과를 내놓고 있다는 것이다.

사이신트와 렉시스넥시스리스크솔루션의 CTO였고 이후 트랜스유니언의 임원이었던 아르만도 에스칼란테는 애셔가 테러 지수를 개발한 이후 데이터를 통해 가능해진 일들에 경탄했다. 그는 한 인터뷰에서 "범죄자가 될 성향이나 세입자 또는 주택 소유자가 될 성향까지 머신러닝을 이용해 예측할 수 있는 이 모든 행위는 결국 수학입니다"라고 말했다. "다항방정식입니다. 계수가 있고, 몇 가지에 가중치를 더 두고, 테스트합니다. 그러면 발견이 이루어지고 문서화됩니다."

애셔가 이 작업을 했을 때는 모든 것이 그때그때 임시방편으로 이루어졌다. 에스칼란테는 이렇게 말했다. "그는 연금술의 비밀을 알아내고 있었습니다. 그는 수학 없이 하고 있었지만, 실은 수학을 하고 있었습니다. 그를 천재였다고 말하는 이유입니다." 하지만 이제 알고리즘이 그 일을 한다. 아니, 그 이상의 일을 한다. 에스칼란테는 "지금 우리가 매기는 점수에는 사람들이 상상하기 힘든 요소들이 들어갑니다. 때로는 휴대폰 보유 대수, 나이, 5년 동안의 이사 횟수 그리고 이 모든 요소의 조합이 작용합니다. 정말 놀라운 일이죠."

페이스북도 대안 데이터 게임에 뛰어들 것이다. 최소한 언젠가 있을 그날을 위해 2015년 특허를 확보했다.[39] 이 특허에 대한 설명에는 "개인이 대출을 신청했을 때 대출 기관은 공인 노드를 통해 그 개인과 연결된 소셜네트워크 가입자들의 신용 등급을 조사한다"라고 적혀 있다. "이들 가입자의 평균 신용 등급이 최소 신용점수 이상인 경우 대출 기관은 대출 심사를 계속한다. 그렇지 않으면 대출 신청이 거부된다." 친구들이 신용할 수 없는 사람이라면 당신도 신용할 수 없다는, 친구가 가난하다면 아마 당신도 가난하다는 논리인 것이다.

오바마 시대가 끝나고 2016년 대선이 다가올 때 미국에는 이미 소비자 점수가 넘쳐났다. 임차인 점수, 배심원 점수, 유권자 점수, 고객 생애 가치 점수, 복지 혜택 점수, 그리고 이제는 사회경제적건강 점수까지. 대부분이 애서가 처음 만든 프로필을 기반으로 한다. 우리는 은밀한 식별자에게 끊임없는 스토킹을 당하고 있다. 그리고 은밀한 점수에게 끊임없는 스토킹을 당하고 있다. 우리는 디스토피아라고 중국을 걱정하면서 정작 우리의 현실을 모르고 있다.

트럼프가 선거에 개인정보를 이용한 방법

트럼프가 공화당 대통령 후보로 지명되고 한 달이 지난 뒤인 2016년 6월, 케임브리지애널리티카를 고용했을 때만 해도 그의 선거 운동에는 뚜렷한 디지털 전략이 없었다. 케임브리지애널리티카 직원이 트럼프타워Trump Tower에 도착했을 때까지 마케팅팀이 존재하지 않았다.[40] 유권자 데이터베이스도, 유권자를 타기팅한 적절한 광고와 그 광고의 메시지가 효과를 거뒀는지 모니터링할 계획도 없었다. 이런 인프라 부재로 디지털 타기팅과 측정을 위한 시스템이 이미 구축된 올인원 플랫폼이 필요했고 자연히 페이스북의 존재가 더 중요해졌다.

목표는 경합주에서 설득될 만한 유권자를 찾아 마이크로 타기팅 광고를 통해 트럼프에게 투표하게 만드는 것이었다. 반대로 절대 트럼프에게 투표할 사람이 아니라면 아예 투표를 못 하게 하는 것이 목표였다. 이상적 그림은 선거운동의 페이스북 광고를 각 유권자의 관심 사안에 맞게, 그리고 OCEAN 점수를 통해 각 유권자의 심리적 프로필에 맞게 맞춤화하는 것이었다. 정확한 타이밍에 타기팅된 사람들이 '좋아요' 버튼을 누르는 것이다.[41] 예를 들어 신경증 점수가 높은 총기 보유 찬성론자는 폭풍우 구름과 민주당이 그들의 총을 빼앗으려 한다는 위협을 만나게 한다. 반면 유쾌하고 내성적인 성향의 총기 보유 찬성론자에게는 공동체와 전통의 가치를 강조하는 광고, 즉 아버지와 아들이 함께 사냥하는 장면을 보여준다.

선거가 끝나고 몇 년 동안 전문가들은 케임브리지애널리티카가 이런 마이크로 타기팅 광고에 페이스북 앱 디스이즈유어디지털라이프에서 수집한 심리 측정 데이터를 실제로 사용했는지 의문을 제기했다. 2020년 영국 방송사 채널4Channel 4가 입수한 트럼프 선거운동의 타기팅 데이터베이스에는 실제로 소수점 아래 다섯째 자리까지 표시된 유권자들의 OCEAN 점수가 있었다.[42]

채널4의 조사에 따르면 트럼프의 선거운동본부는 경합주의 수백만 명 유권자를 '트럼프 핵심 지지자core Trump' '클린턴 핵심 지지자core Clinton' '설득persuasion' '저지deterrence'를 비롯해 여덟 가지 큰 범주로 구분했다. 범주마다 다른 표적 광고가 사용되었다.

트럼프 선거운동본부가 '설득'으로 분류하고 투표 참여를 독려한 유권자는 압도적으로 백인이 많았다. 트럼프 선거운동본부가 '저지'로 분류하고 적극적으로 투표를 막고자 했던 유권자는 대부분 유색인종이었다. 데이터베이스의 전체 유권자 중 54퍼센트는 흑인, 히스패닉, 아시아 또는 '기타'로 분류되었다. 경합 주 전체에서 '저지' 범주에 속한 흑인은 총 350만 명이었다.

크리스토퍼 와일리는 미국 상원에서의 내부고발자 증언을 통해 케임브리지애널리티카가 "미국에서 '유권자 불참여'를 서비스로 제공했다.⁴³ 이 회사는 아프리카계 미국인 유권자를 표적으로 삼아 선거 참여 의욕을 꺾었다"라고 주장했다. 데이터베이스는 이 주장이 사실임을 증명하는 듯했다. 행크 애셔의 DBT가 부시-고어 대선을 앞두고 '선거권 박탈 명단'을 만들어 중범죄자와 사망자라는 명목으로 유권자를 명단에서 삭제하면서 흑인 표를 조직적으로 줄인 후 거의 20년이 지났지만 플로리다에서 역사가 반복되고 있었다. 더 교묘한 기술을 사용할 뿐 과거와 다를 것이 없었다.

플로리다에서 가장 큰 마이애미데이드카운티에서는 2000년 대선 전에 약 7000명이 DBT의 선거권 박탈 명단에 올랐다. 당시 흑인은 카운티 인구의 5분의 1에 불과했지만, 선거권 박탈 명단에서는 흑인의 이름이 3분의 2를 차지했다. 2016년에 마이애미데이드의 흑인 주민 중 트럼프 선거운동본부가 '저지'로 분류한 사람은 다른 비흑인 유권자의 거의 두 배에 달하는 11만 6000명이었다.

페이스북에서는 이런 유권자에게 노출시키는 표적 광고를 통해, 힐러리 클린턴이 1996년 영부인 시절의 연설에서 폭력 범죄를 저지른 젊은이를 '슈퍼 포식자super predator'라고 표현한 것을 상기시켰다. 마이애미의 리틀아이티 지역의 사람들은 2010년 지진 이후 클린턴 재단이 아이티의 구호와 재건 활동을 위한 기부금을 투명하게 관리하지 않았다는 의혹을 던지는 메시지를 보았다.

어쨌든 많은 흑인 주민이 투표장에 가서 클린턴에게 표를 던졌다. 그러나 채널4와 제휴한 《마이애미헤럴드》는 "I-95 주변 지역에서 '저지'로 분류된 유권자 중 약 6만 명이 투표장에 나오지 않았으며,⁴⁴

이는 2012년 같은 유권자들의 투표율과 비교할 때 6퍼센트포인트 감소한 수치"라고 보도했다. 트럼프는 플로리다에서 11만 2000표 차이로 승리했고, 대부분의 미국인과 세계인의 충격 속에 대통령으로 당선되었다.

케임브리지애널리티카의 유권자 점수가 중요한지, 트럼프 당선에 도움이 되었는지, 도움을 줄 수 있었는지의 여부는 선거 후 몇 년 동안 열띤 논쟁의 대상이 되었다. 하지만 행크 애셔를 알고 있던 플로리다 주민들, DBT가 2000년 대선의 판도를 바꾼 것을 목격했던 사람들, 애셔가 높은 테러리스트 인자를 만드는 모습을 보았던 사람들, 새로운 세상이 다가오고 있다고 수년 전부터 예견했던 사람들 중에는 애셔를 진심으로 믿었던 이들이 있었다.

2018년 3월, 케임브리지애널리티카 이슈가 《뉴욕타임스》 1면을 장식했을 때[45] 애셔의 친구이자 변호사인 마사 바넷은 너무 놀라서 꼼짝도 할 수 없었다. 그녀는 이렇게 회상한다. "저는 그 기사를 보고 '맙소사'라고 생각했습니다. '난 저게 뭔지 알아. 테러 점수와 똑같아. 바로 그 점수야.' 높은 테러리스트 인자라고 부르든 다르게 뭐라고 부르든, 이제는 매일 이것을 보게 되었습니다. 그것은 누가 세계무역센터를 폭파할지는 예측할 수 없더라도, 당신이 무엇에 관심을 갖고 있는지, 무엇을 할 것인지는 대단히 근접하게 예측할 것입니다."

바넷은 기사를 출력해 지갑에 넣어두었다. 그녀는 말한다. "항상 가지고 다녔습니다. '세상에, 행크 애셔의 플레이북에서 튀어나온 것 같다'라고 생각했죠."

18장

아메리칸드림호에서 쫓겨나다

이 플레이북은 더 이상 행크 애셔만의 것이 아니었다. 권력을 가진 사람들이 권력을 행사하는 방식이 점차 플레이북을 따라가고 있었다. 트럼프 시대가 시작된 미국의 권력자들은 그 문제에 대해 점점 더 뻔뻔스러워졌다.

2017년 6월 초, 워싱턴주 오션파크에 살고 어린 세 딸을 둔 엄마 글래디스 디아스Gladys Diaz는[1] 페이스북에 피냐타piñata(미국 내 스페인어권 사회에서 파티 때 아이들이 눈을 가리고 막대기로 쳐서 넘어뜨리는, 장난감과 사탕이 가득 든 통—옮긴이) 사진과 함께 "20달러"라고 적었다. 크기를 보여주기 위한 사진 속에서 그녀의 네 살 난 딸은 피냐타를 공중으로 들어 올리고 있었다. 사생활 보호를 위해 얼굴은 분홍색, 파란색, 노란색의 풍선 그림 세 개로 가려두었다. 아이는 공간을 만들기 위해 머리와 몸을 왼쪽으로 기울이고 있었다. 피냐타는 아이의 몸보다 더 컸고 혀를 내밀며 웃고 있는 컵케이크 모양이었다.

디아스의 친구 중 한 명이 바로 댓글을 달았다. "Qué bonitas(정말 예쁘다)." "직접 만든 거야?" 두 달 전 남편이 강제 추방당한 후 세 아이와 함께 남은 디아스의 여동생 마리아가 대신 대답했다. "네, 언니가 만들었어요. 언니가 이것도 만들었어요." 마리아는 디아스가 조카의 생일 선물로 준 스파이더맨 그림을 올렸다. "그리고 이것도요." 만화 〈퍼피 구조대Paw Patrol〉에 나오는 달마시안 강아지 피냐타도 보여주었다. 웃는 컵케이크는 가족 프로젝트였다. 디아스의 '공주님들'이 종이를 자르고 붙이는 것을 도왔다. 디아스가 처음으로 판매를 시도한 피냐타였다.

두 번째 친구는 디아스가 페이스북 프로필에 신중하게 입력했던 닉네임 대신 실명을 사용한 글을 남겼다. "Gladis yo quiero está(글래디스, 나 이거 사고 싶어)." "어느 쪽?" 디아스가 물었다. "강아지." 친구가 대답하자 디아스가 이렇게 말했다. "좋아, 좋아. 이 강아지는 이미 주인이 있으니 다른 강아지를 만들어야겠네." 그 후 워싱턴주 시골 지역의 비공개 매매 그룹 치누크빌Chinookville의 회원들만 볼 수 있었던 디아스의 게시물은 뉴스피드에서 내려갔고 댓글은 멈췄다.

2주 후인 6월 23일, 이 지역에서 근무하는 두 명의 이민·세관단속국 직원이 평소처럼 새벽에 일어났다. 그리고 거친 파도의 태평양과 얕고 굴이 풍부한 윌라파만의 바다 사이에 있는 폭 2마일의 땅, 롱비치 반도를 따라 북쪽으로 차를 몰아 올라가기 시작했다. 도중에 한 사람이 지역 보안관 사무실에 전화를 걸었다. 배치 담당자가 전화를 받자 그가 말했다. "이민·세관단속국 소속 로니 밀러Lonnie Miller 수사관입니다. 담당하시는 지역에서 감시 활동을 펴고 체포를 시도할 예정임을 알려드리려 합니다."

그는 최근 몇 달 동안 이런 전화를 수십 번은 했다. 밀러와 담당자 모두 일이 어떻게 돌아갈지 알고 있었다. "알겠습니다, 주소가 어떻게 되죠?" 그녀가 물었다. "1925 베이애비뉴입니다." 그가 대답했다. "오션파크요."

롱비치 반도에서 타깃을 추적할 때 이민·세관단속국 요원들은 관광 도시인 롱비치의 베스트웨스턴에서 하룻밤을 묵는 경우가 많았다. 그들은 표식이 없는 차량(파란색 현대 SUV, 황갈색 포드Ford 토러스 Taurus X, 고성능 흰색 도지Dodge 차저Charger 머슬카)들을 바꿔 타고 다녔다. 차에는 12볼트 콘센트에 꽂을 수 있는 경광등이 추가로 설치되어 있었다. 밀러 수사관은 누군가를 잡으면, 포틀랜드 현장 사무실로 돌아오는 두 시간 동안 그 사람과 긴 대화를 나눴다. 그에게 자신이 친구, 이웃, 고용주, 가족에 대해 이미 얼마나 많이 알고 있는지 말해서 놀라게 하면서 더 많은 것을 은근히 캐내기 위함이었다.

그의 파트너인 커티스 디에츠Curtis Dietz는 스페인어를 조금 할 줄 알았지만 많이 사용하지는 않았고, 밀러보다 과묵했다. 그리 꽉 조이지 않은 수갑을 풀어주는 등 가끔 체포한 사람들에게 작은 친절을 베풀기도 했다.

6월의 어느 날 아침, 마침내 비가 그치고 바람이 잦아들었다. 수사관들이 오션파크를 반쯤 올라갔을 때 해가 떴다. 그들은 인구 1400명의 마을의 주요 도로인 베이애비뉴로 향했다. 그곳에는 철물점, 은행, 타코 가판대, 오키스Okie's라는 식료품점, 긴 여름날을 보내기 위해 이곳에 정착한 은퇴자들을 대상으로 장사를 하는 카페 같은 작은 상점과 케이프 코드 스타일의 주택들이 늘어서 있었다. 그들은 밀러 수사관이 배치 담당자에게 보고한 주소인 1925 베이애비뉴 근처 도로에 차를 세웠다. 그곳은 글래디스 디아스가 가족과 함께 살던 티후아니타 또는 리틀 티후아나로 알려진 아파트 단지이자 이동식 주택 주차 구역이었다.

이 수사관들은 보통 교통법을 위반했다며 차량을 정차시킨 후 사람들을 연행하곤 했다. 이틀 전, 그들은 베이애비뉴 길가에 SUV를 세워 두고 그 안에 앉아 목표물이 지나가기를 기다리며 아침을 보냈지만 소득이 없었다. 오늘은 두 번째 시도였다.

가장 먼저 지나간 차는 발타사르 아부르토 구티에레스Baltazar Aburto Gutierrez가 운전하는 흰색 픽업트럭이었다. 동네에서 로사스Rosas로 알려진 그는 디아스와 오래전부터 사귀고 있는 남자친구였고 아이들의 아버지이기도 했다. 로사스는 종종 오키스 길목에서 수사관들과 마주쳤다. 그러면 그들은 모두 조심스럽게 고개를 끄덕이며 인사를 나눴다. 창밖으로 그들을 본 로사스는 즉시 누구인지 알아보고 손을 흔들었다. 수사관들을 인정하지만 겁을 먹진 않는다는 조용한 저항의 표시였다.

약 세 시간 후, 수사관들은 감시를 그만두었다. 밀러는 배치 담당자에게 다시 전화를 걸었다. "저희가 이 위치를 떠난다는 것을 말씀드리려고 전화했습니다."

오전 10시가 조금 지난 후, 로사스는 집으로 돌아와 딸들과 피냐타를 차에 태우고 있는 디아스를 발견했다. 그녀가 알지 못하는 어떤 페이스북 사용자가 방금 메시지를 보내 피냐타를 사고 싶다고 했고, 디아스는 오키스의 상점들과 주차장을 공유하는 퍼시픽은행Bank of the Pacific 밖에서 그와 만나기로 했다.

"그냥 여기로 오면 되지 않아?" 로사스가 물었다. 디아스는 귀찮지 않다고, 이후에 아이들과 장을 보러 갈 것이라고 말했다.

피냐타 구매자는 치누크빌 페이스북 그룹의 회원이었다. 폐쇄적인 그룹이긴 했지만 이 지역 출신이라고 말하기만 하면 관리자가 가입을 승인해 주었다. 구매자가 디아스에게 보낸 메시지는 모두 영어였으며, 그 사람이 이미 삭제한 후였다. 마찬가지로 삭제되어 있는 구매자의 프로필 사진은 개였다. 디아스와 소녀들이 이동주택 주차장에서 나갈 때 로사스는 이상한 느낌이 들었다. "글래디스, 잠깐, 가지 마!" 그는 디아스를 쫓아가며 소리쳤지만 그녀는 로사스의 말을 듣지 못한 것 같았다.

오전 10시 15분, 밀러 수사관은 다시 배치 담당자에게 전화를 걸어 미안한 듯 웃으며 말했다. "계속 귀찮게 해서 죄송합니다."

"괜찮습니다." 그녀가 대답했다.

"음, 저희는… 오션파크로 다시 돌아갈 겁니다. 용의자가 퍼시픽 은행으로 갈 것 같아요." 밀러가 말했다.

9·11 테러가 이민 단속에 실어준 힘

이민·세관단속국은 9·11 테러의 산물이다. 모하메드 아타와 마르완 알셰히가 테러로 사망하고 6개월 후에 비자를 승인한 것으로 악명이 높았던[2] 이민귀화국Immigration and Naturalization Service을 대체한 이 기관은 2003년 연방정부 조직 개편 당시 새로운 국토안보부 산하에 신설되었다. 이민·세관단속국이 초점을 두는 문제는 다른 국토안보부의 다른 부문들과 마찬가지로 테러 방지였다. "테러 및 범죄 활동을 지원하는 사람, 자금, 물자를 표적으로 삼아 테러 행위를 방지하는 것"이란 임무에 대한 설명에는 '테러'라는 단어가 두 번이나 등장했다.[3] 그로부터 15년이 지난 지금 이민·세관단속국의 힘은 커졌고 임무도 점차 늘어났다. 2만 명 이상의 직원을 거느리고 있고 연간 예산은 71억 달러로 과거의 두 배에 달하며, 요원들은 이제 페이스북에서 가짜 프로필로 젊은 엄마들을 잡아들이고 있었다.

다른 많은 것들과 마찬가지로 강제 추방 업무도 빅데이터의 힘으로 큰 변화를 겪었다. 오바마 행정부에서의 이민·세관단속국은 최근 입국한 이민자와 유죄 판결을 받은 범죄자 또는 범죄 조직원으로 의심되는 사람, 말하자면 오바마가 "가족이 아닌 중범죄자"라고 설명하는 사람에 집중하라고 지시를 받았다. 미국 내 서류 미비자(거주 요건이 충족되지 않은 이민자를 뜻한다—옮긴이)가 1100만 명으로 추산되는 상황에서의 이런 우선순위는 도덕적인 근거만큼이나 실제 근거가 있는 일이었다. 이 기관이 모두를 체포할 수는 없으니까 말이다.

이민·세관단속국은 일반 서류 미비자 중에서 우선적인 표적 대상자를 보다 지능적으로 분석할 수 있는 시스템이 필요했다. 오바마 정부하에서 이민·세관단속국은 어큐린트에 접근했고 결국 톰슨로이터, 팔란티어와 새로운 데이터 및 분석 계약을 체결했다. 매트릭스는 구축되지 않았지만, 9·11 테러 이후 다른 지역-연방 데이터 공유 이니셔티브가 번성했기 때문에 이민·세관단속국은 주와 카운티 시스템에까지 접근해서 데이터를 통합시킬 수 있었다. 지역 관할 구역의 데이터는 이민·세관단속국의 생명선이 되었고, 신원 확인은 핵심 기술이 되었다.

그리고 트럼프가 등장했다. 트럼프가 대통령으로 취임한 뒤에 가장 먼저 한 일은 전임자의 우선순위 목록을 내던지는 것이었다.

오리건주 포틀랜드에 위치한 이민·세관단속국 현장 사무소에 있는 밀러와 디에츠의 상사 엘리자베스 고드프리Elizabeth Godfrey는 여러 인터뷰를 통해 자신들의 팀은 오바마 행정부 때와 마찬가지로 여전히 표적의 우선순위를 신중하게 결정하고 있다고 주장했다. 그녀의 팀원들은 표적을 미리 조사했다. 선택권이 주어지면 그들은 테러리스트로 의심되는 사람이나 심각한 범죄 전과가 있는 사람을 그렇지 않은 사람보다 우선적으로 추적했다. 선택권이 주어지면 말이다.

하지만 표적을 결정하는 일은 '찾을 수 있는 사람이 누구인가'에도 영향을 받았다. 애셔가 남긴 '미국에서 찾을 수 있는 사람이 누구인가'의 문제는 누가 컴퓨터가 추적할 수 있는 흔적을 남겼는가에 좌우된다. 운전면허증을 가진 사람, 보험에 가입한 사람, 공과금을 납부한 사람, 세금을 내는 사람, 소셜미디어 계정을 가진 사람, 안정적인 가정을 가진 사람, 미국에서 태어난 자녀를 둔 사람, 미국 생활을 한 사람, 이전 정부하에서 자신은 우선순위가 아니라고 생각했던 사람.

한때 카운티 구치소에 수감되었던 이민자들은 낮은 나뭇가지에 달린 열매와도 같았다. 쉽게 찾을 수 있고 구금하기도 쉬웠다. 하지만 더 이상은 아니었다. 소송법과 피난처법sanctuary law 때문에 구금 중인 이민자에게 접근할 수 없는(이민·세관단속국은 카운티에 구금된 소송 당사자인 이민자를 체포할 수 없다―옮긴이) 반면 체포에 대한 상부의 압박은 거센 상황에서, 이민·세관단속국 요원들은 이제 컴퓨터 앞에 앉아 톰슨로이터의 클리어와 주, 연방, 민간 시스템에서 찾을 수 있는 엄청난 양의 사적 데이터를 검색하는 데 몇 시간씩을 보내고 있다.

관료적 논리 그리고 할당까지는 아니더라도 새 행정부가 주는 압력은 수사관들을 가만히 앉아 있을 수 없도록 만들었다. 그리고 정보 과학 덕분에 구금할 사람은 항상 찾을 수 있는 시대였다.

"우리에게는 여전히 해야 할 일이 있습니다"라고 고드프리는 말했다. "우리에게는 여전히 임무가 있습니다. 그렇다면 이 사람들을 어디에서 찾을 수 있을까요?"

한 아이 엄마의 추방

티후아니타에서 퍼시픽은행까지는 차로 몇 분도 아닌 몇 초밖에 걸리지 않았다. 아이들을 카시트에 태우고 피냐타를 앞에 둔 디아스는 집 앞 진입로를 빠져나오자마자 우회전을 하고 베이애비뉴를 따라 400피트(약 122미터)를 달려 은행과 식료품점이 공유하는 주차장으로 좌회전했다.

그녀는 차를 세우고 밖으로 나왔다. 두 남자가 즉시 다가왔다. "글래디스 디아스 씨인가요?" 한 명이 물었다. 그들은 이민·세관단속국 수사관이라고 스스로를 밝히며, 주 발급 운전면허증을 출력한 문서를 보여주었다. '피난처 주' 정책을 시행하는 워싱턴에서는 그들의 손에 들려 있어선 안 될 문서였다. 그녀의 큰딸은 밀러와 디에즈 수사관이 하는 말을 스페인어로 통역했다. "당신을 찾고 있었습니다." 디아스는 그들이 이렇게 말했다고 했다. 그녀는 수사관들과 함께 가야만 했다.

디아스는 삼촌 미겔Miguel이 사라진 후부터 딸들이 이런 상황에 대비할 수 있도록 준비해 왔다.[4] 조용한 시간을 빌려 아이들에게 이렇게 이야기했다. "지금 일어나고 있는 일 때문에 언젠가 그들이 우리를 떨어뜨려 놓을 수 있어." 아이들은 주차장에서 큰 소리로 울기 시작했다. "엄마, 안 돼요. 저 사람들이 엄마를 데려가는 거 싫어요." 첫째가 소리쳤다. "저 사람들이 엄마를 데려가는 거 싫어요!" 디아스는 딸을 진정시키려고 노력했다. "화낼 필요 없어." 그녀가 속삭였다. "No pasa nada(괜찮아). 일이 어떻게 되는지 지켜보자."

식료품 쇼핑객들이 오키스 매장을 드나들고 있었다. 수사관들이 다가와 그녀에게 수갑을 채웠고, 글래디스 디아스는 이민·세관단속국의 퍼시픽카운티 단속에서 체포된 스물세 번째 사람, 여성으로서는 두 번째이자 어린 아이들을 둔 엄마로는 첫 번째 사람이 되었다.

그녀는 밀러 수사관의 질문을 기억하고 있다. "마리아 디아스의 여동생 맞죠? 얼마 전에 미겔을 잡았습니다." 그녀는 고개를 끄덕였다. "알아요."

"지금 마리아를 데리러 가실 건가요?" 디아스가 물었다. 하지만 이민·세관단속국은 아이가 있는 집에서는 부모를 모두 체포하지 않으려 했다. 밀러는 "마리아는 아닙니다"라고 답했다. 디아스는 이후 그가 로사스에 대해 물었다고 말한다. "동거하는 사람은 시민권자인가요?" 그녀는 대답하지 않았다.

로사스는 여전히 티후아니타에 있었다. 윌라파만의 조수가 다시 바뀔 때까지 그곳에 있을 계획이었다. 그의 삶 대부분(그는 멕시코에서 살았던 기간보다 미국에서 살았던 기간이 더 길다)은 바다의 흐름에 좌우되었다. 물이 빠지면 그는 갯벌에서 조개를 캐는 일을 했다. 물이 들어올 때는 티후아니타에서 주택과 건물을 관리하는 일을 했다. 디아스는 주차장에서 그에게 전화를 걸었지만 그는 잔디깎이 소리 때문에 벨소리를 듣지 못했다.

곧 로사스의 큰딸이 전화를 했고 이번에는 그가 전화를 받았다. "아빠, 엄마가 잡혔어요." 아이는 그에게 주차장에 오지 말라고 경고했다. "아빠도 체포될 거예요."

로사스는 곧 가족과 함께 자신의 아파트로 걸어오는 두 이민·세관단속국 요원을 보았다. "그냥 온 가족을 다 데려가세요." 로사스는 그들에게 이렇게 말했다고 회상했다. "저를 데려가고 글래디스는 두고 가면 안 되나요?" 하지만 수사관들은 그녀를 체포하러 왔다고 말했다. 디아스는 2006년 7월 처음 국경을 통과하려고 시도했다. 당시 위조된 영주권을 사용했다가 적발되어 추방 명령을 받은 적이 있었다. 하루 뒤 두 번째 시도에서 국경을 넘는 데 성공했다. 반면 로사스는 적발되지 않은 채 국경을 넘었고, 그 때문에 아직 이민·세관단속국의 컴퓨터에 표시가 되지 않았다.

"왜 내 딸들 앞에서 이런 짓을 했죠?" 로사스는 관리들에게 물었다. "울고 있는 아이들을 보세요!" 그는 수사관 한 명이 유감스럽다고 말하는 것을 들었다. 로사스가 말했다. "제가 더 유감스럽네요."

디에츠 수사관은 이후 이민·세관단속국 체포 보고서에서 11년 동안 함께한 동거녀가 체포된 직후 로사스의 행동에 대해 이렇게 설명했다. "그는… 눈에 띄게 불안해했다. 영어를 사용했지만 외국인의 악센트가 심하게 드러났다. 스페인어가 모국어임이 분명했다."

디에츠는 로사스가 디아스 대신 자신을 연행해 달라고 요청했다고 언급했다. 이는 로사스 역시 서류 미비자라는 신호였다. 하지만 그 날 이민·세관단속국 요원들은 디아스만 데리고 떠났고, 로사스와 그의 딸들은 집 밖 자갈밭에 서 있었다. 이민·세관단속국 대변인은 이후 성명에서 이렇게 말했다. "인도주의적 이유로 당시 이민·세관단속국 추방관들은 그를 체포하지 않았다. 그가 가족을 돌볼 수 있도록 하기 위함이었다."

아메리칸드림을 빼앗기는 사람들

퍼시픽카운티의 멕시코인 커뮤니티 밖에서 이민·세관단속국의 엄중한 단속을 가장 먼저 알아차린 사람은 에린 글렌Erin Glenn이었다. 그녀는 5대에 걸쳐 롱비치 반도에서 농사를 지으며 살아온 가족의 일원으로 부드러운 말투의 고등학교 교사였다. 수년간 이민·세관단속국 활동이 거의 없었던 2015년, 그녀가 20년 동안 알고 지내던 한 남성이 갑자기 체포되어 추방당했다. 의혹이 생기기 시작했다. 그녀는 "이민·세관단속국이 그에 대해 제가 모르는 것을 알고 있다는 생각이 들었습니다"라고 말했다. 이듬해 도널드 트럼프가 이민 단속을 공약으로 선거운동을 벌이고 결국 대통령에 당선되면서 이민·세관단속국은 글렌의 이웃과 친구들 중 최소 여덟 명을 체포했다.

이것은 하나의 흐름이었다. 글렌은 컴퓨터에 체포된 사람들의 이름을 기록하기 시작했다. 체포가 가속되면서 이 간단한 목록은 스프레드시트가 되었다. 각 사람이 어떻게 연행되었는지, 어디로 연행되었는지, 언제 연행되었는지, 누구를 남겨두고 갔는지가 적혀 있었다.

표적을 정한 체포의 속성, 즉 특정한 집 밖에서 기다리거나 특정한 차를 세워두는 수사관 때문에 커뮤니티 전체가 신경이 곤두서 있었다. 이민·세관단속국은 이름, 별명, 번호, 주소, 번호판, 이메일, 소셜미디어 핸들, 생활 패턴 등을 모두 알고 커뮤니티에 침투했다. 남은 가족들은 "그들은 모든 것을 알고 있었다"라고 이야기했다. 지역 활동가들은 궁금증을 갖기 시작했다. 어떻게?

일부 사람들은 이민·세관단속국이 보안관 사무실이나 롱비치 경찰의 도움을 받고 있다고 의심하며 공개 기록 요청을 수없이 제기했다. 그러나 보안관의 이메일과 밀러 수사관의 출동 통화를 담은 파일에 따르면 지역 당국은 체포가 발생했을 때에라야 비로소 체포 사실을 알게 되었다.

워싱턴주는 시민권이나 합법적 거주 증명서류 없이도 운전면허증을 취득할 수 있는 12개 주 중 하나였다. 그래서 어떤 이들은 일와코 마을에 있는 면허국Department of Licensing, DOL 사무실의 직원 중 하나였던, 이민자가 오면 항상 너무 많은 질문을 하는 듯했던 남성을 스파이로 의심했다. 소문은 많았지만 확실한 것은 사람들이 계속 사라진다는 사실뿐이었다.

퍼시픽카운티에서의 이민·세관단속국 데이터 수집이 한 명의 불온한 면허국 직원보다 훨씬 큰 무언가에 의존하고 있다는 의심의 첫 번째 증거는 2018년 초 《시애틀타임스Seattle Times》의 폭로 기사였다.5 민주당 소속의 제이 인즐리Jay Inslee 주지사가 이끄는 워싱턴주는 트럼프의 이민 단속에 맞서 피난처 주를 선언했었다. 그러나 《시애틀타임스》 기사에 따르면, 이민·세관단속국 추방 담당관이 면허국의 중앙 부정행위 단속반 직원들에게 이메일을 보내 요주의 인물에 대해 문의할 때마다 그들은 아무런 질문 없이 도움을 주었다고 한다.

면허국 부정행위 단속반에서는 이민·세관단속국에 운전면허증 스캔본뿐만 아니라, 결정적으로 신청자가 원래 작성했던 양식(출생지, 멕시코 여권 또는 출생증명서 사용 여부 등 신원 증명에 필요한 주요 세부 정보가 포함된)까지 제공했다. 서류 미비자들에게 운전면허증을 발급해 지역 사회에 통합시키기 위한 지방 정책이 트럼프 시대에 들어서면서부터는 그들을 추방하는 데 이용되고 있었다.

이후 주 의회에 출두한 면허국 부국장은 "우리가 단순한 공공 안전 기관이 아닌 데이터 공유 기관이라는 점을 깨달았습니다"라고 설명했다.[6] 그는 2017년 면허국이 19개의 주요 데이터 브로커에게 운전자 및 차량 기록을 판매했으며, 이들은 다시 약 3만 4500명의 '하위 수령자'에게 데이터를 판매했다고 증언했다. 직간접적인 수령자에는 렉시스넥시스, 엑스피리언, 트랜스유니언, R. L. 포크R.L. Polk, 액시엄, 톰슨로이터가 포함된다. 이 부서는 그해 주민 데이터로 2637만 1232달러를 벌었다.

사이신트를 흡수한 렉시스넥시스리스크솔루션은 오랫동안 워싱턴주에서 가장 큰 공공 기록 요청자였다. 이들은 면허국과 운전 기록에 대한 상설 협약을 맺었는데, 대부분의 주민이 자신의 데이터가 판매되고 있다는 사실을 알지 못했다. 20년 전 자신들의 데이터가 처음 행크 애셔에게 판매되었을 때의 플로리다 주민들처럼 말이다. 워싱턴주의 운전자가 사고를 당하면 렉시스넥시스는 그 사실을 바로 알고 그 정보를 렉시ID에 추가했다.

퍼시픽카운티에서 밀러와 디에츠 수사관은 대부분 오토트랙의 개선된 버전인 렉시스넥시스의 클리어에 의존했다. 트럼프 정부 시절에는 톰슨로이터가 이민·세관단속국과 주요 상업용 데이터 계약을 맺고 있었으나 이후 렉시스넥시스로 다시 전환되었다.[7] 톰슨로이터는 자사 시스템으로 신용조사 기관 데이터와 워싱턴주와 오리건주를 포함한 미국 44개 주의 자동차 등록 정보에 실시간으로 액세스할 수 있다고 광고했다. 수감 기록의 경우, 종종 머그 숏과 함께 33개 주에 있는 2000개의 교도소와 17개의 연방 교도소, 심지어 피난처로 추정되는 주에서도 수감되는 동시에 도착했다. 전국 80개 전기, 가스, 수도, 연료유, 위성 서비스 제공 업체로 이루어진 전국소비자통신·유틸리티거래소 네트워크에서 나온 것으로 보이는 공공요금 기록은 매일 업데이트되었다. 이 때문에 이민자 가족은 물론 모든 사람들이 드러나지 않게 새 집으로 이사하는 일이 대단히 어려워졌다.

트럼프 취임 직전 톰슨로이터는 클리어의 데이터를 전국 700여 개 공공 안전 기관의 IT 시스템을 상호 연결한 민간 운영 법 집행 네트워크 '캅링크$_{\text{CopLink}}$'의 데이터와 융합했다. 이것은 렉시스넥시스의 새로운 PSDEX(공공 안전 데이터 교환)에 대해 톰슨로이터가 내놓은 답이자, 매트릭스의 전통을 잇는 또 다른 최신 데이터베이스였다.

톰슨로이터는 상용 번호판 스캔 데이터베이스도 클리어에 통합하기 시작했다. 미국 전역의 가로등과 경찰차, 압류 집행 요원 차량의 적외선 장치에서 분당 수천 장씩 자동으로 계속 캡처되는 50억 장 이상의 기록 이미지를 세계 최대 규모의 데이터베이스에 통합한 것이다. 충분한 스캔 이미지가 있다면 도시에서 피의자의 움직임을 재현할 수 있으며, 심지어 다음에는 그들이 차를 어디에 주차할지도 예측할 수 있다. 9·11 테러 이후 애셔가 바랐던 야심찬 꿈마저 넘어서는 것이었다. 경찰, 연방수사국, 이민·세관단속국의 수사관들은 누가, 언제, 어디서, 무엇을 했는지 즉시 알 수 있었다.

9·11 테러 이후 네트워크화된 세상에서 초능력을 부여받은 평범

한 수사관 밀러와 디에츠는 아직 클리어의 새로운 자동 번호판 스캔 데이터베이스에 액세스할 수 없었다. 하지만 퍼시픽카운티에서 이민자들을 추방시키던 그들에게는 20년 전 애서가 보카러톤 경찰서와 함께 테스트했던 시스템, 즉 차량에서 편안하게 즉시 표적을 찾을 수 있는 시스템의 다른 버전이 있었다.

워싱턴면허국은 이민·세관단속국에 주요 데이터베이스인 운전자·번호판 검색Driver and Plates Search에 대한 직통 라인도 제공했다. 공개 기록 요청으로 공개된 운전자·번호판 검색 일지를 통해 2016년과 2017년에 워싱턴주 서부 지역을 담당하는 추방 담당 수사관들이 이 시스템으로 최소 10만 2769건의 검색을 한 사실이 드러났다. 심지어 신원이 확인되지 않은 한 이민·세관단속국 직원은 2017년 새해 첫날 새벽 2시 34분에 로그인해 한 시간 동안 번호판과 10여 명의 이름을 조회하기도 했다.

디아스가 체포되기 전 24시간 동안 밀러와 디에츠는 79차례 운전자·번호판 검색을 했다. 2016년 말과 2017년의 전체 검색 횟수는 4542회로, 번호판 검색과 이름 검색이 반반 정도였다.

이름을 검색했다는 것은 그들이 누구를 찾고 있는지 정확히 알고 있었다는 신호다. 하지만 수사관들이 길가에 앉아 지나가는 차량들을 지켜보던 날, 식당이나 해산물 가공 업체나 아파트 건물 밖 주차장을 순찰하던 날, 단순히 이민자처럼 보이는 운전자를 본 날 등 대부분의 경우 그들의 검색은 기술로 가능해진 정보 탐색의 전형적인 패턴을 따랐다. 번호판, 번호판, 번호판, 번호판, 번호판, 번호판, 번호판… 즉 특정한 단서 없이 무작위로 계속 검색을 해나갔던 것이다.

감시 시장의 규모는 줄어들지 않는다

글래디스 디아스가 체포되던 같은 해 여름, 나라 반대편 로널드레이건워싱턴국제공항의 매리엇Marriott 회의실에서 이민·세관단속국은 '업계의 날industry day'(정부 기관이 민간 부문의 업계 대표에게 프로젝트 또는 이니셔티브에 대한 정보를 제공해 잠재적 기여 방법을 이해시킬 목적으로 주최하는 행사—옮긴이) 행사를 열어 당시 '극단적 신원 조회 이니셔티브Extreme Vetting Initiative'라고 불렸던 것을 발표했다. 이 기관은 민간 부문 파트너들이 특정 이민자에 대해 '자동화된 판단'을 내리는 기계를 만들어주기를 원했다. 알고리즘이 페이스북과 트위터, 딥 웹deep web(인터넷에서 기존 검색 엔진에 의해 색인이 생성되지 않는 부분—옮긴이) 및 기타 데이터 소스에서 개인에 대한 데이터를 스크랩해 그 사람이 '사회에 긍정적으로 기여'하고 '국익에 기여할' 가능성이 있는지, 아니면 '범죄나 테러 공격을 저지를' 가능성이 있는지를 총체적으로 평가하는 기계 말이다.

이민·세관단속국은 이 프로젝트를 설명하면서 대법원이 위헌으로 판결했던, 다수의 이슬람 국가를 향해 트럼프 대통령이 내린 첫 번째 입국 금지 조치에서 비롯된 표현을 썼다. 비판적인 입장의 언론들은 '극단적 신원 조회'가 무슬림 입국 금지로 이어질 것이라고 우려했다. 하지만 사실 이것은 애셔의 높은 테러리스트 인자가 재탄생한 것이었다.

매리엇에서는 렉시스넥시스와 톰슨로이터의 대표들이 IBM, 딜로이트Deloitte, 프라이스워터하우스쿠퍼스PricewaterhouseCoopers의 컨설턴트들, 벨트웨이 협력 업체인 SAIC, CSRA, 보즈앨런해밀턴Booz

Allen Hamilton의 임원 및 영업 사원들, 소셜미디어 모니터링 신생 업체인 자이언트오크GiantOak와 바벨스트리트Babel Street 창립자들과 한몫을 차지하기 위해 경쟁을 벌였다. 계약 규모는 1억 달러 이상이 될 터였다. 관심도가 너무 높아서 원래 하루로 계획됐던 행사를 이틀로 늘려야 했다.

극단적 신원 조회 이니셔티브는 이미 오바마 정부에서 조용히 시범 운영되고 있던 소셜미디어 스크래핑social media scraping(소셜미디어 플랫폼에서 데이터를 자동으로 수집하고 추출하는 프로세스―옮긴이) 실험을 기반으로 한다. 조달 기록에 따르면 2016년 이민·세관단속국은 버지니아에 있는 24명의 직원으로 구성된 분석 스타트업 자이언트오크에 '오픈소스 소셜미디어 활용 기능'에 대한 대가를 지불하기 시작했다. 행동경제학자이자 전 관세국경보호청장 게리 시프먼Gary Shiffman이 설립한 자이언트오크는 그가 아프가니스탄에서 개발했던 '정량적 반란 진압quantitiative counterinsurgency' 프로젝트를 기반으로 성장했다. 그러나 인터뷰에서 설명했듯이 시프먼은 미국에서 어느 정도 행크 애셔의 전통에 따라 일하고 있다는 사실을 알았다고 한다. 그는 현대적인 소셜데이터 계층을 통해 차세대 신원 확인 기계를 구축하고 있었다.

이 회사의 주력 제품인 자이언트오크 서치 테크놀로지Giant Oak Search Technology, GOST는 소셜미디어를 포함한 개방형 웹, 딥 웹, 다크 웹dark web(익명성과 비밀성에 관련된 딥 웹의 특정 부분. 불법적이거나 의심스러운 콘텐츠와 활동을 호스팅하는 것으로 알려져 있지만 개인정보보호에 초점을 맞춘 커뮤니케이션과 정보 공유도 함께 지원한다―옮긴이)을 스캔해 "웹페이지 이미지와 키워드 등 사용자가 알아야 할 모든 사항이 이미 강조된 각 개인에 대한 서류"를 생성한다. 자이언트오크 서치 테크놀로지는 "사람이 찾고 있는 구체적인 정보를 이해"한다.

시프먼은 이 기계를 "또한 끊임없이 변화하는 공개 데이터의 세계로 나아가 인간이 원하는 것을 검색합니다"라고 설명한다. 그의 스타트업은 4년 안에 최대 정부 고객인 이민·세관단속국으로부터 1000만 달러를 벌어들일 거라 예상된다.

키가 크고 민머리에 친절하고 지적인 시프먼은 기술 낙관주의자 중 한 명으로, 기자들에게 무차별적으로 외국인을 체포해 대량 추방하는 나라에서 살고 싶지 않다고 말하곤 한다. 그것이 요점이었다. 정답은 데이터 수집을 중단하는 것이 아니었다. 더 나은 데이터를 얻는 것이었다.

그는 말했다. "제 이론은 이렇습니다. 실체 해상도entity resolution가 높을수록, 즉 사람들이 진정 어떤 인물인지 더 잘 파악할 수 있을수록 감시 국가의 규모는 줄어들 것이라고 생각합니다."

오래 머문 곳을 떠나야 하는 이민자들

근거가 부족해 보이는 글래디스 디아스의 체포로 퍼시픽카운티가 충격에 빠진 이후에 이루어진 또 다른 체포들은 기계의 어두운 논리를 드러냈다.

호세 아빌라토레스Jose Avila-Torres(LexID XXXXXXX6298)는 손주까지 본 나이 지긋한 남성으로 카운티에서 두 번째로 구금되었다. 그는 과속 딱지 한 장 없는 가장이자 롱비치 반도에서 17년 동안 같은 일을 해온, 조용하고 존경받는 주민이었다. 그러나 그는 1999년 8월 국경을 통과하려는 첫 번째 시도에서 지문을 채취한 뒤 실패했다가 다음 날 성공한 이력이 있는 사람이기도 했다. 이민·세관단속국의 관심 대상으로서 우선순위가 높았던 것이다. 동시에 아이러니하게도 규칙을 따르는 가족들의 안정적인 생활 덕분에 밀러와 디에츠의 추적을 받기 훨씬 전부터 공공 기록의 클라우드에 쫓길 수밖에 없는 사람이기도 했다.

아빌라는 쉰여섯 살의 트럭 운전사로, 탄탄한 어깨에 짙은 콧수염을 가지고 있다. 그는 젊은 시절 고향 미초아칸의 신발 가게에 배달을 하다가 그곳에서 일하던 아내를 만났다. 미초아칸주가 마약 폭력의 진원이 되는 것은 10년 후의 일이지만, 이미 그 당시에도 급증하는 아보카도 출하량에 대마초와 헤로인을 숨겨두던 밀레니오 카르텔Milenio Cartel의 영향력 아래 있었다.

부부에게는 두 아들이 있었다. 아빌라의 아내는 셋째를 임신 중이었다. 어느 날 밤 그는 트럭을 몰고 멕시코시티로 향하다가 노상 강도들에게 납치되어 짐을 빼앗기고 사흘 동안 인질로 잡혀 있었다. 곧 가족은 미국으로 도망쳤다. 아빌라가 먼저 떠났고, 다음으로 아내가 걸음마를 배우던 아이 하나는 안고, 나머지 두 아들과 함께 미국으로 왔다. 정착한 후 아빌라가 가장 먼저 한 일은 영주권을 신청하는 것이었지만 실패했다.

미국에 도착한 두 사람은 딸과 아들 한 명씩을 더 얻었다. 둘 다 미국에서 태어나 시민권자가 되었다. 가족은 돈을 모아 티후아니타에서 남쪽으로 1마일 떨어진 오션파크의 한적한 곳에 파란색 이동주택을 구입했다. 등기 서류와 보험 서류, 공과금 고지서는 아빌라의 이름으로 되어 있었다.

아빌라는 워싱턴주 운전면허증을 취득하고 자신의 이름으로 자동차를 등록했다. 그와 그의 아내는 신용카드를 받았다. 언젠가 합법적인 신분을 얻기를 바라는 많은 서류 미비 이민자들과 마찬가지로, 이들은 사회보장번호 대신 개인납세자식별번호Individual Taxpayer Identification Number, ITIN를 사용해 17년 동안 해마다 연방 소득세를 신고함으로써 선의를 보이려고 노력했다.

이 역시 그들을 추적 가능할 수 있게 만들었다. 이민·세관단속국이 '지속적인 모니터링' 시스템 계약 업체가 구축하는 시스템에 요구한 사항 중 하나는 시스템이 ITIN 데이터로부터 '정보와 주소를 뽑아내는' 것이었다.[8]

나는 렉시스넥시스 데이터베이스에서 아빌라의 이름을 조회해 그의 이동식 주택 단지의 이름을 포함한 최신 표적화 정보를 찾을 수 있었다. 그 신상정보 파일은 아빌라나 그의 가족 구성원이 에브리데이패밀리닷컴EverydayFamily.com이라는 웹사이트에 자신의 이름과 우편 주소, 이메일 주소를 제공한 적이 있음을 보여주었다. 유아용품 무료 샘플과 데이터를 교환한 것이다. 이 사이트는 그의 정보를 렉시스넥시스에 판매한 듯하다. 그와 학업에 관심이 많은 그의 아들 중 한 명은 웹사이트인 밸류MD닷컴ValueMD.com에 가입할 때 실명과 주소를 사용했다. 이 사이트는 학부모와 학생들이 학비가 저렴한 의대를 찾는 데 도움을 준다면서 배후에서는 데이터를 수익화했다.

밀러와 디에츠는 아빌라를 찾으러 왔을 때 그가 누구인지, 미국에 얼마나 오래 머물렀는지, 가족은 누구인지 정확히 알고 있었다. 그가 언제 어디에 있을 가능성이 높은지도 알고 있었다. 밀러는 어느 수요일 아침 일찍 보안국 배치 담당자에게 "우리가 갈 곳의 주소를 알려 드릴 수 있습니다"라고 말했다. "아마 차를 세울 것 같은데, 그 사람은 6시가 조금 지나야 출발합니다."

수사관들은 미리 도착해 이동식 주택 단지 외곽의 어두운 고속도로 옆에 SUV를 주차했다. 6시가 조금 지나 아빌라가 픽업트럭을 타고 진입로를 나오자 경찰들이 그를 에워쌌다. 그는 항상 가지고 다니던 영주권 신청서를 보여줬지만 소용이 없었다. 그들은 아빌라의 안드로이드 스마트폰을 압수하기 전에 아들 중 한 명에게 전화를 걸게 했다. 그는 말했다. "사람들이 날 잡으러 왔어."

소년이 트럭에 도착했을 때 아빌라는 사라진 후였다. 하지만 열쇠가 그대로 꽂혀 있었고 커피는 아직 따뜻했다. 10살 난 아들이 '아빠'라고 쓴 키친타월에 싸여 있던 샌드위치는 먹지 않은 상태였다.

아이의 아빠마저 추방당하다

그해 가을, 아빌라가 추방되고 다른 수십 명이 체포된 후 《시애틀 타임스》 기자가 퍼시픽카운티에 와서 이민자 단속에 대한 기사를 썼다.9 기관의 입장에서 그녀의 기사는 자신들의 관행에 반갑지 않은 관심을 끌어들이는 역할을 했지만, 새로운 표적을 정하는 데이터 포인트가 되기도 했다. 새로운 표적은 로사스(LexID XXXXXXXX7450)라는 이름의 사람이었다.

상용 데이터베이스에 있는 로사스의 파일은 아빌라보다 얇았다. 하지만 렉시스넥시스는 베이애비뷰에 있는 그의 주소를 갖고 있었다. 2014년 그의 이름으로 미지급된 소액의 의료비를 청구하는 소송이 있었던 덕분이었다. 로사스는 지역 굴 회사에서 일하다가 양동이에 손을 베였는데 응급실 비용이 고용주에게 청구된 것으로 보인다. 결국 그는 자비로 비용을 지불해야 했다. 그렇게 로사스의 데이터가 기계에 입력되었다.

《시애틀타임스》 기사에는 이름이 거론되지 않았지만, 로사스는 광범위하게 인용되어 디아스의 남자친구라는 것이 확인되었다. 그는 기자에게 가족이 생이별한 이야기를 들려주며 당시 딸들이 멕시코에 엄마를 만나러 가 있다고 언급했다. 이후 디에츠가 보고서에서 언급한 바에 따르면 이민·세관단속국 수사관들에게는 이것이 "감시 대상자의 아이들이 미국을 떠났다는 사실을 알려주는 제보"가 된 듯하다. 로사스가 더 이상 돌볼 부양가족이 없다는 것은 그가 더 이상 추방으로부터 보호받지 못한다는 의미였다. 이민·세관단속국은 언론과 접촉했다는 이유로 그를 처벌할 의도는 아니었다고 부인했다. 포틀랜드 현장 책임자 엘리자베스 고드프리는 "우리는 신문을 읽었습니다. 그 때문에 로사스의 가족 상황이 바뀌었다는 것을 알았습니다"라고 말했다.

수사관들은 이미 운전자·번호판 검색을 통해 로사스의 번호판을 여러 번 조회했고, 밀러는 면허국 사기 조사 부서에 운전면허증 신청서 사본을 요청했었다. 하지만 디에츠가 로사스를 단순한 요주의 인물이 아닌 공식적인 표적으로 삼는 일을 정당화하는 내부 워크시트가 작성된 것은 신문 기사가 나오고 7일 후였다. 디에츠는 "대상자가 멕시코 영사관이 발급하는 신분증 'CURP' 카드를 신청해 받은 것이 발견되었다"라고 적었다. "그는 운전면허증을 신청할 때 멕시코 출생

증명서를 사용한 것이 발견되었다." 또한 이 수사관은 "대상자는 조개 가공 업계에서 일했던 것으로 알려졌다. 조개 가공 업계는 대개 불법으로 외국인을 사용한다"라고 덧붙였다.

추수감사절이 지난 11월 27일 아침, 수사관들은 일찍 일어나 파란색 현대 SUV에 올랐다. 오전 4시 58분, 밀러는 퍼시픽카운티의 배치 담당자에게 전화를 걸어 "오늘 아침 담당하시는 구역에서 감시를 실시하고 체포를 시도할 예정임을 알려드리기 위해 전화했습니다"라고 말했다.

처음에 그들은 헤드라이트를 켜고 반도 아래쪽 길가에 차를 댄 채로 다른 목표물을 기다렸다. 하지만 그 사람이 지나가지 않자 북쪽으로 차를 몰았고, 밀러는 담당자에게 전화해 위치를 옮겼다고 말했다. 이제 그들은 5개월 전에 디아스를 잡았던 바로 그 오키스의 주차장에서 로사스를 기다고 있었다. 디에츠는 이후 보고서에서 이렇게 설명했다. "용의자는 보통 매일 아침 7시 30분에서 8시 사이에 가게에 온다고 알려져 있었습니다."

7시 50분, 로사스는 흰색 픽업트럭을 타고 주차장으로 들어섰다. 수사관들은 그를 보았고, 그도 수사관들을 보았다. 수사관들은 경광등을 켜고 그를 향해 속도를 높였다. 로사스는 저항하지 않았다. 밀러는 담당자에게 다시 전화를 걸었다. 그는 "남성 한 명을 구금하고 있다는 사실을 알리기 위해 전화를 드렸습니다"라고 말했다.

포틀랜드로 향하는 현대 자동차 뒷좌석에 수갑을 차고 앉은 로사스는 자신과 디아스와 같은 장기 거주자, 이곳에서 삶을 꾸리고 있는 사람들, 경찰과 마주친 적이 없는 사람들, 미국에서 태어난 자녀를 둔 사람들을 의도하여 표적으로 삼은 시스템을 이해해 보려 노력했다. 그에게는 보이지 않는 무엇인가가 분명히 존재했다. 로사스는 그것이 앞좌석에 앉은 두 사람보다 더 복잡하다는 사실을 알았다. 그는 자기 일을 할 뿐인 그들을 용서하기로 했다. 어쩌면 그들도 자신처럼 어쩔 수 없었는지도 모른다.

"저는 어부입니다." 그는 그들에게 말했다. "당신들도 어부죠. 사람을 낚을 뿐. 당신들을 이해합니다."

19장

건강 데이터가 우리 삶에 미치는 영향

캐주얼한 상의와 가죽 신발, KN95 마스크를 착용한 의사들은 베네치안Venetian(라스베이거스에 있는 고급 호텔 및 카지노 리조트—옮긴이)의 곤돌라를 지나고, 월그린Walgreen(미국에 있는 드럭스토어 체인점의 이름—옮긴이)과 화이트캐슬White Castle(미국의 패스트푸드 체인점—옮긴이)을 지났다. 타이트한 셔츠와 천 마스크를 착용하고서 슬롯머신 앞에 앉아 있는 아침 도박꾼들의 행렬도 지나, 샌즈엑스포센터Sands Expo Center로 걸어 들어갔다. 2021년 늦여름이었다. 그들이 참석한 콘퍼런스는 팬데믹이 끝나고 재개된 최초의 대규모 무역박람회였으며 그해 6월에 열린 월드오브콘크리트World of Concrete 전시회와 그 전시회의 일환인 세계 최고의 벽돌공을 가리는 대회에 뒤이은 큰 행사였다.[1]

의료정보·관리시스템학회Healthcare Information and Management Systems Society의 연례 회의인 HIMSS21은 당초 팬데믹 종료를 축하하

는 자리로 계획되었다.² 하지만 개막 당일은 폭염에다 라스베이거스와 미국에 델타 변종 바이러스가 급증한 때였다. 땡볕 아래의 기온은 화씨 107도(섭씨 약 41.7도)에 달했다. 붐비는 카지노 안에서는 담배 냄새와 좀 더 위험한 것의 냄새가 진동했다.

샌즈엑스포센터 입구를 지나는 의사들의 흐름이 느려졌다. 백신 검사관이 종이 카드나 생체인식 기능이 강화된 아이폰 앱을 들여다보며 통과할 수 있는 사람을 골라내고 있었다. 콘퍼런스 첫날 아침, 머리를 짧게 깎고, 두 번째 화이자 백신 접종 후 13일이 지난 의료용품 판매 업체 직원이 안내원과 조용히 언쟁을 벌였다. "하루 더 기다려야 한다는 건가요?" 그가 끙하는 신음을 뱉었다.³

다른 공급 업체들은 별다른 통보도 없이 콘퍼런스에서 철수했다. 전시장인 팝업 시티는 갑자기 썰렁해졌다. 렉시스넥시스의 여러 고객사 중 하나인 클레리파이헬스Clarify Health CEO가 〈진실의 단일 스택: 의료는 금융 서비스에서 무엇을 배울 수 있는가?A Single Stack of Truth: What Can Healthcare Learn from Financial Services?〉라는 제목으로 참여할 예정이었던 오후 프레젠테이션이 통보도 없이 프로그램에서 빠졌다.

하지만 샌즈엑스포센터 내 대부분의 부스에는 여전히 영업 담당자가 배치되어 있었으며, 공짜 상품도 가득했다. 〈올바른 인공지능과 형평성 보장Getting AI Right and Guaranteeing Equity〉 〈머신러닝의 윤리Ethics in Machine Learning〉 〈코로나19가 건강 격차를 증폭시키는 이유Why COVID-19 Amplifies Health Disparities〉 등의 온오프라인 강연도 강행되었다.

HIMSS21는 행크 애셔 같은 사람의 자취를 찾으러 가기에는 좀 이상한 곳이었지만, 곳곳에 그의 유령이 있었다. 대여섯 개 인공지능

스타트업의 알고리즘에서, 건강보험과 보험계리사의 데이터베이스에서도 찾을 수 있었다. 렉시스넥시스가 전시회에서 무료로 나눠준 생수에, 10팩의 항균 물티슈에, 카라비너 클립이 달린 손소독제의 병에, 렉시스넥시스리스크솔루션 브랜드의 마스크에도 그의 유령이 있었다. 무엇보다도 콘퍼런스에 참여한 모든 사람의 입에 오르내리는 '건강의 사회적 결정 요인social determinants of health'이란 말 속에도 애셔의 유령이 있었다.

초기부터 유색인종 커뮤니티 그리고 도시와 농촌의 빈곤층에 더욱 큰 영향을 미친 코로나19는 헬스케어 산업이 점차 인식하고 있던 문제, 더 많은 데이터로 해결할 수 있다고 생각하던 문제를 부각시켰다. 건강에 가장 중요한 것은 병원 안에 있는 의사의 차트나 의료기록 시스템에서는 찾을 수 없다. 그것은 병원 밖에서 환자가 어떤 사람인지, 어떻게 사는지, 어디서 사는지, 누구와 함께 사는지, 함께 사는 사람들은 어떤지 등 애셔의 회사들이 지금까지 30년 동안 수집하고 분석해 온 데이터 포인트에서 찾아야 한다.

개인정보를 통해 건강 상태를 예측할 수 있을까

렉시스넥시스는 사회경제적건강점수를 의료 시스템과 보험사에 판매하기 위해 '래리와 빌의 이야기'를 들려주었다.[4] 사회경제적건강점수는 2016년에 처음 선보인, 렉시ID를 선구적으로 활용한 사회적 결정 요인이다. 이야기 속의 래리와 빌은 가상의 인물로, 둘 다 백인 남성이며 겉으로 보기에는 비슷한 프로필을 가지고 있었다. 사진에서 래리는 캐주얼 스웨터를, 빌은 비즈니스 칼라 셔츠를 입고 있었다. 두 사람 모두 67세이고, 시골 지역에 거주한다. 최근 건강보험에 가입했으며 당뇨병 전단계 증세를 보였다. 임상 기록만 보면 보험사나 의사는 두 사람을 똑같이 취급할지도 모른다. 하지만 사회적 결정 요인 데이터를 추가해 래리와 빌의 사생활을 한 꺼풀 벗기고 들여다보면 매우 다른 그림이 드러난다.

래리는 가장 가까운 의사로부터 40마일(약 64.4킬로미터) 이상 떨어진 곳에 거주했고, 빌은 10마일(약 16.1킬로미터)도 채 되지 않는 거리에 살았다. 래리는 독신으로 간병인 역할을 해줄 가족도 없이 혼자 살았고, 빌은 결혼했으며 근처에 5명의 직계 가족이 살고 있었다. 래리는 대학을 다니지 않았고 가족 중 대학을 졸업한 사람도 없었지만, 빌은 대학원 학위를 가지고 있었다. 래리는 연소득이 2만 5000달러 미만이었지만, 빌은 20만 달러 이상을 벌었다. 범죄율이 높은 래리의 동네는 야외 운동을 하기에 부적합했으나, 빌의 안전한 동네는 빈집을 찾기 힘든 곳이었다.

2019년 웨비나에서 렉시스넥시스 담당자는 데이터가 보여주는 것을 강조했다. "안타깝게도 래리는 처음 우리 생각보다 훨씬 더 많은 위험을 안고 있습니다." 이는 의학적 측면에서 두 사람의 남은 생을 똑같이 취급해서는 안 된다는 사실을 암시했다.

렉시스넥시스는 자신들이 가진 수십억 명의 기록을 보험 청구 및 임상 결과 데이터베이스와 비교 분석해, 개인의 건강에서 가장 중요하다고 생각되는 사회적 결정 요인을 밝혀냈다. 이런 식견의 일부는 당연한 내용들이다. 교통수단이 부족하고 주변에 친척이 없으면 환자가 진료를 보기가 어려울 수 있다. 교육 수준이 낮으면 약을 복용하는 데 어려움이 더 많을 수 있다. 빈곤은 영양가가 낮은 식단을 의미할 수 있다. 유치권 행사와 강제 퇴거는 개인의 건강보다 더 시급하게 처리해야 할 문제를 의미할 수 있다.

좀 더 미묘한 식견도 있었다. 선거인 명부에 오른 유권자는 자신의 건강 문제에 더 적극적으로 대처할 가능성이 높다. 고등학교 중퇴자의 자녀는 흡연자가 될 가능성이 더 높다. 집의 크기를 줄인 사람들은 건강 위험이 증가하는 경향이 있다. 개명하는 여성은 더 높은 의료비와 연결된다. 왜일까? 개명은 결혼으로 인한 경우가 많으며 결혼은 종종 임신으로 이어진다. 그리고 임신은 비용이 많이 든다. 이혼으로 인한 개명도 있다. 이혼은 건강 문제와 관련된 재정적, 정서적 스트레스의 주요 원인이다.5

이헬스이니셔티브eHealth Initiative는 렉시스넥시스헬스케어, 거대 보험사 휴마나Humana, 구글의 핏빗FitBit, 보즈앨런해밀턴의 임원들이 이사회에 참여하고 있는 벨트웨이 무역 그룹이다. 2010년 건강보험개혁법Affordable Care Act, 일명 오바마케어Obamacare가 통과된 후 렉시스넥시스는 이 그룹을 통해 비의료 데이터의 의료적 사용을 정상화하는 데 투자했다. 특히 2014년에 주요 조항이 발효된 뒤에 뿌리를 내리기 시작한 새로운 지불 모델이었다. 병원과 건강보험은 의료 시술 건당 비용을 받는 대신 환자와 가입자가 실제로 호전되었는지를 기반으로 환급을 받는 경우가 많아졌다.

'가치 기반 치료'로 향하는 움직임은 병원 재입원을 가능한 한 피해야 한다는 것을 의미했다. 왜냐하면 재입원은 메디케어Medicare(미국의 노인의료보험제도. 사회보장세를 20년 이상 납부한 65세 이상 노인과 장애인에게 연방정부가 의료비의 50퍼센트를 지원한다—옮긴이)와 메디케이드의 지불금 감소를 뜻하기 때문이다. 이로 인해 헬스케어 산업은 환자의 즉각적인 필요만을 보는 대신 환자의 몸과 환경 전체를, 즉 한 환자(래리)를 다른 환자(빌)보다 더 위험하게 만드는 조건을 보는 전체적인 접근 방식을 취하기 시작했다.

사회적 결정 요인을 점차 더 많이 수용하게 된 또 다른 원동력은 빅데이터다. 빅데이터의 논리가 이미 대부분의 다른 산업을 정복하고 있었던 것이다. 헬스케어 산업은 마지막 개척지였다. 의료 컨설턴트 마이클 밀렌슨Michael Millenson은 말한다. "사회의 나머지 부분이 너무 많이 변했기 때문에 의학도 더 이상 저항할 수 없었습니다."

렉시스넥시스와 함께 오랜 역사를 자랑하는 다른 데이터 브로커들도 방대한 신규 시장을 겨냥해 제품의 용도를 변경했다. 액시엄헬스케어Acxiom Healthcare는 미국 소비자의 약 95퍼센트를 식별해 각각 직접 매칭한 후 의료 파일을 취미, 쇼핑 습관, 순자산, 반려동물에 대한 정보로 보완할 수 있다고 주장했다.6 엑스피리언헬스Experian Health는 차량 소유권을 자세히 파악하고, 새집이나 신생아의 존재를 보험사에 알리고, '퀼드삭 다양성Cul de Sac Diverity'(퀼드삭은 막다른 길이라는 뜻의 프랑스어로, 주도로로부터 막다른 골목을 나뭇가지처럼 뻗어나온 모습으로 만들어 양옆으로 주택을 짓고 길의 끝부분은 자동차가 U턴할 수 있는 원형의 공간을 조성한 형태를 말한다. 퀼드삭 다양성이란 이런 주거지에 사는 개인과 가족의 인종 배경, 가족 구조들을 의미한다―옮긴이), '버켄스탁과 비머'(버켄스탁Birkenstock은 편안함과 지속가능성을 내세우는 인기 샌들 브랜드로 여기에서는 이로써 대표되는 캐주얼하고 친환경적인 스타일을 뜻한다. 비머Beemer는 BMW를 뜻하는 용어로 고급 라이프스타일을 뜻한다―옮긴이), '스몰타운섈로포켓Small Town Shallow Pockets'(작은 시골 마을에 거주하는, 재정 자원이 제한적인 개인과 가족을 뜻한다—옮긴이) 등 71개의 모자이크 소비자 라이프스타일 그룹으로 환자를 분류할 수 있다.7

트랜스유니언은 워싱턴 D.C.의 스타트업인 소셜리디터민드Socially Determined와의 새로운 파트너십을 통해 의료계에 '사회적 위험 정보social risk intelligence'를 제공한다.8 트랜스유니언은 단순한 신용 기관이 아니다. 행크 애셔가 사망한 후 파산 위기에 처한 TLO를 인수했기 때문이다. 이 회사의 헬스 케어 비즈니스는 애셔가 병마에 사로잡히기 전 수집한 데이터를 기반으로 구축되었다.

이 중개업체들에 의한 의료 데이터 마이닝의 전체 결과는 공개되지도 동료 평가를 거치지도 않는다. 하지만 렉시스넥시스는 이미 2016년 초부터 보도 자료를 통해 수백 개에 이르는 주요 사회경제적 속성이 임상적으로 검증되었다고 주장했다.9 이 업체는 파트너사 중 한 곳에서 실행한 연구를 인용했다. 5000명의 건강보험 가입자를 표본으로 추출한 뒤 렉시스넥시스의 데이터를 사용해 전반적인 건강 위험을 점수화한 다음, 그 점수를 회원의 과거 의료 청구 내역과 비교한 연구였다. 적어도 사회경제적건강점수의 극단에 위치한 상위 10퍼센트와 하위 10퍼센트에서는 렉시스넥시스의 예측이 적중했다.

렉시스넥시스는 보도 자료에서 '건강보험개혁법'에서 보험사가 기존 질환이 있다는 이유로 가입을 못하게 막는 행위를 금지한 결과 건강보험 신규 가입자가 넘쳐나고 있으며, 보험사들은 신규 가입자가 어떤 건강 위험을 가지고 있는지 모르고 있다고 지적했다. 렉시스넥시스는 여기에 도움을 줄 수 있었다. 이 회사의 총비용위험Total Cost Risk Score는 가입자가 향후 12개월 동안 얼마나 많은 보험금을 청구할지 예측했다. 재입원위험점수Readmission Risk Score는 환자가 30일이내에 병원에 재입원할 가능성을 예측하는 또 다른 비용 예측 지표였다.

하지만 렉시스넥시스는 단순히 점수만 판매하진 않았다. 건강 속성 데이터 자체도 판매했다. 대상은 병원과 보험사였다. 의료 AI 공급업체도 점차 많아졌다. '2억 7900만 개의 미국 내 사람들의 개인정보'가 455억 개의 데이터 항목에 저장되어 있었으며, 매일 수천만 개의 새로운 데이터 포인트가 처리되면서 지속적으로 보충 및 업데이트되고 있었다. 이 데이터 세트에는 5억 건의 범죄 기록과 1억 건 이상의 파산 기록이 보관되어 있었다. 1억 7000만 명의 자동차 기록과 2억 2500만 명의 전화 기록도 들어 있었다. 1억 5000만 명의 구매 내역도 포함되어 있었다. 2억 8000만 명의 대학 출석 기록도 있었다.

1996년 의료보험 이동성 및 책임에 관한 법률Health Insurance Portability and Accountability Act에서 발전한 개인정보보호 프레임워크인 HIPAA 규정은 의료 시스템에서 파생되지 않은 기록에 대해서는 거의 언급하지 않는다. 렉시스넥시스를 비롯한 데이터 브로커들은 이런 상태를 유지하기 위해 노력해 왔다.[10] 2019년 이헬스이니셔티브는 〈건강 데이터의 사회적 결정 요인을 윤리적으로 사용하기 위한 원칙Guiding Principles for Ethical Use of Social Determinants of Health Data〉이라는 제목으로 백서를 발표했다.[11] 사실 이건 1997년에 렉시스넥시스, 데이터베이스테크놀러지 및 개별 참조 서비스 그룹의 중개업체들이 제시한 자율 규제 원칙의 반복일 뿐이었다. 어쨌든 이 백서의 연구와 토론회를 주관한 것은 렉시스넥시스였고, 논문을 작성한 이는 렉시스넥시스의 직원이었다.

의료 데이터는 어떻게 발전되었나

전문가들과 이헬스의 백서는 사회경제적건강점수, 신용점수, 우편번호를 사용해 환자의 보험 가입을 거부하는 것, 즉 마이클 밀렌슨이 '의료 적색선medical redlining'이라고 부르는 것은 사회적 결정 요인 데이터를 비윤리적으로 적용하는 행위라는 데 동의했다. 밀렌슨은 이것이 우리를 "메디케어 HMOMedicare HMO'(HMO는 건강 유지 기구Health Maintenance Organization의 약자로 의사나 병원, 기타 서비스 제공자 네트워크를 통해 회원에게 의료 서비스를 제공하는 일종의 건강보험을 뜻한다—옮긴이) 같은 가입자를 폐쇄적인 의사 네트워크로 제한하는 의료보험 플랜이 처음 등장했던 시절로 돌아가게 만들 것"이라고 말했다. "보험 가입 양식을 건물 2층에 놓아두면 계단을 올라갈 수 없는 사람은 가입하지 못하겠죠." 윤리적 문제는 논외로 하더라도, 오바마케어와 기타 의료 개혁으로 인해 도입된 가드레일 아래에서는 아프고 늙은 사람들의 의료보험 가입을 막는 일이 어려워졌다.

이헬스이니셔티브의 목표, 이 데이터 중개업체들과 AI 스타트업이 명시한 목표는 건강보험이 사회적 결정 요인을 활용해 가입자의 전체적인 건강에 이바지하는 인센티브와 수단을 모두 갖추게 되는 것이었다. 렉시스넥시스가 든 래리와 빌의 사례에서 보험사는 래리의 보험 가입을 거부하거나 보험료를 더 많이 부과하는 대신 정기적으로 병원 진료 예약을 위한 차량 서비스, 사회복지사나 직업소개소 추천, 가정 내 운동 요법 등을 제공함으로써 래리의 높은 위험도에 대응할 수 있다.

워싱턴 D.C. 8구역의 실제 사례에서 트랜스유니언의 파트너인 소솔리디터민드는 식품과 관련된 지역의 비영리단체, 지역 건강보험사, 자이언트Giant 슈퍼마켓과 협력해 당뇨병과 고혈압이 있는 저소득층을 위한 과일 및 채소 프로그램, 프로듀스RXProduce RX를 운영했다.[12] 참가자들이 처방전을 가지고 자이언트 약국에 방문하면 매주 식단과 건강을 개선하도록 20달러 상당의 농산물 상품권을 받을 수 있었다. 한 도시의 한 동네에 있는 한 곳의 식료품점에서만 시범 운영된 프로그램이었지만, 회사가 강조하고 싶은 프로그램이었다.

사회적 결정 요인 분석 회사로 널리 알려진 캐럿헬스Carrot Health의 CEO 커트 월턴보Kurt Waltenbaugh는 업계 뉴스레터에서 "국가로서의 우리는 엉뚱한 곳에 돈을 쓰고 있다"라고 지적했다.[13] "우리는 자금 조달을 거꾸로 하고 있다. 우리는 사람들이 아플 때까지 그들을 임시 방편으로 치료하는 데 돈을 쓴다. 캐럿헬스와 우리 고객의 가장 큰 과제는 데이터라는 밝은 빛을 이용해 기존 모델을 바꿈으로써 모든 사람이 이익을 보게 하는 것이다."[14]

미네소타에 본사를 둔 캐럿헬스는 데이터의 대부분을 렉시스넥시스에서 얻는다. 월턴보가 가장 즐겨 지적하는 상관관계는 미니밴 운전자와 비만 사이의 관계다. 가정에 자녀가 없는 경우 미니밴을 소유하고 있다면 중요한 위험 신호였다. "미니밴은 문이 가장 넓게 열리고 보통 운전석의 공간이 더 넉넉합니다"라고 그는 말한다. 반면에 반려동물, 특히 개를 키우는 것은 더 나은 건강 상태를 뜻한다. 팬데믹 이전에는 해외 여행도 마찬가지였다.

월턴보는 "우리는 아마존과 월마트, 타깃이 치약을 판매할 때 사용하는 것과 동일한 기술을 사용하고 있습니다"라고 말한다. "우리는 그것을 의료 분야에 적용하고 있을 뿐입니다."

캐럿헬스는 월턴보의 네 번째 소비자 분석 스타트업이다. 그는 대형 글로벌 유통업체에서 일하던 1990년대의 어느 날 데이터의 힘에 눈을 떴다. 데이터 과학자 중 한 명이 놀라운 소식을 들고 찾아왔다. 그는 비자카드와 마스터카드 거래를 마이닝하고 있었다. "내가 데이터에서 흥미로운 사실을 발견했어." 그가 월턴보에게 말했다. "이혼을 예측할 수 있어!" 한 사람의 지출 프로필 변화를 기반으로 이혼 신청 6개월 전에 이혼을 예측할 수 있었다. 9개월 후의 파산도 예측할 수 있었다. 월턴보는 이렇게 이야기했다. "여기에서 실제 행동, 특히 대규모 인구의 실제 행동에 대한 충분한 데이터가 있으면 미래의 행동을 예측할 수 있다는 사실을 이해하게 되었습니다."

당시에는 소비자 설문조사가 최신 기술이던 때였다. 월턴보는 이렇게 회상한다. "다음에는 무엇을 할 생각일까요? 글쎄요, 대부분의 사람들은 잘 모릅니다. 사람들은 자신의 동기를 모릅니다. 데이터는 이를 파악할 수 있는 가장 좋은 방법입니다." 소비자 분석의 논리는 사회적 결정 요인의 논리였고, 사회적 결정 요인의 논리는 예측 치안의 논리였으며, 예측 치안의 논리는 지난 20년 동안 미국 대부분의 논리, 즉 행크 애셔가 만든 거의 모든 것의 논리였다. 즉 자신이 어떤 사람인지, 무엇을 원하는지에 대해서라면 사람들의 말은 신뢰하기 힘들다. 하지만 컴퓨터의 말이라면 신뢰할 수 있다.

2019년 초, 샌프란시스코캘리포니아대학교의 로라 고틀립Laura Gottlieb 박사는 《가정의학연보Annals of Family Medicine》에 동료 심사 논문 하나를 발표했다. 19세기 생명 보험사들이 초기 형태의 사회적 결정 요인 데이터를 어떻게 사용했는지 독자들에게 상기시키는 논문이었다. 그녀는 이렇게 적고 있다. "생명보험사들은 아프리카계 미국인이 백인보다 사망률이 높다는 이유로 그들의 보험 가입을 거부했다. 오늘날 더 미묘한 데이터에 접근할 수 있는 것을 고려할 때 이와 유사한 배제가 어떻게 구체화될지는 어렵지 않게 상상할 수 있다."[15]

고틀립의 논문은 올즈모빌Oldsmobile의 자동차 커틀러스 시에라Cutlass Ciera를 소유하고 있는 것과 좋지 못한 건강 상태와의 상관관계를 언급한 캐럿헬스의 블로그 게시물을 지적했다.[16] "다른 차량 소유자와 비교했을 때, 커틀러스 시에라 소유자는 병원 응급실 이용률이 아홉 번째로 높았다." 또한 당뇨병 비율은 세 번째로 낮았고 흡연 비율은 두 번째로 낮았다(토요타Toyota 하이랜더Highlander 소유자들은 스펙트럼의 반대쪽에서 1위를 차지했다). 고틀립은 월턴보와 그의 회사의 이런 식견이 좋은 의도가 배제된 채 보험계리사의 손에 들어간다면 위험한 상황이 펼쳐질 수 있다고 걱정했다.

그녀는 "고관절 교체 수술에 대한 포괄수가제bundled payment(특정 질환이나 의료 시술에 대해 개별로 청구하는 것이 아니라 시술비와 관련 제반 비용을 일괄로 청구하는 시스템. 공급자가 정해진 비용 내에서 효율적인 고품질 진료를 제공하기 위한 목적에서 실시한다—옮긴이)을 예로 들어보자"라고 적었다. 커틀러스 시에라에 대해 알고 있는 의료 시스템이 고관절 수술 전후에 소유자에게 추가 지원을 제공하는 이상적인 상황으로 연결될 수도 있다. 하지만 이런 일만 일어날까? 그녀의 주장은 이렇게 이어진다. "대신에 환자가 고관절 수술을 아예 받지 못할 수도 있다. 인종, 종교, 성별에 따른 이런 종류의 배제는 용납되지 않는다. 그렇다면 차량 소유 여부에 따른 배제도 용납해서는 안 될까? 차량 소유가 인종과 관련이 있다면 어떨까?"

그녀는 사회적 결정 요인 데이터를 의심 없이 무제한으로 사용하면 "특정 집단에 대한 치료의 불공평한 축소"로 이어질 수 있다고 경고했다.

1년 후, 코로나19가 미국을 휩쓸고 지나가면서 사회적 결정 요인의 사용은 폭발적으로 증가하게 되었다. 대부분 의심 없이 무제한으로 말이다.

코로나19가 데이터 산업에 미친 영향

2020년 겨울과 봄의 초기 팬데믹은 환자 분류의 위기를 불러왔다. 풍요로운 미국에서는 생소한 배급(개인 보호 장비 배급, 간호사와 의사 배급, 손소독제 배급, 화장지 배급, 인공호흡기 배급)의 문제가 불거졌다. 9·11 테러가 발생한 지 20년 만에 병원이 가득 찼고 뉴욕의 거리는 다시 비워졌다. 거리는 다시 한번 사이렌 소리로 가득 찼다.

다른 지역은 이를 지켜보며 연구했다. 누구를 구할지, 누구를 먼저 구해야 할지 결정을 내려야 했다. 애셔의 기계, 즉 현실 세계의 신원 지킴이, 미국에서 가장 풍부한 소셜그래프의 수호자가 또다시 도움을 주었다. 9·11 테러 이후 데이터 저장소가 이렇게 중요해 보인 때는 없었다.

조지아주에서는 곧 코로나19의 접촉자 추적 담당자들이 어큐린트에 로그인하여 837억 개의 공공 기록으로 구성된 웹을 통해 렉스ID를 추적하기 시작했다. 오하이오주 보건 당국은 클리어의 용도를 변경한 톰슨로이터 접촉자 추적 Contact Trace에 의존해, 이민 담당 기관들이 서류 미비자들을 추적하는 데 사용하는 것과 동일한 기본 도구로 감염자를 추적하기 시작했다. 연방정부의 지시에 따라 팔란티어는 전국 각지에서 수백 개의 의료 데이터베이스를 통합하기 시작했다. 이론적으로는 트럼프 백악관이 감염병 발생에 한 발 앞서 대응할 수 있도록 지원하기 위한 것이었지만, 실제로는 질병예방통제센터Centers for Disease Control and Prevention, CDC가 행정부의 간섭을 피하는 데 이용되었다.

이들만큼 알려지지 않은 데이터 회사들이 감시 카메라, 블루투스 센서, 와이파이 신호, 스마트폰 기지국, GPS 장치, 웹 검색, 쇼핑 기록, 주소 기록, 금융 기록 등의 기록을 융합하고 분석해 어떤 도시를 봉쇄해야 하고 어떤 중소기업이 위기 대출을 받아야 하며 누가 다시 직장으로 돌아가는 것을 허용해야 하는지 결정하게 했다.

2020년 3월. 팬데믹이 정점을 향해 가던 시기, 이지키얼 J. 이매뉴얼Ezekiel J. Emanuel과 그 동료들은 《뉴잉글랜드의학저널New England Journal of Medicine》에 영향력 있는 논문을 발표했다. 〈코로나19 시기에 부족한 의료 자원의 공정한 배분Fair Allocation of Scarce Medical Resources in the Time of Covid-19〉이라는 논문이었다.[17] 이 논문은 많은 의료 윤리학자들이 공유하고 있는 입장을 분명히 밝혔다. 인공호흡기나 병상이 부족할 경우 무작위나 선착순으로 배급되어서는 안 되며 자원은 생존 가능성이 가장 높은 환자에게 가야 한다는 것이다.

이들은 "시간과 정보가 제한적인 코로나19 팬데믹 상황은 치료 후 적정 기대 수명만큼 생존하리라 여겨지는 환자를 최대한 늘리는 것을 우선하는 일을 정당화한다"라고 주장했다. 전국의 많은 병원 시스템은 순차적 장기 기능 상실 평가Sequential Organ Failure Assessment, SOFA 점수(여섯 개의 신체 시스템 각각을 시시각각 평가하는 총 여섯 개의 점수의 합산으로, 코로나19 바이러스로 사망할 가능성이 가장 높은 사람을 결정)를 사용해야 한다.[18] 당연히 많은 사람들이 병원 밖에서 벌어지는 일보다 병원 내부의 환자 분류 윤리, 즉 누가 인공호흡기를 달고 누가 투석을 받는가를 더 중요하게 생각했다. 하지만 사회적 결정 요인 데이터 제공 업체, 의료 알고리즘 개발업체, 임상 AI 공급 업체는 더 나은 방법이 있을 것이라는 확신을 갖고 있었다. 일부는 이미 그런 방법을 구축하고 있었다.

수도권 지역에서는 소셜리디터민드가 코로나19 사회적 취약성 지수COVID-19 Social Susceptibility Index라는 모델의 개발을 서두르고 있었다.[19] 이것은 인구통계, 소비자 데이터, 임상 기록을 결합해 지역사회에서 의학적으로는 물론이고 사회적으로 가장 위험에 처한 사람을 식별하고, 바이러스가 퍼지기 전에 그들에게 도달하려 노력하는 모델이다. 이 스타트업은 협력사들을 대신해 수백만 건강보험 가입자를 분석해 가장 취약한 10퍼센트를 선별한 다음, 보험사와 간호사, 사회복지사의 원조가 우선적으로 이루어지도록 했다.

이 지수는 메릴랜드주 전체에 적용되어 90만 명을 고위험군으로, 15만 명 이상을 최고위험군으로 분류하고 응급 의료팀을 구성해 가장 취약한 사람들의 집으로 방문해 코로나19 검사를 실시하게 했다. 이런 노력은 예측 치안을 상기시켰고, 시카고 경찰이 '히트리스트heat list'에 있는 사람들에게 걸었던 전화를 상기시켰다. 이론적으로는 소름 끼치는 일이지만 실제로는 생명을 구하는 일이기도 했다.

캐럿헬스는 미네소타에서 유사한 모델인 코로나19 중증 감염 위험 대시보드COVID-19 Critical Infection Risk Dashboard를 구축했다.[20] 이는 감염이 어디서 발생할지 예측하는 것이 아니라 감염이 발생할 경우 중증 질환이나 사망 위험이 가장 높은 사람과 지역을 예측하는 것이었다. 또한 캐럿헬스는 미시간주건강연합Health Alliance of Michigan을 비롯한 협력업체들 대신 건강보험 가입자를 분석해 7만 8000명의 메디케어 가입자 중 약 7700명에게 전화 연락을 취하고 가장 취약한 2023명에게 식사 혜택을 제공한 것으로 확인되었다.[21] 이로써 이들이 식료품점에서 바이러스에 감염될 위험과 중환자실 수용 능력에 부담을 줄 위험이 감소했다.

2020년 4월 초에 캐럿헬스는 웹사이트에 전국적인 대화형 코로나19 취약성 지도를 게시해 보건 당국과 불안에 떠는 대중이 지도의 해당 주와 카운티를 확대해 보고 다가오는 폭풍에 대비한 계획을 세울 수 있게 했다. 렉시스넥시스는 4월 말 웹사이트에서 세 가지 독점 데이터 세트를 활용해 비슷하지만 더 상세한 지도를 공개했으며, 모든 사람이 무료로 이용할 수 있도록 했다.[22]

위기 상황에서 이 사회 결정 요인 선구자들은 약속한 대로 데이터를 사용해 가장 취약한 사람들이 배제되지 않게 돕고, 그들이 가장 먼저 코로나19에 감염되는 것을 막고, 의료 시스템의 과부하를 막기 위해 노력하는 것처럼 보였다. 이들의 노력은 병원 문 앞에서 멈춰 윤리적 지뢰선이 적은 바깥에 남았다. 하지만 그 안으로 뛰어든 기업들이 있었다.

내 건강 상태를 '결정'하는 기계의 탄생

샌즈의 전시장 안에서는 사모펀드가 투자한 AI 스타트업 제이비언Jvion의 최고 의료 책임자인 존 프라운펠터John Frownfelter 박사가 〈인공호흡기 사용량 예측을 위한 AI의 구현The Implementation of AI to Predict Ventilator Utilization〉이라는 제목의 강연을 앞두고 회의를 이어가고 있었다.[23] 키가 크고 마른 체격에 뿔테 안경을 쓰고 아래턱에 수염을 기른 그는 활기차게 홀을 걸어 다니며 사회적 결정 요인에 대한 질문을 받았다.

"설문조사 데이터로는 충분치 않습니다"라고 그는 말했다. "누가 먹을 것이 충분치 않은 형편이라고 인정하고 싶겠습니까? 누가 목욕을 할 형편이 아니라고 인정하고 싶겠습니까?" 단순한 지표(주거가 안정적인 것은 좋은 것이고 주거가 불안한 것은 나쁜 것이다)에도 오해의 소지가 있다. 그는 "최근에 남편과 사별한 할머니가 있다고 가정해 봅시다. 딸과 손자들과 더 가까운 곳으로 집을 옮겨 딸이 요리한 건강한 음식을 먹고, 약속 장소에 갈 수 있는 교통편이 생기고, 손자들 덕분에 행복 지수가 올라간다고 가정해 보죠"라고 말했다. 그녀의 경우 주거 불안정성이 나아진 것이다. "어떤 특징이든 따로 떼어놓고 보면 잘못 해석될 수 있다는 점이 중요합니다."

그는 인간은 동시에 여섯 개의 데이터 포인트만을 처리할 수 있지만, 임상 기록과 보험 청구 기록, 액시엄, 엑스피리언, 트랜스유니언/TLO의 사회적 결정 요인 데이터로 채워진 제이비언의 인공지능 플랫폼은 5000개 이상의 데이터 포인트를 한 번에 살펴볼 수 있다고 주장했다. 이 플랫폼은 진료실에서 의사와 함께 모든 것을 꿰뚫어 보는 간호사의 역할을 하도록 설계되었다.

인디어로 '생명을 주는'이라는 뜻의 이름을 가진 제이비언은 코로나19가 발생했을 때 이미 메이요, 클리블랜드클리닉Cleveland Clinic, 노스웰Northwell과 같은 유명 의료 시스템을 비롯해 미국 인구의 10퍼센트를 아우르는 300개 이상의 병원에서 운영 중인 임상 AI 시장의 선두주자였다.[24] 연 매출이 3000만 달러에 가까울 정도로 순항하고 있었다.

한때 인지임상성공기계Cognitive Clinical Success Machine로 알려졌다가 환자 표현형 예측 플랫폼인 레브에기스RevEgis, 병상환자구조Bedside Patient Rescue, BPR 장치, 마지막으로 제이비언CORE Jvion CORE(치료 최적화·회복 향상Care Optimization and Recovery Enhancement을 뜻한다)라고 불리게 된 이 기계는 콘퍼런스 당시 이미 개발된 지 10년이 지난 제품이었다. 수백만 환자들의 데이터로 훈련시킨 이 시스템은 최근 계속 확장하고 있는 마이크로소프트 애저Microsoft Azure 클라우드로 이전했다. 인간은 코로나19에 압도당할 수 있어도 이 시스템은 그렇지 않을 것이다.

제이비언의 기계는 1999~2000년 닷컴 버블 시기에 한 창업자의 실패한 스타트업에서 성장했다. 이 스타트업은 사용자가 무슨 단어를 입력하는지가 아니라 사용자가 무엇을 하려는지, 어디로 가려는지를 파악함으로써 당시의 알타비스타AltaVista와 AOL의 키워드 검색을 뛰어넘는 '의도 중심' 검색 엔진을 만들었다.[25] 10년 후 제이비언이 렉시스넥시스리스크솔루션과 멀지 않은 애틀랜타에 본사를 설립하면서 이 검색 엔진의 용도가 바뀌었다. CORE는 단순한 예측적 분석이 아닌 처방적 분석을 한다고 홍보했다. 환자의 기본 위험뿐만 아니라 환자의 궤적, 그리고 필요한 경우 그 궤적을 바꾸기 위해 제공할 수 있는 요소를 파악한다고 말이다.

제이비언의 또 다른 임원인 존 쇼월터John Showalter 박사는 홍보

영상에서 이렇게 말한다. "만약 제가 어머니께 제이비언의 기술을 설명한다면 검색 엔진부터 설명할 것입니다.[26] 구글에 어떤 단어를 입력하면 두 가지 일이 일어납니다. 하나는 '당신이 입력하려는 건 … 인가요?'라고 자동 완성을 해주는 것입니다(예를 들어 '버'를 입력하면 '버거킹' '버버리' 등의 단어를 제시한다―옮긴이). 더 많은 내용을 입력할 수록 결과는 더 정확해집니다('버거'를 입력하면 구글은 당신이 '버거킹'을 찾고 있다고 판단한다―옮긴이). 두 번째는 사용자가 원하는 결과를 정확히 가져다주는 것입니다. 당신에 대해 알고 있는 것처럼 말이죠. 하지만 제이비언을 통해서라면 저는 버거킹을 검색하는 대신 누가 재입원할 지, 누가 욕창에 걸릴지, 누가 올해 건강이 정말 좋지 않을지, 누가 정말 의료비 지출이 많을지를 검색할 수 있습니다."

제이비언은 캐럿헬스나 소셜리디터민드와 마찬가지로 팬데믹이 시작될 무렵 병원과 건강보험사에 가장 취약한 환자 목록을 보냈다. 액시엄과 엑스피리언의 데이터 그리고 현재 트랜스유니언이 보유한 TLO 데이터와 함께 임상 기록으로 훈련된 COVID 위험 알고리즘은 온라인 쇼핑 패턴이 불규칙한 사람들이 자기 관리에도 불규칙한 경향이 있다는 것을 파악했다. 공영 주택public housing(저소득층을 위한 주택―옮긴이)이나 교도소 등 사람들이 물리적으로 가까이 모여 있는 곳에서 위험 집단을 발견했다. 주민들의 호흡기 건강을 나타낼 수 있는 대용물로 특정 지역 대기 오염 지표 역시 구성 요소에 추가했다.

이 회사는 자체 개발한 무료 매핑 도구인 코로나19 커뮤니티 취약성 지도COVID Community Vulnerability Map를 공개했다.[27] 경쟁사보다 더 세밀하고 보기에도 좋은 이 지도는 팬데믹의 명백한 진실 중 하나인 '모두가 똑같지는 않다'는 사실을 세밀하게 보여준다.

최초의 백신이 나오는 것은 9개월 후의 일이었다. 제이비언의 모델은 캘리포니아의 빈곤한 머세드카운티 인구조사 블록 060470012003이나 흑인이 다수인 시카고 웨스트잉글우드의 인구밀도가 높은 오염 블록 170316720004에서 바이러스가 확산될 경우 광범위한 장기 부전 및 사망 위험이 극도로 높을 거라 예측했다. 더 부유하고 백인 비율이 높은 인구조사 블록, 이미 건강 상태가 더 좋은 주민들이 집에 머물면서 안전하게 줌으로 일하는 블록은 위험도가 낮은 것으로 나타났다. 코로나19가 고령자와 기저 질환이 있는 사람들에게 더 치명적이라는 사실은 이미 분명했다. 하지만 제이비언의 기계는 피부색이 어두워도 기저 상태임을 조기에 인식한 것 같았다. 인종이 명시적인 데이터 포인트가 아니더라도 말이다. 빈곤도 마찬가지였다. AI는 그에 따라 사람들의 점수를 매겼다.

2020년 4월부터 확진자의 급격한 증가로 그래프가 초기 고점에 도달하자, 제이비언은 다른 경쟁사보다 많은 데이터를 탐색해 의미 있는 결론을 도출했다. 팬데믹 시기의 배급에 관한 이매뉴얼의 논문이 발표된 직후 도입한 이 회사의 새로운 입원 환자 분류 평가Inpatient Triage Assessment는 "코로나19에 감염될 경우 인공호흡기가 필요하거나 사망할 위험이 가장 높은 입원 환자를 식별하는 도구"였다.[28]

전 렉시스넥시스헬스케어 임원이며 당시 제이비언의 리더십팀에 속해 있던 리지 펠리치아노Lizzie Feliciano는 한 인터뷰에서 협력하는 병원들이 이 도구를 어떻게 사용할 수 있는지에 대해 설명했다. "중환자실 침대와 인공호흡기 같은 자원이 제한적인 상황에서 실시간으로 위험 점수를 사용할 수 있습니다. 집중적인 개입이 필요하거나 사망 확률이 가장 높은 환자는 누구일까요? 누구를 입원시켜야 할까요? 누가 퇴원할 수 있을까요? 일반 병실에 배치해도 될까요? 호스피스 병동으로 옮겨야 할까요?"

클로즈드루프도트에이아이Closedloop.ai, 데이터로봇DataRobot, 루메리스Lumeris, 디시전포인트DecisionPoint와 같은 이름을 내세운 다른 AI 및 분석 업체들도 팬데믹 초기에 도움이 되기 위해 순차적 장기 기능 상실 평가 점수의 단순 합산을 넘어서는 상세한 자체 분류 알고리즘을 개발했지만, 사회적 결정 요인 데이터의 힘을 적극 활용한 사례는 제이비언이 유일한 것 같았다. 이 회사의 경영진은 일부 사람들, 즉 쇼월터 박사가 "우리 사회에서 가장 취약한 구성원인 노인과 병자, 실업자, 소수 인종 및 민족, 농촌 인구 그리고 최전선에서 열심히 일하는 사람들"이라고 말한 이들에 대한 코로나19의 편향됨을 목격했다며 공개적으로 자주 이야기했다.[29]

마찬가지로 프라운펠터 박사는 머신러닝의 '편향 확대' 가능성도 인정했다. 모델의 학습 데이터가 너무 편협하거나 지나치게 왜곡되어 있으면 의료계의 기존 불평등을 가속하는 촉매가 될 수 있다는 것이다. 쓰레기를 넣으면 쓰레기가 나온다. 그는 이것이 제이비언 CORE가 수천 개의 데이터 포인트 집합들을 광범위하게 살펴본 이유 중 하나라고 말했다. 그러나 팬데믹 초기의 안개 속에서 입원 환자 분류 평가와 같은 도구를 사용할 때의 가장 큰 위험, 즉 분석적으로는 옳을지 몰라도 윤리적으로는 잘못될 수 있다는 점은 주목을 받지 못했다.

제이비언 알고리즘이 업체의 주장대로 작동하고 의사들이 사회적 결정 요인을 사용해 부족한 인공호흡기를 할당했다면, 이 알고리즘이 사망 가능성이 가장 높다고 표시한 사람들(흑인이나 스페인어 사용자, 가난한 사람들이 불균형하게 많은)은 사망할 가능성이 더 높아지지 않을까? 위기 진료 표준에서라면 데이터가 운명이 될 수 있다.

그곳에도 어김없이 애셔가 있었다

샌즈 내부에는 행크 애셔의 명백한 흔적이라 할 만한 것이 거의 없었다. 렉시스넥시스와 트랜스유니언헬스케어의 강연은 예정되어 있지 않았다. 누구나 와서 시연을 보고 무료 티셔츠를 받을 수 있는 화려한 부스도 없었다. 66만 평방피트(약 6만 1316제곱미터, 약 1만 8548평) 규모의 전시장 가장 먼 구석, 줄지어 선 유엔 난민 캠프처럼 찍어낸 듯 똑같은 모습으로 늘어선 하얀색 모듈형 공간 중 하나에 팝업 사무소만 있었다.

근처에는 도이치뱅크Deutsche Bank, 뱅크오브아메리카Bank of America, 엑스피리언헬스를 위한 똑같은 개별 회의 공간이 있었다. 각 회의실에는 번호와 흰색 명패가 붙어 있었다. 안쪽에는 회의용 테이블과 생수통, 잠글 수 있는 문이 하나씩 있었다.

그중 가장 멀리 떨어져 있는 렉시스넥시스 회의실은 샌즈의 가장 남동쪽 구석에 있었다. 그 위치는 데이터 구매자들이 먼 곳까지도 분명히 찾아올 것이란 자신감의 표시였다. 회의실은 외부에서는 소박해 보였지만 안쪽 벽에는 자랑거리가 하나 내걸려 있었다. 50개 주 보건 복지부 기관 중 40개 기관은 물론 메디케이드도 자사 제품을 사용하고 있다고 적혀 있는 문서였다. 그 옆에는 "전인 치료는 '전인 데이터'에서 시작된다"라는 일종의 슬로건이 있었다.

스타트업 사람들이 떠들썩한 복도를 지나 10분 정도 걸어가면 HIMSS21 리빙룸이 있었다. 화려한 샹들리에 아래 가죽 의자와 높은 테이블이 배열되어 있는, 렉시스넥시스가 후원하는 넓은 라운지였다. 이곳 사람들은 소리를 낮춰 이야기를 나누었다. 렉시스넥시스리스크솔루션의 무료 마스크와 손소독제가 담긴 트레이 옆에는 다른 사람을 배려해 목소리를 낮추라는 안내문이 붙어 있었다. 애셔라면 여기서 1분도 버티지 못했을 것이다.

바지 정장을 입은 한 여성이 벽으로 막힌 또 다른 회의 공간 밖에 서 있었다. 닫힌 문 안에서는 렉시스넥시스 담당자가 미리 약속을 잡아둔 사람들과 데이터 중개 거래를 하고 있었다. 다른 사람들은 광택이 나는 안내 자료와 백서가 쌓인 선반 앞으로 안내를 받았다.

한 백서는 렉시스넥시스가 원격 진료 간소화를 돕기 위해 최대 전자 의료 기록 제공 업체 에픽Epic과 파트너십을 맺었다며 홍보하고 있었다. 또 다른 백서는 렉시ID를 일종의 범용 환자 식별자, 즉 '특정 개인과 관련된 모든 데이터 포인트의 연결 에이전트'로 전환했다고 홍보하고 있었다.[30] 이 시스템은 건강보험에서 건강보험으로, 주에서 주로, 주치의에서 응급실과 전문의로 이동하는 환자를 추적할 수 있다. 계속 구축되는 시스템들 가운데에서 애셔의 제품은 당신이 태어나고, 성장하고, 병에 걸리고, 사망할 때까지 함께할 것이다.

알고리즘이 생과 사를 나눌지도 모른다

엘리베이터를 두 번 타고 올라가는 '리빙룸' 위층에서는 제이비언의 존 프라운펠터가 강연을 했다. 2020년 말 팬데믹 2차 유행 당시 클리블랜드대학병원의 사례 연구인 코로나19 기간의 인공호흡기 배분에 대한 내용이었다. 회의장은 이례적으로 텅 비어 있었다. 10여 명의 참석자가 각자의 원탁에 흩어져 앉아 있었다. 사람들은 팬데믹으로 인해 직면한 어려운 선택에 대해 생각하고 싶지 않은 듯했다.

프라운펠터와 나란히 서 있는 것은 대학병원의 파트너인 마울릭 푸로히트Maulik Purohit 박사였다. 그는 좀 더 캐주얼한, 청바지와 스포츠 코트 차림에, 키가 1피트(약 30.5센티미터) 정도 더 작았다. 푸로히트의 마이크는 계속 들렸다 끊겼다 했다. 그는 농담을 했다. "IT 문제가 없는 IT 콘퍼런스는 없죠."

푸로히트의 말은 이렇게 시작됐다. "재고를 파악하지 않고 운영할 수 있는 산업은 없습니다. 하지만 의료 분야는 예외였습니다." 코로나19로 대학병원이 한계에 도달했을 때 병원 경영진은 인공호흡기가 충분히 확보할 수 있는지 확신할 수 없었다. 그래서 어떤 환자가 실제로 인공호흡기가 필요한지, 실제로 얼마나 많은 인공호흡기를 보유하고 있는지를 알아야 한다는 사실을 깨달았다.

이 시스템은 제이비언의 도움으로 열두 개 시설의 모든 수술실과 중환자실에 있는 모든 인공호흡기를 보여주는 디지털 대시보드를 구축해 실시간으로 사용 현황을 모니터링할 수 있게 되었다. 이 병원은 제이비언CORE로 환자들의 이력, 이를테면 바이탈이 어떤지, 어떤 의료적 개입이 있었는지, 어떤 일이 일어났는지 등을 분석하기 시작했다. 그리고 이를 프라운펠터가 "3000만 건의 임상 여정"으로 구성된 제이비언의 데이터베이스 중 "수천 개의 요인"이라고 설명한 것과 비교해 모델링했다.

푸로히트는 모델링 결과를 사용해 "입원 환자 중 몇 퍼센트가 안전하게 퇴원할 수 있을까? 예상치 못하게 중환자실에 입원하는 비율은 몇 퍼센트나 될까?"와 같은 중요한 질문에 답할 수 있기를 바랐다. 어떤 처치를 하든 사망할 사람을 파악할 수 있는 것도 중요했다. "소용없는 치료를 받는 환자는 몇 퍼센트나 될까?"

푸로히트는 "우선순위 결정은 민감한 문제"라고 말한다. 이런 결정은 의사와 병원 시스템에 큰 부담을 주었다. 그는 제이비온의 알고리즘이 이런 부담을 일부 덜어주었다고 설명했다. 그는 팬데믹의 스트레스에 빠져 있는 미국 의사들이 사회적 결정 요인을 사용해 어떤 생명을 구할지 결정하면서 데이터를 운명으로 바꾸고 있다고 말하는 듯했다. 그러나 프라운펠터가 바로 "사실 이것은 우리가 사회경제적 데이터를 제거한 몇 안 되는 모델 중 하나입니다"라고 해명했다.

푸로히트는 사회경제적 데이터를 제거한 데에는 기술적인 이유가 있었다고 설명했다. "모델에 큰 도움이 되지 않았습니다." 환자가 생의 마지막에 병원 침대에서 숨을 거둘 때 그 자리까지 어떻게 왔는지, 얼마나 힘들었는지 또는 쉬웠는지, 계속 살았더라면 얼마나 부유할지의 여부는 생존 가능성 점수에 큰 영향을 미치지 못했다. 그 시점의 임상적 요인만으로도 알아야 할 모든 것을 알 수 있다.

하지만 뭔가 다른 문제가 있었다. 푸로히트는 그것이 "의도치 않게 특정 인구 집단에 편향될 수 있다는 우려"라고 말했다. 병원 시스템의 누군가는 사회경제적 데이터가 입력된 알고리즘이 유색인종이 인공호흡기를 착용하지 못하도록 불평등하게 만드는 건 아닌지 의문을 제기했다. 누군가는 항의를 했다. 현재로서는 알고리즘을 사용하더라도 여전히 의사 결정 과정에 사람이 개입한다. 앞으로도 그래야 할 것이다.

에필로그

초감시사회를 어떻게 해석하고 받아들일 것인가

이 책을 집필하는 도중, 그러니까 코로나19가 내 여행과 세상의 모든 것을 중단시키기 전, 나는 서부 해안에서 비행기를 타고 행크 애셔의 딸 칼리와 데지리를 방문하기 위해 플로리다로 날아갔다. 그때만 해도 나는 애셔가 한때 존 애덤스라는 가명으로 아주 다른 시기에, 아주 다른 마음으로 이와 비슷한 대륙 횡단 비행을 한 적이 있다는 사실은 전혀 생각지 못하고 있었다.

나는 현금 대신 신용카드를 사용해 실명으로 항공편을 예약했고, 시애틀 공항 보안 검색대를 통과할 때 신원 확인 여행자 프로그램Trusted Traveler Programs에 등록하고 9자리 확인 여행자 번호Known Traveler Number를 받은 사람들에게만 제공되는 신속 검색대, 프리체크PreCheck 레인을 이용했다.[1] 노트북은 배낭 속에 넣고, 벨트는 허리에 차고, 운동화는 그대로 신은 채였다. 보안 검색은 몇 초 만에 끝났다. 프리체크라는 내 상황은 작은 기적이었다. 내가 그렇게 생각했다는 것 자체가 작은 기적이었다. 나 같은 사람, 그러니까 중산층 이상의 안락한 환경에서 태어난 백인은 내 앞에서 문이 열린다는 사실에 감격할 필요가 없는 게 보통이다.

정부 데이터와 함께 교통안전국의 일부 신원 확인 시스템을 지원하는 것은 행크 애셔가 만든 두 가지 시스템, 어큐린트와 클리어다.[2] 내가 처음 확인 여행자로 등록하려고 했을 때 의도치 않은 거짓말을 포착해 낸 것도 이 두 가지 시스템 중 하나라고 생각된다.

프리체크(내 경우에는 국내선에서도 동일한 프리체크 혜택을 받을 수 있는 글로벌 엔트리Global Entry)를 신청할 때는 온라인 양식을 작성한 후 대면 인터뷰를 신청한다. 그리고 그사이에 국토안보부에서 신원 조회를 진행한다. 내 인터뷰는 이후 플로리다행 비행기를 타기 위해 찾은 시애틀공항 터미널 2층의 창문 없는 사무실에서 진행되었다. 나를 인터뷰한 직원은 희미한 필리핀 억양을 가진 친절한 노인이었다. 나는 그에게 75달러를 건네고 컴퓨터 단말기로 가서 지문을 찍었다. 국토안보부의 생체인식 데이터베이스에 연결된 낡은 컴퓨터는 미치도록 느렸다. 나는 요원에게 이유를 물었다. "램 할당 때문이죠." 그가 말했다. "메모리가 충분하지 않아요." 사무실에는 새 PC가 필요했다. 그는 데이터베이스 자체는 훌륭하게 작동한다고 나를 안심시켰다. "시스템은 괜찮습니다."

직원은 지문 인화가 끝나고 내 여권을 확인한 다음, 코팅된 종이의 앞면과 뒷면에 적힌 질문 목록을 읽게 했다. 온라인 양식을 작성할 때 이미 답변했던 질문들이었다.

체포된 적이 있나요? 아니요.

미국 또는 다른 국가에서 형사 범죄로 유죄 판결을 받은 적이 있나요? 아니요.

관세법 위반으로 적발된 적이 있나요? 아니요.

그가 말했다. "그럼 1번부터 5번까지의 질문 중에 하나라도 답이 '예'인 것이 있으십니까?"

나는 없다고 대답했다.

"이것도요? 이것도요? 이것도요?" 그렇게 물은 그는 답을 기다리며 잠시 말을 멈추었다. 그때 갑자기 떠올랐다. 답변이 '예'인 질문이.

내가 체포되었던 건 10년도 더 지난 일이다. 바보 같은 짓이었다. 스물여섯 살의 젊은 기자였던 나는 오리건주 유진의 고향 마을에 갔다. 어느 날 밤, 차를 세워둔 곳으로 걸어가다가 우연히 술에 취한 대학생들이 거리에서 소파를 불태우고 긴장한 경찰이 최루탄을 쏘고 있는 폭동이 벌어진 것을 보게 되었다. 이를 기록해야겠다고 판단한 나는 뉴욕에서 일하던 잡지사의 명함을 들고 일단 경찰에게 다가갔다. 그러자 경찰은 곧바로 여학생 사교 클럽의 잔디밭에 나를 쓰러뜨려 제압했다.

나는 폭동이 끝나고 한참 후까지 지나가던 수십 명의 구경꾼들과 함께 유치장에서 밤을 보내야 했다. 우리가 체포된 일은 지역에서 꽤 큰 문제가 되었다. 검찰은 우리 중 누구도 기소하지 않기로 결정했고, 나도 솔직히 그 사실을 잊고 있었다. 어큐린트나 클리어 역시 마찬가지였다.

인터뷰는 점점 악화되었다. "치안 문란 행위?" 요원이 중얼거렸다. "꽤 심각한 혐의네요."

설명을 하려고 애를 썼다. 그런데 묘하게 긴장이 되어서 말을 지나치게 빨리 하게 되었다. 그는 내 다른 답변이 정직했는지 물었고, 나는 놀랍게도 곧 또 다른 거짓말을 했다는 사실을 깨달았다. 관세법을 위반한 적이 있었던 것이다. 구체적으로 이야기하자면, 2013년 중국에서 귀국하는 비행기를 통해 바나나 한 개와 배 한 봉지를 미국으로 밀반입하려 시도한 적이 있었다.

나는 그 사건이 기억나지 않는다. 과일을 싸 들고 다니기로 유명한 내 아내와 세관 신고서를 공유했다는 점을 분명히 하고 싶다.[3] 물론 그렇다고 아내를 비난하는 것은 아니다. 아무튼 나는 잊었지만 누군가 그 바나나와 배를 압수해 갔을 테고, 누군가 내 파일에 메모를 남겼을 것이다. 그 직후라면 프리체크 자격을 얻지는 못했을 것이다.

아주 사소한 일이었다. 하지만 순간적인 불균형감, 내 이력의 일시적인 순간이 나에게 불리하게 작용할 수 있다는 생각이 떠나지 않았다.

그 인터뷰 당시 나는 기후변화에 관한 글을 주로 쓰고 있었고, 행크 애셔와 렉스ID에 대해 막 읽기 시작한 참이었다. 하지만 총체적으로 볼 때 미국 시스템에서 나와 같은 데이터는 걱정할 필요가 없다는 사실을 이미 알고 있었다. 프라이버시의 상실은 기후변화에 대한 내 경험처럼 동떨어진 문제였다. 내가 반대하고는 있지만, 그 결과는 대부분 나와 멀리 떨어져 있을 거란 점 또한 알고 있었다. 새로운 기술(살충제, 의약품, 원자력, 머신러닝)의 전체적인 효과를 이해하려면 그 이면을 살펴보는 편이 좋다. 데이터 융합이 무기라면 내가 그 첫 번째 표적이 될 가능성은 낮을 것이다.

그래서 나는 글로벌 엔트리의 경험을 어떤 면에서 다행으로 여긴다. 나는 프리체크 자격을 얻기 위해 싸워야 했다. 더 많은 서류를 제출했고 과거에 체포된 일에 대해 설명하는 이메일을 썼다. 해당 요원은 자신의 상사와 이야기를 해보겠다고 말해주었다. 한 달 후, 내 카드가 우편으로 도착했다. 얼마 후 나는 기사를 쓰러 플로리다에 자주 가게 되었다. 그리고 그때마다 보안 검색대를 빠르게 통과했다.

딸들에게 남겨진 애셔의 가장 좋은 유산

애셔가의 자매는 정말 좋은 사람들이다. 나와 비슷한 또래인 칼리와 데지리는 똑똑한 사람들이다. 그들은 이 프로젝트의 대부분을 함께하면서 자신들의 기억을 아낌없이 공유해 주었다. 고통스러운 기억까지도. 하지만 둘 다 나를 경계하는 것 같았다. 나는 그런 점도 좋았다. 아버지를 영웅으로 그리는 일도, 악당으로 그리는 일도 너무 쉬운 작업이었으니까. 나는 그들을 안심시키려 노력했다. 내가 관심을 두는 건 그들의 아버지보다는 그가 만든 기계 자체라고 말이다.

이 책에서 말하지 않은 이야기가 하나 있다. 아버지의 갑작스러운 죽음 이후 칼리와 데지리 애셔 자매가 아버지가 남긴 회사의 공동 CEO가 되었다는 이야기다.[4] 그들은 600만 달러의 사재를 털어 회사를 계속 유지하고 급여를 지급했다. 두 사람의 리더십 아래 TLO는 '차량 목격'(차량번호판 판독기로 차량이 발견된 위치를 계속 기록하는)을 비롯한 새로운 제품을 출시하고, 행크 애셔가 마지막으로 만든 제품을 파격 할인가로 사려는 여러 부유한 기업 매수꾼들을 막아냈다.

자신의 이름을 딴 기업 정보 업체의 설립자 줄스 크롤Jules Kroll도 그중 한 명이다. 톰슨로이터의 전 CEO였던 토머스 글로서Thomas

Glocer는 두 번째, 렉시스넥시스의 전 CEO였던 앤드루 프로제스는 세 번째였다. 투자 은행인 워버그핀쿠스Warburg Pincus도 가세했다. 곧 리드엘스비어가 뛰어들었다. TLO는 아직 수익성이 높지 않았지만, 과거에 애셔가 어떤 것을 만들었는지 직접 본 사람들은 죽어서도 그의 반대편에 판돈을 거는 것을 원치 않았다.

2013년 중반, 마침내 파산을 선언하고 회사를 경매에 내놓는 일만이 TLO를 살릴 수 있는 최선의 방법이라고 판단한 애셔 자매는 빚을 갚고 신용을 회복했을 뿐 아니라 회사를 살리겠다고 약속하는 구매자를 찾았다. 바로 1990년대 후반 애셔와 그의 동료들에게 최초의 크레디트헤더를 판매해 데이터 중개업의 활성화를 도왔던 바로 그 신용 기관, 트랜스유니언이었다. 트랜스유니언의 CEO는 리드의 혁신적인 사이신트 인수를 감독했던 전직 렉시스넥시스 임원 짐 펙이었다. 그는 역사를 반복할 기회를 얻기 위해 현금으로 1억 5400만 달러를 지불했다.[5]

TLO의 2막에 대한 이야기에서 내가 흥미를 느낀 부분은 칼리와 데지리가 최종 매각 계약의 일부로 아동 보호 시스템Child Protection System이라는 소프트웨어 도구를 직접 운영할 수 있게 했다는 점이다. 아동 보호 시스템은 아동 포르노와 인터넷에서 이를 공유하는 사람들(이들 중 상당수는 영상과 이미지의 소비자일 뿐만 아니라 아동 성범죄자다)에 대항할 수 있는, 현존하는 가장 강력한 무기 중 하나다. 현재 97개국에서 수천 명의 경찰이 이 소프트웨어를 사용한다. 이를 통해 전 세계적으로 약 1만 3000명의 범죄자가 체포되었고 3000명 이상의 학대받는 아동이 구조되었다. 행크 애셔는 플린트 워터스Flint Waters라는 와이오밍 경찰이 처음 개발한 이 시스템을 2009년에 구입해 프로그래머들과 함께 계속 업그레이드해 왔다. 아동 보호 시스템은 애셔가 기술을 통해 하고 싶었던 일, 적어도 스스로 하고 싶다고 말했던 일을 가장 순수하게 구현한 것이었다.

TLO는 항상 이 시스템을 경찰 기관에 무료로 제공했다. 이제 애셔의 딸들은 이 아버지의 유산 일부를 선택해 같은 일을 하기로 했다. 그들은 비영리단체인 아동구조연합Child Rescue Coalition을 만들었고,[6] 칼리는 CEO가 되었다.

비행기가 플로리다에 착륙한 후 나는 아동구조연합의 보카러톤 사무실에 있는 칼리와 데지리를 방문했다. 그들은 트랜스유니언이 기부한 사무실에 입주해 있었다. 두 자매가 잘 아는 장소였다. 이전 TLO의 사무실이었기 때문이다. TLO 사무실은 이전 DBT 사무실이었고, DBT 사무실은 이전 IBM 사무실이었다. 이곳은 1980년대 우리의 삶을 바꾸겠다는 대담한 약속과 함께 개인용 컴퓨팅 혁명이 구체화되었던 블루레이크였다. 칙칙한 콘크리트 벽 안의 블루레이크에는 우리 모두가 어떤 사람인지, 과거에 어떤 사람이었는지, 그리고 앞으로 어떤 사람이고 싶은지를 알고 있는 거대한 컴퓨터가 존재했다. 새로운 것이 오래된 것 위에 층을 이루고 있었다. 이곳을 방문하면 지질학적인 무언가가 느껴진다. 시간이 지나면서 다양한 물질이 축적되고 층을 이룬 퇴적암과 같은 느낌 말이다.

우리는 회의실에 함께 앉았다. 처음에는 모두가 아빠를 많이 닮았다고 말하는 데지리가 대부분의 이야기를 했다. 그녀는 노스캐롤라이나에 살 때 당시 두 살이었던 칼리가 집 뒤 숲에서 길을 잃었으며, 데지리와 아빠, 엄마, 이웃, 경찰, 소방관 모두가 칼리를 찾을 때까지 숲을 샅샅이 뒤졌다고 말했습니다. 데지리는 말했다. "우리 모두에게 아이가 피해를 입지 않도록 해야 할 책임이 있죠." 그녀는 아버지가 처음 오토트랙을 존 월시와 국립실종·착취아동센터가 된 기관에 기증한 이야기와, 몇 년 후 애셔가 그의 소프트웨어 덕분에 168명의 아이들이 구조되었다는 전화를 받은 이야기를 들려주었다. 그는 그 일을 "영혼이 받는 급료, 가장 강력한 급료"라고 불렀다고 한다. 그 후 그는 어떤 회사를 운영하든 아동 유괴범을 찾는 사람이라면 누구에게나 자신의 제품을 무료로 주었다.

자매들은 아동 보호 시스템이 무엇을 할 수 있는지 내게 보여주고 싶어 했다. 벽에 설치된 대형 스크린에는 행크 애셔의 사무실에 있던 것과는 달리 미국 지도가 있었는데, 그 지도 위에는 빨간 점들이 가득했다. 각각의 점은 IP 주소를 나타내는 것이었다. 표시된 각 IP 주소는 그 순간 실시간으로 P2P 네트워크를 통해 아동 음란물 이미지를 전송하고 있었다. 수천 개의 점이 보였다.

아동구조연합은 수백만 명의 미국인 네트워크 트래픽을 샅샅이 뒤졌고, 다른 파일에서 그런 이미지를 찾아내기 위해 아동 음란물에 고유 식별자를 할당했다. 그리고 하루 3000만에서 5000만 건의 P2P 거래에서 이런 파일을 추적했다. 이 시스템은 누가 무엇을 얼마나 자주 공유하는지를 파악할 수 있었기 때문에 특정 관할 구역에서 최악의 범죄자를 식별하게 해주었다. 경찰서의 범죄자 분류에도 큰 도움이 되었다.

칼리는 지도에서 플로리다를 확대했다. "우리는 지난해 플로리다주에서 아동 음란물을 갖고 있는 IP 주소 3683개를 발견했어요." 그녀는 말했다. "이것들은 모두 수사관들에게 바로 수사에 착수할 수 있는 단서가 돼요." 법원의 명령만 있으면 경찰은 IP 주소와 일치되는 실제 주소를 쉽게 찾을 수 있다. 칼리는 플로리다주에서 가장 악질적인 범죄자 명단을 가져오며 말했다. "이 남자는 여기서 북쪽으로 45분 정도 떨어진 주피터에 있어요. 6777개의 특이한 파일을 거래하고 수집하고 있죠. 파일 하나하나가 모두 중범죄에 해당돼요."

애셔 자매는 아동구조연합과 같은 시스템이 아동 성범죄자 이외의 다른 사람을 겨냥해서는 안 된다고 믿고 있었고 그 믿음을 그대로 실천했다. 반론을 제기할 수 없는 결과가 나왔다. 그리고 그 결과는 많은 사람에게 깊은 감동을 주었다. 칼리와 데지리의 동기에는 의심의 여지가 없었다. 그들은 아버지가 만든 '모든 것'을 원하지 않았다. 그들은 그중 '가장 좋은 것'만을 지키고 있었다.

"당신의 활동을 추적하도록 허용하시겠습니까?"

케임브리지애널리티카 스캔들 이후, 전직 물리학자인 구글 엔지니어 요나탄 정거Yonatan Zunger는 물리학이 세상을 더 나은 곳으로 만들 수 있다는 확신이 세상을 지배하던 때가 있었다고 말했다. 그러다가 폭탄과 마주하게 되었다.7 오늘날 물리학을 공부하는 모든 학생은 자신이 몸담은 분야가 핵 시대의 탄생을 도왔다는 사실을 알고 있다. 화학 역시 1800년대에는 다이너마이트를, 1900년대에는 화학 무기를 만들어냈다. 정거가 컴퓨터 과학에 매료된 것은 "아직 결과를 경험하지 못한 분야"이기 때문이었다.

스캔들 직후 페이스북의 주가가 거의 25퍼센트(1340억 달러) 하락한 것은 사실이다. 하지만 곧바로 반응했고, 두 달도 채 되지 않아 완전히 회복되었다. 오래지 않아 주가는 두 배로 올랐다. 분명 행크 애셔는 매트릭스의 구축을 끝내지 못했다. 하지만 다른 누군가가 해냈다는 게 분명해졌다. 많은 사람이 여러 차례에 걸쳐 해낸 것이다.

미국인들은 데이터가 수집되는 무수한 방식에 대해 그 어느 때보다 우려하고 있으며, 또한 잘 알고 있다. 2021년부터 아이폰에는 새로운 설정이 추가되었다.[8] "'페이스북'이 다른 회사의 앱과 웹사이트에서 귀하의 활동을 추적하도록 허용하시겠습니까?"라는 팝업창이 뜬다.

"'카디오그램Cardiogram'이 다른 회사의 앱과 웹사이트에서 귀하의 활동을 추적하도록 허용하시겠습니까?"

"'NBC 뉴스NBC News'가 다른 회사의 앱과 웹사이트에서 귀하의 활동을 추적하도록 허용하시겠습니까?"

"'웨더네트워크Weather Network'가 다른 회사의 앱과 웹사이트에서 사용자의 활동을 추적하도록 허용하시겠습니까?"

압도적으로 많은 아이폰 사용자가 '앱이 추적하지 않도록 요청'을 클릭했다. 미국에서는 96퍼센트가 기피를 선택했다. 압도적으로 '아니오'라고 답한 것이다.

"전기 회사가 귀하에 대한 데이터를 전국소비자통신·유틸리티거래소에 제공하고 그들이 그 데이터를 톰슨로이터에 판매하고, 톰슨로이터는 다시 국토안보부에 판매하도록 허용하시겠습니까?"

"T-모바일T-Mobile이 귀하의 위치 데이터를 데이터 중개업체에 판매하고 그들이 다시 그것을 군에 판매하도록 허용하시겠습니까?"

"차량관리국이 운전면허 정보를 이민 담당 기관에 제공하도록 허용하시겠습니까?"

"즐겨 찾는 온라인 상점에서 귀하의 소비자 성향을 의사에게 판매하도록 허용하시겠습니까?"

이런 질문은 아직 만나지 못했다. 언젠가는 볼 수 있게 되기를 바란다. 꼭 그래야 한다.

아직 우리는 페이스북 계정을 삭제하면 어느 정도 통제권을 되찾을 수 있다고 생각한다. 웹브라우저에서 쿠키를 삭제하고, 광고 차단기를 설치한다. 데이터 수집에 기피 의사를 밝히거나 동의한다. 우리는 대니 힐리스가 상상했던 것(안면 인식, 음성 인식, 망막 인식, 걸음걸이 인식)을 구현할 수 있을 만큼 기계들이 강력해졌다는 사실을, 따라서 온라인에서 우리를 추적하는 것처럼 현실 세계에서도 우리를 추적할 수 있다는 사실을 어느 정도는 이해하고 있다. 그럼에도 불구하고 댐에 손가락 하나를 집어넣어 틀어막은 채 계속 나아가고 있다.

데이터 수집의 문제에 집중하고, 유입 지점에서 소름 끼치는 새로운 것들을 제한하는 데 집중할 경우, 우리는 집단의 힘이 아닌 '프라이버시'에만 초점을 맞출 위험이 있다. 기후변화에 대한 글을 쓰면서 내가 깨달은 것은 오늘의 더운 날씨가 한 세대 전의 온실가스 배출 때문이라는 사실이었다. 이 사실은 매우 중요하다. 이 두 현상 사이에는 수십 년의 시차가 존재한다. 한때 치열했던 논쟁, 즉 '완화'(배출량 감축)와 '적응'(환경 변화에 대한 대비) 중 어디에 초점을 맞추느냐의 논쟁은 무의미해졌다. 여분의 탄소 분자가 이미 하늘에 존재하고 있었으니까. 어느 쪽이든 너무 늦은 것은 아니지만, 어느 한쪽에만 집중하기에는 너무 늦어버렸다. 그러니 케임브리지애널리티카와 클리어뷰의 충격적인 행위에 집중해야 한다. 기존 데이터 중개업체의 프라이빗 클라우드에 이미 축적되고 융합되어 있는 데이터에도 집중해야 한다. 애셔는 1992년에 데이터 수집을 시작했다. 수십 년의 시차가 발생할 위험이 항상 존재한다.

당신의 배기가스가 여전히 데이터베이스에 남아 있는 한, 당신의 이력이 여전히 색인화되고 쉽게 점수화되는 한, 당신에게 모든 기회가 주어지지는 않을 것이다. 당신에게 최적이라고 여겨지는 기회만이 주어질 것이다. 경범죄는 법적으로 말소되고 파산은 7년 후에 기록에서 삭제되지만 렉스ID 또는 액시엄 애빌리텍ID 주변에 쌓이는 표류물들은 영원히 당신과 함께한다. 완벽하게 알고리즘화된 세상에서라면 당신의 과거가 부당하게 미래를 결정할 것이다.

애셔가 가장 좋아하는 명언 중 하나는 2009년 TLO를 홍보하기 위해 차용한 공상과학 소설가 아서 C. 클라크의 명언이다. "충분히 발전된 기술은 마법과 구별할 수 없다."9

애셔가 숨을 거두고 거의 10년이 지난 지금, 이 말이 그가 발명한 프로그램에는 전혀 적용되지 않는다는 사실을 생각하면 참 재미있다. 네모난 빈칸에 사람의 이름을 입력해서 그 사람에 대한 수많은 정보를 불러오는 일은 더 이상 마법처럼 느껴지지 않는다. 거리의 경찰에게도, 우리 중 누구에게도 평범하게 일어나는 일이다. 애셔의 기계가 실제로 해낸 일은 수많은 모방자나 후계자들과 구별할 수 없게 우리의 일상 속에 녹아드는 것이었다.

이 책은 원래 행크 애셔에 관한 책이 아니었다. 우리의 미래를 이해하기 위해 그의 과거를 들먹인 것이 그에게 위해를 가하지 않았기를 바란다. 기계의 시대에 가장 인간적인 권리이자 가장 먼 권리는 잊혀질 권리다. 이제 그는 잊히지 않을지도 모르겠다. 무언가 바뀌지 않는 한, 우리 모두 영영 잊히지 않을지도 모른다.

감사의 글

책을 쓰겠다는 큰 결심을 갖고 집에 돌아온 지 3주가 지났을 때였다. 아내인 제니퍼 우Jennifer Woo도 새로운 소식을 들고 집으로 왔다. 간호대학에 합격한 것이다! 정신없이 이어진 새로운 소식들에 코로나 19까지 가세해, 짧은 시간 안에 삶의 큰 변화들이 몰려왔다. 우리 아들 윌슨과 에단에겐 새로운 주, 새로운 도시, 새로운 학교, 새로운 일상, 새로운 친구, 새로운 생활을 의미했다. 그 모든 과정에서 쾌활함과 망설임 없는 열린 마음을 보여준 아이들에게 고맙다. 지금까지 함께 해낸 모든 것에 대해 제니에게도 고마운 마음이다. 우리는 이제 막 시작했을 뿐이다.

내가 출판사를 구하기도 전, 책에 대한 아이디어만 가지고 마이애미에 잠시 머물고 있을 때 칼리와 주디스 애셔는 나를 만나 아침 식사를 하며 행크에 대해 이야기하는 것을 허락해 주었다. 칼리가 공항 근처에 있는, 내게 편리한 장소인 트럼프내셔널도랄Trump National Doral 골프 리조트를 제안했을 때까지도 그녀에게 그리 내키는 일은 아니었을 것이다. 하지만 계란 요리는 맛있었고 대화도 좋았다. 우리 중 누구도 무슨 일이 벌어질지 몰랐지만 말이다. 내게 마음을 열어준 칼리와 주디스 그리고 데지리, 윌리에게 감사를 전한다. 행크가 가족을 자랑스러워했던 이유를 알 것 같다.

내 오랜 에이전트인 헤더 슈로더는 이 책의 여러 제안서의 초기 버전을 가장 먼저 읽은 사람이었고, 썩 좋지는 않다고 부드럽게 말해준 첫 사람이었다. 그녀는 가혹하긴 하지만 현명한 조언을 해주는 사람이다. 문제는 그때의 내가 아직 심층 조사를 하지 않은 상태였다는 것이다. 1년 동안의 오픈소사이어티재단Open Society Foundation 펠로우십은 여행과 의료비뿐만 아니라 훌륭한 기자 펄리 탄과 샘 하워드가 플로리다와 그 밖의 지역에서 나를 위해 수행한 공개기록 요청과 법률 조사 비용을 위한 자금을 조달해 이 문제를 해결하는 데 도움을 주었다. 또한 오픈소사이어티와의 제휴는 렉시스넥시스 구독권을 공유할 수 있다는 사실을 의미했다. 이 구독권이 취재원을 추적하는 데 매우 큰 도움이 되었음을 인정해야 하겠다. 특히 오픈소사이어티의 밀랩 파텔, 스티븐 허벨, 재커리 셀처, 챈슬러 윌리엄스, 랄레 이스파하니 그리고 동료 펠로우 사샤 폴라코프수란스키, 제니퍼 다스칼, 윌리엄 아이작께 감사의 말을 전하고 싶다.

이 프로젝트는 맥도웰 앤드 로건 논픽션 프로그램MacDowell and the Logan Nonfiction Progam의 펠로우십과 로버트 B. 실버스 그랜트 포 워크 인 프로그레스Robert B. Silvers Grant for Work in Progress의 보조금을 지원받았다. 이들은 숲 속의 조용한 오두막, 화면 속 친근한 얼굴들, 신뢰와 동기 부여, 여행 경비를 충당할 수 있는 수단 등 내게 필요한 모든 것을 적시에 제공해 주었다.

2016년 11월 도널드 트럼프가 대통령에 당선된 후 《뉴욕타임스 선데이리뷰The New York Times Sunday Review》의 편집자 레이첼 드라이는 내게 당시 잘 알려지지 않았던 정치 컨설팅 회사 케임브리지애널리티카가 제공한 것으로 보이는 영향력을 탐색해 볼 수 있게 해주었다. 데이터 융합의 잠재력에 대한 나의 이해 그리고 두려움은 다시는 전과 같아질 수 없게 되었다.

그로부터 1년이 조금 지나, 《뉴욕타임스매거진The New York Times Magazine》 편집자 루크 미첼Like Michell의 요청으로 나는 워싱턴주의 시골 마을 퍼시픽카운티로 가 빅데이터 시대에 이민·세관단속국이 어떻게 용의자들을 찾는지에 대한 기사를 쓰게 되었다. 2019년 10월 잡지에 게재된 기사를 위한 이 긴 취재는 이 책 18장의 기초가 되었다. 루크는 내가 행크 애서의 이야기에 대해 자주 토론하고 그 의미를 알아내려 애쓸 때의 대화 상대이기도 하고, 장의 초안들과 전체 원고를 열심히 읽어 준 독자이며, 나의 글쓰기 경력에 큰 힘이 되어 준 사람이다. 그에게는 어떤 큰 감사의 인사도 지나치지 않다.

세인트마틴출판사St. Martin's Press에서 책 제안서를 받아준 순간 나는 또 다른 훌륭한 편집자를 만나는 행운을 누렸다. 팀 바틀렛과는 맨해튼에 있는 그의 사무실에서 처음 만났다. 그 자리를 위해 그는 이발을 했고, 나는 새로 산 버튼업 셔츠를 입었다. 시간이 지나 코로나19를 겪으며 우리의 만남은 줌과 구글밋으로 옮겨졌고 외모도 형편없는 수준으로 변했다. 나는 수염에 긴 머리를 하고 부엌과 침실에서 회의에 임했다. 팀은 인질 영상에서나 볼 수 있을 만한 조명이 있는 방에서 후드티를 입고 있었다. 하지만 소재에 접근할 때 그가 보여주는 세심함은 결코 사라지지 않았고, 나는 그의 조용한 재치와 인간 본성에 대한 예리한 이해 그리고 변함없는 훌륭한 편집에 감탄했다. 그는 내가 그럴 자격이 없을 때조차 인내심을 갖고 기다려주었다. 그가 없이도 이 책이 존재했다면, 그 책은 훨씬 형편없는 책이었을 것이다.

세인트마틴출판사와의 첫 만남에는 부편집장 로라 클라크(팀이 이발을 했다는 것을 귀띔해 주셔서 감사합니다!)와 오랫동안 사장 겸 발행인이었다가 회장으로 자리를 옮긴 샐리 리처드슨도 함께했다. 행크 애셔의 이야기에서 내가 보았던 것과 같은 잠재력을 발견해 준 점에 감사한다. 팀, 로라, 샐리 그리고 다른 사람들이 세인트마틴에서 이루고 있는 팀은 참으로 따뜻하고 훌륭하다. 앨리스 파이퍼, 케빈 라일리, 캐서린 휴, 미셸 캐시먼, 사라 에슬라미, 로스 플롯킨, 캐시 투리아노, 가이 올드필드, 한나 존스, 어빈 세라노, 메릴 서스만 레바비, 트레이시 게스트, 폴 호치만, 조지 위트, 제니퍼 엔덜린에게 진심으로 감사하다.

원고의 법률 검토를 맡아준 로리 프리버, 팩트 체크를 맡아준 오웬 모트너, 18장 보도의 기초가 된 보도 내용을 확인해 준 《뉴욕타임스매거진》 연구원 알렉스 카프, 댄 카우프먼, 빌 부불리아스에게 감사하다. 이 프로젝트가 진행되는 동안 플로리다, 워싱턴, 오레곤, 캘리포니아, 일리노이, 워싱턴 DC 등의 많은 공무원들이 내 공공 기록 요청에 응해주었다. 대부분 놀라울 정도로 흔쾌히 응해주었다. 다시 한번 감사하다. 많은 언론인 친구들이 내가 하는 부탁들을 참아야 했다. "이거에 대해 아는 사람 있어?" "한 챕터 읽어볼래?" "추천서 좀

써주세요." 바네사 게자리, 마라 비슨달, 제임스 블라호스, 제이미 로우는 막후에서 많은 일을 해주었다.

지난번에 책을 썼을 때는 벤 포커가 제목을 생각해 냈는데, 나는 알아차리지 못하고 다른 사람에게 공을 돌렸다. 이번에 벤은 잡지 기사를 제안했고, 그 일은 하지 못했지만 그 계기로 행크 애셔에 대한 나의 취재가 시작되었다. 벤이 이 책의 물꼬를 튼 셈이다. 나는 최근에야 이 사실을 그에게 말했고, 여기 감사의 말에 온 세상을 증인으로 삼아 이전의 죄를 씻고 벤의 역할을 확실히 드러내고 싶다. 멋진 턱선을 가진 남자, 벤!

늘 이야기하지만 다시 언급하지 않을 수 없는 사람들이 있다. 늘 우리 가족에게 많은 도움을 주는 부모님 데이브 펑크와 두에인 펑크, 제니의 부모님 론 우와 리사 우에게 감사드리고 싶다. 항상 우리 곁에 있어 주는 나와 처의 형제자매, 그레이스 펑크, 벤슨 와일더, 제이슨 우, 린다 우에게도 감사를 전한다. 이 책을 집필하는 동안 도움이 되었다는 사실조차 모른 채 도움을 준 이들도 있다. 하비에르 요파사, 매디슨 휴슨, 모니크 스트레이트, 재키 배트맨, 벤 메이어. 짧은 시간이나마 우리 가족의 일원이 되어준 데 감사의 인사를 전하고 싶다.

플로리다와 전국을 돌아다니며 애셔의 동료와 라이벌들을 인터뷰할 때, 나를 자신의 집과 삶으로 초대하거나 커피숍에서 만나 몇 시간 동안 이야기를 나누어준 이들이 있다. F. 리 베일리, 빌과 바바라 슈루즈버리, 로이 브루베이커, 마시 티클-보즈먼, 리와 마이클 맥모로, 로사스, 시드니 스티븐스, 조지 브루더, 존 레겟, 'J.T.' 앤디 펄머터, 대럴 굿, 마사와 릭 바넷, '닉'과 그의 아내, 올레 폴슨, 존과 로빈 뉴섬 그리고 익명이지만 본인들은 알고 있을 다른 이들에게 특별한 감사를 전한다.

이 책의 취재원과 인터뷰 대상자를 추적하기 위해 스프레드시트를 만들었다. 그리고 매트릭스매트릭스Matrix Matrix라는 이름을 붙였다. 나는 매트릭스매트릭스로 가서 이 감사의 말에서 아직 언급하지 못한 이들의 목록을 내어달라고 요청했고, 목록에는 이 책과 내 인생에 도움을 준 친구 및 동료들의 이름이 알파벳 순서로 섞여 있었다.

애런 휴이, 앨런 W. 잭슨, 알도 보티, 알렉스 런드리, 알렉스 리베라, 알렉스 로빈슨, 알바로 베도야, 아만다 파이크, 안드레아 슈, 안젤리 쿠마르, 앤 리브스, 앤드류 거스리 퍼거슨, 앤드류 파파크리스토스, 안젤리나 스노드그라스고도이, 아르만도 에스칼란테, 아트 존스, 오스틴 해리스, 바바라 맥클라인, 빌 마테, 블레이크 호건, 밥 살라데이, 브래드 데이비스, 브래드 위너스, 브라이언 호지, 브라이스 뉴웰, 캐롤 맥콜, 채드 말로, 크리스 칼라브레세, 신디 허들스턴, 클레어 가르비, 클레오 바넷, 시리아코 로페스, 사이러스 파리바, 데일 레너, 댄 페이긴, 다니엘 코놀리, 대니 안토노폴루스, 대니 힐리스, 데이비드 베일리스, 데이비드 캐롤, 데이비드 다그, 데이비드 도노반, 데이비드 루이스, 데이비드 로빈슨, 데릭 더브너, 데릭 앤더슨, 에드워드 골드버그, 에밀리 굴딩, 에노카 헤라트, 에릭 베이츠, 에릭 베커, 에릭 한센, 에린 글렌, 에단 디바인, 파테메흐 카티블루, 페이 와그너, 파이자 파텔, 플라비오 빌라누스트레, 프랭크 어윈, 게리 베츠너, 게리 쉬프먼, 진 프란카, 조지 테일러, 글래디스 디아스, 그레이스 김, 할란 유, 해리슨 탕, 해리 조던 이사벨라 시스네로스, 자신타 곤잘레스, 잭 아브도, 제이 스탠리, 제프 애셔, 제니퍼 리치먼, 제라미 스콧, 제리 베일린슨, 짐 하퍼, 조안나 스필커, 조 다빌, 조 루이스, 조 스탠호프, 조 리바노 바로스, 존 프라운펠터, 존 고먼, 존 쇼월터, 존 세일, 조쉬 친, 조이 포가티, 저스틴 페렐, 케네스 랭곤, 커트 월튼보, 라스 얀, 로렌스 리보티, 리지 펠리치아노, 리넷 클레메슨, 매들린 모셀, 마르셀로 레이테, 마리오 로드리게스, 마크 셰퍼드, 마크 자드라, 마우릭 푸로히트, 멜리사 라일리, 마이클 브라우저, 마이클 메카닉, 마이클 밀렌슨, 마이크 카로나, 마이크 파티파, 마이크 와이먼, 미즈에 아이제키, 모튼 할퍼린, 네이션 핼버슨, 네이션 톰슨, 니마 싱 굴라니, 니나 샤피로, 파로마타 샤, 필 네프, 폴 카메론, 폴 콜란젤로, 필 데미르자, 필 라머, 필립 쿨, 레이첼 레빈슨월드먼, 레이첼 미로폴, 라필 크롤자이디, 레이 체리, 릭 커반, 로버트 바흐, 론 브룩스, 로스 애슐리 3세, 사라 브라인, 사라 램단, 사라 쉬르머, 스콧 와그너, 세잘 조타, 렉시스넥시스 리스크솔루션에서 인터뷰한 고위 임원, 팔란티어에서 인터뷰한 고위 임원, 톰슨로이터스페셜서비스에서 인터뷰한 고위 임원, 쉴라 앤 윌리엄스, 셸던 야비츠, 스타카 셰한, 스테이시 딘, 스티브 하디그리, 톰 모슬리, 트레너 윌리엄스, 윌슨 켈로, 울피 크리슬, 특히 불멸의 재커리 툴에게 감사의 인사를 전한다.

 마지막으로 어느 날 오후 워싱턴DC에서 커피를 마시며 이 프로젝트에 대해 이야기했을 때 격려를 아끼지 않았던 로버트 오해로 주니어의 앞을 내다보는 작품에 대해 이야기하고 싶다. 그는 2005년 저서인 《숨을 곳이 없다》와 당시 《워싱턴포스트》 기사에서 그 이야기(행크 애셔의 이야기뿐 아니라 데이터에 대한 이야기)를 다른 사람들보다 몇 년 더 일찍 이해한 사람이었다.

자료 출처에 대하여

작가와 데이터 브로커가 공통적으로 앓고 있는 병이 있다. 우리는 낯선 사람의 삶의 조각들을 충분히 모으면 이야기를 만들어낼 수 있다고 믿고 싶어 한다. 나는 이 책을 위해 수백 명의 사람들을 인터뷰했다. 직접 인용문은 따로 언급하지 않는 한 모두 그 과정에서 나온 것이다. 수만 페이지에 달하는 문서를 읽었고, 데이터베이스를 구축했다. 내 컴퓨터에 따르면 그 데이터베이스에는 1억 376만 623개의 단어가 3만 5304개의 개인 기록에 대한 1111개의 폴더로 분류되어, 하드 드라이브에서 55기가바이트의 공간을 차지하고 있다. 모든 내용을 충실히 종합하려 노력했으며, 오류가 있다면 내 책임이다.

나를 만나주거나 전화를 받아준 많은 용감하고 관대한 이들에게 감사하다는 말을 전한다. 그것은 믿음에서 나온 행동이었다. 감히 나서지 못한 이들에게도 이해한다는 말을 전하고 싶다. 내가 이야기를 잘못 전할 거라고 생각했을 수도 있다. 내가 옳게 전할 거라고 생각했을 수도 있다. 이 세상에는 두 가지를 모두 두려워해야 할 이유가 있다.

주

프롤로그 1 – 데이터 시대의 서막

1   존 애덤스가 1985년 어떻게 곤경에서 벗어났는지에 대한 이야기는 F. 리 베일리, 데지리 애셔, 진 프란카의 회상 외에 다음의 증언 녹취에서 발췌했다. U.S. v. Nelson, United States District Court for the Northern District of Illinois (1986), Docket No. 86 CR297 (hereafter cited as Nelson Transcripts).

프롤로그 2 – 우리는 그가 설계한 초감시사회를 살고 있다

1   Bayliss, D., 2003, Method and system for processing and linking data records, U.S. Patent No. 7,912,842 (hereafter cited as Bayliss Patent).
2   U.S. Department of Education, "Basic Student Charges at Postsecondary Institutions," 1995.
3   "Inside the New Storytelling Collective Deca," Nieman Storyboard, June 16, 2014.
4   Liveramp Developers, "AbiliTec Identifiers," n.d., developers.liveramp.com/abilitec-api/docs/abilitec-identifiers.
5   Thomson Reuters, "CLEAR Enhancements Overview," May 19, 2022, legal.thomsonreuters.com/content/dam/ewp-m/documents/legal/en/pdf/support/clear/upcoming-clear-enhancements-flyer.pdf.
6   Oracle Corporation, "Oracle BlueKai Data Management Platform," n.d., www.oracle.com/cx/marketing/data-management–platform/.
7   IAB Tech Lab, "Getting Started with UID2," n.d., https://github.com/IABTechLab/uid2docs/blob/main/api/README.md.
8   Neustar, "Fabrick ID: The Future of Media," April 8, 2022, www.home.neustar/fabrickid.
9   Mitchell, J., Answer to "What is the history of Facebook's id numbering system?" 2010, Quora, www.quora.com/What-is-the-history-of-Facebooks-user-ID-numbering-system-It-started-with-auto-increment-when-did-it-change-And-what-were-the-different-milestones.
10 Kaufman, A., "This Is How Facebook Collects Data on You Even If You Don't Have an Account," *Vox*, April 20, 2018, https://www.vox.com/2018/4/20/17254312/facebook-shadow-profiles-data-collection-non-users-mark-Zuckerberg.
11 UpGuard, "The RNC Files: Inside the Largest Data Leak in GOP History," June 19, 2017, www.upguard.com/breaches/the-rnc-files.
12 "The Aftermath of Cambridge Analytica: David Carroll and Brent Allpress," 2020, www.youtube.com/watch?v=rd5pxDEXBWA. Hereafter cited as "The Aftermath of Cambridge Analytica."
13 Cassidy, J., "Why Is Donald Trump in Michigan and Wisconsin?" *New Yorker*, October 31, 2016.
14 LexisNexis Risk Solutions, "Contact Tracing: The First Step to Reopening America," 2020, risk.lexisnexis.com/insights–resources/webinar/contact-tracing-the-first-step-to-reopening-america.

15 Villanustre et al., "Modeling and Tracking Covid-19 Cases Using Big Data Analytics on HPCC System Platform," Journal of Big Data, 2021, doi.org/10.1186/s40537-021-00423-z.
16 Jvion, "COVID Patient Vulnerability List," March 26, 2020, jvion.com/content/uploads/2020/12/COVID_Patient_Vulnerability_2-pager_032620.pdf.
17 Eshoo, A., and Rush, B., Letter to FBI, NG, CBP, DEA on government surveillance of protesters, June 9, 2020, eshoo.house.gov/sites/eshoo.house.gov/files/Eshoo-Rush%20Ltr%20to%20FBI,%20NG,%20CBP,%20DEA%20 on%20government%20 surveillance%20of%20protesters%20-%206.9.20.pdf.
18 Electronic Frontier Foundation, "Gotta Catch 'Em All: Understanding How IMSI Catchers Exploit Cell Networks," 2019, www.eff.org/wp/gotta –catch-em-all-understanding-how-imsi-catchers-exploit-cell-networks.
19 Google Developers, "Use Advertising ID for User Profiling and Ad Targeting on Android," n.d., developer.android.com/training/articles/ad-id.
20 Apple, "Instance Property: Advertising Identifier," n.d., developer.apple.com/documentation/adsupport/asidentifiermanager/1614151-advertisingidentifier.
21 LexisNexis Risk Solutions, "LexID," n.d., risk.lexisnexis.com/our-technology/lexid.
22 LexisNexis Risk Solutions, "Sample Report: LexisNexis RiskView," 2013, www.lexisnexis.com/risk/downloads/literature/riskview-report-sample.pdf.
23 Operation Underground Railroad, "Child Protection System," 2014, www.ourrescue.org/child-protection-system/.
24 U.S. Commission on Civil Rights, *Voting Irregularities in Florida During the 2000 Presidential Election*, June 2001, ch. 5, www.usccr.gov/files/pubs/vote2000/report/main.htm.
25 American Civil Liberties Union, "Feature on MATRIX," www.aclu.org/other/feature-matrix.
26 RELX Group, Annual Report and Financial Statements, 2021, p. 14.
27 LexisNexis Risk Solutions, "Accurint for Law Enforcement," n.d., risk.lexisnexis.com/products/accurint-for-law-enforcement.
28 Ostrowski, J., "Boca Raton Database Pioneer Hank Asher Dead at 61," *Palm Beach Post*, January 11, 2013.
29 "Hank Asher Obituary," Palm Beach Post, January 12, 2013, www.legacy.com/us/obituaries/palmbeachpost/name/hank-asher-obituary?id=12602837.
30 *Unforgettable: A Celebration of Life Honoring Hank Asher*, 2013; video provided by Carly Asher.
31 Shnayerson, M., "The Net's Master Data-miner," *Vanity Fair*, December 2004.
32 Seisint, Multi-State Anti-Terorism Information Exchange, Michigan Briefing, May 8, 2003 (hereafter cited as Michigan Briefing).
33 9·11 테러 이후 애셔의 행적에 대한 이 설명은 달리 언급이 없는 한 빌 슈루즈버리의 회고와 다음에서 찾을 수 있는 묘사를 기반으로 한다. O'Harrow Jr., R., *No Place to Hide* (New York: Free Press, 2005) and Ramos, D., and O'Harrow, R., "No Place to Hide," *American Radio Works*, transcript, retrieved December 1, 2022, ameri-canradioworks.publicradio.org/features/noplacetohide/transcript.html.
34 Congressional Research Service, *Data Mining and Homeland Security: An Overview* (CRS Report RL31798), April 3, 2008, https://fas.org/sgp/crs/homesec/RL31798.pdf.
35 Associated Press, "Database Tagged 120,000 As Possible Terrorist Suspects," May 21, 2004, https://www.nytimes.com/2004/05/21/us/database-tagged-120000-as-possible-terrorist-suspects.html.

36　Kaufman, R., "The History of the FICO Score," August 21, 2018, www.myfico.com/credit-education/blog/history-of-the-fico-score.

1장 – 마약단속국의 민간인 비밀 요원

1　Hunt, W., *One Particular Harbour: A Brief History of Great Harbour Cay in the Berry Islands*, self-published, 2001.
2　상동.
3　"Miami Drug Wars," *Miami Herald* Flashback Miami, September 10, 2014, flashbackmiami.com/2014/09/10/miami-drug-wars/.
4　O'Harrow Jr., R., *No Place to Hide* (New York: Free Press, 2005), p. 112.
5　Nelson Transcripts.
6　United States Drug Enforcement Administration, "The DEA Years," retrieved December 13, 2019, www.dea.gov/sites/default/files/2018-07/1970-1975%20p%2030-39.pdf.
7　See, e.g., Marino v. DEA, U.S. District Court for the District of Columbia (2014), Docket No.06-1255.
8　Austin, J. et al., "The Use of Incarceration in the United States," *Critical Criminology*, January 2001.
9　Cullen, J., "The History of Mass Incarceration," Brennan Center for Justice, July 20, 2018, www.brennancenter.org/our-work/analysis-opinion/history-mass-incarceration.
10　Eagle, J., "Floridian Arrested for Drug Trafficking" South Florida Sun-Sentinel, September 16, 1986.
11　Florida v. Goldberg, Broward County Circuit Court (1986), Docket No. 86-013187.
12　별도의 언급이 없는 한 그의 바하마 귀환과 마약단속국의 정보제공자 활동에 대한 설명은 넬슨 녹취록과 F. 리 베일리, 진 프란카, 빌 슈루즈버리 그리고 익명을 선택한 시스턴 파이브의 생존 구성원 두 명의 회고에 근거한다.
13　*One Particular Harbour*.
14　Possley, M., "Judge Closes Door on Skydiver Case," *Chicago Tribune*, February 3, 1987.
15　상동.
16　Jervis, R., "Skydive Operator Dies in Accident," *Chicago Tribune*, June 7, 2003.

2장 – 문제아, 바람둥이, 사업가 그리고 마약 밀수업자

1　City of Valparaiso, "Orville Redenbacher Takes Seat in Valparaiso," Valpo.life, August 24, 2012, valpo.life/article/orville-redenbacher-takes-seat-in-valparaisol/.
2　"Dr. Ashers Hold Annual New Years Day Party," *Vidette-Messenger of Porter County*, January 2, 1957.
3　"Asher, Wife Among Guests at Queen Fete," *Vidette-Messenger of Porter County*, July 10, 1959.
4　"Dr. and Mrs. Harry H. Asher and Two Children, Hank and Chuck..." *Vidette-Messenger of Porter County*, June 15, 1965.
5　Heise, K., "Dr. Harry Asher, Late Mayor's Dentist," *Chicago Tribune*, July 17, 1997.
6　*No Place to Hide*, p. 117.
7　Frogameni, B., "From Painter to Technology Mastermind, Asher Has Been at Work for More Than 30 Years," *South Florida Business Journal*, February 9, 2010.

8   Vogel, M., "Genius, Interrupted," *Florida Trend*, August 1, 2004.
9   Valparaiso High School, *Valenian*, 1969, p. 92.
10 *No Place to Hide*, p. 109.
11 "From Painter to Technology Mastermind."
12 "Asher Paints His Story: A High-Rise to Success," *Sun-Sentinel*, August 1975.
13 "Leaves School at Age 15; Now 24, in Successful Venture in Florida," *Vidette-Messenger of Porter County*, August 11, 1975.
14 TLO, LLC. v. Pruco Life Insurance Company, United States District Court for the Southern District of Florida (2013), Docket No. 9:13-cv-80674-KLR (hereafter cited as TLO v. Pruco).
15 Jaynes, G., "Miami Crime Rises as Drugs Pour In," *New York Times*, August 12, 1981.
16 Rosenblatt, A., "Operation Draws Dollars from Drug Business," *Miami Herald*, April 9, 1981.
17 Pollack, R., "Boca Police Seize 2 Pot Planes in 1 Day," *Palm Beach Post*, March 21, 1980.
18 IBM, "IBM Archives: 3031 Processor Complex," www.ibm.com/ibm/history/exhibits/mainframe/mainframe_PP3031.html.
19 IBM, "The Birth of the IBM PC", www.ibm.com/ibm/history/exhibits/pc25/pc25_birth.html.
20 Database Technologies, Inc. v. High Tech Data Services, Inc., United States District Court for the Southern District of Florida (1998), Docket No. 98 6052 CV, deposition of Henry E. Asher (hereafter cited as DBT v. High Tech).
21 *No Place to Hide*, p. 112.
22 상동.
23 Asher, H., *Letter to Marci Tickle*, November 2, 1983.

3장 – 천재 프로그래머의 탄생

1   Ingraham, N., "A Look Back at Some of Toshiba's Most Memorable Laptops," *Engadget*, August 18, 2020.
2   Levy, S., *Hackers* (Garden City: Doubleday, 1984), p. 1.
3   Friedrich, O., "The Computer Moves In," *Time*, January 3, 1983.
4   Myslewski, R., "The Early Days of PCs As Seen Through DEAD TREES," *Register*, November 23, 2012.
5   Florida Department of State, Corporation filing information for User Lovable, 1989, www.sunbiz.org.
6   von Neumann, J., "First Draft of a Report on the EDVAC," June 30, 1945.
7   Computer History Museum, "The Cray-1 Supercomputer," www.computerhistory.org/revolution/supercomputers/10/7.
8   Computer History Museum, "Parallel Processing," www.computerhistory.org/revolution/supercomputers/10/160.
9   Kuhn, R., and Padua, D., "Parallel Hardware," in *Parallel Processing*, 1980 to 2020, Synthesis Lectures on Computer Architecture (Switzerland: Springer, 2021).
10 Minsky, M., *The Society of Mind* (New York: Simon and Schuster, 1986).
11 Hillis, D., *The Connection Machine* (Cambridge: MIT Press, 1989).
12 Featherly, K., "ARPANET," *Encyclopedia Britannica*, www.britannica.com/topic/ARPANET.

13 "2012 Inductee Robert Kahn," Internet Hall of Fame, www.internethalloffame.org/inductee/robert-kahn/.
14 Roland, A., and Shiman, P., *Strategic Computing: DARPA and the Quest for Machine Intelligence*, 1983-1993 (Cambridge: MIT Press, 2002).
15 DARPA, "Strategic Computing," October 28, 1983.
16 Taubes, G., "The Rise and Fall of Thinking Machines," *Inc.*, September 15, 1995.
17 Thiel, T., "Brewster Kahle: Looking Back to the Origins of Computing," interview, September 23, 2017, www.youtube.com/watch?v=CHYkxrfH-LE.
18 Re: Estate of Henry Edward Asher, a/k/a, Hank Asher, The Fifteenth Judicial Circuit of Florida, West Palm Beach (2013), Docket No. 50-2013-CP-000440-XXXX-SB (hereafter cited as Asher Probate).
19 Indiana Information Controls, "Why iFrame?" brochure.
20 Brubaker, R., Hank Asher Tributes, January 21, 2013, p. 5., www.tlo.com/hank_tributes.html?p=5.
21 상동.
22 "Brewster Kahle: Looking Back."
23 Marvit, D., "Interview with Brewster Kahle Regarding WAIS," November 28, 1992, archive.org/details/brewster_kahle_interview_1992.
24 Kahle, B., "Big Data versus Humanity," Brewster Kahle's Blog, February 25, 2018, brewster.kahle.org/2018/02/25/big-data-versus-humanity/.
25 상동.
26 "Rise and Fall."
27 Thiel, T., "Danny Hillis Interview-Connection Machine Legacy," August 23, 2016, www.tamikothiel.com/cm/cmProject/DannyHillis_2016-08-23CM-legacy_interviewTamikoThiel.pdf.
28 Kahle, B., "Ethics of Digital Librarianship," February 1992, archive.org/about/ethics_BK.php.
29 Florida Department of State, Corporation filing information for Database Technologies, February 18, 1992, www.sunbiz.org.

4장 – 데이터 비즈니스에서 발견한 금맥

1 전화 통화에 대한 다른 인용문들은 DBT 온라인과 하이테크 사이의 소송 기록에서 나온 것이다.
2 애셔는 레겟과의 첫 번째 통화에 대해 이야기하면서 이 숫자를 부풀렸을지도 모른다. 1992년의 이 통화 이후 20년이 지나 주민이 1000만 명 늘어난 플로리다에 등록된 차량은 2300만 대였다. Florida Highway Safety and Motor Vehicles, "Current Registered Vehicles," 2022, www.flhsmv.gov/pdf/vehicle-vesselreports/cvr_07_2022.pdf를 참조하라.
3 Electronic Privacy Information Center, "The Drivers Privacy Protection Act (DPPA) and the Privacy of Your State Motor Vehicle Record," epic.org/dppa/.
4 Miller, M., "Information Age: Debate Mounts Over Disclosure of Driver Data," *Wall Street Journal*, August 25, 1992.
5 Kirkland, M., "Under the U.S. Supreme Court: Privacy invasion on a parking ticket?" *UPI*, February 10, 2013.
6 Martelle, S., and Marsh, B., "Rick Rozar, Founder of Internet Firm, Dies," *Los Angeles Times*, October 2, 1998.

7   Kalat, D., "Big Brother, the Ghost in LBJ's Computer," Nervous System, Law.com, March 5, 2019, www.law.com/legaltechnews/2019/03/05/nervous-system-big-brother-the-ghost-in-lbjs-computer/.
8   Computer Privacy: Hearings before the Subcommittee on Administrative Practice and Procedure of the Senate Committee on the Judiciary, Nineteenth Congress, 1967, p. 70, testimony of Arthur W. Miller.
9   Computer History Museum, "The Networked Society," executive summary, January 14, 1992, http://tcm.computerhistory.org/GardnerHenrieFiles/Exhibit%20Comm%20Current%201988-1992.pdf.
10 Flinn, W. A., "History of Retail Credit Company," Ph.D. Dissertation, Ohio State University, 1959.
11 상동.
12 Dingman, H., *Risk Appraisal* (Cincinnati: National Underwriter Company, 1946), p. 177.
13 Rasor v. Retail Credit, Supreme Court of Washington (1976), Docket No. 43944.
14 Fosburgh, L., "23 to Study Computer 'Threat,'" *New York Times*, March 12, 1970.
15 Culnan, M., "The Lessons of Lotus Marketplace: Implications for Consumer Privacy in the 1990's," School of Business Administration, Georgetown University, 1991, cpsr.org/prevsite/conferences/cfp91/culnan.html/.
16 상동.
17 Abbott, L., "Lotus Market Place: Households," Harvard Business School, 1991.
18 *Los Angeles Times*, "Credit Agency Picks Privacy, Drops Ties to Junk-Mailers," August 8, 1991, www.baltimoresun.com/news/bs-xpm-1991-08-09-1991221213-story.html.

5장 – 정부의 데이터를 사들이다

1   Office of Attorney General, "Open Government-The 'Sunshine' Law," myfloridalegal.com/pages.nsf/Main/DC0B20B7D C22B7418525791B006A54E4.
2   Reporters Committee for Freedom of the Press, "Open Government Guide," www.rcfp.org/open-government-guide/.
3   Morgan, L., "Records Law Started Simple," *Tampa Bay Times*, November 9, 1991.
4   Tollett, K., "The Sunshine Amendment of 1992: An Analysis of the Constitutional Guarantee of Access to Public Records," *Florida State University Law Review*, 1992, ir.law.fsu.edu/cgi/viewcontent.cgi?article=1569&context=lr.
5   DBT v. High Tech.
6   Tanner, A., "How the Post Office Sells Your Address Update to Anyone Who Pays (and the Little-Known Loophole to Opt Out)," *Forbes.com*, July 8, 2013, www.forbes.com/sites/adamtanner/2013/07/08/how-the-post-office-sells-your-new-address-with-anyone-who-pays-and-the-little-known-loophole-to-opt-out/?sh=4656b6a139f3.
7   NCTUE, "About Us," nctue.com/about-us/.
8   *No Place to Hide*, p. 117.

6장 – 나날이 증폭되는 데이터의 힘

1   "Adam Walsh Center Changes Name," *Sun-Sentinel*, September 12, 1995.
2   Miami Herald Archive, "When This Boy Was Abducted from a Mall, the Crime Became

an All-Time Mystery," *Miami Herald*, July 27, 2021, www.miamiherald.com/news/local/community/broward/article87486547.html.
3   Sullivan, D., "The Yahoo Directory-Once the Internet's Most Important Search Engine-Is to Close," *Search Engine Land*, September 26, 2014.
4   Bureau of Justice Statistics, "National Sources of Law Enforcement Employment Data (NSLEED)," October 4, 2016, bjs.ojp.gov/content/pub/pdf/nsleed.pdf.
5   "Master Data-Miner."
6   DBT Online, Investor Presentation, internal document, February 18, 1999.
7   DBT v. High Tech.
8   상동.
9   *No Place to Hide*, p. 112.
10 Olson, W., "The Matrix: Unloaded," *Broward Palm Beach New Times*, September 11, 2003.
11 U.S. v. Carona, United States District Court for the Central District of California (2008), Docket No. SA CR 06-224(B)-AG, grand jury testimony of Henry Edward Asher; transcript provided by Mike Carona (hereafter cited as Grand Jury Testimony).
12 Police Executive Research Forum, *How Are Innovations in Technology Transforming Police?* Critical Issues in Policing series, 2012.

7장 – 후발주자의 추격과 제왕의 실각

1   Langone, K., *I Love Capitalism!* (New York: Portfolio, 2018).
2   Delevett, P., "Exclusive: Palantir Technologies' Latest Funding Round Could Top $200 Million," *Mercury News*, September 27, 2013.
3   Securities and Exchange Commission, "DBT Online Inc Form SC 13D/A: General Statement of Acquisition of Beneficial Ownership," September 25, 1997, www.sec.gov/Archives/edgar/data/1010138/0000921530-97-000161-index.htm.
4   McNair, J., "Database Firm Digs Extra Deep," *Miami Herald*, September 2, 1996.
5   O'Dell, J., "CDB Infotek Sells 70% of Company to Equifax Insurance," *Los Angeles Times*, September 5, 1996.
6   "Equifax to Spinoff ChoicePoint in August," *Atlantic Business Chronicle*, July 17, 1997.
7   Pacifici, S., "LEXIS/NEXIS Held Hostage by the Internet: The P-Trak Debacle," *LLRX*, February 7, 2006, www.llrx.com/2006/02/features-lexisnexis-held-hostage-by-the-internet-the-p-trak-debacle/.
8   Flynn, L., "Lexis-Nexis Flap Prompts Push for Privacy Rights," *New York Times*, October 13, 1996.
9   상동.
10 Emmert, S., "Comments of Lexis-Nexis," Public Workshop on Consumer Information Privacy, Federal Trade Commission, April 15, 1997, web.archive.org/web/19970723192821/http://www.ftc.gov/bcp/privacy2/comments1/lexisnex.htm.
11 Center for Responsive Politics, "Client Profile: Reed Elsevier Group," Open Secrets, www.opensecrets.org/federal-lobbying/clients/summary?cycle =1998&id=D000067394.
12 Morgan, C., *Matters of Life and Data*. (New York: Morgan James, 2015).
13 Individual Reference Services Group, Industry Principles-Final, December 15, 1997.
14 Federal Trade Commission, Public Workshop on Consumer Information Privacy, Session One, transcript, June 10, 1997.

15 Federal Trade Commission, "Individual Reference Services-A Report to Congress," December 1997, www.ftc.gov/reports/individual-reference-services-report-congress.
16 Securities and Exchange Commission, *DBT Online Inc Form 10-K405: Annual Report*, March 30, 1998.
17 Database Technologies, Inc. v. High Tech Data Services, Inc., United States District Court for the Southern District of Florida (1998), Docket No. 98 6052 CV, deposition of George Bruder.
18 상동.
19 Jardin, X., "Your Identity, Open to All," *Wired*, May 6, 2005.
20 "DBT to Buy KnowX," *Sun-Sentinel*, August 20, 1999.
21 Kidwell, D., "DEA, FBI Suspend Online Data Contracts," *Miami Herald*, July 3, 1999.
22 Securities and Exchange Commission, DBT Online Inc Form 10-Q: Annual Report, September 30, 1999.
23 DBT v. High Tech.
24 ChoicePoint v. Seisint, Fifteenth Judicial Circuit of Florida, West Palm Beach (2001), Docket No. CA 01-09260 AO.

8장 - 기계가 내쫓은 유권자 그리고 537표의 승리

1 Borger, J., "How Florida Played the Race Card," *Guardian*, December 4, 2000.
2 Powers, O., "End of Poll Tax and White Primaries Lastingly Changed Blacks' Voting Status," *Orlando Sentinel*, July 25, 1995.
3 Paulson, D., "How Florida Kept Blacks from Voting" *Tampa Bay Times*, October 17, 2013.
4 Berman, A., "How the 2000 Election in Florida Led to a New Wave of Voter Disenfranchisement," *Nation*, July 28, 2015.
5 Palast, G., "Florida's Flawed 'Voter-Cleansing' Program," *Salon*, December 4, 2000.
6 Eversley, M., and Kane, G., "Black Leaders Sense Sinister Motive in Purge," *Palm Beach Post*, May 27, 2001.
7 Getter, L., "Florida Net Too Wide in Purge of Voter Rolls," *Los Angeles Times*, May 21, 2001.
8 Pierre, R., "Botched Name Purge Denied Some the Right to Vote," *Washington Post*, May 31, 2001.
9 Margolick, D., "The Path to Florida," *Vanity Fair*, October 2004.
10 *Voting Irregularities*.
11 "Outright Fraud Found in Miami Mayoral Elections," *Washington Post*, February 3, 1998.
12 Florida Statutes, Title 98, Chapter 975, www.flsenate.gov/laws/statutes/2000/98.0975.
13 *Voting Irregularities*.
14 "Botched Name Purge."
15 Chavez, N., "Florida Restores Voting Rights to More Than 1 Million Felons," CNN.com, November 7, 2018, https://www.cnn.com/2018/11/07/politics/florida-felons-voting-rights/index.html.
16 VIP, "Voting Integrity Awards Go to Virginia, DBT Online and Citizen Activist," press release, April 5, 2000.
17 Morse, D., "ChoicePoint to Buy Rival DBT Online for $444 Million," *Wall Street Journal*, February 15, 2000.
18 VIP, "Voting Integrity Project and DBT Online Launch Nationwide Voter Scrub' Project,"

press release, April 3, 2000.
19 Marks, P., and Carter, B., "The Network Predictions: Media Rethink an Urge to Say Who's First," *New York Times*, November 9, 2000.
20 "Master Data-Miner."
21 Palast, G., "Florida by the Numbers," GregPalast.com, February 12, 2007, www.gregpalast.com/florida-by-the-numbersal-gore-won-florida-in-2000-by-77000-votes/.
22 Purdum, T., "Bush Is Declared Winner in Florida, but Bush Vows to Contest Results," *New York Times*, November 27, 2000.

9장 – 2001년 9월 13일, 테러 이틀 후

1 ChoicePoint v. Seisint.
2 "America's Most Wanted (9/11)," Lerman Productions, 2001, vimeo.com/180426850.
3 *Celebration of Life*.
4 "6031 Le Lac Rd Boca Raton FL 33496," Zillow, 2022, www.zillow.com/homedetails/6031-Le-Lac-Rd-Boca-Raton-FL-33496/46627900_zpid/.
5 Ramos and O'Harrow, "No Place."
6 Seisint, "Seisint's FACTS for the MATRIX Project," presentation, September 29, 2003.
7 Ramos and O'Harrow, "No Place."
8 Seisint, Briefing Points for the Vice President of the United States, internal document, January 2003 (hereafter cited as Cheney Briefing).
9 Weinberg, N., "A Day in the Life of a Spammer," CNN, June 29, 1998, http://www.cnn.com/TECH/computing/9806/29/spammer.idg/index.html.
10 McWilliams, G., "Sun Picks Thinking Machines' Brains," *Business Week*, October 9, 1994, https://www.bloomberg.com/news/articles/1994-10-09/sun-picks-thinking-machines-brains.
11 Polstra, D., *Ab Initio*, drew.polstra.com/ab-initio.
12 Wood, M., "Top 10 Web Fads," CNET.com, July 2005, https://web.archive.org/web/20051206051030/http://www.cnet.com/4520-11136_1-6268155.html.
13 SAP, "What is SAP HANA?" www.sap.com/products/technology-platform/hana/what-is-sap-hana.html.
14 "Chip Market Slipped in 1996, Hurt by Drop in DRAM Prices," *Wall Street Journal*, Interactive Edition, January 7, 1997.
15 McCallum, J., "Memory Prices 1957+," jcmit.net/memoryprice.htm.
16 Waters, S., "First-Time Competitor Leads Lauderdale Billfish Tourney," *Sun-Sentinel*, November 15, 1997.
17 "Clarion Becomes Topspeed, Hopes to End Confusion," *Computer Business Review*, November 21, 1994, techmonitor.ai/technology/clarion_becomes_topspeed_hopes_to_end_the_confusion.
18 LexisNexis Risk Solutions, "Learning ECL," hpccsystems.com/training/documentation/learning-ecl/.
19 Bayliss Patent.
20 Michigan Briefing.
21 "LexID."
22 *No Place to Hide*, p. 105.
23 eData.com, 2001, web.archive.org/web/20010209080924/http://www.edata.com/ceo2.html.

24 Seisint, "Seisint: Achieving Breakthrough Business Performance by Overcoming the Data Gap and Mounting Complexity," white paper, 2000.
25 "Matrix: Unloaded."
26 Miller, A., "Edirect, Naviant Deal Boasts 60M Names," DMNews, November 5, 2001.
27 Ramos and O'Harrow, "No Place."
28 Seisint, "MATRIX First Responder Support," presentation, January 24, 2003.
29 *No Place to Hide*, p. 102.
30 "MATRIX First Responder."
31 Ziglar v. Abassi, Supreme Court of the United States (2017), Docket No. 15-1358.

10장 – 잿더미에서 찾은 기회 그러나 지울 수 없는 과거

1 Flanigan, J., "Giuliani's Consulting Firm Reflects Businesslike Trend," *Los Angeles Times*, January 22, 2002.
2 *The 9/11 Commission Report: Final Report of the National Commission on Terrorist Attacks upon the United States*, 2004, p. 416.
3 Bureau of Justice Assistance, *Fusion Center Guidelines: Developing and Sharing Information and Intelligence in a New Era*, 2008.
4 Office of Privacy and Civil Liberties, *Overview of the Privacy Act of 1974 (2020 Edition)*, https://www.justice.gov/opcl/overview-privacy-act-1974-2020-edition.
5 Hoofnagle, C., "Big Brother's Little Helpers: How ChoicePoint and Other Commercial Data Brokers Collect and Package Your Data for Law Enforcement," *North Carolina Journal of International Law and Commercial Regulation*, 2003.
6 Matthews, W., "In the System," FCW, January 20, 2002.
7 Choice Point, Independent Government Cost Estimate for On-Line International Public Data Access, internal document, 2001, epic.org/wp-content/uploads/privacy/choicepoint/cpins3.25.02a.pdf.
8 *Life and Data*.
9 상동.
10 Government Accountability Office, *Computer-Assisted Passenger Prescreening System Faces Significant Implementation Challenges*, 2004, www.gao.gov/assets/gao-04-385.pdf.
11 *No Place to Hide*, p. 102.
12 Baltz, H., "September 11: Before Terrorist Attacks, Palm Beach County Was Home to Hijackers," *Palm Beach Post*, September 8, 2021.
13 Lima, D., "Data Gold Mine: How Boca Raton Became the Epicenter of Business Intelligence in the US," *South Florida Business Journal*, November 2, 2017.
14 Multistate Anti-Terrorism Information Exchange, meeting minutes, October 7, 2002, www.aclu.org/files/FilesPDFs/pennsylvania%20matrix%20foia%20response.pdf (hereafter cited as Minneapolis Meeting).
15 Institute for Intergovernmental Research, *Regional Information Sharing Systems: The RISS Program*, March 1999, www.ojp.gov/pdffiles1/Digitization/181087NCJRS.pdf.
16 "Seisint's FACTS."
17 "MATRIX First Responder."
18 Ginsberg, T., Fish, L., and Gibbons, T., "Philadelphia Rape Suspect Arrested," *Philadelphia Inquirer*, April 24, 2002.

19 *No Place to Hide*, p. 143.
20 Minneapolis Meeting.
21 "Creation of the Department of Homeland Security?"
22 U.S. Office of Homeland Security, *National Strategy for Homeland Security*, July 2002.
23 Department of Homeland Security, *MATRIX Report: DHS Privacy Office Report to the Public Concerning the Multistate Anti-Terrorism Information Exchange (MATRIX) Pilot Project*, December 2006, www.dhs.gov/xlibrary/assets/privacy/privacy-matrix-122006.pdf.
24 Multistate Anti-Terrorism Information Exchange, meeting minutes, April 22, 2003, www.aclu.org/sites/default/files/field_document/matrix%20meeting%20minutes%204-22-03.pdf (hereafter cited as Atlanta Meeting).
25 U.S. Department of Homeland Security, Office of Inspector General, *DHS' Efforts to Coordinate and Enhance Its Support and Information Sharing with Fusion Centers*, 2011, www.oig.dhs.gov/sites/default/files/assets/Mgmt/OIG 12-10_Nov11.pdf.
26 달리 명시되지 않는 한, 사이신트가 NSA와 CIA를 위해 한 일에 대한 이 설명은 전직 사이신트 임원 두 명의 회고와 알 잭슨, 레이 체리의 불특정 연방 '정보기관'을 위한 업무에 대한 설명을 기반으로 한다. 이는 버지니아주 루든카운티순회법원의 Jackson v. Government Micro Resources (2002), Docket No. CL07057849, Government Micro Resources v. Seisint (2003), Docket No. CL00029361에 의해 보완되었으며, 버지니아 대법원에 의한 관련 판결(2006), 기록 번호 050943에 요약되어 있다.
27 Risen, J., *Pay Any Price* (Boston: Houghton Mifflin Harcourt, 2011).
28 Gellman, B., "U.S. Surveillance Architecture Includes Collection of Revealing Internet, Phone Metadata," *Washington Post*, June 15, 2013.
29 *Pay Any Price*.
30 Federal Bureau of Investigation, *Year of the Spy*, 1985, www.fbi.gov/history/famous-cases/year-of-the-spy-1985.
31 The Oracle of Bacon., 1996, www.oracleofbacon.org/.
32 Bayliss, D. A., Bible Exposition, dabhand.org/index.html.
33 National Commission on Terrorist Attacks Upon the United States, testimony of John O. Brennan, April 14, 2004, irp.fas.org/congress/2004_hr/041404brennan.html.
34 Brennan, J., *Undaunted* (New York: Celadon Books, 2020).
35 Angwin, J., "U.S. Terrorism Agency to Tap a Vast Database of Citizens," *Wall Street Journal*, December 13, 2012.
36 *Undaunted*.
37 예를 들어 NSA의 트레일블레이저 프로젝트 배후의 정보 계약 업체와 동일한 SAIC의 2017년 정보 관련 채용 공고를 참조하라. clearedjobs.net/job/intelligence-data-analyst-job-mclean-virginia-439720/keywords/intel+++intelligence.
38 현재는 HPCC시스템으로 알려져 있다. Nexis Risk Solutions, "Our Technology," risk.lexisnexis.com/our-technology를 참조하라.
39 GB Forest v. Asher, United States District Court for the Southern District of New York (2004), Docket No. 04 CIV 4411.
40 Calabresi, M., and Weisskopf, M., "Rudy Is All Business," *Time*, December 13, 2007.
41 Suebsaeng, A., and Rawnsley, A., "Trump Sails Away as Rudy Giuliani Drowns in Legal Bills," *Daily Beast*, August 9, 2021.
42 *No Place to Hide*.
43 Morgan, L., "FDLE Hires Former Drug Smuggler," *St. Petersburg Times*, August 2, 2003.

44 State of Florida, Office of the Governor, Letter from Jeb Bush to Louisiana governor Mike Foster Jr., March 19, 2003, www.aclu.org/sites/default/files/field_document/gov.%20jeb%20bush%20call%20on%20matrix.pdf.
45 Lowe, P., "The Career of Sheriff Mike Carona," *Orange County Register*, October 30, 2007.
46 Grand Jury Testimony.
47 Esposito, R., "Exclusive: Another Friend of Giuliani's Embroiled in Sheriff's Criminal Case," *ABC News*, December 4, 2007.
48 Grand Jury Testimony.
49 TLO v. Pruco.
50 O'Harrow, R., "Anti-Terror Database Got Show at White House," *Washington Post*, May 21, 2004.
51 Harris, S., *The Watchers* (New York: Penguin Press, 2010).
52 "FDLE Hires."
53 Morgan, L., "Troubled Business May Lose Contract with State," *St. Petersburg Times*, August 13, 2003.
54 Jeb Bush emails, 2015, jebbushemails.com/home.
55 ACLU, *The MATRIX: Total Information Awareness Reloaded*, ACLU Issue Brief, 2003, www.aclu.org/sites/default/files/FilesPDFs/matrix%20report.pdf.
56 ACLU, "State-by-State Breakdown on Participation in MATRIX." www.aclu.org/other/state-state-breakdown-participation-matrix.
57 "Master Data-Miner."
58 Lilliefors, J., "Tracking Hank Asher," *Gulfshore Life*, August 2010.
59 Sterghos Brochu, N., "From Drugs to Databases," *Sun-Sentinel*, January 11, 2004.
60 "Master Data-Miner."
61 "FDLE Hires."

11장 – 창조주를 떠나 성장하는 기계

1 *No Place to Hide*, p. 133.
2 LexisNexis Risk Solutions, LN RM Overview: Presentation to Seisint Management, internal report, September 13, 2004 (hereafter cited as LN Overview).
3 "Honours and Awards," *Gazette*, August 23, 2005, www.thegazette.co.uk/notice/L-57737-1003.
4 Purpose to Performance from Aimava, "Tony Askew REV Venturing in Challenging Times," Tony Askew (of REV) interviewed by Andrew Gaule, 2020, www.youtube.com/watch?v=to4f3br5XII.
5 LexisNexis, *The LexisNexis Timeline*, 2003, lexisnexis.com/anniversary/30th_timeline_fulltxt.pdf.
6 Dow Jones, "Nexis Agrees to Purchase of RiskWise International," *New York Times*, June 3, 2000.
7 InformationToday, "LexisNexis Introduces SmartLinx Feature," July/August 2001.
8 LN Overview.
9 LexisNexis, LexisNexis Risk Management: Seisint, Inc. Flagging Paper, internal report, June 21, 2004.
10 상동.

11   상동.
12   NielsenIQ, "Jim Peck, Chief Executive Officer," nielseniq.com/global/en/about-us/jim-peck/.
13   "Master Data-Miner."
14   Reed Elsevier Group, "Acquisition of Seisint," July 14, 2004, https://www.relx.com/media/press-releases/archive/14-07-2004.
15   LPR Media, "Our Founder," www.lprmedia.com/about.
16   Katz, I., "Boca's Seisint Sold in $775 Million Deal," *Sun-Sentinel*, July 16, 2004.
17   Asher Probate.
18   O'Harrow, R., "LexisNexis To Buy Seisint For $775 Million," *Washington Post*, July 15, 2004.

12장 – 데이터가 대규모로 유출되기 시작하다

1   Simitian, J., *Fact Sheet-AB 700 (Simitian)*, www.senatorsimitian.com/images/uploads/AB_700_Fact_Sheet.doc.
2   Simitian, J., "How a Bill Becomes a Law, Really," *Berkeley Technology Law Journal*, March 6, 2009.
3   "Hacker Gains Access to Calif Employee Data," *UPI*, May 24, 2002.
4   O'Harrow, R., "ChoicePoint Data Cache Became a Powder Keg," *Washington Post*, March 5, 2005.
5   Perez, E., and Brooks, R., "For Big Vendor of Personal Data, a Theft Lays Bare the Downside," *Wall Street Journal*, May 3, 2005.
6   The Domain of James Garrett: Actor, Voice Artist, Swashbuckler, www.jgarrettvoice.com/index.php.
7   Rivlin, G., "Keeping Your Enemies Close," *New York Times*, November 12, 2006.
8   Financial Crimes Enforcement Network, Interagency Interpretive Guidance on Customer Identification Program Requirements under Section 326 of the USA PATRIOT Act, April 25, 2005.
9   Securities and Exchange Commission, ChoicePoint Inc. Form 10-K: Annual Report for the Fiscal Year Ended December 31, 2004, published March 15, 2005.
10 Menn, J., "Did ChoicePoint End Run Backfire?" *Los Angeles Times*, March 13, 2005.
11 Weiss, T., "Update: SEC Probing Stock Trades by ChoicePoint Execs," *Computerworld*, March 4, 2005.
12 "Enemies Close."
13 "ChoicePoint Data Cache."
14 Timmons, H., "Security Breach at LexisNexis Now Appears Larger," *New York Times*, April 13, 2005.
15 Federal Trade Commission, In the Matter of Reed Elsevier, Inc., LexisNexis Group, Inc., and Seisint, Inc. Complaint, 2008, www.ftc.gov/sites/default/files/documents/cases/2008/08/080801 reedcomplaint.pdf.
16 Federal Trade Commission, "ChoicePoint Settles Data Security Breach Charges, to Pay $10 Million in Civil Penalties, $5 Million for Consumer Redress, January 11, 2006, www.ftc.gov/news-events/news/press-releases/2006/01/choicepoint-settles-data-security-breach-charges-pay-10-million-civil-penalties-5-million-consumer.
17 "Enemies Close."
18 Federal Trade Commission, "FTC Imposes $5 Billion Penalty, Sweeping New Privacy

Restrictions on Facebook" July 24, 2019, www.ftc.gov/news-events/news/press-releases/2019/07/ftc-imposes-5-billion-penalty-sweeping-new-privacy-restrictions-facebook.
19 Securing Electronic Personal Data: Hearings before the Senate Committee on the Judiciary, 109th Congress, April 12, 2005, www.govinfo.gov/content/pkg/CHRG-109shrg22293/pdf/CHRG-109shrg22293.pdf.
20 McDaniel, P., "Data Breach Laws on the Books in Every State; Federal Data Breach Law Hangs in the Balance," *Consumer Privacy World*, Squire Patton Boggs, April 30, 2018, www.consumerprivacyworld.com/2018/04/data-breach-laws-on-the-books-in-every-state-federal-data-breach-law-hangs-in-the-balance.
21 www.databreaches.net에서 익명의 활동가 'Dissent Doe(일명 @pogowasright)'가 수집한 침해 사례 목록을 참조하라.
22 Podkul, C., "How Unemployment Insurance Fraud Exploded During the Pandemic," ProPublica, July 26, 2021.
23 Krebs, B., "Data Broker Giants Hacked by ID Theft Service," *Krebs on Security*, September 25, 2013.
24 Sanford, K., *Before the United States Commit-tee on the Judiciary Hearing on Securing Electronic Personal Data: Striking a Balance Between Privacy and Commercial and Governmental Use*, April 13, 2005, www.lexisnexis.com/presscenter/Sanford TestimonyJudiciary.pdf.
25 Pounds, S., "Identity Complex," *Palm Beach Post*, April 10, 2005.

13장 – 소셜미디어라는 데이터 유전

1 Milgram, S., "The Small-World Problem," *Psychology Today* 1, no. 1, May 1967.
2 Travers, J., and Milgram, S., "An Experimental Study of the Small World Problem," *Sociometry*, December 4, 1969.
3 Madrigal, A., "Before It Conquered the World, Facebook Conquered Harvard," *Atlantic*, February 4, 2019.
4 Shontell, A., "The First 20 People to Sign Up for Facebook and How They knew Zuckerberg," *Business Insider*, May 31, 2011.
5 상동.
6 Huff, J., "Facebook Origins-an OSINT Deep Dive on Account Creation," *Learn All The Things*, March 1, 2017, www.learnallthethings.net/blog/2017/3/1/facebook-origins.
7 Mesa, E., "Letter to the Editor: More Comments on Social Network Analysis," *SIDtoday*, December 22, 2005, theintercept.com/snowden-sidtoday/4389915-letter-to-the-editor-more-comments-on-social/.
8 Newton, C., "Facebook Just Changed Its Mission, because the Old One Was Broken," *Verge*, February 16, 2017.
9 Delo, C., "Facebook to Partner with Acxiom, Epsilon to Match Store Purchases with User Profiles," *AdAge*, February 22, 2013.
10 Facebook, Mark Zuckerberg f8 2007, https://archive.org/details/2007-mark-zuckerberg-f-8-keynote.
11 Dwoskin, E., and Romm, T., "Facebook's Rules for Accessing User Data Lured More Than Just Cambridge Analytica," *Washington Post*, March 19, 2018.
12 Smith, A., "What People Like and Dislike about Facebook," Pew Research Center, February 3, 2014, pewresearch.org/fact-tank/2014/02/03/what-people-like-dislike-about-facebook/.

13 Speed, B., "A Cursed Project: A Short History of the Facebook 'Like' Button," *New Statesman*, October 9, 2015.
14 Farber, D., "Facebook's Zuckerberg Uncorks the Social Graph," Between the Lines, May 24, 2007, www.zdnet.com/article/facebooks-zuckerberg-uncorks-the-social-graph/.
15 Villanustre, F., and Galvin, M., *The Value and Challenges of Large Scale Entity Analysis for National Security*, September 19, 2012, cdn.hpccsystems.com/presentations/BigDataGovt2012.pdf.
16 Cheney Briefing.
17 Villanustre, F., "5 Questions with Jo Prichard," HPCC Systems, hpccsystems.com/resources/5-questions-with-jo-prichard/.
18 "MATRIX First Responder."
19 Bhardwaj, P., and Rogers, T., "The Life and Rise of Billionaire Investor Peter Thiel, the PayPal Cofounder Who Called Google 'Seemingly Treasonous,' Wants to Get Injections of Young People's Blood, and Is Trump's Biggest Silicon Valley Supporter," *Business Insider*, August 9, 2019.
20 Mac, R., and Isaac, M., "Peter Thiel to Exit Meta's Board to Support Trump-Aligned Candidates," *New York Times*, February 7, 2022.
21 Hamerton-Kelly, R., "Politics and Apocalypse: Leo Strauss, Carl Schmitt and Eric Voegelin in Mimetic Perspective," *Bulletin of the Colloquium on Violence and Religion*, November 2004.
22 "René Girard and Mimetic Theory," Imitatio, Thiel Foundation, https://www.imitatio.org/brief-intro.
23 Hardy, Q., "René Girard, French Theorist of the Social Sciences, Dies at 91," *New York Times*, November 10, 2015.
24 Hamerton-Kelly, R., ed., *Politics and Apocalypse* (East Lansing: Michigan State University Press, 2007).
25 틸의 주장은 사실과 완전히 일치하지 않는다. 9·11 위원회 보고서(9/11 Commission Report)의 요약본에는 "네 명은 조종사 훈련을 받았지만 대부분 교육을 제대로 받지 못했다. 대부분은 영어 구사력이 형편없었고, 일부는 영어를 전혀 하지 못했다"라고 적혀 있다. govinfo.library.unt.edu/911/report/911Report_Exec.htm.
26 Robinson, P., "Peter Thiel on "The Straussian Moment," *Uncommon Knowledge*, Hoover Institution, www.hoover.org/research/peter-thiel-straussian-moment-0.
27 Lev-Ram, M., "Palantir Connects the Dots," *Fortune*, March 1, 2016
28 상동.
29 REV Venture Partners, "Our Portfolio," rev.vc.
30 "Palantir Technologies' Latest Funding."
31 예를 들어 Bayliss Patent 7,912,842: patents.google.com/patent/US7912842B1의 '인용'을 참조하라.
32 Palantir, "Data & Device Partners," https://web.archive.org/web/20210127074631/https://www.palantir.com/partnerships/data-providers/.
33 PVM, "Accurint Helper App," 2014, www.pvmit.com/accurint-helper-app.
34 Livingston, J., *Founders at Work* (Berkeley: Apress, 2007), p. 10.
35 Vance, A., *Elon Musk: Tesla, SpaceX, and the Quest for a Fantastic Future* (New York: HarperCollins, 2015).
36 Black, J., "Max Levchin: Online Fraud-Buster," *Bloomberg*, September 30, 2002.
37 Waldman, P., Chapman, L., and Robertson, J., "Palantir Knows Everything About You,"

Bloomberg Businessweek, April 19, 2018.
38 Alden, W., "Inside Palantir, Silicon Valley's Most Secretive Company," *BuzzFeed News*, May 6, 2016.
39 "What is the meaning of 'Save the Shire' on Palantir shirts?" Quora, 2012, www.quora.com/What-is-the-meaning-of-Save-the-Shire-on-Palantir-shirts.
40 Sankar, S., "How did Shyam Sankar join Palantir?" Quora, 2015, www.quora.com/How-did-Shyam-Sankar-join-Palantir.
41 Miller, B., "Facebook Will Not Maintain Downtown Presence," *GlobeSt*, May 8, 2009.
42 Mitchell, E., "How Silicon Valley's Palantir Wired Washington," *Politico*, August 14, 2016.
43 Chapman, L., "Palantir Goes Public After 17-Year Wait," *Los Angeles Times*, September 30, 2020.
44 Harris, S., "Joining the Dots," *Wired UK*, September 2012.
45 RELX, *RELX 2020 Results*, transcript, February 11, 2021, p. 21, www.relx.com/~/media/Files/R/RELX-Group/documents/investors/transcripts/results-2020-transcript.pdf.
46 Cohen, S., "The Path to Palantir," Stanford eCorner, February 20, 2013, ecorner.stanford.edu/videos/the-path-to-palantir-entire-talk/.
47 Vance, A., and Stone, B., "Palantir, the War on Terror's Secret Weapon," *Bloomberg Businessweek*, November 22, 2011.
48 Joining the Dots."
49 Judson, J., "Palantir-who successfully sued the Army-has won a major Army contract," *DefenseNews*, March 29, 2019, www.defensenews.com/land/2019/03/29/palantir-who-successfully-sued-the-army-just-won-a-major-army-contract/.
50 Woodman, S., "Palantir Enables Immigration Agents to Access Information From the CIA," *Intercept*, March 17, 2017.
51 Steinberger, M., "Does Palantir See Too Much?" *New York Times Magazine*, October 21, 2020.
52 "Person of the Year: You," December 2006, *Time*.
53 Apple, "Apple Reinvents the Phone with iPhone," January 9, 2007, www.apple.com/newsroom/2007/01/09Apple-Reinvents-the-Phone-with-iPhone/.
54 Helft, M., and Markoff, J., "Google Introduces Software for Mobile Phones," *New York Times*, November 5, 2007.
55 Bunz, M., "Facebook Gets New Privacy Settings and 350 Million Users," *Guardian*, December 2, 2009.
56 Steel, E., "A Web Pioneer Profiles Users by Name," *Wall Street Journal*, October 25, 2010.
57 Thiel, P., "The Education of a Libertarian," *Cato Unbound*, April 13, 2009.

14장 – 제왕의 재기를 막는 마음의 병

1 Reed Elsevier v. Asher, Fifteenth Judicial Circuit of Florida, West Palm Beach (2009), Docket No. 50-2009-011410 (hereafter cited as Reed v. Asher).
2 Frogameni, B., "Database Pioneer Asher Has Big Plans," *South Florida Business Journal*, December 26, 2008.
3 "Master Data-Miner."
4 Frogameni, B., "Planning to Track Down Predators," *South Florida Business Journal*, February 9, 2009.

5   Reed v. Asher.
6   IDI, Inc. v. TransUnion Risk and Alternative Data Solutions, Inc., United States District Court for the Southern District of Florida (2016, p. 105), Docket No. 9:16-cv-81691-RLR.
7   "TLOxp Online Investigative System-John Walsh, America's Most Wanted," www.youtube.com/watch?v=A_xboSGf-04.
8   TLO, "Hank Asher: Founder, Programmer," www.tlo.com/Hank_Asher_Bio.html.
9   LexisNexis, "Accurint for Insurance Flat Rate Pricing Schedule," November 17, 2005, www.accurint.com/images/pricer2_insurance.pdf.
10 "Reed Elsevier to Acquire ChoicePoint for $3.6 Billion," *International Herald Tribune*, www.nytimes.com/2008/02/21/technology/21iht-reed.4.10279549.html.
11 Federal Trade Commission, Decision and Order in the Matter of Reed Elsevier Inc., et al., ChoicePoint Inc., File No. 081-0094. (2008), www.ftc.gov/sites/default/files/documents/cases/2008/09/080916reedelseviercpdo.pdf.
12 Thomson Reuters, "CLEAR Overview," legal.thomsonreuters.com/en/products/clear-investigation-software.
13 LexisNexis Special Services, "What We Do," www.lexisnexisspecialservices.com/what-we-do/.
14 Reed v. Asher.
15 상동.
16 상동.
17 팩은 렉시스넥시스의 임원으로서 사이신트 인수를 감독했으며, 사이신트 거래가 마무리된 후에도 애서와 그의 역할을 협상하려 노력했던 사람이다.
18 TLO, Inc., United States Bankruptcy Court, Southern District of Florida (2013 Doc. 1, p. 4), Docket No. 13-20853-PGH (hereafter cited as TLO Bankruptcy).
19 Neustar, "Neustar Awarded North American Numbering Contract for a Third Term," June 18, 2012, www.home.neustar/about-us/news-room/press-releases/2012/neustar_awarded_north_american_num-bering_contract_for_a_third_term.
20 Brandom, R., "Exclusive: ICE Is About to Start Tracking License Plates across the US," *Verge*, January 26, 2018, www.theverge.com/2018/1/26/16932350/ice-immigration-customs-license-plate-recognition-contract-vigilant-solutions. (Vigilant is now part of Motorola Solutions: motorolasolutions.com/lpr.)
21 Kleinberg, S., "An Extra Helping of Social Networking," *Chicago Tribune*, June 21, 2009.
22 Federal Trade Commission, "Spokeo, Inc.," June 12, 2012, www.ftc.gov/legal-library/browse/cases-proceedings/1023163-spokeo-inc.
23 *Celebration of Life*.
24 Katz, N., "Haiti Earthquake News: Main Prison Destroyed, 4,000 Prisoners Escape," *CBS News*, January 15, 2010.
25 "Contributor: Hank Asher," *Huffington Post*, 2010, www.huffpost.com/author/hank-asher.
26 Asher, H., "Saving Lives in Haiti: Generosity vs. Ridiculosity," *Huffington Post*, March 24, 2010, https://www.huffpost.com/entry/saving-lives-in-haiti-gen_b_433950.
27 Project Medishare, "Project Medishare's Dr. Green receives FANO's Lawton's Heart Humanitarian Award, August 19, 2010, projectmedishare.wordpress.com/2010/08/19/project-medishares-dr-green-receives-fanos-lawtons-heart-humanitarian-award/.
28 *Celebration of Life*.
29 Asher, H., "In Haiti, Project Medishare and IsraAID Doing Best Work On the Ground," *Huffington Post*, March 21, 2010, https://www.huffpost.com/entry/in-haiti-project-

medishar_b_429040.
30 Asher Probate, deposition of Caroline Asher Yoost, August 21, 2013.
31 TLO Bankruptcy, Doc. 460, p. 1086.
32 상동.
33 TLO, LLC v. Technology Investors, Inc., United States Bankruptcy Court, Southern District of Florida (2014, Doc. 1-2), Docket No. 14-01149-PGH.
34 The Judith W. Redden Trust v. The Lincoln National Life Insurance Company, United States District Court for the Southern District of Florida, Docket No. 9:13-cv-81017-KLR.
35 TLO v. Pruco.
36 Woolner, A., "Hank Asher's Startup TLO Knows All About You," *Bloomberg Business week*, September 15, 2011.
37 상동.
38 TLO v. Pruco.
39 Asher Probate, deposition of Judith Redden Asher, August 21, 2013.
40 상동.
41 Redden Trust v. Lincoln.
42 Asher Probate, Notarized Safe Deposit Box Inventory Certificate of Contents, April 1, 2013.
43 Asher Probate, Calculation of Personal Representative Fee, 2016.

15장 – 데이터가 범죄자로 낙인찍은 사람들

1 이 장에서 다루는 저메인 브루스 폭행 사건과 그 조사에 대한 설명은 달리 명시되지 않는 한 존과 로빈 뉴섬의 인터뷰와 뉴저지 지방법원 뉴섬 대 뉴어크시 소송(2013) 사건 번호 2-13-cv-06234의 증언 및 문서를 기반으로 한다.
2 LexisNexis Risk Solutions, Accurint for Government Sample Comprehensive Report, 2015, secure.accurint.com/bps/507/html/v3/gov_sample_reports.html.
3 Papachristos, A. V., "The Coming of a Networked Criminology?" *Measuring Crime and Criminality*, ed. John MacDonald (New York: Routledge, 2011).
4 Braga, A., Papachristos, A. V., and Hureau, D., "The Concentration and Stability of Gun Violence at Micro Places in Boston, 1980-2008," *Journal of Quantitative Criminology*, March 2010.
5 Papachristos, A. V., "Social Networks Can Help Predict Gun Violence," *Washington Post*, December 3, 2013.
6 Ferguson, A. G., "Policing Predictive Policing," *Washington University Law Review*, April 15, 2016.
7 Lum, K., and Isaac, W., "To Predict and Serve?" *Significance*, October 7, 2016.
8 Joseph, G., "Chicago's 'Predictive Policing' List Isn't Preventing Violence," *Bloomberg*, August 25, 2016.
9 Dumke, M., and Main, F., "A Look Inside the Watch List Chicago Police Fought to Keep Secret," *Chicago Sun-Times*, May 18, 2017.
10 Tucker, P., "Refugee or Terrorist? IBM Thinks Its Software Has the Answer," *Defense One*, January 27, 2016.
11 Brayne, S., *Predict and Surveil* (New York: Oxford University Press, 2020).
12 Office of the Inspector General, Los Angeles Police Department, *Review of Selected Los Angeles Police Department Data-Driven Policing Strategies*, 2020, www.lapdpolicecom.lacity.

org/031219/BPC_19-0072.pdf (hereafter cited as OIG Report).
13 Young, A., "Mistaken Identity in Newark Assault Case Turns Life Upside Down," *South Jersey Times*, December 13, 2012.
14 "City of Chicago, Strategic Subject List Historical," Chicago Data Portal, 2020, data.cityofchicago.org/Public-Safety/Strategic-Subject-List-Historical/4aki-r3np.
15 Ahmed, M., "Aided by Palantir, the LAPD Uses Predictive Policing to Monitor Specific People and Neighborhoods," Intercept, May 11, 2018, https://theintercept.com/2018/05/11/predictive-policing-surveillance-los-angeles/.
16 Bureau of Justice Assistance, "Smart Policing Initiative," bja.ojp.gov/program/smart-policing-initiative-spi/overview.
17 State of Florida, Justification for Sole Source Contract Authorization with Seisint, Inc., May 2003, www.aclu.org/sites/default/files/field_document/matrix%20minutes%201-16-04.pdf.
18 Department of Homeland Security, "National Network of Fusion Centers Fact Sheet," www.dhs.gov/national-network-fusion-centers-fact-sheet.
19 Department of Justice, "Fusion Center Guidelines, 2008, bja.ojp.gov/sites/g/files/xyckuh186/files/media/document/fusion_center_guidelines.pdf.
20 Ad Hoc Subcommittee on State, Local, and Private Sector Preparedness and Integration (U.S. Senate Homeland Security and Governmental Affairs Committee), *Focus on Fusion Centers: A Progress Report*, April 17, 2008, irp.fas.org/congress/2008_hr/fusion.pdf; Permanent Subcommittee on Investigations (U.S. Senate Homeland Security and Governmental Affairs Committee), *Staff Report: Federal Support for and Involvement in State and Local Fusion Centers*, October 3, 2012, www.hsgac.senate.gov/imo/media/doc/10-3-2012%20PSI%20STAFF%20REPORT%20re%20FUSION%20CENTERS.2.pdf.
21 Hollywood, J., et al. *Real-Time Crime Centers in Chicago: Evaluation of the Chicago Police Department's Strategic Decision Support Centers*, RAND Corporation, 2019, www.rand.org/pubs/research_reports/RR3242.html.
22 OIG Report.
23 Alden, W., "There's a Fight Brewing Between the NYPD And Silicon Valley's Palantir, *BuzzFeed News*, June 28, 2017.
24 "LexisNexis Risk Solutions' Accurint Virtual Crime Center Provides Identity Data Visual Dashboard," *Police*, October 17, 2016, www.policemag.com/358377/lexisnexis-risk-solutions-accurint-virtual-crime-center-provides-identity-data-v.
25 Lamdan, S., *Data Cartels* (Stanford, CA: Stanford University Press, 2023).
26 "Public Safety Data Exchange (PSDEX)," LexisNexis Special Services, lexisnexisspecialservices.com/what-we-do/big-data-solutions/public-safety-data-exchange.
27 LexisNexis Risk Solutions, *Accurint Virtual Crime Center: Finding the WHO*, video, 2017.

16장 – 경찰들은 왜 컴퓨터에 의존하게 되었나

1 Rentz, C., "Gaps Found in CitiWatch Surveillance Footage of Freddie Gray's Arrest, Transport," *Baltimore Sun*, May 14, 2016.
2 Rector, K., "The 45-Minute Mystery of Freddie Gray's Death," *Baltimore Sun*, April 25, 2015.
3 "Michael Brown's Shooting and Its Immediate Aftermath in Ferguson," *New York Times*, August 25, 2014, www.nytimes.com/interactive/2014/08/12/us/13police-shooting-of-black-

teenager-michael-brown.html.
4   Baker, A., Goodman, J., and Mueller, B., "Beyond the Chokehold: The Path to Eric Garner's Death," *New York Times*, June 13, 2015.
5   Wessler, N., and Dwork, N., "FBI Releases Secret Spy Plane Footage from Freddie Gray Protests, ACLU, August 4, 2016, www.aclu.org/news/privacy-technology/fbi-releases-secret-spy-plane-footage-freddie-gray.
6   "Check IMEI Number to Get to Know Your Phone Better," IMEI.info, www.imei.info.
7   Hoffman-Andrews, J., "Verizon Injecting Perma-Cookies to Track Mobile Customers, Bypassing Privacy Controls," EFF Deeplinks, November 3, 2014, www.eff.org/deeplinks/2014/11/verizon-x-uidh.
8   "Cell-Site Simulators/IMSI Catchers," Street Level Surveillance, Electronic Frontier Foundation, 2017, www.eff.org/pages/cell-site-simulatorsimsi-catchers.
9   Mirani, L., "A Tiny Technical Change in iOS 8 Could Stop Marketers Spying on You," *Quartz*, June 9, 2014, qz.com/218437/a-tiny-technical-change-in-ios-8-could-stop-marketers-spying-on-you.
10 Millian, M., "Digital Photos Can Reveal Your Location, Raise Privacy Fears," CNN, October 15, 2010, www.cnn.com/2010/TECH/web/10/15/photo.gps.privacy/index.html.
11 Batterton, B., "Eleventh Circuit: Third-Party Doctrine Allows Police to Obtain IP Information Without a Warrant," Legal and Liability Risk Management Institute, December 28, 2021, www.llrmi.com/articles/legal_updates/2021_us_v_trader/.
12 Sekula, A., "The Body and the Archive," *October* 39, 1986.
13 Root, M. A., *The Camera and the Pencil* (1864; repr., Pawlett, VT: Helios, 1971).
14 Raviv, S., "The Secret History of Facial Recognition," *Wired*, January 21, 2020.
15 "Body and the Archive?"
16 "Rapid Rise of Fast Photo Processing," *New York Times*, February 6, 1988.
17 Vartanian, H., "How Many Photos Do Americans Take a Year?" *Hyperallergic*, March 21, 2012.
18 Mirzoeff, N., "In 2014 We Took 1tn Photos: Welcome to Our New Visual Culture," Guardian, July 10, 2015, www.theguardian.com/books/2015/jul/10/2014-one-trillion-photos-welcome-new-visual-culture.
19 Good, J., "How Many Photos Have Ever Been Taken?" 1000memories, September 15, 2011, blog.1000memories.com/94-number-of-photos-ever-taken-digital-and-analog-in-shoebox.
20 Dixon, S., "Share of Adults in the United States Who Have Ever Taken a Selfie as of August 2018, by Age Group," Statista, August 2018, www.statista.com/statistics/304861/us-adults-shared-selfie-generation/.
21 Pantic, N., "How Many Photos Will Be Taken in 2021?" Mylio, January 1, 2021, blog.mylio.com/how-many-photos-will-be-taken-in-2021-stats/.
22 Robertson, M., "How Many Hours of Video Are Uploaded to YouTube Every Minute?" Tubular Labs, November 13, 2015, tubularlabs.com/blog/hours-minute-uploaded-youtube/.
23 Fang, L., "The CIA is Investing in Firms That Mine Your Tweets and Instagram Photos," *Intercept*, April 14, 2016, theintercept.com/2016/04/14/in-undisclosed-cia-investments-social-media-mining-looms-large/.
24 Geofeedia, *Case Study: Baltimore County Police Department and Geofeedia Partner to Protect the Public During Freddie Gray Riots*, 2016, www.aclunc.org/docs/20161011_geofeedia_baltimore_case_study.pdf (hereafter cited as Geofeedia Case Study).

25. Cagle, M., "Facebook, Instagram, and Twitter Provided Data Access for a Surveillance Product Marketed to Target Activists of Color," ACLU of Northern California, October 11, 2016, www.aclunc.org/blog/facebook-instagram-and-twitter-provided-data-access-surveillance-product-marketed-target.
26. Geofeedia, *Usage Overview*, www.aclunc.org/docs/20160921-pra_geofeedia_overt_threats.pdf.
27. Kolodny, L., "Facebook, Twitter Cut Off Data Access for Geofeedia, A Social Media Surveillance Startup," *TechCrunch*, October 11, 2016, techcrunch.com/2016/10/11/facebook-twitter-cut-off-data-access-for-geofeedia-a-social-media-surveillance-startup.
28. Lecher, C., "Facebook Caught an Office Intruder Using the Controversial Surveillance Tool It Just Blocked," *Verge*, October 19, 2016, www.theverge.com/2016/10/19/13317890/facebook-geofeedia-social-media-tracking-tool-mark-zuckerberg-office-intruder.
29. Brandom, R., "The FBI Just Got Its Hands on Data That Twitter Wouldn't Give the CIA," *Verge*, November 14, 2016, www.theverge.com/2016/11/14/13629248/fbi-dataminr-twitter-surveillance-contract-scanning-police.
30. Dwyer, M. P., "LAPD Documents Reveal Use of Social Media Monitoring Tools," Brennan Center for Justice, September 8, 2021, www.brennancenter.org/our-work/analysis-opinion/lapd-documents-reveal-use-social-media-monitoring-tools.
31. Gallagher, S., "Staking Out Twitter and Facebook, New Service Lets Police Poke Perps," *Ars Technica*, November 13, 2013, arstechnica.com/information-technology/2013/11/staking-out-twitter-and-facebook-new-service-lets-police-poke-perps/.
32. LexisNexis Derecho UPR, "LexisNexis and LNSSI assist in the Boston Bombing Investigation," April 23, 2013, www.facebook.com/LexisNexis.UPR/posts/lexisnexis-and-lnssi-assist-in-the-boston-bombing-investigationlast-week-as-the-/512644945440113/.
33. Geofeedia Case Study.
34. Gavie, C., Bedoya, A., and Frankle, J., *The Perpetual Line-Up*, Georgetown Law Center on Privacy and Technology, www.perpetuallineup.org.
35. 상동.
36. H.R. 418: REAL ID Act of 2005, 109th Congress, 2005, www.congress.gov/bill/109th-congress/house-bill/418.
37. *9/11 Commission Report*, p. 390.
38. Government Accountability Office, Facial Recognition Technology: Commercial Uses, Privacy Issues, and Applicable Federal Law, 2015, www.gao.gov/assets/680/672127.pdf.
39. "Databases," Facial Recognition Homepage, face-rec.org/databases.
40. Van Grove, J., "Facebook Buys Facial Recognition Startup Face.com," Reuters, June 18, 2012.
41. Taigman, Y., Yang, M., Ranzato, M., and Wolf, L., "DeepFace: Closing the Gap to Human-Level Performance in Face Verification," *2014 IEEE Conference on Computer Vision and Pattern Recognition*, 2014.
42. *Perpetual Line-Up*.
43. Garvie, C., and Frankle, J., "Facial-Recognition Soft-ware Might Have a Racial Bias Problem," *Atlantic*, April 7, 2016.
44. National Institute of Standards and Technology, *Face Recognition Vendor Test (NISTIR 8271)*, 2014, www.nist.gov/system/files/documents/2019/09/11/nistir_8271_20190911.pdf.
45. Buolamwini, J., *Gender Shades: Intersectional Phenotypic and Demographic Evaluation of Face*

Datasets and Gender Classifiers, Master's thesis, MIT, 2017, www.media.mit.edu/projects/gender-shades/publications/.
46 Hill, K., "The Secretive Company That Might End Privacy as We Know It," *New York Times*, January 18, 2020.
47 Government Accountability Office, Facial Recognition Technology: Federal Law Enforcement Agencies Should Better Assess Privacy and Other Risks, 2021, www.gao.gov/assets/gao-21-518.pdf.
48 Hill, K., "The Facial-Recognition App Clearview sees a Spike in Use After Capitol Attack," *New York Times*, January 9, 2021.
49 Clearview emails, public records release, 2021, cdn.muckrock.com/foia_files/2021/03/31/2021-056-419.pdf.
50 City of Detroit, Project Green Light Map, detroitmi.gov/webapp/project-green-light-map.
51 Pascu, L., "DataWorks Face Biometrics Police Contract Extension on Hold as Detroit Residents Protest," BiometricUpdate.com, June 16, 2020.
52 Hill, K., "Wrongfully Accused by an Algorithm," *New York Times*, June 24, 2020.
53 상동.

17장 – 정치인들이 데이터를 보는 시각

1 Confessore, N., and Rosenberg, M., "Spy Contractor's Idea Helped Cambridge Analytica Harvest Facebook Data," *New York Times*, March 27, 2018.
2 Kosinski, M., myPersonality Project May 2018, sites.google.com/site/michalkosinski/mypersonality.
3 University of Cambridge Psychometrics Centre, My Personality 100-Item, discovermyprofile.com/test/personality/.
4 Goldberg, L. R., "The Structure of Phenotypic Personality Traits," *American Psychologist*, 1993.
5 "Facebook's Rules."
6 Kosinski, M., Stillwell, D., and Graepel, T., "Private Traits and Attributes Are Predictable from Digital Records of Human Behavior," *Proceedings of the National Academy of Sciences*, 2013.
7 Simonite, T., "What Facebook Knows," *MIT Technology Review*, June 13, 2012.
8 Kramer, A. D., Guillory, J. E., and Hancock, J. T., "Experimental Evidence of Massive-Scale Emotional Contagion Through Social Networks," *Proceedings of the National Academy of Sciences*, 2014.
9 Nowak, M., and Eckles, D., 2012, Determining user personality characteristics from social networking system communications and characteristics. U.S. Patent No. 8,825,764.
10 Kosinski, M., "My Research," www.michalkosinski.com/research.
11 Wu, Y., Kosinski, M., and Stillwell, D., "Computer-Based Personality Judgments Are More Accurate Than Those Made by Humans," *Proceedings of the National Academy of Sciences*, 2015.
12 Lapowsky, I., "The Man Who Saw the Dangers of Cambridge Analytica Years Ago," *Wired*, June 19, 2018, www.wired.com/story/the-man-who-saw-the-dangers-of-cambridge-analytica/.
13 Rosenberg, M., Confessore, N., and Cadwalladr, C., "How Trump Consultants Exploited

the Facebook Data of Millions," *New York Times*, March 17, 2018.
14 Streitfeld, D., "Peter Thiel's Bet on Donald Trump Pays Off," *New York Times*, November 9, 2016.
15 "Spy Contractor's Idea."
16 Wylie, C., *Mindf*ck: Cambridge Analytica and the Plot to Break America* (New York: Random House, 2019).
17 Davies, H., "Ted Cruz Using Firm That Harvested Data on Millions of Unwitting Facebook Users," *Guardian*, December 11, 2015.
18 Hindman, M., "How Cambridge Analytica's Facebook Targeting Model Really Worked-According to the Person Who Built It," *Conversation*, March 30, 2018.
19 Kang, C., and Frenkel, S., "Facebook Says Cambridge Analytica Harvested Data of Up to 87 Million Users," *New York Times*, April 4, 2018.
20 "Ted Cruz Using Firm."
21 Nix, A., "Cambridge Analytica-The Power of Big Data and Psychographics," 2016 Concordia Annual Summit, September 27, 2016, www.youtube.com/watch?v=n8Dd5aVXLCc.
22 "The Aftermath of Cambridge Analytica."
23 "Refugee or Terrorist?"
24 Hvistendahl, M., "Inside China's Vast New Experiment in Social Ranking." *Wired*, December 14, 2017.
25 Stanley, J., "China's Nightmarish Citizen Scores Are a Warning for Americans, 2015, www.aclu.org/news/privacy-technology/chinas-nightmarish-citizen-scores-are-warning-americans.
26 Waldman, S., Twitter, 2015, twitter.com/interfluidity/status/650803807262130177.
27 Lin, J., "Lin Junyue: Why Do You Say That the Construction of the Social Credit System Started in 1999?" Yuandian, 2019, m.credit100.com/xhxy/c/2019-09-09/535610.shtml.
28 Winter, J., "Welcome to the Quiet Skies," *Boston Globe*, July 28, 2018.
29 "Inside China's Experiment."
30 "Lin Junyue."
31 LexisNexis Risk Solutions, "Alternative Credit Data," risk.lexisnexis.com/insights-resources/article/alternative-credit-data.
32 Fair Isaac Corporation, "What's in My FICO Scores?" myFICO, www.myfico.com/credit-education/whats-in-your-credit-score.
33 Koren, J., "Some Lenders Are Judging You on Much More Than Finances," *Los Angeles Times*, December 19, 2005.
34 McBride, S., "ZestFinance Raises $20 Million from Thiel Capital," Reuters, July 31, 2013.
35 Equifax, "FICO Score XD Is a Credit Risk Score for "Unscoreables, 2016, www.equifax.com/business/product/fico-score-xd/.
36 "Sample Report."
37 상동.
38 LexisNexis Risk Solutions, "Predict Health Risk More Precisely-Without Medical Claims Data, 2017, www.lexisnexis.com/risk/downloads/literature/health-care/Socioeconomic-Health-Risk-Score-br.pdf.
39 Lunt, C., 2012, Determining user personality characteristics from social networking system communications and characteristics, U.S. Patent No. 2012/031168.
40 Lewis, P., and Hilder, P., "Leaked: Cambridge Analytica's Blueprint for Trump Victory," *Guardian*, March 23, 2018.

41 Funk, M., "Cambridge Analytica and the Secret Agenda of a Facebook Quiz," Sunday Review, *New York Times*, November 20, 2016.
42 Channel 4, "Deterring Democracy," 2020, www.channel4.com/news/deterring-democracy.
43 Blaskey, S., and Nehamas, N., "Trump Campaign Aimed to Deter Black Floridians," *Miami Herald*, October 22, 2020.
44 상동.
45 "How Trump Consultants Exploited."

18장 – 아메리칸드림호에서 쫓겨나다

1 워싱턴주 퍼시픽카운티의 이민 단속에 대한 이 설명은 열두 명 이상의 주민 및 가족과의 인터뷰, 지역 공공 기록 요청에 따라 얻은 통화 녹음 및 경찰 파견 문서, 워싱턴주 면허국에서 작성한 데이터베이스 감사 일지 및 이메일 아카이브에서 비롯된 것이다. 이는 달리 명시되지 않는 한 처음 이 보도가 게재된 내 기사 〈ICE는 감시 시대에 어떻게 타깃을 선정하는가(How ICE Picks Its Targets in the Surveillance Age)〉(*New York Times Magazine*, 2019년 10월 2일자)를 기반으로 한다.
2 Potter, M., and Phillips, R., "Six Months After Sept. 11, Hijackers' Visa Approval Letters received," CNN, March 13, 2002, www.cnn.com/2002 US/03/12/inv.flight.school.visas/.
3 Bureau of Justice Statistics, *Federal Law Enforcement Officers*, 2004, 2016, bjs.ojp.gov/content/pub/pdf/fle004.pdf.
4 지역 신문의 연재 기사에서 디아스의 체포와 그 여파에 대한 자세한 내용과 다른 카운티 가족들의 이야기를 최초로 보도했다. Stevens, S., "Stories from the Heart", *Chinook Observe*, 2017을 참조하라.
5 Shapiro, N., "Washington State Regularly Gives Drivers' Info to Immigration Authorities; Inslee Orders Temporary Halt," *Seattle Times*, January 11, 2018.
6 Benfield, B. Testimony before the Joint Transportation Committee, Washington State Legislature, May 17, 2018.
7 Biddle, S., "ICE Searched LexisNexis Database Over 1 Million Times in Just Seven Months," *Intercept*, June 9, 2022, theintercept.com/2022/06/09/ice-lexisnexis-mass-surveillances/.
8 Targeting Operations Division, Data Service Request (HSCEDM-17-RFI-080317), August 2017.
9 Shapiro, N., "A Washington County That Went for Trump Is Shaken as Immigrant Neighbors Start Disappearing," *Seattle Times*, November 9, 2017.

19장 – 건강 데이터가 우리 삶에 미치는 영향

1 Scheid, J., and Stutz, H., "PHOTOS: World of Concrete's Opening Ends 15-Month Absence of Las Vegas-Hosted Conferences," *Nevada Independent*, June 9, 2021.
2 HIMSS, "HIMSS21 Prepares for In-Person and Digital," August 2, 2021, www.himss.org/news/himss21-prepares-person-and-digital.
3 다른 언급이 없는 한, 이 장에 등장하는 의료 콘퍼런스의 모든 인용문과 관찰 내용은 행사장에서 직접 수집한 것이다.
4 LexisNexis Risk Solutions, "The Population Health Data You Need Right Now," webinar, 2019.
5 "Predict Health Risk More Precisely."

6. Acxiom Healthcare, *Leveraging Data to Enhance Value-Based Care within the Patient-Driven Experience*, 2017, www.acxiom.com/wp-content/uploads/2017/02/AC-0093-17.pdf.
7. Experian, "Mosaic USA Customer Segmentation Solution," www.experian.com/marketing-services/mosaic.
8. Socially Determined, "TransUnion and Socially Determined Partner to Improve Health Outcomes By Using SDOH Data & Analytics," December 15, 2020, www.sociallydetermined.com/transunion-and-socially-determined-partner-to-improve-health-outcomes-by-using-sdoh-data-and-analytics.
9. LexisNexis Risk Solutions, "EveryMove Validates LexisNexis Socioeconomic Health Score as a Predictor of Health Risk across Marketplace Exchanges," 2016, risk.lexisnexis.com/about-us/press-room/press-release/09-27-2016-socioeconomic-health-score.
10. CDC, "Health Insurance Portability and Accountability Act of 1996 (HIPAA)," Public Health Professionals Gateway, www.cdc.gov/phlp/publications/topic/hipaa.html.
11. eHealth Initiative, *Guiding Principles for Ethical Use of Social Determinants of Health Data*, 2019, www.ehidc.org/sites/default/files/resources/files/SDOH%20Ethical%20Guidelines%206.27.19%20FINAL.pdf.
12. "Produce Prescription Program (Produce Rx)," DC Greens, www.dcgreens.org/produce-rx.
13. Medical Alley Association, "For the Record: Kurt Waltenbaugh, Founder and Chief Executive Officer, Carrot Health," Medical Alley, 2020, medicalalley.org/2020/07/kurt-waltenbaugh-founder-chief-executive-officer-carrot-health/.
14. Worth, T., "Can Pet Choice Predict Health Risk?" *Leader's Edge Magazine*, August 15, 2019.
15. Gottlieb, L., and Alderwerwick, H., "Integrating Social and Medical Care: Could It Worsen Health and Increase Inequity?" *Annals of Family Medicine*, 2019.
16. Carrot Health, "Baby, You Can Drive My Car, 2018, carrothealth.com/carrot-health-insights-baby-drive-my-car/.
17. Emanuel, E. J., et al., "Fair Allocation of Scarce Medical Resources in the Time of Covid-19," *New England Journal of Medicine*, 2020.
18. Kashyap, R., et al., "Current Utility of Sequential Organ Failure Assessment Score: A Literature Review and Future Directions," *Open Respiratory Medicine Journal*, 2021.
19. Gilgore, S., "Socially Determined Helps Identify At-Risk Groups for COVID-19, *Washington Business Journal*, April 1, 2020.
20. Carrot Health, "COVID-19 Critical Infection Risk Dashboard," carrothealth.com/resources/covid-19-risk-dashboard/.
21. Carrot Health, "Case Study: Proactively Addressing Member SDOH Needs During COVID-19, 2020.
22. LexisNexis Risk Solutions, "LexisNexis Risk Solutions Launches COVID-19 National Data Resource Center," April 22, 2020, risk.lexisnexis.com/about-us/press-room/press-release/20200422-covid-19-resource-center.
23. Eddy, N., "Artificial Intelligence Can Help Predict the Need for Ventilators," *Healthcare IT News*, August 4, 2021.
24. Jvion, "Jvion's COVID Patient Vulnerability Lists Help Hospitals Proactively Respond to Pandemic," April 2, 2020, jvion.com/news/jvion –s-covid-patient-vulnerability-lists-help-hospitals-proactively-respond-to-pandemic/.
25. Shantanu Nigam, profile, LinkedIn, www.linkedin.com/in/shantanunigam/.
26. Jvion, "Is This the 'Google' of Healthcare?" video, 2020, youtu.be/kHi9yBOW-SY.

27 Pennic, F., "New COVID-19 Community Vulnerability Map Uses Social Determinants of Health to Identify Populations at Greater Risk," *HIT Consultant*, March 24, 2020.
28 Harrist, M., "How Three Companies Adapted As COVID-19 Changed Their Sectors," Forbes BrandVoice, July 23, 2020, www.forbes.com/sites/oracle/2020/07/23/how-three-companies-adapted-as-covid-19-changed-their-sectors.
29 Jvion, "Jvion Applies Clinical Artificial Intelligence to Help Prioritize COVID-19 Vaccine Distribution to Most Vulnerable Communities and Individuals," 2021, jvion.com/news/jvion-applies-clinical-ai-to-help-prioritize-covid-19-vaccine-distribution.
30 LexisNexis Risk Solutions, *Patient Linking Across Healthcare*, 2019, risk.lexisnexis.com/-/media/files/healthcare/brochure/lexid-for-patient-matching-br%20pdf.pdf.

에필로그 – 초감시사회를 어떻게 해석하고 받아들일 것인가

1 Transportation Security Administration, "What Is a Known Traveler Number (KTN)?" www.tsa.gov/travel/frequently-asked-questions/what-known-traveler-number-ktn.
2 Hasbrouck, E., "Accurint Exposed as Data Broker Behind TSA 'ID Verification,'" *Papers, Please!*, November 9, 2015, papersplease.org/wp/2015/11/09/accurint-exposed-as-data-broker-behind-tsa-id-verification.
3 Not to point further fingers, but this trait is apparently genetic, and there were also some older in-laws of mine on that flight.
4 Bevan, S., "Asher Daughters Talk About Continuing Legacy at TLO," *South Florida Business Journal*, September 10, 2013.
5 TransUnion, TransUnion Completes Acquisition of TLO, December 16, 2013, newsroom.transunion.com/transunion-completes-acquisition-of-tlo.
6 Child Rescue Coalition, "Our Work," childrescuecoalition.org/our-work.
7 Zunger, Y., Twitter, March 18, 2018, twitter.com/yonatanzunger/status/975545835197947905.
8 Fowler, G., "Facebook Now Has to Ask Permission to Track Your iPhone: Here's How to Stop It," *Washington Post*, April 26, 2021.
9 Clarke, A. C., *Profiles of the Future: An Inquiry into the Limits of the Possible* (New York: Harper and Row, 1973).

옮긴이 이영래

이화여자대학교 법학과를 졸업했다. 현재 가족과 함께 캐나다에 살면서 번역 에이전시 엔터스코리아에서 출판 기획 및 전문 번역가로 활동하고 있다. 옮긴 책으로는 《제프 베조스, 발명과 방황》《파타고니아, 파도가 칠 때는 서핑을》《2029 기계가 멈추는 날》《사업을 한다는 것》《모두 거짓말을 한다》 등이 있다.

감수자 송길영

시대의 마음을 캐는 마인드 마이너(Mind Miner)이다. 사람들의 일상적 기록을 관찰하며 현상의 연유를 탐색하고 그들이 찾고자 하는 의미를 이해하려는 시도를 20여 년간 해왔다. 개인들의 행동은 무리와의 상호작용과 환경의 적응으로부터 도출됨을 이해하고, 그 합의와 변천에 대해 알리는 작업에 몰두하고 있다. 깊은 고민을 하는 사람들로부터 영감을 받는 것에서 가장 큰 기쁨을 느낀다. 저서로 《시대예보: 호명사회》《시대예보: 핵개인의 시대》《여기에 당신의 욕망이 보인다》《상상하지 말라》《그냥 하지 말라》가 있다.

세상을 데이터베이스에 가둔 남자

초판 1쇄 인쇄 2025년 8월 12일
초판 1쇄 발행 2025년 8월 22일

지은이 매켄지 펑크
옮긴이 이영래 **감수** 송길영
펴낸이 김선식

부사장 김은영
콘텐츠사업2본부장 박현미
책임편집 남궁은 **디자인** 마가림 **책임마케터** 오서영
콘텐츠사업5팀 마가림, 남궁은, 여소연
마케팅1팀 박태준, 권오권, 오서영, 문서희
미디어홍보본부장 정명찬 **브랜드홍보팀** 오수미, 서가을, 김은지, 이소영, 박장미, 박주현
채널홍보팀 김민정, 정세림, 고나연, 변승주, 홍수경
영상홍보팀 이수인, 염아라, 김혜원, 이지연
편집관리팀 조세현, 김호주, 백설희 **저작권팀** 성민경, 이슬, 윤제희
재무관리팀 하미선, 임혜정, 이슬기, 김주영, 오지수
인사총무팀 강미숙, 이정환, 김혜진, 황종원
제작관리팀 이소현, 김소영, 김진경, 이지우, 황인우
물류관리팀 김형기, 김선진, 주정훈, 양문현, 채원석, 박재연, 이준희, 이민운

펴낸곳 다산북스 **출판등록** 2005년 12월 23일 제313-2005-00277호
주소 경기도 파주시 회동길 490 다산북스 파주사옥
전화 02-704-1724 **팩스** 02-703-2219 **이메일** dasanbooks@dasanbooks.com
홈페이지 www.dasan.group **블로그** blog.naver.com/dasan_books
용지 신승INC **인쇄** 민언프린텍 **코팅·후가공** 제이오엘앤피 **제본** 국일문화사

ISBN 979-11-306-6964-9 (03300)

· 책값은 뒤표지에 있습니다.
· 파본은 구입하신 서점에서 교환해드립니다.
· 이 책은 저작권법에 의하여 보호를 받는 저작물이므로 무단 전재와 복제를 금합니다.

다산북스(DASANBOOKS)는 책에 관한 독자 여러분의 아이디어와 원고를 기쁜 마음으로 기다리고 있습니다. 출간을 원하는 분은 다산북스 홈페이지 '원고 투고' 항목에 출간 기획서와 원고 샘플 등을 보내주세요. 머뭇거리지 말고 문을 두드리세요.